JN191956

ニック・クドリー 著
山腰修三 監訳

メディア・社会・世界

デジタルメディアと社会理論

慶應義塾大学出版会

日本語版への序文

私の『メディア・社会・世界』の邦訳が出版されることに大いに感動している。この本は、メディアと権力および社会秩序との関係性についての一五年間の思考の集大成として、二〇一二年に英語で出版された。メディアによって媒介された私たちの世界の当惑させられるほどの複雑さを理解するために、主に社会理論を参照しながら理論的諸概念を発展させようとしたあらゆる努力が本書には示されている。

メディアとメディア諸制度のまさにその性質が大きく変化する時代、さまざまな場所で多くの人々がメディアを理解するための方法を模索している。この変化はあらゆるスケールの政治、社会、文化の組織化に対してきわめて重大な帰結をもたらす。本書は社会と世界に対して人間がなしうることにメディアがどのように寄与しているのか、という問題を論じている。ここで「世界」とは、地理的な世界と、経験の世界の両方を意味している（経験の世界は時として非常にローカルなものとなりうるが、今日ではしばしばローカルなものと、より遠く離れた諸要素とが混じり合っている）。

メディアが変化するにつれて、社会全体に語りかける正統性を持つメディア諸制度を構築する可能性もまた変化する。例えば情報とメディアのプラットフォームの増加やそれらを自在に横断して移動する私たちの能力の増大は、オーディエンスとしての私たちに届く広告の性質に大きな影響を与えている。その結果、かつてはメディア・コンテンツの制度的生産に対して資金を投じていた経済原理が変容しつつある。そして例えば新聞業界に対し、変化を迫る長期的な圧力を増加させている。無論のこと、それは新聞業界だけの話ではない。また、これらの変化のすべてが国境を越える技術によって突き動かされるというトランスナショナルな性質を持っているために、国際的な視座でメディア・社会・世界の諸関係について考えることが欠かせない。本当の意味でのグローバルなスケールでこれらの議論を活性化させたい、という私自身の望みを叶えるうえで、この邦訳はきわめて重要である。

一九九〇年代半ばから二〇〇〇年代半ばにかけて私がメディア理論の研究に取り組み始めたとき、日本の事例について特に念頭になかったことは確かである。私は英国内で論文や研究書を執筆しており、また、メディア諸制度の権力が社会的に再生産される点に関する一般理論を発展させることに関心を持っていたからである。無論のこと、国際比較それ自体に関心がなかったわけではない。だが、私自身の理論的枠組みは英国に根差したものであり、そうした枠組みが当時の英語圏のメディア研究において支配的なものであったことが、理論研究を発展させせることを可能にした側面の一つである。それゆえに、私の当初の理論は国際的な適用を念頭に十分に根拠づけられたものではなかった。こうした英語圏に限定された「普遍主義」が当時のメディア研究において典型的なものであったことは事実である。ただ、ここで私は自身の理論研究のこうした特徴を現在の視点から謝罪したいわけではない。そうではなく、メディア研究の領域が国際化した現時点において、私がかつてのように（恐らく）特殊なものをあたかも一般的なものであるかのように記述していたことがもはや不可能になったことを歓迎したいのである。

こうした変化は、部分的にはメディア研究の領域におけるいくつかの重要な学術的介入を通じて生まれた。例えばジェームズ・カランと朴明珍の『メディア理論の脱西欧化』やダヤ・サシューの *Internationalizing Media Studies* などである。とはいえ、この変化は次の基底的諸要因の結果生じたものでもある。すなわち、メディア研究の領域の中での国際的な流動性が増大してきたこと、そしてローカルなものを大きく超越したスケールで認識されるさまざまな出来事によって日常的なメディア経験が特徴づけられるようになってきたことである。いくつかの国際的な出来事が、米国における九・一一のテロ攻撃や中国、東南アジアなどの災害のようなしばしば悲劇の形できわめて重要な影響を与えた。また、多くの国々で携帯電話のような新たな通信技術の同時利用が果たす役割や、ワールド・ワイド・ウェブが持つ、つながる力の影響が一般的に認識されるようになったこともそうした要因といえる。

二〇〇〇年代の後半にメディアのインフラストラクチャーが根本的にかつ多元的に変化した。その結果、国内を見ているだけでは現在生じていることの範囲を的確に把握することができず、今までと変わらないままでいる（ふりをする）ことも不可能になった、という認識が徐々に広まったこともう一つの理由である。例えば、もしブログに関心があるとするならば、韓国やイランにおける展開を考慮する必要がある。それらの国ではさまざまな点でブログの形式が文化的、政治的な重要性を持っているからである。また、もしあなたが市民メディアに関心があるとするならば、本書の執筆後、二〇一一年三月の津波と福島での原発事故をきっかけとして活性化した、独立した市民による情報とデータの交換という革新的な作業を無視してはならないであろう。

本書はメディアが社会と世界との間に構築する諸関係とは何か、そしてこれらの諸関係を捉えるために必要な社会理論とは何かを検討しようとする一つの試みである。こうした作業を行ううえでは、日本を含めた世界のさまざまな場所での知見を得る必要がある。たとえ世界の特定の地域の中で記述されているという刻印が避けられないとしても、である。私は本書の邦訳が出版されることで日本からどのような反応が返ってくるのか大きな関心を持って待つことにしたい。

本書の筆者である私にとって、さまざまな国で読まれることがなぜ重要なのかに関する二つの特別な理由がある。その一つは、本書の鍵となるテーマに関わっている。つまり、制度的に生産された巨大なメディアが大規模な社会において、（社会的なものを眺めるための「窓」として）国民の注目を集める焦点としての役割を依然として果たし続けているのか、という問題である。換言すると、私が「メディアによって媒介された中心の神話」と呼ぶものが長い将来にわたって存続し続けるのか、という問いである。もしそうではないとするならば、メディアによって媒介された社会は以前とはまったく異なった社会的、政治的形態を取ることになるであろう。そして例えば国家を中心とした政治はメディアを基盤とした「現れの空間」（政治哲学者ハンナ・アレントの用語）ではなくなってしまうかもしれない。英国と同様に日本は国民国家を背景としたメディアの制度化の長い歴史を持っており、したがってこれらの問いを検討するための格好の現場である。

本書がさまざまな国、特に日本のオーディエンスに読まれるべきもう一つの理由は、理論的概念との関係だけでなく、本書がメディアの諸側面について、比較を通じて理解するための枠組みを構築しようとしていることである。例えば本書の第二章は多様な「実践」を記述するための広く開かれた枠組みを提示している。こうした「諸実践」は今や、日常生活の中でメディアと関連する形で生じつつある。高橋利枝をはじめ、日本の研究者たちの研究は、オーディエンスの諸実践が世界中で多様に異なっている点についての理解を広げるうえで大変重要である。まさに、この枠組みは地理的な、あるいは歴史的な比較の双方に対して意識的に開かれたままの状態にある。

本書の後半（第七章）では、世界を横断する形での「複数のメディア文化」を比較するための明確な一つの枠組みを提供している。比較の視座を発展させようとする関心は本書の最終章（第八章）でも明示されている。この章ではグローバルな視野でメディアの倫理の可能性について省察が行われている。こうした視野は、グローバルなものも含むあらゆるスケールで流通するメディアの諸問題に取り組むうえで適している。また、同章ではメディアの諸資源のグローバルな配分をめぐる正義や公正をめぐる論争を構築する可能性についても考察を加えている。

したがって、これらのさまざまな点から、私のこの本は日本語に翻訳されるその時を待っていたのだといえる。私はこの邦訳の結果、メディアと社会理論に関する議論が日本で活性化することを大変楽しみにしている。そして幸運にも私がそれに触れる機会に恵まれれば、メディア・社会・世界に関する私のこれからの考えに大きな影響を与えることになると確信している。

最後に、本書の邦訳という大変な作業を請け負ってくれた山腰修三氏に御礼を述べたい。彼と彼の妻である三谷文栄氏、そして他の共訳者の皆さんが日本の新たな読者に私の本を届けてくれたことに心から感謝している。

この翻訳は山腰氏がロンドン・スクール・オブ・エコノミクスに訪問研究員として滞在中の一年間で進められた。この期間、私たちはロンドンでメディアと社会理論に関する、そして日本におけるそれらの展開の可能性についての多くの魅力的な対話を行った。私はこうした一連の対話から非常に多くを学んだ。彼が行ったこの新たな翻訳によって、日本の研究者、知識人、学生たちとさらなる議論を行うことを心から楽しみにしている。

二〇一八年七月、ロンドンにて

ニック・クドリー
ロンドン・スクール・オブ・エコノミクス・アンド・ポリティカルサイエンス
メディア、コミュニケーションおよび社会理論　教授

はじめに

　本書は、社会の成り立ち、そしてわれわれがこの世界で生活するという感覚に対してメディアが果たす役割について論じる。まずは本書の題名について、より詳細に説明する必要があるだろう。**社会**は、われわれが生活する社会組織の容れ物を指し示すうえで通常用いられる用語である。確かに、国民国家に基づく社会の境界線は、「共に」生活するという感覚を形成する諸過程のすべてを包み込むことはできなくなっている。また、今日重要な位置を占める諸集団の中には、一つの「社会」に生きているとはいえないものも存在する（例えば、生きていくために国境を定期的に越えて移動する必要のある、市民権を持たない人々）。とはいえ、**社会**という用語は依然として有効である。**世界**は、われわれが生きるための空間として意味づけられる環境を指し示している。そしてその範囲はしばしば地球規模にまで拡張することになる。**メディア**は、「コミュニケーション」よりも狭い用語であるが、（新聞、ラジオ、テレビ、映画といった）伝統的なメディアにとどまらない、より広範なものを指し示している。「メディア」という用語によって、象徴的内容を社会に広めるためのあらゆる制度化された諸構造、諸形式、フォーマットやインターフェイスをその意味に含めることにしたい。事実上、あらゆる象徴的内容が**デジタル**となり、多くのプラットフォームが大衆向けに大量生産された内容と、パーソナル・コミュニケーション向けの内容の双方を伝達するようになった。こうした状況において、かつての「マス・メディア」と「コミュニケーション」一般との区分は曖昧なものになりつつある。だが、本書が注目するような象徴的内容を生産、伝達、受容するための**制度化された**形式やプラットフォームを指し示すものとして「メディア」という語句を用い続けたい。メディアはこの意味において、権力関係と不可避的に関わることになるのである。

メディア・社会・世界の関係を理解するうえでの二つの誤った解釈が存在し、それを避けるべく、サブタイトルを設定した。多くの研究者が論じるように[1]、メディアによってなされる論評は、メディアに関して何が生じているのかを理解するうえでほとんど役に立たない。大衆向けのメディアの生産は、マーケティングの実践によって直接的に影響を受ける。特に、新たな製品、インターフェイス、プラットフォームの販売促進を目的に「メディアの未来」に何らかの影響を及ぼそうとする集団の影響を受けることになる。メディアに登場し、メディアについて論評するコメンテーター（およびその情報源）は、しばしば新たな技術を崇拝するエリートであり、メディアに関して何が生じているのかをめぐる解釈は、自らの卓越性を示す戦略と一致するのである。社会インフラとしての「中心的な」地位を維持するというメディア制度に内在する利害関心は、メディアが社会生活にいかなる変化を与えるのかについての説明に影響を与える。こうしたメディアに関する誇大宣伝に追随するという罠を避けるために、調査研究は一般の人々、すなわち新しい技術を好む人だけでなく、あらゆる人々がメディアに関連して何をしているのかを詳細に分析しなければならない。したがって、本書では、初期採用者にそれほど多くの注意を払う必要はない。本書は幅広い人々に共通して採用されるメディアをめぐる慣習に関心を払っている。社会や世界とメディアとの関係を捉えることができるのは、日常のメディア**実践**や日常のメディアに関する**諸前提**においてである。この場合の**諸前提**とは、メディアを用いた日常生活の振る舞い方、情報やイメージの入手先、いかなる情報がどのようにして流通しているのか、といった事柄に関するものである。そして一連の諸前提の中のいくつかは過去一五年の間に急速に変化しつつある。

「社会」や「世界」とメディアとの関係性について論じることは、明示的であれ、暗示的であれ、社会的世界の中に何が「存在しているのか」に関する特定の視点を採用するということである。すなわち、それはある種の社会的存在論である。「社会的なもの（the social）」と呼ばれる空間の中にいかなる種類の事物、関係、過程が存在

しているのだろうか。この問いに答えるためには**社会理論**を参照する必要がある。だがここで、より注意の必要な罠を避けなければならない。つまり、メディアに関して何が生じているのかを適切に理解することを妨げるような種類の社会理論を参照する、という罠である。

三種類の問題がこの点を考えるうえで手がかりになる。第一に、少なくとも一九九〇年代初頭まで、社会学および社会理論の大半はメディアについて論じることに関心を払ってこなかった。こうした傾向は、アンソニー・ギデンズのモダニティに関する研究、ジョン・トンプソンのメディアとモダニティに関する研究、マニュエル・カステルの「ネットワーク社会」の登場に関する研究によってようやく変化し始めた。[2] 一連の研究は、直接的にではないものの、一九八〇年代の通信や他の技術の社会的適用および家庭での利用に関する重要な研究から影響を受けている。偶然にも同様の見落としは、政治理論についても当てはまり、メディアに関心を払うまでに社会理論以上に時間がかかっている。[3] 第二に、メディアが社会の組織化の可能性をどのように変容させうるのかを理解する方法に関する一連の重要な理論的介入は、幅広い調査研究を生み出していない。それは例えば、階級や集団形成といった社会学の根本概念をメディアがどのように変化させたのか、といった研究である。その結果、メディアが社会的存在論をどのように変化させたのかに関する包括的な説明は依然として存在しない。本書もまたこの深いギャップを埋めるには至っていない。第三に、メディアを重視する社会学者が登場し始めているが、そこでは特にメディアの技術的基盤が注目されている。しかし、社会理論としてのこうしたアプローチはメディア、そして社会生活におけるメディアの役割を理解するうえで役に立たない。これらの研究は、しばしば「非表象理論」への転回に影響を受け、社会秩序に関するいかなる概念も否定する傾向にある。その代わりに「情動」「強度」さらには「純粋な内在」といった専門用語が好まれる。[4] より広範な哲学的な異議申し立ては別にして、こうしたアプローチは、どのようにメディアが世界を表象するのか、とりわけどのようにメディアが社会的なもの、そして社会的なものが秩序化される過程を表象するのかを理解するうえで分析的には何の役にも立たないのである。なぜならば、社会的なものを表象することは、メディア制度の主要な役割の一つだからである。この社会理論は政治的にも役に立たない。こうした理論は、社会的知識の生産においてメディアが果たす役割、さらにはますます不平等が拡大する世界で、メディアが表象し損ねているものから背を向けているように見えるからである。

メディアについて検討するうえで、特定の社会理論を参照し、発展させることにしたい。そうした社会理論とは、表象の役割や表象をめぐる権力作用について正面から取り組むものであり、また、人々がどのようにして表象の技術と相互作用を行い、「社会秩序」を可能にするような振る舞いを行うのかに注目するものである。社会秩序は所与のものでも、自然なものでもない。社会秩序は実践を通じて構築されるものであり、象徴を通じて表象されるものである。そして社会生活の「秩序」に関するメディア表象は、こうした社会秩序の成立と機能に寄与するのである。社会理論のレベルとして、本書は第一章と第二章において**存在論**（社会的・メディア的世界において何が存在するのか）から始める。第三章と第四章では、**分割とカテゴリー化**（いかにしてメディアが社会的世界を分割し、あるいは結合するのか）へと移行する。第五章と第六章において、**蓄積**（権力を蓄積するため、あるいは権力に対抗するための社会的資源の収集）、そして蓄積と競合から生じるシステム上の複雑性に注目する。第七章と第八章では、**価値づけ**の問題に進む。それは個々の集団や文化が無限ともいえるメディアの多様性の中から特定のものを選択することを可能にするニーズに関するものであり、メディアが生活に寄与するかどうかを評価する広範な枠組みでもある。これらの諸テーマを結びつけるものは、メディアが人々の知識、行為能力、倫理の可能性を広げるためにいかに寄与しうるのか、という点についての問題関心である。

本書のメディアに対するアプローチについて、もう三点を指摘することにしたい。第一に、本書のアプローチはメディア中心主義ではない。メディアこそが人々の生活において最も重要なものである、という前提には立っていない。メディア・スタディーズに関する問題とは、まさにこうした前提に立つことにほかならない。その代わりに、本書のアプローチは日常的な行為や習慣の分析を基礎に置いている。メディアの分析において、社会を基礎に置くアプローチは、メディアの技術的基盤の諸形式が急速に変化する局面においてとりわけ重要である。この出発点から、困難な問いが生まれる。**メディア**社会学と**メディア・**スタディーズとを区別することは可能であろうか。メディア・コミュニケーションのネットワークの幾何級数的な発展と越境的な性格は、国民国家の**社会**に焦点を当てる社会学を不要のものにしてしまったのだろうか。また、こうした過程は**権力**それ自体の性質を根本的に変化させているのだろうか。第二に、本書のアプローチは、メディアは日常生活に関する**現象学**や**倫理**をどのように変容させているのだろうか。メディア内容、インターフェイス、プラットフォームの生産に主要な関心を寄せているわけではない。むしろ、生産されたそれらを用いて人々が何をしているのかに分析の焦点を当てている。したがって、本書はメディアの政治経済学的研究と**相補**的な役割を果たすことを意図している。政治経済学的アプローチは、メディアおよびメディア生産物の生産過程や流通過程に関するわれわれの理解を変容させてきた。そしてそうした生産流通過程を形成する経済的諸力に関する理解を深めてきたのである[5]。本書が政治経済学と相補的であるとする理由は、私のこれまでの研究がそもそもオーディエンス調査に出自を持つためである。しかしながら、メディア生産の研究とメディア消費の研究との間に単純な境界線を引くことは今や支持することはできないであろう。政治経済学もまた、消費者やオーディエンスによるメディア生産について検討するべきである。他方で、本書もまた、しばしばメディア生産の論理について検討することになる。とはいえ、それぞれの研究領域の広大さを念頭に置くと、「政治経済学」と「オーディエンス」研究との分業のいくつかの側面は依然として必要なものである。第三に、本書は、デジタルメディアと日常の諸実践との関係を社会理論のレンズを通して考えるための道具となることを意図している。第一章や第二章ではいくつかの理論や概念の基礎（メディアにおける現在の変容と実践の多様性に関する全体的な視座）を提示しているものの、読者は残りの章を自らの関心に基づいた特定の問いに従って読み進めてもらって構わない。

本書の執筆に至るさまざまな道程において、私は二人の指導者に多くを負っている。一人は私の修士および博士の指導教員であったデヴィッド・モーレイである。モーレイは三〇代でメディア研究の修士課程に入ってきた私に多少なりとも研究者としての可能性を見出してくれた。もう一人はすでに故人となったロジャー・シルバーストーンである。シルバーストーンは私の博士論文を審査してくれた。また、彼はロンドン・スクール・オブ・

エコノミクス（ＬＳＥ）におけるMedia@LSE、そしてその後のメディア・コミュニケーション学部の創設者であり、私自身もこれらの発展に部分的に関わることができたことを誇りに思う。

専門科目「メディア儀礼」に参加してくれた学生たちにも感謝をしたい。この科目は私がＬＳＥで二〇〇二年から二〇〇五年、そしてゴールドスミス〔・カレッジ〕で二〇〇六年〔から二〇一三年〕まで担当したものである。学生たちが持っていた洞察力と疑う力は、二〇〇〇年代にメディアに関する「常識」が大きく変化したとはいえ、私の記憶に残っている。以下に挙げる多くの同僚や友人は、直接的に、あるいは研究成果を通じて本書のさまざまなアイデアを発展させるうえで重要な対話者であり続けている。サラ・バネット＝ワイザー、ロッド・ベンソン、イェラン・ボーリン、リチャード・バティシュ、ジェシカ・クラーク、ポール・フロシュ、ジェレミー・ギルバート、ジョナサン・グレイ、メリッサ・グレッグ、ジェームズ・ヘイ、デイヴ・ヘスモンドホール、マルワン・クレイディ、ソニア・リビングストン、ミルカ・マディアノウ、ロビン・マンセル、ディヴィヤ・マクミリン、トビー・ミラー、ロウリー・オウレット、ジャック・キュー、パディー・スキャネル、ジョアンナ・スミアラ、ジョー・トゥロウ、ブルース・ウィリアムズ、リーズベット・ファンゾーネン。特に草稿を読んでコメントをくれたアンドレアス・ヘップ、ジェームズ・カラン、そしてPolity社の匿名の査読者に感謝を述べたい。また、有用な文献を紹介してくれたヘップ、マット・ヒルズ、スチュアート・フーヴァー、セバスチャン・クビッチコ、ミア・ローヴハイム、スコット・ロジャーズ、ジェフリー・ウィンマー、そして私の修士課程の大学院生であるハリス・マクロード、スージン・オウ、インシー・ジアンにも感謝をしたい。

特にPolity社のアンドレア・ドルガンは二〇〇五年以来、編集者として（辛抱強く！）私を鼓舞してくれたことに感謝したい。

また、次の機関にも感謝をしたい。二〇一一年五月にPlatform Politics会議で本書第五章の一部を発表したアングリア・ラスキン大学。二〇一一年四月にMediated Worlds会議で本書第六章の一部を発表したブレーメン大学。二〇一一年五月にアルバート・ボニア訪問教授として滞在中に本書第六章と第七章に基づく話をする機会を与えてくれたストックホルム大学JMK。二〇一一年三月に第五回の大学院生向けの学際大会で本書第七章に基づく基調講演を行う機会を与えてくれたワーウィック大学。私が参加した全米科学財団主催のCultureDigitallyシンポジウムのターレトン・ギレスピー（コーネル大学）とヘクター・ポスティゴ（テンプル大学）に対しても刺激的な議論ができたことに感謝したい。Polity社のコピー・エディターであるゲイル・ファーガソンに対しても、多くの間違いや不適切な表現を正してくれたことに感謝する。

本書の構想は数年間に及んだが、実際に執筆されたのはきわめて多忙な期間であった。これがいかに困難な作業であったのかを知る者はただ一人、妻であるルイーズ・エドワーズである。何にもまして、本書の作業を通じて、あるいはそれよりもずっと以前からの彼女の愛情やサポート、そして私を信じてくれたことに感謝したい。彼女に対する感謝の言葉としては古いラテン語の決まり文句がふさわしい。*Sine qua non*——彼女がいなければ本書は誕生しなかったのである。

二〇一一年九月、ロンドンにて

ニック・クドリー

（1）Livingstone（1999: 61），Caldwell（2000: 15），Herring（2004），Hijazi-Omari and Ribak（2008）といった多様な視点からの諸研究を参照のこと。

（2）Giddens（1990），Thompson（1995），Castells（1996），Silverstone（1994）．より最近のものとして、Beck（2000a: 12），Hardt and Negri（2000=2003: 347-8、邦訳四三五―七ページ），Urry（2000=2011: 183、邦訳三二〇―一ページ）を参照のこと。

（3）Jensen（2010: 105）．

（4）私はこの点に関して別の個所で論じたことがある。Couldry（2010: ch. 5）．

（5）重要な近年の研究は下記の通りである。Bagdikian（2004），Curran and Seaton（2007），Curran, Fenton and Freedman（2012），Hesmondhalgh（2007），Kraidy and Khalil（2009），Mayer（2011），McChesney（2008），Mosco（2009），Schiller（2007），Chakravarty and Zhao（2008）．

目次

凡例

一、本書は、Nick Couldry, *Media, Society, World: Social Theory and Digital Media Practice*, Polity, Cambridge. 2012. の全訳である。

一、原文のイタリック体による強調は、**は太字の明朝体**で表記した。

一、[ ]は、著者による補足を表している。

一、訳者による補足説明は、本文中に〔 〕を用いて挿入した。

一、索引は原著のものをもとに項目を取捨選択・追加して訳者が作成した。

一、注における「;」および「:」の用い方は原著に準拠している。

一、注で引用されている文献の中で邦訳が出版されている場合、邦訳書のページ数も記載し、刊行年は「＝」で結んで示した。

一、本文中に登場する番組名は原文表記とした。

一、本文中に登場する著書名は邦訳が出版されているものはそれに準拠し、邦訳が出版されていないものは原文表記とした。

一、本文中に登場するメディアは日本で一般的に知られたものは片仮名表記を原則とし、それ以外は原文表記とした。

一、Life は基本的に「生活」と訳し、第八章の倫理に関する議論で登場する場合には文脈に応じて「生」と訳した。

一、Justification は「正当化」、Legitimacy は「正統性」と訳した。

一、SNSは原著では Social Networking Site と表記されているが、邦訳にあたり、日本で一般的に使用されている「ソーシャル・ネットワーキング・サービス」と表記した。

一、Text という語句については、インターネットの技術的特性に関わるものは「テキスト」、メディア研究の分析に関わるものは「テクスト」と表記した。

第一章　デジタルメディアと社会理論

メディアはある一つの世界、すなわち社会的世界、想像上の世界、グローバルな政治や対立が生じる世界の中のわれわれの生活感覚――われわれのさまざまな感覚――を覆いつくしている。歴史家フェルナン・ブローデルが記したように、一五世紀末までは、人類の生活はいわば「別個の惑星」に分断されていた[1]。それは地球上の特定の地域を占めつつも、相互に有効な接点を持たない状況である。今日のわれわれが当たり前と思うような世界のあり方を構築するうえで、多くの要因（経済的、政治的、軍事的）やさまざまな過程（交易、交通、測量）が寄与してきたが、その中でも「事実」としての世界に日常的なルーティンを組み込み、さらにはそうしたルーティンを変化させてきたものこそがメディアである。一八六五年、米国大統領リンカーンの暗殺のニュースは大西洋を横断するのに一二日を要した[2]。二〇一一年初頭、世界中のオーディエンスは、テレビの国際報道やオンラインのソーシャルネットワークによって提供されるアラブ国家の政治的危機をライブで見守りながら昼休みを過ごすことが可能となった。

半世紀前、ポール・ラザースフェルドとロバート・マートンは「社会にメディアが存在することの効果」とは何かを問いかけた[3]。この場合、二人は国民国家のもとでの社会を想定していたことであろう。そして国民国家は人々の移動の統制から電気通信の規制に至るまで、依然として多くの問題に対して重要な存在である。だが、「社会」はもはや、国民国家の境界線の内に限定されえない。まさに、「社会」、すなわち社会的存在としてのわれわれ自身がその一部を構成する一つの「全体」としての「社会」という概念そのものが近年再考されてきたのである。アンソニー・ギデンズが論じるように、社会はもはや「全体」ではない。それは相関的な「システム性」の諸レベルであり、国境を越えて、あるいは国境を無視して生じる多くのフローや諸関係を背景として生じるものである[4]。したがってメディアの社会的な重要性は、社会**および**世界との関係性の中から検証されねばならない。

本書は二一世紀初頭のメディアに関する日常的な諸経験について考えるために社会理論を用いる。こうした経験は、巨大なメディアによって不可避的に特徴づけられており、それらのメディアがいかなる歴史的経緯で発展してきたのかはモダニティの世界にとってきわめて重要であった。だが、日常的経験とメディアとの関係性はこうした議論にとどまらない。個人間のコミュニケーションのためのメディアと、かつて「マス」メディアと呼ばれていたメディアとの融合の進展はおそらく目下進展している最も根源的な変化である。この大きな変化の背後に人間の行為に関するさらに大きな変容が存在している。仮に**あらゆる**メディアが「離ればなれになっているものを結びつけようとする」(ジークフリート・ジェリンスキ)ような「行為の空間」であるならば、インターネットはこの特徴を拡張する。インターネットのグローバルな接続可能性は、「単一の社会的・文化的環境」として世界を捉える感覚を歴史上初めて造り出すのである[5]。

メディアは学術用語としては多義的である。「メディア」は制度やインフラを指し示す。そうした制度やインフラは、多かれ少なかれ固定化された形式で特定のコンテンツを制作し、配信する。そしてその過程でコンテンツに文脈性を付与する。だが、「メディア」とは、これらのコンテンツそのものを指し示すこともある。インフラであれ、コンテンツであれ、あるいは生産であれ、流通であれ、メディアという語はいずれにせよコミュニケーションの制度的次元と根本的に結びついている[6]。デジタルメディアはメディアがモダニティに果たす役割の最終段階を構成するにすぎない。だが、最も複雑なものでもある。この場合の複雑性とは、ネットワークのネットワークとしてのインターネットの特性によって描写されるものである。すなわち、一対一から多対多までのあらゆるタイプのコミュニケーションを広範なコミュニケーションの「空間」へと接続させるものである。[7] メディアは柔軟性を増し、相互に接続された。その結果、特定のメディアを個別に考える必要のない、「メディア環境」のまさに出発点に立つことを可能にしたのである。[8]

インターネットは相互行為と情報蓄積の制度的に支えられた空間として一九六〇年代初頭以来、発展してきた。インターネットは、ハイパーテキストの文書を一つのシステムにリンクさせるワールド・ワイド・ウェブのプロトコルを通じてようやく日常的な現象となった。このプロトコルはティム・バーナーズ゠リーによって一九八九年に発案され、一九九一年に運用が開始された。そして一九九三年から九四年にかけて日常的な利用の段階に入った。インターネットの根本的な特性は、エンドツーエンドのシステム構成（アーキテクチャ）にある。このことについてクレイ・シャーキーは端的に「インターネットとは、二つの地点間のデータの移動に関する一連の取り決めにすぎない」と論じている。[9] すなわち、**情報**空間に存在する二つの地点間のデータの移動である。携帯端末によるインターネットへのアクセスが進展することにより、これらの地点は**物理的な**空間において社会的行為者がアクセス可能な場所をも指し示すようになった。したがって、社会理論にとってインターネットがもたらす帰結はラディカルなものとなる。オンライン上の相互接続は社会行為の空間を変容させる。こうした接続が相互行為的なものであり、別の場所で生じた相互行為を参照し、さらに別の相互行為に利用するからである。このようにして、インターネットは人間の行為のための効率的かつ永続的な**領域**を造り出すのである。そしてこうした**領域**の存在があらゆる空間における社会的組織化の可能性を変化させる。[10] いかなる場所で生じる行為もどこか別の場所で生じる行為とあらかじめ結びつくことが可能となる。それはさらに別の場所で生じる諸行為を参照しつつ行われる。これらすべての結びつきは空間における他の地点からの新たな結びつきに対して開かれているのである。米国の宗教学者デビッド・モーガンは、アブグレイブ刑務所での二〇〇四年の米兵による拷問の写真は、デジタルメディアが可能にした社会的流通の拡張に関する近年の最も顕著な事例であると指摘している。[11] この事例から引き出される帰結は依然としてローカルな文脈と資源によって高度に条件づけられているとはいえ、社会的なものに関するパフォーマンスと認識は新たな**弾力性**を獲得している。今日のメディアは行為主体が「環境を現実とを……把握する」うえで鍵となるのである[12]。

カナダのコミュニケーション理論家ハロルド・イニスはかつて「空間的な偏向性を有した」メディアと「時間的な偏向性を有した」メディアとを区分した[13]。インターネットはおそらく空間的な偏向性を有している。なぜならば、それは空間におけるコミュニケーションの運動を拡張するだけでなく、複雑性という点からも変化させるからである。インターネットの情報空間に日常的な行為─空間を組み込むことは、どこで、誰によって何が生じうるのかという点に関する異なった理解を要請する。その場合、イニスの対照的な「時間的な偏向性を有するメディア」概念（碑文、パピルス）は、空間も時間もインターネットの制約によって変化するような世界においてはアクセスがより容易なものとなる。

1　メディア変容のメタファー

社会および世界にとってのメディアの重要性は、線型的に発展するものとして把握することはできない[14]。メディアがより広範な文化的・社会的諸過程の中に埋め込まれるとき、その結果として緊張関係と矛盾が生じる。偉大な小説『失われた時を求めて』の中でマルセル・プルーストは、語り手が初めて最初の電話の呼び出しを行う様子を描写し、そこに後の電話の記憶を組み込んでいる。

そしてこちらの呼出音が鳴りひびくやいなや、ただ私たちの耳だけが開かれている、幻に満ちあふれた夜のなかに、かすかな音──抽象的な音──遠い距離を抹消した音──がきこえ、そして懐かしい人の声がこちらに呼びかけてくるのだ。

あの人だ、あの人の声だ、私たちに話しかけ、そこにきこえてくるのは！　だが、その声は、なんと遠いことだろう！　まるで耳のすぐそばでひびいている声の主の女性でも、長時間の旅行をしなければ会えないかのように、私には不安なしでその声に耳を傾けられなかったことが、いったい何度あったろう！　私はますます強く感じるのであった、どんなに懐かしい人に近づいたように見えても、そこにはがっかりさせるようなものが含まれており、また手をのばすだけで愛している人をつかまえられそうに思えるときも、実ははるかに相手からへだてられているということを。こんなに近くにきこえるこの声は、たしかにそこにいる――だが実は遠く引き離されているのだ[15]！

一つの通信技術を通じて生じる個人の苦痛に関するこの説明において、プルーストは日常生活におけるメディアの役割に備わった両義性を捉えている。すなわち、「たしかにそこにいるにもかかわらず……実は遠く引き離されている」ことである。たとえ電話というメディアがほとんど別物へと変容してしまったことを考慮に入れても、われわれはプルーストが描写したような緊張感をもはや感じることはできない[16]。レイモンド・ウィリアムズもまた、近代メディアについて両義性の感覚を有していた。すなわち、「近代のコミュニケーションの内容の多くは、……外的な出来事に関する不均衡に共有された意識の形式である。どこかで生じた出来事の情報は、強力な伝達、媒介手段を通じてわれわれにもたらされるが、こうした出来事が生じる世界とは、これらの手段以外につながりの感覚を持つことはできず、われわれの生活にとって中心的であると同時に周辺的なものであると感じることになる[17]」。

プルーストやウィリアムズが論じた変化よりも以前の世界に戻る方法は存在しない。これらの変化は世界とは何か、そして世界はいかなるものなのかという点に関する前提の中にすでに組み込まれているのである。だが、われわれが今や「伝統的」（二〇世紀半ばの）メディアと呼ぶものがもたらした帰結は、それらのメディアが日常生活の背景となってから長いにもかかわらず、依然として困惑させるものである。ドン・デリーロの一九九九年の壮大な著作『アンダーワールド』を読み解く一つの方法は、今なお続く、そしてやっかいなアメリカ社会の神話の中でテレビやラジオが果たす役割に関する一連の省察として読むことである。[18]

デリーロが『アンダーワールド』を執筆して以降、さらなる変容が数多く生じている。何よりもまず、テレビや他のメディアが作り出すイメージそれ自体が急激に増加している点である。「生活上の経験は、メディアが存在する中での経験へと変化しつつある」のである。次に、携帯機器による双方向型の持続的なコミュニケーションが台頭し、個人間の通信と放送とをオンライン上で融合させた結果、マニュエル・カステルが「マス・セルフ・コミュニケーション」と呼ぶ様式を通じて誰もがメディアコンテンツの配信ができるようになったことである。これら近年のさまざまな変化が日常的な習慣にどのように統合されるようになるのか、われわれは理解しようと苦心し続けている。[19]

メディアは、最も小さなレベルにおいては諸個人の行為の詳細、**そして**最も大きなレベルにおいてはわれわれが関わりを持つ空間までも変容させる。サーチエンジンを例にとってみたい。サーチエンジンは今や世界で最大規模のビジネスの一つとして注目されているが、一五年前には一般に知られていない社会形式であった。グーグルはわれわれに対して「そこに何があるのか」を明らかにする。それはジョン・トムリンソンが「世界の情報資源の即時的かつ無限の利用可能性」と呼ぶものを、ブラウザを通じて定期的に提供してくれる。この変容の肯定的な側面は、ありふれたほどよく知られている。われわれは非常にしばしば書籍や辞書ではなく、「ググって」調べ物をする。弁護士である友人は「法律は今やグーグル上で調べることができる」という。人々は子供の風邪の兆候をグーグルに入力して検索しながらチェックする。英国でかつて著名であった電話帳イエローページの重役は「われわれが何者なのか、二五歳以下の人は誰も知らない」ことを認めている。[20]

あるストーリーがこの変化を鮮やかに示している。五年前、死亡を偽装した詐欺を働き妻と共に逃亡した男に関するスキャンダルが英国のメディアをにぎわせた。『デイリー・ミラー』の読者が「死んだはずの」その男が、パナマで妻と共に生きていることを明らかにするという決定的な瞬間が訪れた。この読者は、「John and Mary and Panama」とグーグルに入力することでそれを証明してしまったのである。彼女のコメントは興味深い。「私はすっかり懐疑的になりました。今日では誰も消え去ることさえできません。何か、何らかのサインをネット上に残してしまうのです」[21]。この冒険的なグーグルのユーザーは今やよく知られたインターネットの両義性を捉えていた。すなわち、インターネットは諸個人を発見するための手段であり、不特定多数にコンタクトをとるための手段であり、相互監視を保証する手段である。

だが、これらの同時進行する多様な変化が**あらゆる**規模において日常生活の中に埋め込まれている場合、それらの影響をどのように捉えることができるであろうか。この場合、メタファーが役立つであろう。メディアが世界に対して生み出す差異をめぐる一つのメタファーは、ロジャー・シルバーストーンによると「弁証法」である[22]。「弁証法」という言葉は対話を示すギリシャ語に由来する。そして対話の構成要素が互いを特徴づけるものである一方で、それぞれ分離したままであることを捉える言葉である。個人であれ集団であれ、われわれのすべてはこの弁証法に何らかの形で寄与している。それは「そこに何があるのか」「何ができるのか」をめぐってメディアを通じて与えられた情報に基づく諸前提を通じて行われる。これらの寄与は、諸個人の選択によってなされるものではない。経済的、その他の諸力によって駆動するより規模の大きなインフラの変化によってなされる。弁証法的アプローチは、人々がメディアの作り出す差異といかに柔軟に交渉するのかを明らかにする。また、われわれが「再メディア化」と呼ぶようになったメディア**間の**やりとりについて説明するものでもある[23]。

「弁証法」は、メディアの累積的な**量**、そしてその結果、メディアが日常生活に対して**浸透**することの影響力を捉えることができるのであろうか。おそらくそのためにはもう一つ別のメタファーが必要になるであろう。トッド・ギトリンはメディアを「奔流」というイメージで捉えた。すなわち、「過飽和した」視覚イメージやテクストの流れが日々われわれを圧倒しているというイメージである。ギトリンがこの論文を書いてから数年後、そのイメージは **Bit-Torrent** というブランド名と結びつくこととなった。それは膨大なメディアファイル(テレビ番組や映画)を小さなファイルに断片化し、インターネット上に無数のストリームとして同時に送ることができるソフトウェアである。だが、われわれはメディアの広大な「奔流」に順応することは不可能である。なぜならば、その規模や深さが成長**し続けている**からである。メディアに関する人々のコメントでさえも、ブログやdigg-itのおすすめ、ユーチューブのマッシュアップやツイートなど、ギトリンの分析ののちに登場した種々のサービスを通じてその流れに勢いが増しているのである。したがって、メディアの「奔流」というメタファーはＲＦＩＤ〔無線通信を用いた自動認識システム〕のチップのような情報伝達様式や情報源によって満たされた今日の消費者の環境の飽和状態を検討することなしに用いるには限度がある。[24]

ここで、「過飽和」の専門的意味が重要となる。化学や熱力学において、過飽和は「通常の環境下で溶媒に溶ける以上の」物質が溶けた状態で含まれていることを指し示す。[25] したがって、過飽和は、**不安定な**状態を指す名称である。溶けた、あるいは溶媒となった物質の均衡状態からの逸脱である。この不安定な状態は、例えば温度や圧力の変化のような特定の変化の結果としてのみ生じる。メディアによる**社会**の過飽和は、社会生活があらゆるレベルでメディアコンテンツによって満たされている際に生じる特定の圧力による不安定かつ不均衡な状態を意味することになろう（空間的には、特定の放送が伝達される領域の境界線。時間的には、グローバルな政治的危機のような特定の出来事の時期）。現代社会におけるメディアの密度を捉えるうえで、「過飽和の状態にある」という用語に関するこのより正確な意味を用いる際には限界がある。社会生活は解釈に基づくが、液体は自身の中に生じるガスの泡を「解釈」しないからである。だが、少なくとも、過飽和のメタファーは、メディアの飽和が特定のレベルに到達した際に生じる社会生活における位相の変化を理解することを可能にする。すなわち、社会的なものが**いかなる秩序形態のもとで可能となるのか**、ということの変化である。この点において、社会理論と結びつけて考える必要が明らかになる。

2　社会志向のメディア理論へ向けて

本書で、メディアがわれわれの生活をどのように変化させるのかを理解するための中範囲の概念的ツール、すなわちメディア理論を発展させることにしたい。だが、いかなる**種類**のメディア理論であろうか。「純粋な」メディア理論は存在しない。なぜならば、メディアは常に特定の、歴史的に埋め込まれた情報や意味の伝達手段であるからである。クロード・シャノンとワレン・ウィーバーが「コミュニケーションの数学理論」と自ら名づけた最も抽象的なコミュニケーション理論でさえも、複雑な情報を単純な共通の形式へと変換するコードが考案されたコンピュータとテレビの黎明期という特定の歴史的文脈において登場しえたのである。[26] メディア理論は、活用するデータの種類や参照する分析手法の種類に応じて便宜的に区分けすることができる。以下、その説明をしたい。

　わかりやすくするために、メディアの調査研究を四つの頂点を持つピラミッドとして考えてみたい。重視したい調査のタイプを念頭に、それぞれの頂点を上にするようにピラミッドを回転させることができる。特定の頂点がピラミッドの先端になると、他のものはピラミッドの底面となる。ピラミッドを回転させるうえで、「正解の」あるいは「よりよい」方法は存在しない。なぜならば、それぞれの頂点には、調査を行ううえで重視すべき対象の名が与えられているからである。すなわち、メディア**テクスト**、メディア生産・流通・受容の**政治経済**、メディアの**技術的特性**、メディア技術やメディアコンテンツに関する**社会的利用**である。

　調査研究において、これらのうち何を重視するのかが理論、すなわち自身の研究領域をより広く理解するための中範囲の諸概念を生み出す**可能性を持つ**。それぞれの理論のタイプは、ピラミッドの他の頂点から調査（そして理論）を引き出し、利用する必要がある。だが、いずれの頂点の調査も実際に理論へと発展するかどうか、またどのように発展するのかは知的流行とディシプリンがどのように変化するのかにかかっている。一九七〇年代および八〇年代において、メディア内容に関する一般理論、特にそのイデオロギー概念が大いに流行した（映画研究において支配的であったスクリーン理論。それは一定程度テレビ研究に対しても影響を与えた）。だが、その影響は一九九〇年代にはもっぱら消失した。政治経済学はメディアおよび文化生産の特性に関する重要な理論を生み出してきた。その最も広範なタイプの理論は、メディア所有のみならず、社会生活全般におよぶ権力の不均衡に

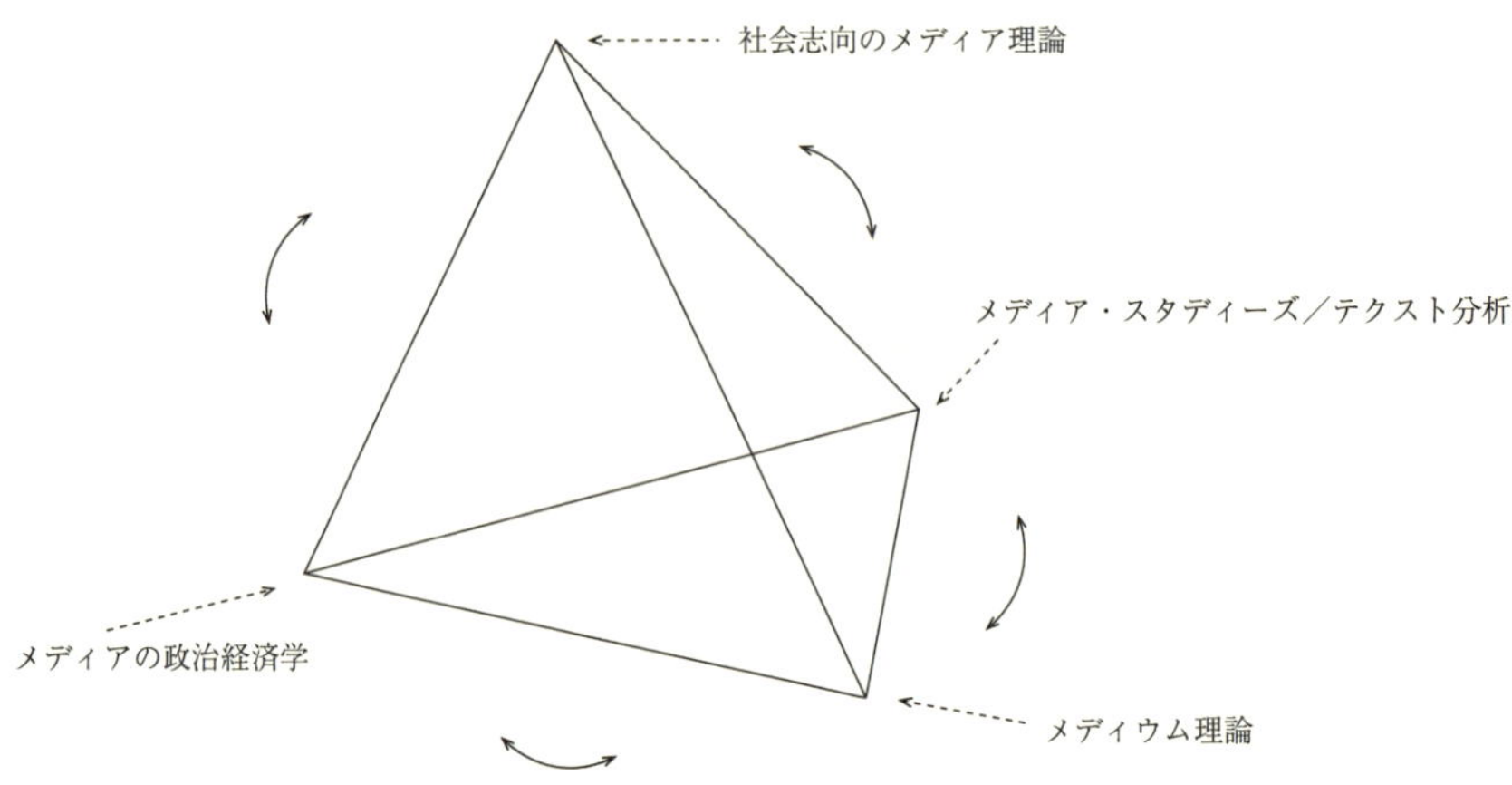

図 1.1　どのようなメディア理論か？

関するものである。[27]

おそらく近年最も頻繁に参照される理論は、「メディウム理論（medium theory）」である。この理論の最も知られた唱道者は、カナダの初期の理論家マーシャル・マクルーハンとハロルド・イニス、そして二〇一一年一〇月に死去したドイツの理論家フリードリッヒ・キットラーである。キットラーはメディアが何を可能たらしめるのか、特に特定の技術や発明がどのようにして「メディア」として生じうるのか、そしていかにしてメディアがわれわれの感覚と知覚能力を拡張し、まさにそれらの新たな形式を提供しうるのかに関する卓越した知見を提示した。[28] キットラーの知見のいくつかにはメディアの社会学にとって示唆に富むものもあるが、キットラーの実際の関心は、それぞれのメディアが**まさに生成する**ことを通じてわれわれの能力の拡張を可能にする、という固有の「技術的」貢献に関する理解を深めることであった。この点によってのみ、キットラーが *Optical Media* の最後の数ページでコンピュータに関してなぜ次のような記述をすることが可能であったのかを理解できるだろう。すなわち、コンピュータが新たなメディア環境において勝利し、「［それ以前のメディアの］想像力を一掃する」中で、キットラーは人間の感覚の拡張としてのメディア史を**完成させた**のである。このようにそれぞれのメディアの技術的「エッセンス」に注目することは、キットラー自身が述べているように、「人間、言語、感覚を**忘却す**

る」ことであり、「メディアに対する些細な内容に基づくアプローチ」、すなわち「大衆映画やテレビ番組」の分析を斥けることである。それは社会学それ自体を斥けることすら意味している。なぜならば、キットラーはコンピュータのようなメディアがどのように**活用されているか**について何ら関心を示していないからである。それはジョン・ダラムが述べるように、「人物不在のメディア・スタディーズ」であり、社会学から引き離されたメディア／メディウム理論である。[29]

キットラーとは対照的に、本書では社会学および社会理論を**志向した**メディア理論を提供する。この第四のアプローチとなりうるメディア理論は、社会生活の中でメディアがいかに利用されるのか、社会生活をどのように形成しうるのかを前景化する。そしてメディアを通じて循環する意味がどのような社会的帰結を生み出すのかに注目する。このタイプのメディア理論は未だに名前が与えられていない。したがって、ややぎこちないものの、この理論を**社会志向のメディア理論**（socially oriented media theory）と呼ぶことにしたい。すなわち、メディアが構築し、可能にする社会諸過程に焦点を当てる理論である。この理論は、文学、経済学、技術や視覚的コミュニケーションをめぐる歴史学ではなく、主として社会学と密接に連関するものである。[30]

「ニューメディア」はすでに、それ以前の伝統的メディアと同様に、日常生活のコンテンツ、「われわれが当たり前のものとして利用するインフラの一部」となった。[31]このことは、社会と世界に対してメディアがいかなる帰結をもたらすのかを理解することを難しくする。メディアがどのように現代の社会生活を形成するのかを把握するためには**社会**理論が必要である。デジタル世界の複雑な相互依存性を明らかにしたいのであれば、ドイツの社会学者ノルベルト・エリアスによる「文明化」を説明するための「関係構造（figurations）」に関する古典的研究を思い起こす必要があるだろう。オンライン上で何らかの情報を生産し、あるいはそれを通じて日常生活を営む中で生じる秩序の特定のパターンや資源の集中について知りたいのであれば、フランスの社会学者ピエール・ブルデューの文化的生産をめぐる「界（field）」の理論について調べてみるとよいだろう。あるいは単純に、オンライン上を行きかう無数のメッセージが社会的世界に対していかなる影響を与えるのかについて問いたいのであれば、古典的なフランスの社会学者エミール・デュルケームの「カテゴリー（categories）」、すなわち世界に関する表象が凝集された既成の区分やヒエラルキーに関する説明を参照する必要がある。[32] 今日のメディアの複雑性を理解するためには、社会理論であれば**何でもよい**わけではない。社会的なもの（the social）の構築、表象、競合に関する社会理論こそが求められるのである。

社会志向のメディア理論は基本的に行為に関わる理論である。メディアは人の行為がどのように組織化されるのかを理解するための入り口を提供する。われわれの出発点は、実践が可変的であること、そして実践がより広範な権力関係の中に埋め込まれていることである。このアプローチは技術的な発見に関する歴史をめぐる議論よりも権力に関する批判社会学の議論により近いものである。[33] しかしながら、社会志向のメディア理論はメディウム理論と二つの重要な事柄を共有している。第一に、この理論はメディア、すなわち一般的な意味における「コミュニケーション」よりも、コミュニケーションを可能にする組織化されたメカニズムやインフラに関わるものである。[34] 第二に、より一層驚くべきことに、社会志向のメディア理論は、ジークフリート・ジエリンスキの議論と関連性を持つ。このあまり知られていない、メディウム理論の代表的な研究者は、メディア発展の線形的なモデルを採用しないだけでなく、「生産性のパラダイムに関わる形で「メディアの」適用や形成を語る経済学的発想」そのものに異議を申し立てた。ジエリンスキの理論的立場は自らをメディアの歴史に関する「非考古学的（*an*archaelogical）」アプローチへと向かわせることになった。[35] このアプローチは、過去のメディアに存在した異質性や多様性を称揚する。こうした懐疑論をメディアの今日的状況を理解するための社会学的な挑戦へと翻訳することで、メディアの生産物やシステムを経済的、社会的、政治的な合理化の「自然な」ないしはシームレスな結果物として解釈する諸力に対する**脱構築**に、社会志向のメディア理論を関連づけることができるのである。

しかしながら、今日のメディアの理論と分析はいくつかの困難な不確実性に直面せざるを得ない。これらの不確実性について以下で概略的に述べることにしたい。

3 デジタル革命とその不確実性

大半の論者は、インターネットが社会をネットワーク状に接続し、その伝達能力が向上し、そして無数のデジタルメディア機器やインフラが身のまわりで成長しつつある状況に関心を寄せながらわれわれがメディア革命の途上にいると信じている。だが、技術に関する「神話の創造」の長きにわたる歴史を考慮するならば、こうした議論には注意深くあるべきであろう。[36] 特に、新たなコミュニケーション技術は（民主主義、政治的調和、世界平和に関する）神話を絶えず生み出し続けている。最も直近の神話は、情報、特にデジタル化された情報は人々を自由にするというものである。[37]

印刷に関する偉大な歴史家、エリザベス・アイゼンステインが一五世紀から一七世紀にかけてのヨーロッパにおける「印刷革命」を特徴づけるものとみなしていたいくつかの側面について振り返ってみる価値はあるだろう。印刷は個々人の写本による固有のテクストの生産から、多数の読者のためのテクストの生産への文化生産上の移行をもたらした。また、流通の機構（すなわち出版市場）を創り出し、それによって「まったく同じ図画、地図、図表が遠く離れた読者たちによって**同時に**閲覧されることが可能になった」のである。[38] その結果として、テクストは大量に増加し、一七世紀の学者は書斎にいながらにして二、三か月のうちに、過去の学者が旅をして回り、生涯をかけて読むことができたよりも多くの書籍を読むことができるようになった。また、ほかにも新たなデータの記録やアーカイブの能力が飛躍的に増し、個人としての原作者という新たな概念が生まれた。[39] これは、コミュニケーションがいかにして**社会的に**組織化されるのか、という点において、一つの革命であった。この革命の前提条件は書籍の印刷という技術であったが、革命が進展するには長い年月を要したのである。印刷に関するほかの二人の歴史家、リュシアン・フェーヴルとアンリ゠ジャン・マルタンは次のように述べている。すなわち、初期の印刷業者はノマドであり、印刷技術を持ち歩いて物理的に移動していたのである。その結果、印刷の普及は西欧で「三〇〇年以上」[40]という（われわれにとって）想像を絶するほどゆっくりしたものであった。

懐疑論者もいるものの、[41]今日のメディアと情報の革命は、印刷革命に匹敵するものである。さらにいえば、その進展はより一層速いものである。今日の革命はその発生からまだ二〇年もたっておらず、（衛星放送やケーブルテレビといった）以前の重要な情報化と重なる形で地理的な境界をほとんど持たずに進展した。一九九〇年代の初頭、イラクでは**タイプライター**の登録が政府によって要請されていた。これは、当時は国家の検閲の手段として依然として妥当なものであった。また、テレビのチャンネルはごく少数で、国家による強い影響下にあった。二〇〇九年までにアラブ世界では四七〇のアラビア語での衛星ＴＶチャンネルが利用できるようになった。[42]そしてウェブを利用することができる近年の携帯電話の普及は国家の検閲を困難なものにしている。インターネットは情報の生産を（書籍、パンフレット、手紙、報告書、リストといった）種類の限られた、また、それぞれ別々の形式で行われていたものから、（ウェブサイトのような）あらゆる形式やサイズを統一したもの（ユニット）へと移行させた。それは標準的なテキストやイメージの形式の基準、識別可能な場所（url）を通じて提供されるのである。[43]こうした情報のユニットの集合――ウェブサイトやデータベース――に対しては、いかなる種類・分量のメディアも制約なく組み込まれうる。その結果、データの容量やアーカイブ能力、集合的著作者（ウィキペディア）や単独の著作者（ブログ、vlogなど）の新たな形式、そしてワールド・ワイド・ウェブの制作者ティム・バーナーズ＝リーが述べるようなわれわれにとっての「あらゆる規模での相互作用」のための空間の幾何級数的な成長がもたらされた。学界や産業界の多くの評者たちは公的生活、専門家のセクター全体が情報革命によって根本的に変容しつつあると信じている。[44]

しかしながら、三点の留保がただちに必要であろう。第一に、デジタル世界の高度な情報処理能力を手にするには、企業のイントラネットやプロプライエタリシステム（特定の企業のハードウェアやソフトウェアで構成されたシステム）を介する必要がある。そして、ローレンス・レッシグのよく知られた議論のように、インターネットの開かれた、エンドツーエンド型のアーキテクチャはもはや過去のものとなりつつある。[45]一方で、「ネットワーク中立性（net neutrality）」が失われず、持続するのかという懸念が存在する。サーチエンジンは日常生活において便利なものだが、グーグル社は例えば米国の通信事業者ベライゾンと無線インターネットの開放をめぐり、ネットワーク中立性を脅かすような裏取引を行っている。それは明らかに連邦通信委員会の手の及ばない領域で行われている。こうした利便性と事業者の影響力はトレードオフの関係であり、悩ましいものとなっている。グーグルの市場の独占は今や、米国連邦取引委員会や欧州競争委員会による法的な異議申し立ての動きに直面しつつある。[46] このように、インターネットの「空間」を単純に自由ですべての人々にとって利用可能なものとみなすことはできないのである。

第二の留保は、一見するところインターネットの接続はグローバルかつ無限に拡張しているかのようであるが、新しい、隠れた**断絶**の諸形式が生まれつつあることである。デジタル・デバイドの問題は、一九九〇年代後半から顕在化してきた。例えば米国、デンマーク、韓国といった国々において、インターネットアクセスは高い水準を誇り、そこではオンラインの世界は誰にでも参照可能なものとなっているかのように見える。だが、英国政府はそのような想定は行ってこなかった。オンラインの世界との断絶は西側諸国の外側に目を転じるとより一層深刻である。非西欧諸国では、一台のコンピュータを購入するのに年収や月収のどの程度の割合が必要となるかが大きく異なる。[47] 世界の大部分では、ごく一部を除いて個人によって所有されたコンピュータは依然として手の届かないものである。一方で、例えば中東では、階級やエスニシティだけでなく、ジェンダーが国家の**内部**でインターネットアクセスを階層化する。米国の研究者エレン・サイターが述べるように、「エリートや都市部の専門職の子どもは貧困層の子どもとは質的に異なる形で新たな技術を経験する」。コンピュータおよびそれと関連した技術や社会的支援への容易なアクセスによって生じる「好循環」は、これらを欠いた人々にとっての**悪循環**を引き起こす。一連の不平等はソーシャル・ネットワーキングの世界の中で拡大しているように見える。[48]

第三に考慮すべきは、インターネット利用の地理的な拡張、そしてその結果として生じた英語が支配的地位を占めた状況から（アラビア語、中国語、日本語などの）多言語がそれぞれ相互にアクセス不可能な領域でヘゲモニーを有する状況への変化である。インターネットはもはやあまりにも大きくなり、いかなる研究枠組みも把握することが困難になりつつある。例えば中国だけでも四億二〇〇〇万人のインターネットユーザーがいる。そのうち、三億六四〇〇万人がブロードバンドを利用し、一億一五〇〇万人は都市部以外でインターネットを利用している。しかしながら、これらの利用動向がいかなる単純な一般化も困難であることにおいて議論の余地のない点は重要である。グローバルなインターネットの中で、それぞれの国々や地域の住民たちの声は異なる。ジェームズ・カランが指摘するように、英語が母国語や第二言語であれば、マラーティー語の場合よりも数倍の読者層を得る機会が増えることになる。だが、換言すればそれはデジタルメディアの「世界」は単一ではないということである。それは幻想にすぎない。そして、グローバルなインターネットを語るレトリックによってこの幻想は成立し、自らが覆い隠している不平等によってこの幻想は作動するのである。[49]

デジタルメディアが社会にとっていかなる帰結をもたらしているのかを検討すると、肯定的な「革命」という予言はさらに複雑なものとなる。インターネットアクセスが社会的に調整されている場合、パソコンを個人が所有することはインターネット利用の唯一の方法ではない。したがってインターネット革命は、諸個人のインターネットアクセスに関する統計を通じてのみ理解されるものではない。一方で、グローバルな規模で展開する不平等のパターンによって加速する労働をめぐる越境的な動きは、こうしたインターネット利用の社会的調整のニーズであり、資源でもある。また、技術を用いるための基本的な可能性と実際にどのように**用いられるのか**は大きく異なる。レジス・ドブレが論じるように、「利用方法は、道具よりも以前から存在している。……仮に、特定のメディアが『新しい』場合、［その利用の］環境は定義上、『古い』ものとなる」。[50] まさに、書物が社会にもたらしてきたものをめぐる長い歴史は、一九世紀後半から二〇世紀初期のヨーロッパにおける読書習慣を生み出すうえで、**いかに多くの**要因が相互に結びついてきたのかを示している。読書に関する制度的文脈や人的結びつき、新たな文化的慣習、新興ブルジョワジーの余暇時間の増加、日没後の家庭内での灯火の利用可能性の増大などである。[51]「インターネット革命」を加速させる要因は、コンテンツだけでなく、ソフトウェア（あるいは基盤ソフトウェア）が同一のメディアで配信される能力にある。書物は情報の伝播を革新的に躍進させた。なぜならば、それは図表やその他の技術的説明の伝達を可能にしたからである[52]。だが、今日、重要なコミュニケーションの革新を左右する基盤ソフトウェアはいかなる個人や対象も物理的に移動させることなくオンライン上でグローバルに広く行き渡らせることができるのである！　インメディアのサイトのオープン編集システムを想起してみたい。これはオーストラリアで発明されたが、一九九九年のシアトルのＷＴＯ（世界貿易機関）会議での抗議活動で最初に用いられたものである。あるいはアフリカの災害報道で利用可能なUshahidiウェブサイトのテンプレートもそうした例の一つである[53]。

要約しよう。その変化が熱狂的に語られるにもかかわらず、現代のメディアの非線形的な変容は著しい**不確実性**によって特徴づけられる。いわゆる「デジタル世代」に基づく予測は、真剣な分析をマーケティングの誇大宣伝に置き換える。そしてライフステージのさまざまな行動と純粋な歴史的変動とを取り違える危険を冒している[54]。同様に、メディアが共通のプラットフォーム上に融合する時代にわれわれが生きていることは疑いないにしても、われわれが「コンバージェンス文化（融合文化）」とも呼ぶべき特異な何かの中で生活しているという主張に対しては疑ってかかるべきである[55]。クレイ・シャーキーは近年、次のように示唆している。すなわち、「新たなツールによって提供される機会が大きくなればなるほど、それ以前の社会の形態に基づいて未来を完全に予測することができる者は少なくなる」のである。最も不確実なものは、まさに、メディアと社会権力の配分の間のより広範な相互作用である。「さまざまな事物が明るみに出される中、何が隠されているのか」を判断することの誤謬について評したプルーストはそのことを正しく理解していたのである[56]。

より具体的には、今日のあらゆるメディア理論は六種類の不確実性[57]について取り組まなければならない。後期近代における差異化と自己反省性の広範な諸過程と連関しているものの、それらはメディア諸制度と諸技術の特定の力学という観点から最もよく理解しうるものである。

（1）メディアとは何か・メディアと人はどのように関わるのか・メディアはどこにあるのか

現代のデジタルメディアは、重要な点において、「決定不全（underdetermined）」[58]である。一五年ほど前、メディアの調査研究の主要な要素（テクスト分析、メディア生産をめぐる政治経済学、オーディエンス研究）は安定的な位置を占めていた。オーディエンス研究の小さな革命が新たな問い、すなわちテクストはオーディエンスに対してどのように機能し、オーディエンスはテクストに対してどのように機能するのかという問いを提起したものの、これらの問いは封じ込めることが可能であったかのように見えた。技術的革新（家庭用ビデオ、衛星やケーブルを通じたテレビの多チャンネル化）は予想に反して、研究の対象を根本的に変化させることはなかった。オーディエンス――私自身が特に関心を抱く対象であるが――は国民国家の枠内でメディアからの提供物を消費し、安定した位置づけを与えられているように見えた。われわれは一九八〇年代初期までは、国民国家を維持するというメディアの役割を理解しつつあった[59]。

次の一〇年間、メディアの調査研究は横に拡張した。オーディエンスは見たり、読んだり、聴いたりすること以外に多くの事柄を行っていることをわれわれは理解し始めた。ファン研究はまさに、この新たな研究の重要な領域の一つである。メディアは生産―伝達―受容の閉じられた回路とはみなされなくなった。空間を超えて拡張する「媒介作用」のより広範な過程とみなされるようになったのである。メディア・スタディーズと人類学におけるメディアに関連した研究との交流が徐々にではあるが再び活性化してきた[60]。インターネット、ワールド・ワイド・ウェブ、携帯電話はコンピュータを介したコミュニケーションやモバイルメディアを研究の最先端へと押し上げた[61]。そしてそれと共に、次のような不確実性が登場した。すなわち伝統的なメディア制度の集中化された権力が、オンライン上で生産・消費される一層拡散化された空間に取って代わられるのではないか、ということである[62]。とはいえ、二〇〇五年においてもメディアの調査研究の輪郭は根本的には変化しなかった。

二〇〇五年以後は、メディアおよびメディアの調査研究にとってより根源的な分断の時期である。デジタルメディアの融合が大きく加速し、オンライン上で自らが撮影した写真やビデオが拡散することはありきたりの光景となった。同様に、他者のブログにコメントすること、ウェブサービスをマッシュアップすること、オンライン上で自己PRすることも当たり前となった。高速のネットアクセスが可能な携帯電話の利便性の向上により、人々がメディアの受容者であり、**かつ**流通者となる能力が（幾何級数的に）増すことになった。ソーシャル・ネットワーキング・サービス（英国・米国その他多くの国々でのフェイスブック、ブラジルやインドのOrkut、中国での人人網、日本でのミクシィ、韓国でのCyworld）の急成長はそうした動向に新たな次元を付け加えた。われわれが「メディア」と呼ぶもの、そしてそうしたメディアの組み合わせを統制する規則は大きく拡張しつつある。メディアの調査研究の**対象**が変わってきたのである。『エコノミスト』誌は二〇〇六年に正しくも次のように問いかけた。「メディア企業とは何**であるか**?」。[63]

これらの変化の要因が技術のみにあると考えることがないよう注意する必要がある。われわれが「メディア」と呼ぶコミュニケーションのインフラにおける変化は常に技術的、経済的、社会的、政治的諸力の間の**交わり**の結果だからである。デジタル以前の時代において、「メディア」は製品（production）であった。限定された少数の生産／配信の拠点から外側に向かって広がるものであり、「大衆」「オーディエンス」といった大規模だが互いに関係性を持たない人々に受容されるものであった。だが、初期のラジオの歴史が示すように、このことは技術的な必然性によるものではなかった。第一次世界大戦前後の米国において、ラジオは一対一、多対多のメディアとして発展する潜在的可能性を持っていた。他方でフランスや英国において、ラジオを分権的で包摂的な「コミュニティ」モデルを通じて運営しようとする可能性が検討された。[64]こうしたラジオの「マス」向けではないメディアモデルはすでに衰退してしまったがゆえに、多くの場合メディア史に記述されることはない。このことは一対多モデルに基づくラジオを必要とする商業的、政治的機会を逃すまいとする試みの反映でもある。ラジオに投じられる高額な資本に対しては、国家規模のメディアコンテンツの生産／配信が求められた。そしてこのように集中的に資本が投じられたマス・メディアは近代国家のますます中央集権化する組織のあり方によく適合していたのである。[65]

今や、別の種類の変化が進行中である。繰り返しになるが、それは技術的な可能性に単純に起因するものではない。われわれは家庭において「常にテレビと共にある」という考え方に慣れ親しんでいる。だが、英国のようなテレビ放送がよく整備された国でさえ、人口の七四％がブロードバンドを利用し、一六歳から二四歳の五〇％がインターネットに接続可能な携帯電話を所持している。[66] 多くの国々で実際にインターネット利用がルーティン化するにつれて、新しいメディアのアクターが登場した。例えばオンライン上での**ジハード主義**のビデオの制作者や、ユーチューブにアップロードされる自撮りのビデオクリップの制作者などである。あるいは自身の携帯からツイートをするセレブリティ、デモの群集の中で携帯カメラを掲げる参加者である。メディアの「対象」だけでなく、メディアをめぐる「人々のあり方」もまた、変化しつつある。ジョン・トンプソンがかつてマス・コミュニケーションに関する「生産者と消費者という区分の根本的な終焉」と呼んだ状況がより一層複雑化しているのである。今日、インターネットは個人に対し、広範なオーディエンスに情報を発信する能力を与えている。それは初期の電話回線が個人によって「世界に向けて」歌い、音楽を演奏するといった用いられ方をしたことを想起させる。[67] とはいえ、今回は情報発信の範囲やインフラ上の制約が大きく異なる。メディアコンテンツの生産／配信の専門家たちは自らのコンテンツだけでなく、「利用者が生成したコンテンツ（User-generated content: UGC）」を活性化し、管理することに対しても投資をする。他方で、メディアの消費者やオーディエンスは、制度的なメディアによる生産物に対してコメントし、あるいは何らかの形で生産過程に関わることのできる無限の機会を有している。ただし、実際に誰がそれらの機会を活用するのかは依然として不明確なままである。新聞のウェブサイトに関する読者との双方向的なコミュニティが形成されることを称賛する者もいれば、懐疑的な者もいる。[68] より根源的な変容を見出す者もいる。つまり、ウェブが「何かを公表するメディア」から「何かをコミュニケートするメディア」へと変容し、中心から〔周辺に向かって〕動画が配信される文化メディアから「拡張された……諸個人間のネットワーク」へと変容する、というものである。[69] われわれはメディアの生産物が分解されていく過程、「マス・メディア」の消失を見ているのであろうか。あるいはこのような見立てはグーグルのような今日の新たなメディア企業がサーチエンジンを拡張させながらメディア環境の質を**維持**することに対して払っている関心を過小評価しているのであろうか。(70)

おそらく今日の主導的な**商業**メディアは、番組制作会社でも、通信社でも、映画会社でもなく、グーグル（同社が所有するユーチューブも含まれる）であり、フェイスブックであり、アップルである。これらの企業が生産し、販売するのはメディア・インターフェイスが依拠する機器、プラットフォーム、サーチエンジンである。多種多様なメディア利用をある実践的な「全体」へと**結びつける**のが、こうしたプレイヤーたちである。タールトン・ギレスピーが論じるように、「プラットフォーム」とは、産業界においてこの結びつける能力を表現するうえでしばしば用いられる用語である。新たなプラットフォームは絶え間なく追い求められる。本章を執筆中（二〇一一年夏）も、マイクロソフトがスカイプを八五億ドルで買収することによって支配的なメディアプレイヤーの殿堂に収まるかどうかが注目されている。(71) こうした変容は二つのレベルで作用している。第一のレベルは、プラットフォーム間で**何が伝達されているのか**、その結果、特定の種類のコンテンツが**どこで**標準的なものとして消費されるのかが変化する点に関わる。主導的な映画制作会社（ワーナー・ブラザーズ、二〇世紀フォックス）によって計画されたプレミアムVOD（video-on-demand）は、映画が必要とされる場所を家庭へと決定的に移行させるかもしれない。他方でグーグルは、スマートフォンで利用可能なユーチューブを通じた新作映画の公開の可能性について模索している。その一方で、「クラウドゲーム」の時代は、個人化されたメディア実践（個別のゲーム機を用いること）を変化させ、大規模なゲームプレイヤーの集団を結びつける**オンライン上の**インフラストラクチャーにますます依存させることになる。(72) 第二のレベルは、**コンテンツの伝達がどのようになされるのか**という点の変化に関わる。われわれはますます情報を「アプリ」を通じて得るようになっている。このアプリケーションは、特定の企業によって構築され、単純な検索では到達できないインターネットの領域にわれわれを引き込むのである。これはクリス・アンダーソンとマイケル・ウォルフがオープンアクセスの「ウェブは死んだ」とみなす状況である。(73)

しかしながら、この点については慎重に検討しなければならない。メディア制度の中には、新たな伝達の可能性にもかかわらず、変わらないままのものもある。ラジオは一部がオンラインへと移行したものの、ラジオが構築する音の世界は依然として多くの人々の生活の日常的なルーティンの背景の一部を形成している。テレビについては、二〇〇〇年代初頭、「テレビの終焉」を宣言するのはありふれたことであった[74]。疑いようなく、テレビの性質は変化してきた。リビングルームの隅に置かれた箱状のものから、ある筆者が「特定の設置場所を持たないさまざまなスクリーン全体」と呼んだものへと変化した。また、(放送を通じて、あるいはケーブルや衛星を通じてテレビ装置へと伝送されるという)単一の形式においてのみ利用可能な「プッシュ型の」メディアから「マトリックス型のメディア」へと変化した。そして他のデジタルメディアのプラットフォームやコンテンツと結びつくことで「ますます柔軟で動態的なコミュニケーション様式」を提供するようになったのである[75]。われわれはもはや、個別のテレビ会社が制作するコンテンツによって支えられた「テレビ」という単一の存在を当たり前のものとみなすことはできなくなった。「テレビジョン」とは今や、巨大な**多**メディアの複合企業体が競い合う空間となったのである[76]。この空間に奇妙な新参者が迷い込んできた。すなわち、新聞社である。新聞は自身のウェブサイトで自作のビデオ素材を公開している(『サン』、『ニューヨーク・タイムズ』)。あるいは他者が制作したビデオをアーカイブしている(『ガーディアン』)。多くの国でプライムタイムのオーディエンスの規模が縮小しつつあるとはいえ、テレビは多くの人々によって視聴され**続けている**。同様に「今日の中国で、テレビは依然として最も広範に影響力を持つメディアである」[77]。ウィリアム・ウリッチオが論じるように、テレビは今や、マス・オーディエンスを対象としていた時代よりも以前の「多面性」を持ったメディアへと回帰しつつある[78]。明らかに、拡張するメディア環境を新たなメディア(インターネット?)が古いメディア(テレビ? ラジオ?)に取って代わるものとして理解することはできないのである。

次から次へと押し寄せる新しいメディアは、比較的裕福な国々の住民たちのもとに絶え間なく供給されてきた。

1 チャンネル数が限られていた地上波テレビから、数百チャンネルにおよぶケーブルおよび衛星放送への移行。
2 より速く、またより持続的なインターネットとワールド・ワイド・ウェブへのアクセス。
3 持ち運び可能な、すなわち「携帯」電話からのメディアアクセス。
4 デジタル化および新聞社のウェブサイトによるラジオや印刷メディアのオンラインへの移行。
5 トップダウン型の情報配信と写真、映画、テレビ番組、音楽の水平的交換を通じたオンラインコンテンツの量的な増大。
6 さまざまな人や組織とのつながりを作る、友人と連絡を取る、支援者を動員するといった目的のための新たなインターフェイスとしての、フェイスブックに代表されるソーシャル・ネットワーキング・サービス。
7 ツイッターのように、時間的・空間的な意味において、継続的に情報を拡散させることが可能な多対多型のインターフェイス。
8 **iPhone**、アンドロイド、ブラックベリー、その他携帯端末のためのメディアアプリケーション（「アプリ」）。

これら近年のメディアの波状供給は累積的なものであり、「飽和」という言葉で表現することが不適切になっている。メディアは地層のように、複雑に堆積するものである。だが、人々の世界の中でメディアが**どのように**飽和しているのか、すなわち、どのようにして人々が利用可能なメディアの環境から能動的に特定のメディアを**選択する**のかは、依然として不明確なままである。[79]

厳密には何を選択し、利用しているのだろうか。ヘンリー・ジェンキンスが論じるところの基本的メディアの範囲に依然として限定されているとはいえ、[80] われわれは**メディア多様体**（media manifold）、すなわち配信用プラットフォームの複合的な網の目から構成されたメディアの多様体を経験しているのである。そしてその背後にはインターネットの事実上無限ともいえる空間が広がっている。実際には複雑で不定形なものであったとしても、メディア多様体はわれわれにとってイメージ可能なものである。なぜならば、あらゆるメディアはすでに基本的に同じ情報ビットへと変換可能なデジタルとなり、あるいはデジタル化の途上にあるからである。(固定であれ、モバイルであれ)多くの装置が基本的にインターネットアクセスの機能を備えていることは次のことを意味する。すなわち、われわれはますます、メディアを個別に用いるというよりは相互に結びついたメディアを利用するようになってきたのである。人類学者のミルカ・マディアノウとダニエル・ミラーは、この多元性を「ポリメディア」という語で表現した。[81] だが、この用語は単なる複数性しか意味しえないリスクを持つ。リンクによって相互に結びついたメディアの**布置**を捉えることこそが重要である。したがって、ここではメディア多様体という用語を用いることにする。このメディア多様体はどこにもあってどこにもない。われわれはさまざまな程度においてこのメディア多様体へ埋め込まれているのである。

この点において、メディア・インターフェイスの普遍性という考え方は不適切なものとなる。利用の慣習が重要であり、慣習とは単なる繰り返し以上のものである。家庭においてであれ、より一般的に日常の文化においてであれ、あらゆる慣習は無数の実践を通じて固定化し、新たな生活様式を構築する。このことは、われわれを第二の不確実性の領域、すなわち利用の領域へと移行させる。

(2) われわれはメディアを用いて何をしているのか

人々がメディアを用いて何をしているのかを記述することは、かつては単純であった。それはドキュメンタリー番組を観る、ラジオの連続番組を追いかける、週刊誌や日刊紙を読む、映画を鑑賞しに劇場へ出かける、本のページをめくる、といった事柄であった。すでに定着したいくつかの変化がこの基本的な光景を複雑なものにした。例えばビデオカセットレコーダー、より最近はハードディスク内蔵のデジタルレコーダーによるタイムシフト視聴である。そしてデジタル化したメディア環境においてさらなる改良が進んでいる。確かに、これまでもメディアによっては利用に際して非決定性を伴うものが存在した。さまざまな人々がどのように新聞を消費するのかを体系的に知ることはできない（スポーツ面、ファッション面、あるいは一面から読み始めるのだろうか）。だが、メディア消費の規模、順序、文脈に関する不確実性は今や、ウェブの無制限のハイパーテキスト内におけるあらゆるメディア消費に**本来的に備わっている**。

今一度指摘すると、この不安定化は単なる技術に起因する問題ではない。リサ・ギッテルマンが強調するように、メディア技術の「使用プロトコル」が重要である。[82] 数十年間、メディア消費を安定化させていた一つの要因は、情報や娯楽のために利用するうえできわめて便利であったことである。そしてそれはメディア産業が発展させてきた。例えばプライムタイムのニュース番組、毎朝配達される新聞、毎日、あるいは毎週放送分に分割されたソープオペラである。そうした利便性を形成するうえで、かつては欠乏が主要な要因であった。テレビ局やラジオ局、新聞の数は限られており、情報源となるメディア自体が比較的不足していたのである。だが、情報が溢れかえる時代において、利便性は従来とは異なる形をとる。今や利便性とは、パッケージ化された大容量のメディア（そしてその中には広告が組み込まれている）に関するものではなく、一日に十回、オンラインニュースの見出しを参照することをめぐるものなのである。[83] メディア消費の習慣――例えば、人々がほかの人も同じようにしていると想定できるようなテレビやラジオのスイッチの入れ方（そしてメディアの生産者たちもまた同じような想定をすることができるやり方）――をひとまとめにすることは、今やできない。あるいは少なくともかつてのように単純なものではない。メディア消費の利便性とは、労働、家庭、余暇の組織化のされ方の変化という文脈の中で理解されなければならない。今までは周辺的なものであったような新たな習慣の格子が形成されつつある。今日の人々のメディア利用とは、さまざまな国に住む親戚のために家族の写真をフェイスブックに投稿すること、映画専門チャンネルで古典作品を観ること、地球の裏側の天気をネットで調べること、などである。われわれは人々が今やメディアをどのように利用しているのかを考える際には**異質性**からスタートしなければならない。

いくつかの決定的な傾向が生じつつある。例えばとりわけ英国と米国の若い利用者の間での、印刷された新聞の消費の減少である。この点に関する経済的な文脈を簡単に参照するが、次のような国々もあることを指摘しておく。すなわち、例えば若者の新聞の消費が依然として堅調で、都市部の交通機関でフリーペーパーが配布されているスカンジナビア諸国のような国々では、印刷メディアが依然として成長可能な基盤が存在することを示している[84]。他のメディアについては、事態はより複雑である。アマンダ・ロッツが論じるように、周知のような米国におけるネットワークニュースの衰退は、長期にわたる「ネットワークニュース放送の死」の始まりであり、ネットワークニュースそのものの死では**ない**のである。米国においてさえ、オンラインニュースの勢力拡大は過度に強調されている。ABCワールドニュースの取締役ジョン・バナーはまさに次のように述べている。「われわれ［TVの］放送業界は、ウェブで獲得したよりも多くの視聴者を、放送を通じて獲得している。そしてこの傾向はしばらく続くことが予想されている」[85]。米国でも、TVニュースの視聴に費やす時間はインターネットが大きく成長する以前の一九九六年からほとんど変化していない。他方で英国やドイツは主要なニュースの情報源としてテレビを用いる人々はインターネットを用いる人々の数倍に達する。デンマークのようなインターネットの普及率が高い国においても、テレビニュースは依然としてニュースの主要な情報源となっている。近年の調査が示すところでは、欧州のアラブ系移民の間でも同様の傾向が見られる[86]。

印刷版の新聞やテレビニュースはメディア環境におけるドラスティックな変化を予想するうえで最も適した事例である。だが、テレビの消費全体を見渡すと、実際の統計的な傾向はオールドメディアの死を唱えるメディア批評家たちの誇大な喧伝とまったく一致しない。米国のテレビ視聴は一九九五年（すなわち、常時接続が可能なインターネットが登場する以前）よりも二〇〇五年の方が増加している。そして二〇〇八年まで増加は続いた。他方、英国のテレビ視聴は二〇〇二年から二〇〇七年までの間変化せず、二〇〇八年から一〇年にかけて増加した。ドイツでもテレビ全体の視聴は二〇〇二年から二〇〇七年の間で増加した[87]。これらのケースは、ウェブで評判を聞きつけてフォローするオーディエンスによって支えられる番組（例えばMTVの *The Hills*）が多いが、トビー・ミラーが述べるように、テレビで直接視聴するオーディエンスによって支えられる番組も存在する（例えば米国版 *The Office*）[88]。こうした現象が生じる理由の一つは、「プッシュ型の」テレビの同時性を保証するさまざまな手法がルーティン化された日常生活の多様な欲望にフィットしているからである。連続もののソープオペラを追いかけたい、面倒な家事をこなす間に何か気楽に聴けるものがほしい、スポーツを文字で読むのではなく、ライブで見たい、といったものである[89]。多くの矛盾する指摘にもかかわらず、どのような配信手段であれ、ウェブとどのように結びつくのであれ、**テレビジョン**は当面は大半の人々にとって一番重要なメディアであり続けるようである[90]。それこそが、英国のメディア規制機関 Ofcom が目下、政策の基本に据えている前提である。とはいえ、二〇〇六年の段階でソニア・リビングストン、ティム・マーカムと私は「パブリック・コネクション」調査を通じて同じ結論に達した。われわれは当時信じられていた通念を否定したのである[91]!

なぜメディア批評家たちの喧伝と実際のメディア利用とが異なってくるのか。それは以下の理由から説明することができる。それは、われわれが〔メディア技術とメディア利用の慣習との〕**脱**節合の諸形式を捉えそこなうことにある。すなわち、多くの人々の能動的な選択とは、特定の技術を購入したり、使用したりすることでは**ない**、ということである。そしてそれは現在に至るまでメディア調査研究で無視されてきた領域である[92]。最新のメディア技術に関するニュースは、変化の速度に関してわれわれをミスリードする。なぜならば、こうした報道は、**慣習**の慣性を重要なものとして取り上げないからである。いうまでもなく、慣習はニュース価値がない。確かに、今や多くの人々はさまざまなメディアに囲まれながらマルチタスクの作業をこなしている。さまざまなプラットフォームを通じて他者や大切な人々とコミュニケーションを行うことは、貧しい人であれ、裕福な人であれ、多くの人々にとって基本的なものとなっている。だが、複雑性とは扱いにくいものである。オンラインのメディア利用を**単純化する**新たな方法もまた、習慣的なものとなりつつある。フィリップ・ナポリはインターネットの**大衆化**を認め、それによってオンライン上のアクティビティの大半がますますごく少数のサイトに集中しつつあるという。われわれは当初、そうした傾向とは逆の事態を想定していた[93]。iPhone に象徴される新しいデバイスはわれわれとメディア多様体とのインターフェイスを単純化する。より広範に論じると、われわれのメディア実践が変化する理由は、日常の文脈において、メディア技術がわれわれのより広範な慣習、つまり、われわれの日常生活の「こなし方」と調和するからにほかならない。スマートフォンの「アプリ」が持つ権力とは、メディアと相互作用を行うわれわれの基本的な慣習を再構成する能力である。この権力と広範な権力の動態との関係は、潜在的により根源的なものとなる。スーザン・ハルパーンは次のように論じている。すなわち、「あらゆるものにアプリが適用されるようになると、もはやウェブはワールド・ワイドのものではなく、アップルのものにすぎなくなる」[94]。

こうしたメディア実践と世界との調和は、技術の立場からだけでは予測不能である。メディアのインターフェイスと利用が急速に変化する場合、こうしたメディア実践と日常的な慣習との節合と脱節合を把握することはとりわけ困難なものとなる。レイモンド・ウィリアムズの「移動する私的空間」というよく知られた技術論はこうした洞察の先駆けである。一方において、（もの、人、情報の）移動の増大は、家庭における「私的」空間によって可能になる。そうした私的空間において、人々はテレビを視聴し、そこから自動車に乗って出かけるのである。他方で、公的空間における古くから人々の間で共有されていた諸形式が家庭と脱節合する。『ガーディアン』の編集者アラン・ラスブリッジャーによるニュースの「共有」理論のように、変容するメディアコンテンツ生産をめぐる新たなビジョンは**脱**節合よりも新たな節合について語る傾向にある[95]。

メディア利用の慣習は、われわれの日常生活を形成するより広範な慣習の束と調和する形で変化する。例えば政治的抗議の際に、ソーシャルメディアが多く利用される。だが、政治的蜂起が広範なメディア利用の変化を導くことはまれである。なぜならば、政治的蜂起はまさに、例外だからである。娯楽や生活上必要なものはより有用な形でメディア利用の変化をもたらしうる。仮に、ジョナサン・クレイリーが指摘するように、社会や文化の「注意〔注目〕（そして非‐注意〔注目〕）のレジーム」が歴史的に変容しうるのであれば、グローバルなメディアの話題が娯楽へと変化してきたことは日常的なメディア利用において進行中の最大の変化である[96]。このことは、メディア生産の経済学をめぐる不確実性へとわれわれをいざなうことになる。

（3）メディアコンテンツの生産活動は経済的に成長可能なのだろうか

本書はメディアの経済学に主たる関心を寄せてはいない。だが、メディアの経済的な成長可能性に関する変化を無視することはできない。それは潜在的にはいかなるメディアが存続することが**できる**のか、そしてそれはいかなる形態となるのか、という問題を喚起するのである。

まずはよい知らせである。インターネットの開かれた「エンドツーエンド」に基づく構造[97]、そしてそのハイパーテキストや低い生産コストという特徴は、ヨハイ・ベンクラーによると、文化生産を大いに活性化させるものである[98]。だが、主流メディアにとっては、事態は異なって見える。伝統的なメディア形態の運営資金が依拠する経済モデルを検討してみればよい。政治的圧力に引き続き従属している公共サービス放送を別にすれば、広告に依存するメディアは目下、広告収入がますますオンライン（Craigslist, eBay, online holiday booking sites）へと移行しつつあることに起因する強烈な圧力に直面している。オーディエンスの諸実践の変化は、喧伝されているほど劇的なものではないが、業界の認識の変化をもたらしうる。その結果、特に、仮に広告の将来の動向はオンラインへの移行以外にないとの認識が強まり、あるいは大きな企業グループの中で、その特性上、ほとんど利益をもたらさないようなメディアのビジネスモデル（『ロサンゼルス・タイムズ』の近年の縮小がよい事例だが）に対するネガティブな印象が強まると、メディア企業の収入の基盤が変化していくことになる[99]。

新聞の印刷版の事例はとりわけ顕著である。英国と米国の新聞産業において、広告収入の減少は現実のものとなり、それは読者の減少と連関している。特にローカル紙にとって、利便性の高いオンラインの台頭によって求人・案内広告の市場がほぼ崩壊しつつある。この点についてポール・スターは米国の観点から「インターネットは市場の仲介業者としての新聞の役割を衰退させてきた」と概説する[100]。そしてニュース生産は（スポーツ、ゴシップ、セレブリティのニュースといった）娯楽を多くすることで収入を肩代わりしなければ収益を**決して**得ることができないとするならばどうだろうか。仮にそのような事態が生じているとするならば、「複数のページが束状となっている」一部の新聞紙がハイパーテキストの大量のリンクへと分解されることはニュース生産という業種が生存できるのかという根源的な難問を突きつけている。[101] 他方で、テルヒ・ランタネンはニュース**のような**「情報」がいつ、どこであろうと恒常的に利用可能な状況になっている点について論じ、そうした状況が「一般的なニュースサービス」から利潤を得ることがますます困難になっているとしている。仮にそうだとするならば、他のジャンルの情報とは区分された近代におけるニュースの固有の形式は死に絶え、複数の語り手による、近代ニュース制度以前の時代を彷彿させるような確固たる区分を持たない「ニュース・ストーリー」に取って代わられることになるのだろうか。今のところはまだ、新たな助成の形態が新聞の経済的な生存能力の衰退の埋め合わせとなりうるのかどうかはまったく不確定である。[102]

とはいえ、メディア広告の行く末については唯一の方向性は存在しない。二〇一一年三月、英国のメディア規制当局である Ofcom は二〇一〇年のテレビ広告市場が伸びているとのレビューを発表した。その報告によると、テレビの広告市場はグローバルな次元においても成長しているという。[103] 他方で、**オンラインの**広告のための実効的な一般モデルを発見できるかどうかについては最終的な判断は下されていない。

しかしながら、より深いレベルにおける諸要因がメディア経済を再編成している。デジタル時代におけるメディア・オーディエンスがますます捉えがたいものとなっていることは、こうしたオーディエンスの注目を惹こうとする広告主にとって難問である。広告主は常にメディア環境における推進力であり続けてきた。[104] 従来個別に存在したメディアが融合し、それを通じた人々のメディア環境を横断する経路が多様となった結果、メディア生産者も広告主も、人々の行動パターンがまったく予想不能になってしまったとしたら、どうだろうか。オーディエンスに関する販売過程についてのジョセフ・トゥローの先駆的研究は次の点を示している。オーディエンスを取り巻く環境の変化は（テレビであれ、新しい融合プラットフォームであれ）、メディア産業がどのようにオーディエンス**について考える**のかについて大きな影響を持ち始めているのである。メディア産業の焦点は今や、高い価値を持つ消費者個人を探し求めることへと移行した。高い価値を持つ消費者は、特定のメディアパッケージ（広告を出すことができる番組やシリーズ）を通じてではなく、絶え間ないオンライン上での追跡を通じて捕捉される。

消費者たちがオンライン上を動き回る際に**個人が持続的に**ターゲット化されるのである。こうした状況は、一般的オーディエンスという概念、そして共有された公的な世界に対するメディア生産者の責任という概念を解体させるのであろうか。ターゲットから外れたオーディエンスはメディア制度にとって価値を持たない存在となり、ニッチなオーディエンスの示差的な価値がより一層重要となるのである。政治的なオーディエンスに対するセグメント化されたマーケティングに関する長期的な帰結に関しても同様のことが議論されている[105]。

消費者諸個人の嗜好は、最も富裕な場合でも、依然として何らかの広範な信念の網の中に位置づけられる必要がある[106]。したがって、トゥローの分析の全体的な含意は依然として不確実である。むしろ、このことは別の不確実性へとわれわれをいざなう。すなわち、社会制度としてのメディアの地位の変化の問題である。

(4) メディア制度の社会的/政治的地位はどのように変化しているのだろうか

メディア制度、まさにあらゆるメディアコンテンツの生産者は表象を構築する。メディア制度は世界を再-現前するのである(可能性として、想像として、望ましいものとして、現実態として)。メディアは明示的、暗示的に自らの表象を真実であると主張する。メディア表象におけるギャップや反復は、それが体系的である場合でも、社会的・政治的領域において**何を見ることができるのか**に関する人々の感覚をゆがめる可能性がある。モダニティの重要な過程である(経済、社会、政治、文化の)集中化それ自体は、コミュニケーションのインフラとしてのメディアに依存してきた[107]。ジェイムズ・ベニガーの名著、*The Control Revolution* は一九世紀半ばの米国や英国といった産業化する社会における「統制の危機」、そしてそうした危機を解決するうえでの情報やメディアの役割を明らかにした[108]。近代メディア制度と近代社会の組織化との結びつきは西欧のみの特徴ではない。今日のインド、中国、イラン、ブラジルにおいて、異なる条件のもとで進行しているのである。

別稿で「メディアによって媒介された中心の神話(the myth of the mediated centre)」と名づけたものは、社会諸関係の織物の中でのメディアの**一見したところ**必然的な役割である[109]。「一見したところ」と表現したのは、常に歴史的なオルタナティブが存在するからである（ヘーゲルには**失礼ながら**、歴史に目的論は存在しない）。どのようにして特定の技術や発明が「メディア」として採用されるのかは偶発的なものである（この点についてはキットラーが鮮やかに明らかにした）。だが、あらゆる「近代化」や「集中化」の過程は根源的に偶発性を伴っている[110]。「中心」、ましてや「メディアによって媒介された中心」は、社会の組織化における必然的な特徴ではない。むしろ、事物は時間をかけて次第に組織化される。ピエール・ブルデューのフレーズを借りるならば、**あらゆるものは必然的であるかのように変化する**のである。われわれの「メディア」という概念がまさにその事例である[111]。それらは、さまざまなメディア企業のそれぞれ異なる力学から生じ、**特定の**「メディア」として一般化され、あるいは神話化されて出現するのである。この概念は、日常的な社会的機能主義によって再生産される。欧州であれ、北米であれ、あるいは国家の権威を拡張する歴史的なプロジェクトを遂行するアフリカであれ、メディアについて語る言説には社会「秩序」を求め、あるいはその利益を主張する声で満たされている点を無視することはできない[112]。

しかしながら、メディアの生産、消費、そしてメディアをめぐる経済状況の動態的な変化がメディアによって媒介された中心の神話を**損なわせている**とするならば、どうであろうか。われわれが「メディア」と呼ぶインターフェイスが変容するにしたがって「メディア」の理念そのものが内破されているとすればどうだろうか。もう一度繰り返すと、この破壊的な力学は技術的な要因によってのみ引き起こされるのでは**ない**。（ユーチューブを想起すればわかるが）それ以前は相互に関係性を持たなかった文脈同士を関連づけるインターネットの際立った能力は、「メディア」を共通の参照点として維持することを難しくするというよりは、おそらくより**容易に**するであろう。破壊的な力学は技術的な可能性が広範な経済的、社会的、政治的諸力と絡み合うことにより生じる。メディア産業が一般的なオーディエンスに対する関心を失いつつあることに関するトゥローの分析は、こうした破壊的な力学の経済的な側面を明らかにしている。しかしながら、基本的な消費者の需要（ファッション、音楽、スポーツなど）が維持されているとすると、そうした需要は「メディア」に対して何が起きているのか、何がクールなのかといったものにわれわれの目を向けさせる**共通の**参照点を提供することを要請することになる。まさに「話題となるネタ」をメディア企業がますます模索するようになってきている。そうしたトピックは無数の個々のメディアユーザーがプラットフォームを横断してコンテンツをフォローするように**駆り立て**、収益が生じることになる。[113] グレアム・ターナーが論じるように、マス・メディアの衰退はメディアの「中心性」の衰退と同一のものではない。デジタル化した多メディアの時代の中にあって、メディア諸制度は自らが提供する広範な「価値」を正当化する必要が生じている。そのため、メディア諸制度は自らが「中心」であることを主張することがますます重要なものとなっている。[114] 社会的、政治的現実における「中心」を参照することがより一層希薄なものとなりつつあるとはいえ、「メディアによって媒介された中心」を求め、それとオーディエンスとを結びつける能力は、より一層重要となっている。同様の理由により、セレブリティの中心性を統制することがますます難しくなることは、セレブリティのストーリーの縮小ではなく、「熱狂」を刺激している。オーディエンスの相互作用の多様な形式は民主化とはほど遠く、メディア生産者に重要な市場に関する情報を提供している。その一方で、オーディエンスが特定のメディア生産物に集中する状況をもたらしている。[115]

メディアが持つ潜在的な**社会的**力学の変化をめぐる議論もまた同様に両義的である。数十年もの間、「ライブ性」という言葉は、「何が起きているのか」を確認するために、情報が「中心」から伝達されてくるメディアのスイッチを入れなければならないというわれわれの感覚を表していた。[116] こうした社会的な刺激は突然消失することはない。だが、本来的に対人的コミュニケーションに基づく「ライブ性」の新たな形式が今や登場しつつあるとしたら、どうであろうか。**社会的**「ライブ性」の感覚が（ソーシャル・ネットワーキング・サービスにおいて、スマートフォンの日常的な利用や仕掛け人を通じて）生じつつあるのだろうか。それはケン・ヒリスが「分散型の社会的中心性」、すなわちメディアによって媒介されているが、中央集権的なメディア制度によって媒介されてはいないような中心性と呼ぶものであろうか。[117] ソーシャル・ネットワーキング・サービスがニュースとは何かに関するわれわれの感覚の変化を引き起こすとしたらどうであろうか。すなわち、ニュースが公的な政治から社会的なフローに関するものへと変化するのである。それは一六世紀から一七世紀にかけて「ニュース」それ自体が生まれたことと同じ程度に根本的な変化といえよう[118]。

ここでは再び、線形的な分析よりも、弁証法的な分析がよりよい知見を導き出すであろう。少なくとも、ユーチューブはオーディエンスの構成員とメディア企業とを媒介する有用なメカニズムである。（BBC、NBC、音楽メジャー、商業ブランドといった）メディア諸制度はソーシャル・ネットワーキング・サービス（SNS）からプロファイルを構築しつつある。SNSの個人化されたデータはマーケティング担当者たちの大きな関心を集めており、これらのデータへのアクセスを統制するグーグルやフェイスブックという企業に対して大きな経済的価値をもたらす。ツイッターはセレブリティのプロモーションにとってますます重要な場所となりつつある。ニュース配信事業者WENNは二〇一一年五月にツイッター上でセレブリティによって投稿された写真をニュース配信に用いる独占的権利にサインした[119]。SNS上のフィードバック機能はニッチな情報と一般向けの情報の両者に関する「口コミ（buzz）」を作るうえで特に適している。そしてこうした口コミは主流メディアへとフィードバックされるのである。SNSがもう一つの「中心」を作るというよりもむしろ、SNSと主流メディアが中心化する過程は、二重らせんのように互いに絡まり合っている。そこではマーケティングそれ自体がますます「融合」し、「消費者を主体的な行為者として動員」しようとしている[120]。だが、今のところこの二重らせんが**ニュース**の全般的な消費を増幅させるように機能していることを示す証拠は存在しない。このことは、ソーシャルメディアが紛争の中で政治的な役割を果たしうることを否定するものではない。その一方で、メディア諸制度が「ソーシャルメディア」と結びつくことは、社会と直接的なつながりを持っていると主張するための一つの方法である。したがって、ソーシャルメディア上で言及されたニュースが主流メディアによって即座に増幅されることは驚くべきものではない（第五章参照）。だが、全国放送が衰退していることを示す証拠は世界の**どこにも**今のところ存在しない。中国の視聴者に関してもそうだが、国営メディアを視聴する理由は複雑である。「テレビは政府が見せたいものだけを提示することを知っている。だが、そのことは視聴する価値がないことを意味しない。……別のパースペクティブを得ようとする際にはインターネットを使えばよい[121]」。結局のところ、こうした理由づけは消えないのである。

より幅広い意味でいえば、メディアと「社会的なもの」との関係は国民国家の枠内での政治、まさに**あらゆる**政治の過程や結果と相互に絡まり合っている。政治が根本的にメディアによって媒介されているということは政治科学における自明の理である。したがって、メディアが伝達する政治に関する描写は「単なる」物語とはならない。それは現代政治の**現れの空間**を引き受けるのである[122]。国家はなくならない。むしろ社会の監視や国境の防衛に関する国家のプロジェクトはより野心的なものとなっている[123]。政府は積極的に「メディアの行く末」と連動せざるを得ない。それゆえに、ソーシャル・ネットワーキング・サービスを介した新たな政治的オーディエンスの追求が、オバマ大統領による二〇〇八年の選挙キャンペーンにおいて、SNSの活用という形で最初に顕在化したのである。だが、ここにおいて、メディアによって媒介された中心を構築することを**通じて**自らの権威を維持しようとする政治と巨大メディア諸制度の潜在的な利害が融合する。『ガーディアン』とBBCは、二〇〇九年四月一日のG20ロンドンサミットの抗議者たちのビデオの貯蔵庫としての役割を幸運にも果たした。デモの傍観者であったイアン・トムリンソンとどのように衝突し、彼を死に至らしめたのかをめぐる警察側の物語に対する異議申し立てを主張するビデオもそこには含まれていた。メディア企業によるUGCの**活用**は、主導的な社会的出来事の語り手としての**自らの**地位を強化するために行われている。そしてそれは、ジョン・F・ケネディの暗殺とその余波をめぐるテレビの報道においてバービー・ツェリツァーが指摘した戦略が、新たな条件のもとで繰り返されているということである。エジプトの革命に関するBBCのウェブサイトの短い報道は次のように書かれている。「ソーシャルメディアは目下の不穏な状況において重要な役割を果たしている。**そして**人々はBBCへ自らのメッセージを送り続けている[124]」。

メディアによって媒介された中心が維持された場合、娯楽の中核から政治を除去するという対価を払う必要があるだろうか。それは、「娯楽はインターネットから政治まで、日常生活のあらゆる領域を形成する」というダグラス・ケルナーの主張とも関連する[125]。娯楽の領域（調査報道に比べて投資コストが安く済む）は、脆弱なメディア諸制度の利潤獲得に適している。とはいえ、娯楽の領域は政治的文脈や帰結の**多く**と両立可能である。例えば旧ユーゴスラビアにおけるポスト社会主義のナショナリズムの競合、中国における社会主義／市場のハイブリッド、民主化以降のフィリピンの脆弱な民主政治などである。そして時として、今日のアラブ世界や米国のジョージ・W・ブッシュ大統領の場合のように、娯楽は伝統的かつエリート主義的な言説に異議申し立てをし、それを打破するために声を上げ、それに疑問を投げかけるうえで最も効果的な方法である。[126]

メディア諸制度が持つ社会的な誘意性に関するこれらの問いのすべてを横断するものは、より広範なスケールの不確実性である。

（5）メディアはいかなるスケールに影響を及ぼしているのか

メディアが及ぼす最も重要な影響の一つは、社会的、経済的、政治的スケール〔scale：範囲・規模〕に関するものである。ここで注目するのは、空間や場所に関するメディア表象によって含意されるスケール（第四章を参照）と、メディアの伝達やメディアによって媒介された空間内の結びつきによって可能となるスケールである。

メディアは空間の中で展開する諸過程である。メディアの諸機能を可能にするコンテンツやコミュニケーションの構造こそが、マニュエル・カステルが「フローの空間」[127]と呼ぶような「メディアにおける」空間を**創り出す**。したがって、メディアは「空間の中で」機能するのである。メディアは社会的、経済的、政治的諸過程をより広範なスケールで調和させることを可能にする。メディアは字義通りスケールを変化させる。それを通じてわれわれが語ることができる社会のスケールは変化する。だが、同時にまさにその過程の中に**不平等**が埋め込まれる（特に可視性の不平等）[128]。メディアを通じてわれわれは世界の中で、すなわち諸事象が生じる世界の地平で生きているという感覚を得る。また、コミュニケーションを通じてグローバルなスケールにおける資本主義が維持され、資本主義に対する反乱をグローバルなスケールで生じさせることが可能になる。[129]だが、グローバル化それ自体は少なからぬ複雑性を覆い隠している。グローバル化をめぐる主導的理論家たちに従って、グローバル化の主要な特徴が「ネットワークの拡張」や「相互に結びつく度合いの増大」であるとすると、こうした諸特徴は常にカバーされず、接続しない状態の場所を生み出してしまう[130]。

社会のスケールの変容過程におけるメディアの役割とは何かという問いをめぐる長い歴史が存在する。二〇世紀初頭、ガブリエル・タルドを驚愕させたものは**新聞**にほかならない。「書籍はそれを読む者に言語的なアイデンティティを感じさせる。だが、それは現在生じているものに関わるものでもなければ、あらゆる人々を同時に興奮させるような問題に関するものでもない。それに対して新聞こそは、国民生活を刺激し、精神や意志の統合された運動を促進するのである[131]」。だが、二〇世紀初頭のメディアを通じたスケールの編制形態は今日のそれとは大きく異なっていた。当時の感覚がわれわれのそれとどれほど異なっていたのかは、ポーランドの作家ブルーノ・シュルツが一九三八年三月に彼の友人にあてた手紙で示した郷愁からうかがえる。一九三八年三月には、ドイツがオーストリアを侵略し、第二次世界大戦が避けられない状況となっていた。

すぐに返信できなかったとしても、怒らないでほしい。空間的に離れてしまうと、書かれた言葉というものはすっかり力を失い、相手に響かなくなってしまう。私たちの言葉を最終的に届ける相手という個人もまたそれ自体、空間的な距離を通じて現実味を失い、不確かな存在となってしまい、まるで小説の中の登場人物のようになってしまう。このことが手紙を書くという行為をくじけさせ、時機を奪い、身近な現実の影響によって曖昧なものに見えてしまうのである[132]。

今やわれわれは電子メールやスカイプの世界で、数年前には想像しえなかった強度と速度を持つコミュニケーション空間の中で互いに生活している。スコット・マクワイアは日常的な経験と社会空間の「輪郭」が変化する中でのメディアの役割を捉えるうえで、「関係性の空間」という用語を作り出した[133]。「時間―空間の分離[134]」は、国境を越えた、そしてしばしばグローバルな結びつきの日常的な**諸前提**によって強化されている。こうした諸前提は多くの場合、デジタルメディアの経験によって根拠づけられている。これら接続とフローをめぐる人々の関心を集めるような新しい事例は定期的に生まれている。二〇〇九年六月、テヘランの路上で瀕死状態にあったネダ・アガ・ソルタンの様子を携帯で撮影した動画はイランのインターネットに対する検閲をかいくぐり、ツイッターで配信され、イラン国外に広まった。翌日、この画像は、彼女がまさに殺害された通りで掲げられた旗に描かれる形で再登場した[135]。二〇〇七年一月、*Celebrity Big Brother* という番組内でジェイド・グッディがボリウッドの女優に対して人種差別的な発言を行った。このことは数時間のうちにユーチューブを介してインドのオーディエンスに伝わることとなり、炎上した。その結果、当時インドを訪問していた英国の大臣に政治的な危機をもたらすこととなったのである。類似した事例はデジタル時代以前にも見受けられる。例えば、一九八八年ソウル・オリンピックのボクシング競技で米国のテレビの実況解説が人種差別的であったことをめぐる論争である。これは韓国の米軍基地施設から外部に漏れた米国のテレビ放送の信号を受信し、視聴していた韓国のオーディエンスを激昂させた[136]。とはいえ、こうした古い事例は偶発的に生じた文化的フローに関するものである。*Celebrity Big Brother* の事例は二つの点で興味深い。映像がディアスポラのネットワークを通じて伝わったこと、そしてこの映像が広まること自体が文化的境界を越えてメディアとオーディエンスを結びつけるユーチューブの機能を反映していたことである。その結果、あらゆる物事がメディアを通じて示されるスケールを再び検討し、再調整する必要が生じているのである。

メディアのフローのグローバル化は、「ナショナルなもの」の内的複雑性を増大させている。また、国内の政治・文化と国際的な政治・文化との相互作用の因果関係をますます複雑なものにしている。しかしながら、こうした変化を空間の消失という観点から捉えることは誤りである[137]。空間はいかなる方法で相互に結びつくものであれ、(アンドレ・ヤンソンの用語における)「テクスチュア」としての特徴を有している。すなわち、社会的な表象に基づく秩序とヒエラルキーのパターンであり、現代社会の日常生活が「リキッド」ないし「絶え間なく流れる」ものであるという概念を根底から切り崩すものである[138]。また、ウェブの脱中心化された相互接続可能性は、インターネットの効果が脱領土化を促進するということを意味するわけではない点にも留意する必要がある。サスキア・サッセンが論じるように、一見すると「脱－物質化」であるかのような過程には「物質的諸条件」が存在する。これらの諸条件は領土や権力構造を通じて不均衡に配分されているのである。したがって、メディアは空間のヒエラルキーを撤廃するのではなく、むしろ**再スケール化**の効果を有するのである。メディア、そしてメディアによって媒介された中心の神話をめぐる持続的な闘争は、サッセンがグローバル化された世界の「複数の部分的な規範秩序」と呼ぶものの一部である。一方で、国内のナショナル・メディアは依然として人々が消費するもののうちの支配的な地位を占めている[139]。

メディアとスケールとの関係性を考える場合、アクター・ネットワーク理論（Actor-Network Theory: ANT）という社会理論と結びつく。この理論は従来のメディアをめぐる議論の中ではあまり参照されてこなかったものである。ＡＮＴは科学社会学とエスノメソドロジーを基盤に発展してきた。そして記述言語の継承性に対する疑義と人間の実践の柔軟性に関する深い信念をそれらの学問領域から受け継いでいる。ＡＮＴの二〇年の展開を回顧する中で、ブルーノ・ラトゥールはこの概念を構成するあらゆる要素（「アクター」「ネットワーク」「セオリー」そしてハイフン！）の名称を拒絶し、「ＡＮＴ」は、世界を構成するアクターとしての人々と諸対象の空間内の循環を理解するための一つの方法にすぎないと主張した。ラトゥールはスケールに関する慣習的な理解を拒絶する（すなわち、ミクロ－マクロの区分）。「社会的領域において、［ミクロ－マクロの間の］スケールの変化は存在しない。［スケールは］いわば、常に水平におり重ね合わされている。……［スケールは］それぞれの場所を枠づけ、まとめ上げるものとして認識されうる」。したがって、ラトゥールにとって、社会的なものに関する自然な「スケール」は存在しない。自然な「広大さ」や「狭さ」は存在しないのである。拡張が存在するのみであり、したがって、「社会的なもの」が典型的に発生する特徴的なスケールなどというものは存在しない[140]。このことは、メディアと「ミクロ」ないし「マクロ」なスケールとの自然な結びつきに対しての異議申し立てとなる。例えばそれは、ハロルド・イニスが「空間的にバイアスを有する」と呼ぶ電話が、われわれを相互に結びつける距離がいかなるものであれ、なぜ物理的に**近接した**ネットワークを補強するために機能しうるのかを説明するものである[141]。だが、こうした洞察にもかかわらず、この理論は問題も抱えている。ラトゥールは行為の累積的で沈殿化された文脈に関する視点を持っていない。同様に、ジョン・アーリが「移動」の社会学と呼ぶものは、日常的な社会的生活がどのように労働、家族、移民、インフラシステムと結びついたさまざまな「移動」を組み込んでいるのかを捉えているが、これらの移動を**結びつける**準拠点を無視している。これらの移動が維持されるのは、家、職場、市民が対話を行う場所、資源やルーティンが蓄積される場所にほかならない[142]。

社会的スケールに関するより洗練された理解とは、フランスの社会理論家ダニーロ・マルトゥッセリが「社会的生活の存在論的性質」と呼ぶものを断念することを意味しない。「社会的生活の存在論的性質」とは、他者との協働や競争において生きられた人間の生から生じる行為に関する「制約」や「強制」の空間的に特有の**蓄積**である[143]。メディア理論に対するこの重要な含意の一つについて、のちほど簡単に振り返りたい。今は最後の不確実性の一つについて検討しよう。それは現代のメディア倫理をめぐるものである。

（6）われわれはメディアとどのようにうまく付き合いながら生きることができるだろうか

メディアが人々の生活のスケールを変容させることは、倫理にとって重要な含意を持つ。哲学者ハンス・ヨナス[144]は次の点を指摘した。すなわち、広大な環境システムとしての地球に関する新たな理解が、人間として世界の中でどのように行為するのかに関する倫理的洞察を変容させたのである。環境に対するわれわれの小さなスケールの行為が、より広大なスケールの環境に累積的な影響を与えうると次第に考えるようになった。だが、ウルリッヒ・ベックがグローバルな「リスク社会」と呼ぶものに対する直接的な帰結に見られるような、この倫理的省察をめぐるスケールの変容は、環境よりも他の領域に適用されている。グローバルなスケールのメディアの倫理をめぐる含意は近年、より明確なものとなりつつある[145]。

この問題に答えるうえで、どこから出発すればよいかについては合意が存在しない。メディアと共に倫理的に生きる、あるいはメディアを通じて倫理的に生きるとはどのようなものなのか。また、われわれの生活がメディアによって過剰に満たされていることは、**メディアの**倫理とは異なる倫理を満たすことをますます困難にしている。こうした倫理と直接関連するスケールは、あらゆるメディアによって媒介されたコミュニケーションが循環可能なグローバルなスケールから直接導かれる[146]。だが、家族、友人、諸制度の空間といったローカルなものに関する倫理的争点もまた、あらゆるスケールのメディアのフローによって巻き込まれ、変容させられるのである。

第八章において、われわれはメディアの倫理に関するより体系的な思考を行うためのいくつかの出発点について検討する。そこではまた、メディアをめぐる諸活動に適用されるべく、それを正義をめぐる問題と関連させる。用語としてまったく知られていないわけではないが、メディアの正義とはその詳細を検討することが難しい領域である。また、メディアの資源が公正に配分されるためにどうすればよいのか、という問題はメディアが世界をどのように変えているのかを理解するための中心的なものである。

4　ツールキット、そしていくつかの手がかりとなる原理

これまでの議論から明らかであるが、本書の道筋はわかりやすいものとはならないことが了解されよう。六つの不確実性の境界は相互に交錯している。しかし、それらが適切に融合し、その結果蓄積した不確実性が解決されるというような特定の地点は存在しない。メディア・社会・世界の今日的な関係性を理解することは**特定の**ウェブのインターフェイスを分析することではなく、あるいは**特定の**技術的なイノベーションを分析することでもない。その代わりに、秩序ないし無秩序の諸**類型**を理解するための一連の中範囲の諸概念全体を必要としている。この場合、秩序とはメディアが社会空間に深く埋め込まれていることの結果としてもたらされるものである。本書はこうしたツールキットを提供することを目的としている。

第二章において、われわれは基本となる、しかし重要な議論の道筋をたどる。世界において特定の振る舞いを

するための多様な諸実践のひとまとまりとしてメディアを正面から扱うことになる。残りの各章はこの前提に基づいている。第三章において、自らを社会的世界の特権化された窓であると主張するメディア制度についてより詳細に検討し、世界中のさまざまな条件のもとで生じる儀礼や神話こそが、われわれのメディア経験の多くを依然として支配していることを論じる。第四章は、これらの神話や儀礼の帰結の一つについて検討する。すなわち、メディア諸過程を通じて社会的なものを不可視のうちに形成することである。そこには巨大なメディア諸制度の諸実践の帰結として生じる特定の諸個人や集団に対する象徴的暴力や隠された傷（hidden injuries）が含まれている。

　次の四つの章では社会的・政治的変動にメディアがもたらすものについてより直接的に検討する。第五章はメディアの新しい諸形態が社会的編制の可能性や政治行為を変容させてきたという、しばしばなされる主張について検証する。こうした主張は多くの場合、特定の種類の社会的実践や政治的実践を維持する資源に関する知識に十分に根拠づけられているものではなく、不完全なものである。第六章は教育、医療、法律といった従来メディアと直接関係性を持ってこなかった特定の実践の界（field）へとメディアが浸透することに対する長期的な影響に注目する。無論のこと、政治のような今や明らかにメディアによって浸食された界についても検討する。こうした理論的考察は、（権威や資本といった）古典的な社会学的諸概念を新たな方向性から再検討することを可能にするものでもある。第七章はグローバルなスケールにおいて多様なメディア文化を形成する潜在的な力学を検証する。最後に、第八章はわれわれの現代的なメディアと共にある、そしてメディアを通じた生活を生み出す倫理や正義の問題を提示する。

　このツールキットの根底にあるのは三つの原理である。これらの原理は、本章で概略を示したメディア理論や社会理論のアプローチから導き出される。第一は、**非－線形性**の原理である[147]。この原理は本章の導入部で明示されていた。社会変動におけるメディアの役割に関するさまざまな説明手法が発展する中で、いかにメディアがそうした変化をもたらすのか、人々がどのようにこれらの技術に対応するのか、そしてこれらの反応からどのような影響が生じるのか、という点に関する線形的な説明に対して常に疑ってかかる必要がある。矛盾、緊張、不確実性はあらゆるスケールにおけるメディアの社会的機能に影響を及ぼしている。したがってメディアに関する社会学的説明は、二つの位相の均衡を保つ必要がある。一つは**権力**が空間を超えて、さらには個人の視点の複雑性を超えて維持されることに関する説明である。もう一つは、メディアとの、あるいはメディアを通じた日常的な出会いが世界の内部におけるわれわれの戦略を特徴づけながらわれわれにいかなる**知覚**をもたらすのか、という点に関する説明である。政治経済学に根拠づけられないメディアの現象学は見るべきものを見ていない。だが、メディア利用の現象学を無視したメディアの政治経済学は根本的に不完全なものである。

残りの二つの原理はこの第一の原理と結びついている。そのうちの一つは、メディア研究は**メディアを実践として分析すること**が不可欠であるというものである。すなわち、メディアを世界の中で人々が行う開かれた一連の事柄として分析する必要がある。世界は一つのテクストではない。特定の諸実践や諸資源が一緒になった広大な編み物である。そこにはテクストを作り、あるいはテクストを解釈する諸実践も含まれる。社会的世界を一つのテクストであるかのように読むことは見当違いである[148]。この点について一九八〇年代に理解が深まったことは、メディア・オーディエンスに関する研究と、より広範な社会科学における技術に関する研究による根本的な貢献であった。クロード・フィッシャーが「利用者の側からの発見（user heuristic）」と呼ぶアプローチがなければ、技術的発展に関する説明は、技術そのもののマーケティングに基づく主張の繰り返しに陥るリスクを回避しえなかったであろう[149]。

第三の原理は、**表象の物質性**である。これについてはより詳細な説明が必要であろう。表象こそが問題である。表象は権力の行使の、そして権力をめぐる闘争の物質的な場である。最も単純にいえば、「そこに何があるのか」というわれわれの感覚は、常に社会的・政治的闘争の結果としてもたらされるものである。つまり、それは権力が作動する場にほかならない[150]。だが、メディアとの関係からこのことを完全に理解することは困難である。**なぜならば**、メディア制度の役割はわれわれに「そこに何があるのか」を告げ知らせることにあるからである。あるいは少なくとも、そこに「新しい」何かがあることを知らせることだからである。メディアのそうした役割には自らがまさにその権力の場と日常的に関わっていることを**覆い隠すこと**も含まれている。メディアの目的は、人々の注目を特定の方向へ集中させることである。すなわち、社会的、政治的知識の共通の場に目を向けさせることである。メディアの諸制度が現代社会の中心として埋め込まれていることは、制度的な闘争の**歴史**の結果もたらされたものである。こうした制度的闘争はデジタルメディアの時代において少なくなるどころか、より激しさを増しつつある。現代社会において自然なもののように見えるメディアが作り出す「秩序」を脱構築することが重要である。レイモンド・ウィリアムズは適切な選択肢を提示している。社会秩序が実際にわれわれの求めるものを提供してくれるのかどうかという問いは、われわれの社会的思考がその秩序を基盤に開始されなければならないという前提がある場合、実際に尋ねられることはないのである[151]。

メディア・社会・世界の関係を考えるうえで、メディアがわれわれの世界をそのままの形で提供してくれるという仮定上の「事実」から開始するよりも、リュック・ボルタンスキーに従って次の点を強調したい。すなわち、こうしたメディアは、**特定かつ持続的な制度的構築物**であり、その作用やそれがもたらす影響こそを持続的に分析する必要があるのである。すなわちそれはかつて私が「メディアによって媒介された中心の神話」と呼んだものにほかならない[152]。こうした社会的構築物の機能を説明するための唯物論的な説明が必要となる。唯物論的な説明手法は多元主義的社会的存在論に由来するが、多元的な社会的世界が、それ自体権力の重要な形式である単純化の諸行為を通じて効果的に**縮減され**うる方法の説明にも通じるものである。初期の（マルクス主義的、ラカン主義的）イデオロギー観とは対照的に、この議論はイデオロギー、欲望、衝動に関する一つの基盤構造が実際は存在する、というような主張に依存することはない。まして、一つの価値の制度的るつぼ（「メディア」）のみが存在すると主張することもない。支配は多元的である。支配は経済的な次元を有し、しかし常に象徴的な次元も有する。ボルタンスキーが「それがどのようなものなのかを決定する領域」（*le champ de détermination de ce qui est*）と呼ぶものである。これは社会科学における「**何か、あるいは少なくとも特定の集団にとって重要な何かを全体化し、表象する**ための手段」に対して特定の重要性を付与する。すなわち、「存在するものがどのようなものなのか」

を形成する諸制度なのである（*ce qu'il en est de ce qui est*）[153]。したがって、メディア諸制度について明確に言及することはないものの、ボルタンスキーは現代の社会的世界を理解するうえでメディアを批判的に理解することがなぜ重要なのかを明らかにしている。

メディアに対するこのアプローチは、社会理論への関心に基づいているがゆえに、メディア研究においてしばしば危険なものとされる「メディア中心主義」を回避することができる[154]。このアプローチはまた、社会理論それ自体の示差的な領域から登場している。社会的世界を秩序化するうえで表象が果たす役割を強調することによって、このアプローチは社会理論における近年の反表象的な転回を拒絶している。「非表象理論」の要素のいくつかは有用であるものの（戯れ、予知、実践の可変性の強調など。第二章を参照）、表象行為や表象された内容を無視ないし過小に評価するといったこの理論の最も基本的な動向はメディアを研究するうえでまったく役に立たない。「非表象理論」の主導的な提唱者ナイジェル・スリフトがメディアについて論じる際に、情動や感情の観点から語るのみである[155]。こうした視座からニュースを分析することはできない。この動向は偶発的なものではなく、次のような信念によって動機づけられたものである。すなわち、「出来事の輪郭や内容は絶えず変化する」がゆえに、「『人間』の安定した経験など存在せず」、人間の「感覚」は絶えず拡張し続けているのである[156]。だが、このメディア理論のラディカル化は「そこにあるもの」を安定的に表象するという権力の実際の作用とのギャップを生み出す。まさにそれと密接に関連するアクター・ネットワーク理論のように、非表象理論は世界の中に表象をめぐる内容と解釈がどのように埋め込まれているのかという点についていかなる説明も行っていないのである[157]。

表象に対するこの明らかに奇妙な拒絶の背後にあるのは、社会学の経験的基盤に関する一つの重要な論争である。この論争に関する最良の分析においてスコット・ラッシュは、社会学は古典的社会理論のカントの用語において先験性に基づく「合理主義」を退けるべきであると論じている（特にデュルケームの社会的「事実」という概念がこれにあたる。社会的「事実」とは、大きな集団に所属しているという直観に基づく社会的生活の根底にある絆のようなものを指す）。そしてその代わりに異なる種類の経験性へと転換すべきだとする。すなわち、「それが『事実』

として定着するに十分なほど持続することがまれな社会過程」を捉えることができる、アポステリオリな経験性である。ラッシュが示す選択肢は硬直している。「[社会的]秩序はいかに可能か」を問う古い社会学と、「われわれが経験しているこの社会的な事物(stuff)は何か」をシンプルに問う新しいアプローチとの二項対立である。[158] ラッシュは次のように主張する。われわれが技術システムにますます埋め込まれるようになっていることは、「省察のための……時間も空間も存在せず」、われわれの社会的存在論において表象が果たしうる役割などもはやないということを意味している。[159] メディアによって媒介された中心の神話という視座を強調する本書のアプローチは、社会秩序に関してこれまで継承されてきた用語についての懐疑論という点でラッシュの議論と重なり合うが、重要な違いもある。社会的「中心」が複数集まった国家のような社会秩序が存在しない場合でさえも、社会的なものを秩序化しようとするシステマティックな「試み」は持続し、また重要なものである。まったくの混沌ではないのだ。社会的世界は完全に秩序化されており、身体や有機体のように、構成要素が完全に相互に関連しているという社会的機能主義は、社会的なものの**内部で**重要な諸力の一つとして残り続けている。そして初期の社会学的言説の刻印を(皮肉なことに)帯びているのである![160] メディア諸制度は秩序においておそらく自然な役割を積極的に果たそうとしている。そしてそれを表象しているがゆえに、こうした主張を無視したメディア理論は重要な道具を欠落させていることとなる。[161]

したがって、どのような社会理論を選択するかが、世界の中でメディアが果たす役割を理解するための道具を持ちうるかどうかを左右する。特に、変化が劇的で多元的である場合にはより一層重要となる。本書は、社会的なものを全体化されたものではなく、多元的なものと捉える視座から出発する。そうした視点は、実践を通じた社会的なものの構築においてメディアや他の技術が果たす役割に気づかせてくれる。[162] だが、これらの技術を通じて生み出される社会的表象の役割についても気づかされるのである。実践の移動可能性や流動性は確かに政府や諸制度や社会学者たちがそれらを秩序づけようとする試みを越え出ている。だが、実践はそれ自体、(メディアが関わる)秩序化やカテゴリー化といった諸過程に依存しているのである。日常生活は、近年のいくつかの理論が示唆しようとしているような新しいものを生み出すだけの空間ではない(163)。それこそが、「社会志向のメディア理論」によって本書が意味づけようとしているものにほかならない。社会的なものを物質的な制約と可能性の場として捉えたい。そうした社会的なものを構築するのがメディアの役割である。これは、メディアと共に今日のわれわれがどのように生活しているのかをめぐる国境を越えた多様性を概観するうえで鍵となる原理である（特に第七章で検討するが、本書を通してその原理は採用されている）。

（1） Braudel（1981=1985: 561、邦訳三二八ページ）.

（2） Rantanen（2009: 15）.

（3） Lazarsfeld and Merton（1969=1968: 495、邦訳二七三ページ）.

（4） Giddens（1984=2015: 164、邦訳一九九ページ）. Mann（1986: 1、邦訳四ページ）, Beck（2000a）, Urry（2000）, Touraine（2007）も参照のこと。

（5） Zielinski（2006: 7）, Tomlinson（1999: 9）.

（6） Jensen（2010: 110）. Thompson（1995: 19–22）, Shirky（2010: 53）のメディアの定義と比較のこと。また、フリードリッヒ・クロツの有用な定義も参照のこと。すなわち、メディアとは「技術、社会制度、組織機構、コンテンツに特定の意味を付与する方法、［受容の］経験の空間」（Krotz 2009: 23）のいずれかを伴いコミュニケーションを調整するものである。

（7） メディアとモダニティとの関係性については、Thompson（1995）, Canclini（1995）, Mattelart（1994）を参照。メディアのより広範な歴史については、Briggs and Burke（2005）, Chapman（2005）, Starr（2004）を参照。インターネットの特性に関しては、Chadwick（2006: 7）の定義を参照。

（8） 現代のメディアを「環境」として捉えるうえで、例えば Press and Williams（2011: 8–16）を参照のこと。

（9） Shirky（2010: 61）.

（10） 例えば、芸術作品の生産がニュースメディア時代においてどのように変化したのかに関するレフ・マノヴィッチによる説明を参照のこと。芸術家は、かつては「意識下のどこか」から引き出していた資源をオンラインに外部化させるようになっているのである（Manovich 2001: 127、邦訳一九三—四ページ）。

（11） Morgan（2008: 54）.

（12） Thevenot（2007a: 238）.

（13） Innis（1991）.

（14） Hepp（2010: 39–40）;（Debray 1996=1999: 15、邦訳一九ページ）.

（15） Proust（1983=1998: 134–5、邦訳二二五—六ページ）. C. Scott Moncrieff and T. Kilmartin の翻訳から引用した。だが、

この小説全体に関しては、最近の翻訳の方を参照してもらいたい。

（16）本書を執筆後、同じ引用箇所に関するTomlinson（2007: 119-20）による異なる方向性とはいえ、興味深い議論を発見した。

（17）Williams（1973=1985: 295-6、邦訳三九〇ページ。訳一部修正）.

（18）DeLillo（1999）.

（19）この段落の引用はGitlin（2001: 20）; Castells（2009: 55）.

（20）Vaidyanathan（2011）; Tomlinson（2007: 95）; Michael Pocock, CEO of Yell, *Guardian*, 14 July 2011からの引用。

（21）『デイリー・ミラー』紙の読者。Weaver（2007）からの引用。

（22）Silverstone（2002: 762）.

（23）Bolter and Grusin（2000: 50）.

（24）Gitlin（2001: ch. 1）. ＲＦＩＤチップに関しては、Hayles（2009: 47）; Press and Williamas（2011: 202-4）を参照。

（25）http://en.wikipedia.org/wiki/supersaturation, 二〇一一年一月六日最終アクセス。Gitlin（2001: 67）はこの技術的な意味に依拠していない。

（26）Shannon and Weaver（1949）. 卓越した分析としてKittler（2010: 43-6, 208）を参照のこと。

（27）Golding and Murdock（1991）; Garnham（1990）; Miège（1989）; Mosco（2009）; Chakravarty and Zhao（2008）.

（28）Kittler（1999, 2010）. ジョシュア・メイロウィッツ（Meyrowitz 2008）が論じるように、メディア理論のあらゆる分派（メディウム理論（medium theory）、利用と満足研究、権力理論）はそれぞれある程度重なり合っている。メディウム理論全般については、Meyrowitz（1994）を参照のこと。

（29）Kittler（2010: 67 and 176; 226; 44, 強調は引用者による、31, 42-3, 33 and 176）. 解説として、Peters（2010: 5）およびLovink（2003: 27, 21-9）の批評を参照のこと。

（30）Thompson（1995）; Giddens（1990）. 関連する議論として、Moores（2005）, Longhurst（2005）, Hesmondhalgh and Toynbee（2008）を参照のこと。

（31）Graham（2004: 23）.

（32）Elias（1994）; Bourdieu（1993）; Durkheim and Mauss（1970）.

（33）Mills（1959）; Gouldner（1962）; Splichal（2008）.

（34）ここでの議論は、Jensen（2010, 特にch. 2）によるより広範なコミュニケーション理論の擁護をめぐる卓越した議論とは対照的である。

（35）Zielinski（2006: 269）.

（36）Mosco（2009: 117）. 以下と比較のこと。Sconce（2003）; Curran, Fenton and Freedman（2012）; Palfrey and Gasser（2008: 294）; Morozov（2011）.

（37）Marvin（1987）. 情報の「自由」神話に関する近年の重要な批判として、Morozov（2011）, Lanier（2011）を参照のこと。こうした神話に関する一つの事例として、尊敬されるジャーナリスト兼コメンテーターであるJeff Jarvis（2011）による

「印刷は有限であるように感じられるが、デジタルは無限であるように感じられる。印刷は制限をするものである一方で、デジタルは自由である」というコメントを参照のこと。

(38) Eisenstein (1983=1987: 22、邦訳二八ページ). 強調は引用者による。

(39) Eisenstein (1983=1987: 44, 71, 78, 85、邦訳四八、七八、八五、九三ページ).「アーカイブ」の能力の拡張もまた、書くということそれ自体の基本的な帰結であった (Goody 1976)。

(40) Febvre and Martin (1990=1998: 170、邦訳下巻一六―七ページ).

(41) Winston (1998: 2).

(42) 一九九〇年代のイラクについては、El-Nawawy and Iskendar (2002: 68); 現代のアラブ世界については、Kraidy and Khalil (2009: 31) を参照のこと。

(43) Manovich (2001).

(44) Berners-Lee. Introna and Nissenbaum (2000: 179) による引用。「情報革命」全般については、例えば Bimber (2003) および当時のＢＢＣの Global News のディレクター、Richard Sambrook (Sambrook 2006) を参照のこと。

(45) Schiller (2007); Lessig (2002).

(46) Peterson (2010: 60–4); Shiels (2010). The *Gurdian* (24 June 2011) は、ＦＴＣのグーグルへの捜査が差し迫っていると報じていた。

(47) インターネットの普及率は78・3%(米国)、80・8%(韓国)、85・9% (デンマーク) である (www.internetworldstats.com)。しかしながら、ＯＥＣＤ (www.oecd.org/document/54/0,3746,en_2649_34225_38690102_1_1_1_1,00.html) によると韓国では携帯を通じたブロードバンドアクセスが89・8%である (それぞれのサイトへ二〇一一年九月六日最終アクセス)。英国で依然として存在するデジタル・デバイドについては、Ofcom (2010, in 2007–11: 249–50) を参照。グローバルなレベルでのデジタル・デバイドについては、ITU/UNCTAD (2007) を参照のこと。コンピュータの相対的コストについては、Chadwick (2006: 65) を参照。

(48) 中東に関しては Wheeler (2004)、階級や子供のインターネット利用に関しては Seiter (2005: 13) および Livingstone (2002)、階級およびインターネットアクセス全般に関しては Ofcom (2010, in 2007–11: 249–50)、悪循環に関しては Warshauer (2003: 24) および King (1999)、ソーシャル・ネットワーキングに関しては Ellison, Steinfield and Lampe (2007) をそれぞれ参照。デジタル・デバイドに関する議論の有用な要約として、Chadwick (2006: ch. 4) を参照のこと。

(49) 中国のインターネットに関する統計については CNNIC (2010)、マラーティー語に関しては Curran, Fenton and Freedman (2012: ch. 2) をそれぞれ参照。

(50) Debray (1996=1999: 16–7、邦訳二一ページ。訳一部修正).

(51) Wuthnow (1989); Wittmann (1999).

(52) Kittler (2010: 67).

（53） Arnison（2002）; Shirky（2010: 16）.
（54） Buckingham（2008: 15）; Herring（2008:87）.
（55） 第五章を参照のこと。
（56） Shirky（2010: 156）; Proust（1982=1997: 390、邦訳三一四ページ。訳一部修正）.
（57） Beck, Giddens and Lash（1994）; Fornäs（1995: 2–7）; Lash（2002）; McQuire（2008: 21–2）.
（58） Poster（1999: 17）.
（59） Anderson（1983）; Billig（1995）.
（60） Jenkins（1992）, Gamson（1994）, Priest（1995）はオーディエンスやファンがどのようにしてメディアの諸過程に組み込まれるのかに関する初期の重要な研究である。「媒介作用（mediation）」については、Martin-Barbero（1993）, Couldry（2000a）, Silverstone（2005）を参照のこと。メディア・スタディーズと人類学の交流の再活性化については、Dayan and Katz（1992）, Ginsburg（1994）, Rothenbuhler and Coman（2005）を参照。
（61） 例えば、Turkle（1996）, Katz and Rice（2002）, Livingstone（2002）.
（62） Couldry（2000a: 184–95）と比較せよ。
（63） 『エコノミスト』、20 April 2006、ただし強調は引用者による。
（64） 米国については、Barnouw（1990［1975］: ch. 2）およびDouglas（1987: chs. 5 and 9）を参照のこと。フランスについては、Barbrook（1995）を参照。英国については、Scannell and Cardiff（1991）を参照のこと。
（65） 資本の必要性については、Garnham（1990）, Benkler（2006: ch. 2）を参照。メディアと国家との関係性については、Mattelart（1994）, Barry（2001）, Larkin（2008）を参照のこと。
（66） テレビに依存した家庭についてはMedrich（1979）。英国の統計はOfcom（2011: in 2007–11）からの引用。
（67） Thompson（1990: 15）. 米国における初期の電話線の利用についてはKline（2000: 43）を参照。
（68） 英国の『デイリー・テレグラフ』のウェブサイトと、米国のネットワークニュースのウェブサイトの「コミュニティ」に関して、Beckett（2010）およびJones（2009）をそれぞれ対比のこと。
（69） それぞれManovich（2008: 53）およびMarshall（2006: 50）.
（70） 「マス・メディア」についてはManovich（2008: 53）, Marshall（2006: 50）, McQuail（2005=2010: 139、邦訳一八一―三ページ）を参照。グーグルについてはCarr（2011）およびKiss（2011）の引用による二〇一一年八月のエディンバラ・テレビジョン・フェスティバル、マクタガード記念講演におけるグーグルCEOであるEric Schmitの発言を参照。
（71） アップルおよびグーグルについては、Kirwan（2010）を参照。Waters and Edgecliffe-Johnson（2011）によると、グーグルCEOのEric Schmidtは新しい「四人のギャング」（グーグル、アップル、アマゾン、フェイスブック）について語っている。「プラットフォーム」という用語の戦略的利用については、Gillespie (2010) を参照。マイクロソフトおよびスカイプについては、Arthur (2011) を参照のこと。

(72) Premium VOD に関しては Garrahan (2011) を参照。グーグルおよびユーチューブについて Castillo (2011)、「クラウドゲーム」については Stuart (2010) を参照のこと。

(73) Anderson and Wolff (2010); Zittrain (2008) と比較のこと。

(74) Lotz (2009a: 12-3 n. 2); Katz (2009).

(75) Dawson (2007), Lister *et al.* (2009: 229) からの引用。Curtin (2009: 13).

(76) Spigel and Olsson (2004); Turner and Tay (2009: 229); Lotz (2009a: 12); Curtin (2009: 18).

(77) Miller (2011: 143); Ofcom (2011, in 2007-11). 中国については Miao (2011: 111) を参照。

(78) Uricchio (2009: 63).

(79) Bird (2003) を参照。また、オーディエンス調査に対してこのことが持つ重要性に関する興味深い省察として、Ruddock (2007: ch. 7) を参照のこと。

(80) Jenkins (2006: 13).

(81) Madianou and Miller (2011).

(82) Gitelman (2006: 7).

(83) 「大容量」の時代については、Ellis (2000) を参照。ニュース消費の現状については、Boczkowski (2010: ch. 5) を参照のこと。

(84) 新聞消費の減少については、Rantanen (2009: 115), Starr (2009) を参照。とはいえ、フィンランドでは一五〜二九歳の六五%が新聞を読んでいる。一方、米国は二四%である (World Association of Newspapers 2008)。スウェーデンの若者の間での新聞の消費は依然として堅調である (Bergström and Wadbring 2008)。フリーペーパーについては、Straw (2010) を参照のこと。

(85) Lotz (2009b: 95, 109); Banner, quoted Lotz (2009b: 105).

(86) 米国のテレビ消費については、Pew (2008): 英国とドイツの数値については、Ofcom (2007-2008, in 2007-11), Oemichen and Schröter (2008) について論じている Couldry (2009a) を参照。デンマークについては、Linaa Jensen (2011); ヨーロッパにおけるアラブ系移民のニュース消費については、www.media-citizenship.eu を参照。

(87) 米国については、Miller (2010: 12-13), Curtin (2009: 13), Spigel (2004: 1) を参照。また、Robinson and Martin (2009) は、テレビ視聴が一九七五年から二〇〇五年の間にほとんど変化していないと報告している。英国については、Ofcom (2007-2011) を参照。ドイツについては、Medien Basisdaten, www.ard.de/intern/basisdaten/onlinenutzung を参照 (二〇〇八年一一月二〇日最終アクセス)。

(88) それぞれ Curtin (2009: 16), Miller (2010: 144) を参照。

(89) Lotz (2009a: 9, 2); Johnson (2009).

(90) Scannell (2009); Bolin (2011: ch. 5).

(91) Couldry, Livingstone and Markham (2010)、二〇〇六年のわれわれのレポートも参照。下記で入手可能である。www.publicconnection.or.uk.

（92）Wyatt, Thomas and Terranova（2002）, Selwyn, Govard and Furlong（2005）.
（93）Napoli（2008: 60）.
（94）Halpern（2010: 26）. Gillespie（2011）; Powell（2011）, Zittrain（2008）と比較のこと。
（95）移動する私的空間については、Williams（1992: 26–31）を参照のこと。また、Lefebvre（1971=1970: 100–1、邦訳一九七―九ページ）と比較のこと。共有については、Rusbridger（2009）を参照。また、Jarvis（2007）, Bruns（2005）, Russell（2011）と比較のこと。
（96）Christensen and Røpke（2010）; Crary（1999: 1、邦訳九ページ）、娯楽への偏向についてはTurner（2010）, Thussu（2009）を参照。この議論を予見した重要な文献として、Morley（1999）を参照。
（97）インターネットのオープン・ストラクチャーに関しては、Bolter（2001）; Lessig（2002: 34ff 邦訳六〇―一ページ）。
（98）Benkler（2006: 32–3）.
（99）『ロサンゼルス・タイムズ』に関してはCarroll（2007）を参照。
（100）Starr（2009: 4）. 英国では、一九九二年から二〇〇七年の間に新聞購読者は五〇〇万人減少した（National Readership Survey 2007, quoted in Brook 2007）。最近のＮＲＳの調査でも低下傾向が示されている（Press Gazette, 7 July 2011）。全米新聞協会のデータによると、米国では、何らかの日刊紙を読む成人の割合は、二〇〇八年と二〇一〇年の間で四五・一%から三九・六%に減少している（www.naa.org, 二〇一一年六月二五日最終アクセス）。
（101）Beecher（2009）; Phillips（2011）.
（102）Rantanen（2009: 129, 132）. 助成の不確定性については、Starr（2009: 10–12）, Fenton（2009）, Massing（2009a and b）, Sambrook（2010: 20–1）, Lievrouw（2011: 125–32）を参照。
（103）二〇一〇年の英国のテレビの広告に関しては、Bradshaw（2011）およびOfcom（2011, in 2007–11）を参照（二〇一一年については、八月現在までの傾向はあまり芳しいものとはいえない : Sweney 2011）。グローバルなレベルについては、Thomas（2011）を参照。
（104）Smythe（1977）.
（105）Turow（2007）; Bolin（2009: 351; 2011: ch. 3と比較のこと）. 同様の議論、すなわち、公共圏およびコミュニケーションの空間の断片化に関する議論は、デジタルメディアが専門化されたコミュニケーションを**促進する**傾向にあるという議論にも基づいている（Sunstein 2001; Lievrouw 2001. また、Pool（1983: 261）がこうした傾向を予見している）。断片化および政治的マーケティングについては、Bennett and Manheim（2006）, Howard（2006）を参照のこと。
（106）「ナローキャスト」のテレビと共に「一般向けの」テレビも存続する可能性について論じているBuonanno（2008: 26）の議論と比較のこと。
（107）モダニティにおけるラジオに関するDouglas（1987: 317）と比較のこと。

(108) Beniger (1986).
(109) より詳細な議論は Couldry (2003a, 2006) を参照のこと。
(110) Appadurai (1996); Ong (2006).
(111) Bourdieu (1977); Boltanski (2009) と比較のこと。
(112) Larkin (2008: ch. 2, esp. 66); Spitulnik (2010) も参照のこと。
(113) 米国の深夜のトーク番組に関しては Jones (2009: 30, 33)。
(114) Tuner (2010); Couldry (2009a) と比較のこと。
(115) セレブリティに関しては、Marshall (2006: 644) を参照のこと。「相互作用」については Andrejevic (2008b) を参照。より全般的に、メディア制度がわれわれの注目を引きつけ続ける必要性がある点については、Dayan (2009), Uricchio (2009: 72), Thomas (2004) を参照。
(116) Feuer (1983); Bourdon (2000).
(117) Hillis (2009: 58). 携帯電話のローカリズムとマス・メディアが全体的範囲を網羅しようとすることとの間で生じる抗争について論じた Gergen (2002: 240) と比較のこと。ユーチューブに関する Burgess and Green (2009: 43-6) の調査は、ユーチューブにアップロードする者のうちメディア関連企業はわずか八%にすぎないが、アップロードされた動画の四二%の情報源は伝統的なメディアであることを明らかにした。
(118) Thomas (1971: 510-11、邦訳九五八―九ページ).
(119) ユーチューブに関しては、Burgess and Green (2009: 37) を参照。WENNとツイッターについては *Press Gazette*, 11 May 2011 を参照。経済的価値については、Waters (2011) を参照のこと。
(120) Scoble and Israel (2006); Arvidsson (2011). ソーシャル・ネットワーキング・サービスと資本との近接性については、Palfrey and Gasser (2008: 268) を参照。また、boyd and Ellison (2008) に対する Beer (2008) の批判も参照のこと。
(121) 国民国家の放送事業者については Turner (2009: 62) を参照。中国の視聴者については、Sun and Zhao (2009: 97) からの引用。
(122) Meyer (2003), Thompson (2001);「現れの空間」については、Arendt (1960) を参照。
(123) Sassen (2006); Turner (2007a: 288).
(124) Zelizer (1993); www.bbc.co.uk 11 February 2011 (強調は引用者による)。
(125) Kellner (2003: 12), 次の文献と比較のこと。McNair (2006), Riegert (2007), Imre (2009a); Turner (2010: 22).
(126) 旧ユーゴスラビアについては Volcic (2009)、中国については Sun and Zhao (2009)、フィリピンについては Capino (2003)、アラブ世界については Khalil (2009: 33)、米国については Baym (2005) および Carpini and Williams (2011) の新しい研究を参照のこと。
(127) Castells (1996);「空間におけるメディア」(コミュニケーションが及ぶ範囲) と「メディアにおける空間」(メディア・コミュニケーションのトポロジー) との区分については Adam (2004: 1-2) を参照。

(128) Giddens (1990: 14、邦訳二七―八ページ); 不平等が規模の中に組み込まれている点に関する地理学的な洞察に関しては、Massey (1994: ch. 6); Janelle (1991); Smith (1993).

(129) Beck (2000b=2005: 11-2、邦訳三〇―二ページ). Urry (2000=2011: 183、邦訳三二〇―一ページ) と比較のこと。Hardt and Negri (2000=2003: 347-8, cf. 58、邦訳四三五―七、cf. 八四―五ページ).

(130) Held *et al.* (1999=2006: 15-7、邦訳二六―三〇ページ).

(131) Tarde (1969 [1922]=1964: 306-7、邦訳八七―八ページ).

(132) Ficowski (1990: 179).

(133) McQuire (2008: 22).

(134) Giddens (1990).

(135) 議論として、Cohen (2009) を参照。イラン政府はネダ・アガ・ソルタンへの追悼のためのアクセスをブロックしようとした:『ガーディアン』二〇一〇年六月五日。

(136) Larson and Park (1993).

(137) こうした主張に関する歴史は広大である。電信については Flichy (1994=2005: 9、邦訳二五―六ページ) を参照。

(138) Bauman (2000) について論じている Jansson (2006: 100) を参照。Martuccelli (2005: 46-9, 55) と比較のこと。

(139) 脱物質化に関しては Poster (2006: 78) を参照。Sassen (2006: 物質的条件に関しては三四四ページ、再スケール化に関して三一〇ページ、複数の規範秩序については一〇ページ、邦訳三七四、三四六、二八ページ)。国民国家のメディアに関して Tunstall (2008: xiv).

(140) Latour (1999: 18). メディアとANTとの関係性については本書第四章を参照。「スケール」概念そのものを拒絶する地理学者もいる (Marston, Jones and Woodward (2005); Thrift (2008: 17) と比較のこと)。だが、こうした動向は激しい攻撃の対象となっている (Leitner and Miller 2007)。関連する議論として、Morley (2011) および本書第五章の結論を参照。

(141) 初期の電話については、Fischer (1992) を参照。携帯電話に関しては Gergen (2002), Ling and Donner (2009) を参照のこと。

(142) Urry (2007: 8-9、邦訳一二―三ページ).

(143) Martuccelli (2005: 83, 58-69).

(144) 私は「人間の生活」について論じているが、「人間」と「自然」、そして「人間」と「技術」の境界線が構築されたものであると認識している (Strathern 1992)。とはいえ、Strathern が指摘するように「われわれは依然として自然と共に行為することを念頭に置いている」(1992: 197, quoted Barry 2001: 11)。同様に、われわれは依然として「人間」と共に行為することを念頭に置いている。それは人間の「本質」が単独で、あるいは区別可能な形で存在していることを意味していないのである (Hayles 1999)。

(145) Jonas (1984), Beck (1992).

(146) Silverstone (2007); Couldry (2006).

(147) Debray (1996=1999: 15、邦訳一八―九ページ); Briggs and Burke (2005: 4) と比較のこと。

(148) 人類学者Moore（1986: 116）は、空間は一つのテクストではないと論じている。すなわち、「空間の組織化は文化的なコードや意味の直接的な反映ではなく、結局のところ実践を通じて展開する一つの文脈なのである」。

(149) Fischer（1992=2000: 17, 85、邦訳二三、一一四ページ）.

(150) ここでは、表象の物質性がひとたび受け入れられるといかなる効果を生じさせるのかという点に注目している。もう一つの重要な争点は、メディアの諸表象が生み出され、配信される諸過程の物質性および不均衡な配分である。Boyd-Barrett and Rantanen（1998）; Parks（2005）.

(151) Williams（1961: 123、邦訳九八ページ。訳一部修正。）.

(152) Couldry（2003a, 2006）.

(153) Boltanski（2011: 9, 34, xi）French の翻訳（2009: 26, 61, 13）. 六一ページの個所については翻訳の微修正を行った。

(154) Hepp（2010: 42-3）. また、初期 Martin-Barbero（1993）, Couldry（2006: 13-15）, Morley（2007: 200）, Curran（2002=2007: 53、邦訳九七―八ページ）を参照。

(155) Thrift（2008: 183-4, 242, 250）. Parikka（2010）と比較のこと。

(156) Thrift（2008: 2）. ジル・ドゥルーズに影響された他の研究者たちはさらに議論を進め、あらゆる諸過程と諸主体を単なる「内在」へと還元している（Parikka 2010: 234 n. 31）。スリフトはこの動向を正しくも拒絶している（2008: 13, 17）。パリッカはメディアがどのように「世界」を構築するのかに関する説明を提供している。それは完全に非表象的なものであり、「情動」の説明に依拠している。その言葉の正確さにもかかわらず、メディアの内容が世界においていかに重要であるのかについてはほとんど何も語っていない。ドゥルーズの「超越論的経験論」に関してはClough（2009）も参照のこと。

(157) Couldry（2008b）はLatour（2005）を批判している。Knoblauch（2011）. 例外として、アンドリュー・バリーの政治における技術の役割に関する省察を参照。技術的「情報」の規制的、構築的な役割を意識しているが、社会的世界の広範な表象に関する研究ではない（Barry 2001: ch. 7）。

(158) Lash（2009: 178）. Savage（2009: 157, 163-4）と比較のこと。*European Journal of Social Theory* 12(1) in 2009 の特集号も参照のこと。

(159) Lash（2002=2006: 18, 16、邦訳四三、四一ページ）.

(160) 社会学的な説明における機能主義の長期におよぶ問題に関しては、Likes（1975）を参照。日常的な社会秩序における社会学的説明の役割に関しては、Boltanski（2009: 44）を参照。

(161) 批判的実在論における表象に関する私のアプローチの哲学的基盤については、Couldry（2008b）を参照。Downey（2008）と比較のこと。批判的実在論との比較から社会構築主義の事実に関する捉え方を強く批判したものとしては、Boghossian（2007）を参照。

(162) Barry（2001）, Latour（2005）.

(163) この複雑性に関する最も優れた省察は、依然として

Lefebvre（1971）によるものである。

第二章　実践としてのメディア

メディアとは何かについては、推定するのではなく、審問される必要がある。[1]
ブライアン・ラーキン

第一章で検討したメディアと社会との関係の不確実性は難問であるように見える。前に進むためには、わかりやすい出発点と、かつてルートヴィヒ・ウィトゲンシュタインが述べた意味での摩擦が必要である。[2]その双方を満たす概念は「実践」である。メディアを実践として、つまり「人間が行っている、行為の一形式」[3]として考えることで、探求すべき無数の事物と、抽象的なものの中でメディアの理論化を行おうとする直観との間で緊張関係を持つ有用な拠り所の双方を見出すのである。社会学やメディア研究における近年の「実践」パラダイムの背景を見る前に、メディアを実践として捉えることの四つの基本的な利点を説明することにしたい。

第一に何より、実践は**規則性**、つまり**行為**の規則性に関わるものである。[4]社会学それ自体は、偶発的な出来事にではなく、規則性に関心を持つ。メディア社会学はメディアと関連するわれわれの諸行為における特定の規則性に関わるものである。また、メディアに関連する諸行為の特定のタイプを可能／不可能にし、あるいは起こりうるもの／起こりえないものにする文脈や資源の規則性に関わるものである。さまざまなレベルの規則や秩序に基づくことなくしてわれわれは世界の中で行為することはできない。実際に、「世界」の**中で**生きているという感覚は、その背後にある秩序に**基づいて**築かれるのである。メディアに関わる諸実践と他の諸実践とが結びついてより広範な（日常的な「ルーティン」や「スケジュール」、「ライフスタイル」といった）集合体になることは、われわれが世界で見出し、依拠する秩序の一部なのである。

第二に、実践は**社会的**である。近年の社会理論における「実践」への転回の背景に、後期ウィトゲンシュタインの言語哲学への関心がある。そこには言語を世界における行為として理解するという〔言語観の〕重要な移行が含まれている。これは意味の表現としての言語は世界と何らかの形で「一致」しなければならないという古い言語観と対照的なものである。したがってウィトゲンシュタインは、あらゆる包括的な言語理論「全体」に異議申し立てを行い、ツールキットとしての言語という見解に置き換えた。「道具箱の中のさまざまな道具について考えてみてほしい。そこには、金づち、ペンチ、のこぎり、ねじ回し、定規、にかわつぼ、にかわ、くぎ、ねじがある。――これらのものの機能がさまざまであるように、言語の機能もさまざまである」。ウィトゲンシュタインが行為に基づく言語への新たなアプローチを形成するための暗黙の社会的文脈に注目する必要がある。こうしたウィトゲンシュタインの議論に内在する社会的次元を表す用語は「生活様式」である。生活様式は、人々が明文化や正統化を必要とせずに規則的に行う事物を指す。ウィトゲンシュタインは次のように述べる。「言語において、人間は一致する。……それは意見が一致するのではなく、生活様式が一致するのである」[5]。この見解において、言語は慣習に埋め込まれている一連の開かれた諸実践ということになる。多くの人々は他のタイプの実践について考える際に、こうした議論の中にその出発点を見出してきた。ウィトゲンシュタインの記述の難しさは、「生活様式」が人間の普遍的な実践に限られるのか、それともより偶発的で、文化的に形成された、慣習の力を獲得した諸実践までを含むのかが、不確かなところにある[6]。相互に結びつきながら依存し合うことによってツールキットを可能にするような社会性をウィトゲンシュタインが強調していることは明らかである。そしてこうした議論は、社会的行為、すなわち他者を志向する行為の研究として社会学を基礎づけるウェーバーのような議論と結びつく[7]。実践は諸個人の独自の特性の集合によって成り立つものではない。それは能力、抑圧、権力の世界全体を伴った社会的構築物なのである。

第三に、実践は人間の**ニーズ**と関連しており、それゆえにわれわれが行っていることを指し示している。それは、普遍的な人間の特性を参照することによって定義される、固定された人間のニーズなるものを含意しない。

例えば、人間の生活は常に一種の協調が求められるとみなす場合でさえ、のちに検討するように、協調の諸活動の特性は一般的な社会生活を特徴づける特定の時間と場所における相互依存性を背景とする。そしてその一部はメディアによって支えられるのである。本章では、諸実践とメディアとの関係性が、協調、相互作用、コミュニティ、信頼、自由に対する基本的なニーズによって形成される様態を明らかにする。いうまでもなく、「ニーズ」を諸実践の中に位置づける単純な方法は存在しない。だが、以下ではさまざまなものを形成するこのニーズを念頭に置いて議論を進めたい。

第四に、実践を行為と連関させることは、メディアを**規範的に**考えるための独自の、そして重要な基盤を提供する。それは、人はメディアと共にどのように生きるべきかという問いを通じてなされるのである。アリストテレス以来、倫理学の長い伝統は、単に抽象的な思想を参照するだけでなく、実際のあるいは潜在的な行為を参照することによって価値を理解していた。アリストテレスは「人間にとっての善とは徳に基づく魂の活動である」と述べている[8]。そのため、人はメディアとどのように生きるべきかを考えるために、実践としてのメディアを考察することは、よい出発点となる。このことについては第八章で検討する。

いずれにおいても、メディアへの実践概念からのアプローチは、問いを形成するうえで、メディアをものやテクスト、受容過程や生産過程に関する諸制度とみなすことはない。むしろ、人々が行為する文脈において、メディアといかなる関係性を構築しているのかという観点から問いを形成する。このようなメディア社会学が関心を寄せるのは、メディアを**直接的に志向する**行為や、必ずしも特定のメディアを目的や対象とするものではないが、メディアとの関連性を含む行為、そしてメディアの存在や影響、機能によって可能性が**条件づけられている**行為である。こうした関心は、本書で後述する単一の、ナイーブにも見える問いにまとめることができる。すなわち、**人々はメディアと関連するいかなる行為をしているのだろうか**、というものである。

このことは、広義の「メディア」概念を必要とする（第一章参照）。すなわち伝統的なメディア（テレビ、ラジオ、印刷、映画）だけでなく、他のプラットフォーム、モバイルメディアや据え置きのメディアが含まれる。それらのメディアでは、今やあらゆる種類の――制度、あるいは個人が生産する――コンテンツがアクセス可能、あるいは伝達可能である。そして行為を形成するメディアの「体系性」は、フリードリヒ・クロッツが指摘するように、多様な形態をとりうる。[9]

メディアに関連した実践をめぐる問いは、メディア産業やメディア史に直接的に関わる問いに限定されるべきではない。まさに、メディア史とは異なるさまざまな歴史からメディアに関わる興味深い問いがもたらされることもありうるのである。記憶と記憶術の発展を例にとろう。[10] 前近代では、保管されるあるいは流通する情報それ自体が希少であった。このことは記憶や想起の技術の重視をもたらした。それでは、情報過多の現在においては〔今度は〕**選択**と**組み合わせ**の技術が重視されるようになるのだろうか。メディアで語られるような誇大な喧伝、すなわち、「ネット世代」なる粗雑な概念、あるいは若い「デジタルネイティブ」とデジタル移民である年配の世代との不正確な区分を通じて、メディアの変化を普遍的なものとして語る議論は何の役にも立たない。[11] スーザン・ヘリングが指摘するように「ネット世代」とは、**大人が**作り出したものであり、コミュニケーションに関するニーズやその解消法がどのように変わっているのか（**いない**のか）、変わっているとすればどのくらいの速さで変わっており、それへの抵抗はどのくらいあるのかといったことの把握を曖昧にしてしまう。[12] 多くの国の若い人々にとって、コンピュータが今や社会的インフラの一部であるという、大きな変化が起きていることは否定しえない。[13] 一方で、ここ一五年で文化の生産と普及が急速に変わってきているが、英国や米国のような国ですら、オンライン世界への最低限のアクセスが未だに保証されていない人々が相当数いることも誰もが認めるところである。米国でさえオンライン・コンテンツを作る人の、ジェンダーや階級による階層化が起きているのであれば、「〔オンライン・コンテンツを〕読むだけの文化」から「読み／書く文化」への飛躍的変化は確実なものではないのである。[14] この論争的な領域においては、実践の多様性へと開くアプローチが有効である。

1　メディアの調査研究の背景

メディア・スタディーズの大部分は、メディア・テクストの分析に焦点を当ててきた。しかしメディアの実践的アプローチでは、次の理由からメディア・テクストの分析を**中心に据えることはしない**。「メディアの効果」をどのように証明するかという、解明できない問題を避けるためである。そもそもあるメディア・テクストがある方法でオーディエンスの態度を変えたということをどのように知りうるのだろうか。「メディアの効果」という隠れた前提が、メディア研究やメディアに関する日常会話の中でいまだに溢れかえっている。実際のところ、メディア・テクストそれ自体の消費から分析を始めようとするならば、これらの前提を回避することは困難である。テクストそれ自体に価値があるとみなす文学的アプローチはさておき、メディア・テクストが社会過程に広く影響を及ぼしている詳細についてわからないにもかかわらず、なぜメディア・テクストを研究対象の中心として扱うことができるのだろうか。まさにこの点を示すことこそが困難なのである[15]。

メディア・テクストの分析に代わり、しばしば採用されるアプローチは、メディアを生産する制度的構造の分析である。こうしたアプローチは政治経済学や、（より最近では）文化経済学の潮流において見られる[16]。メディアや文化セクターに関する産業構造や市場構造の分析はそれ自体重要なものであり、これらの領域に人々が参加することを制限する圧力や、これらの領域が生産するものを制約する圧力を理解するうえで不可欠である。だが、それらがメディア生産物の出発点であるとはいえ、メディアの**社会学**や**社会**との関連性を重視するメディア理論にとって、メディア生産だけが唯一の出発点とはなりえない。なぜだろうか。メディア生産の諸構造、特にその集中とコングロマリット化の動態〔の分析〕はそれ自体、メディアの生産物を社会生活全般に位置づけるための**利用**の問題について何も語らないからである。

このようにメディアの「効果」の問題は、政治経済学では追放されるが、解決はされない。このメディアの「効果」の問題は、メディア研究に関する多くのアプローチにとって難しい課題である。それはマルクス主義理論における「支配的イデオロギー」論にとっても[17]、セレブリティをめぐる物語が日常生活の中で作り出す差異に関する近年の、そしてあまり洗練されていない議論にとっても同様である[18]。特に「メディウム理論」は、メディアの社会的効果について論じる際に固有の諸問題に直面することになる。「メディア・エコロジー」の概念によって、メディアの「体系」と「対象」についての唯物論的説明を発展させる試みをしているマット・フラーの議論がその典型である。フラーの用語「メディア・エコロジー」は、「過程と対象、存在と事物、パターンと出来事の大規模で動態的な相互関係を指し示すもの」としてデザインされている[19]。無論、日常生活へのメディアの関与の「体系性」をこのような形で考察することは可能である。実際のところ、第四章で論じるように、ソフトウェアのインターフェイスや検索エンジンの中に組み込まれている「表象」の長期的な影響が存在する。一〇年前にレフ・マノヴィッチが指摘したように、これらのインターフェイスが究極的に依存するプログラム可能性という、より深い基準で考察することも可能である[20]。しかしまだ「プログラムの可能性」のレベルでの違いが、日常実践のレベルでの違いをどのように生み出すのかという問いは残されている。同様に、フラーの「エコロジー」の定義はメディアに関する利用や解釈のパターンについてのいかなる説明も不可能である。そのため、フラーはシステムのレベルにおいて社会的「効果」が存在し、エコロジーという他の諸要素と結びつく概念はそれに対処すべく設計されていると仮定するにとどまっている。こうしたデジタルメディアについてのアプローチ、そしてまた特権的なソフトウェアについてのアプローチの問題点は、表象が社会の秩序化の実践の中で演じている役割を無視していることにある。

この袋小路を乗り越えるための哲学的な方法は、日常生活を**実践**として説明することである。すなわち、表象、解釈、反省の実践を含めた、複数の「生活様式」の絡み合いとして説明することである。ウィトゲンシュタインにとって、表象や間主観性は実践を通じて構成されたものであり、したがってこれらは人間生活にとって還元不可能な構成要素である[21]。こうしたウィトゲンシュタイン派の理論的移行は、カント哲学を乗り越えようとするジル・ドゥルーズと同様にラディカルなものであるが[22]、日常の言語と理解に対してはドゥルーズの議論ほど暴力的なものではない。

実践に注目するアプローチは、メディア・テクストやメディア制度ではなく、メディアに関連した実践から、すなわちあらゆる柔軟性や開放性を伴った実践から出発する。このアプローチはきわめてシンプルに次のような問いを投げかける。それは諸制度や文脈のあらゆる領域を横断する形で、(個人、集団、制度を含めた)**人々はメディアに関連して何をしているのだろうか**、というものである。[23] そして反対に、メディアと関連する人々の実践が、どのようにして自らの行為能力(agency)に関係するのだろうか、という問いである。こうした問いは、メディアの調査研究の新たなパラダイムへと通じるものである。[24]

(「人々はメディアを用いて何をしているのか」という)基本的な問いは、一九五〇年代にエリユ・カッツによって提起された。[25] それを引き継いだアプローチは、「メディア」と呼ばれる特定の対象を**諸個人が利用する**点に注目した利用と満足研究である。ここで論じているメディア実践に注目するアプローチは、社会的側面を強調する点、そして利用に限定されない諸関係を強調する点において利用と満足研究とは異なる。だが、これらの二点を強調するアプローチ自体はすでに、一九八〇年代および一九九〇年代のメディアの調査研究においてその前兆が存在していた。当時の初期のオーディエンス研究は、メディア・テクストを介した意味の生産において、テクストの消費それ自体が〔意味を〕「決定する契機」であると主張した。ここからテレビ視聴がその中に組み込まれているような家庭におけるさまざまな諸実践に関する重要な調査研究が発展した。そしてこうした研究は、コンピュータを介したコミュニケーションに関する初期の研究と重なり合う形で展開されたのである。[26] やがて調査研究はメディア消費の個別の文脈を乗り越えるという形で行われるようになった。イエン・アンは「メディアで飽和した世界に生きることは何を意味するのか」という問いを投げかけた。[27] 私もかつて「巨大なメディア制度に支配された世界に生きることは何を意味するのか」を考察したことがある。[28] これに対し、いわゆる「第三世代」のオーディエンス研究では、「現代の『メディア文化』を理解すること」を目的とし、例えばメディアと密接に結びついたアイデンティティ形成の終わりなき過程に着目した。[29] この研究が特定のテクストの「オーディエンス」という概念を依然として必要としていたのかは、もはや明確ではない。その少しのちに、映画研究・映像研究において空間と時間を組織化する「活動としての映画消費」を強調するという、オーディエンス研究へのある意味で望ましい移行が生じた[30]。他のメディア研究者は「媒介作用」であれ「メディア化」であれ、循環の中でテクストとの幅広い関わりを捉えるための広義の用語を探し求めた。こうした概念については第六章で再び触れる。

今やオーディエンスの調査研究は、**人類学**のメディアに対する関心と区別するのが困難になり始めた。一九八〇年代初め、人類学者のエリック・マイケルズは、「テレビ族（TV Tribes）」に関する博士論文の中で、一九七九年に行ったテキサス州アマリロのプロテスタントに関する自らの調査を振り返っている。この調査では、人々のメディアの評価に非常に多くのバリエーションがあることが明らかになった[31]。それから一〇年後、フェイ・ギンズバーグは、「マス・メディア」に対する人類学の固有のアプローチを定義した。それはメディアの調査研究の領域全体が向かうことになる方向性を予言したかのようなものとなっている。すなわち、「われわれの研究は、メディアを社会的形式として分析することをめぐる経験的、理論的課題に対し、メディア・テクストや技術ではなく、人間とその関係性を中心に据えることによって特徴づけられるものである[32]」。

さらに一〇年後、メディアを専門とする人類学者であるエリザベス・バードは次のように論じた。「文化の中でのメディアの役割を切り離すことは不可能である。なぜならば、諸個人によってさまざまな方法で節合されているとはいえ、メディアは文化の網の目の中に強く固定されているからである。……『オーディエンス』なるものはどこにでも存在する一方で、どこにも存在しないのである」。このことは、われわれが「メディアが飽和した」文化の中で生きているという当たり障りのない表現と異なる点に留意すべきである。というのも、バードは「われわれは**個人として**「メディアによって飽和した中で生きて」いるわけではないし、少なくとも予想可能な形で、そして一様な関わり方をしているわけではない[33]」と述べているからである。さらに、信仰深い家族が、あるメディア情報を**回避し、あるいは選別する**実践を含め、どのようにメディア消費を規則化するのかという調査をめぐって議論が生じることとなった[34]。このように、実践に焦点を当てたアプローチは、現代のメディア文化に関する一般的な理解が、実際は複雑なものであることを示しているのである。

二〇〇〇年代半ばまでにメディアの調査研究は、テクストという起源の制約から自らを解放し始め、メディアに関わる実践の多様性に焦点を当てるようになった。一方、第一章で述べたように、メディア実践の領域全体は急速に拡大、変容し始めた。奇遇なことに、メディア研究とメディアの日常の双方の変化を解明する方法が、広義の社会理論の中で生じつつあった。それが実践理論である。

2　社会理論における実践

実際のところ、社会理論では「実践」への転回が二度あった。すなわち、ピエール・ブルデューの初期の研究と、テオドール・シャッツキを中心とした、より広範な動向である。両者は哲学の失敗をめぐるルートヴィヒ・ウィトゲンシュタインの卓越した省察に大きく影響されている。ウィトゲンシュタインは、哲学が理論的な視座から「解釈」を試みる場合でさえ（あるいはまさにそうした場合において）、日常的な思考や行為の動態を捉えることに失敗していると論じている。[35] このような形でブルデューとシャッツキは社会思想から「実践」に関する概念を引き出そうとしている点で共通しているものの、両者の転回の方向性は正反対であった。

ブルデューは「実践」という概念を、日常生活におけるその特徴を明らかにするために用いている。そしてそうした特徴を構造主義的人類学（とりわけクロード・レヴィ＝ストロース）が間違った形で体系化し、説明してきたとやや論争的に論じている。すなわち、日常の諸行為の時間的な持続性およびその個別性は、それらの行為を抽象的な「全体性」や抽象的な機能のパフォーマンスに還元することを妨げるのである。最も重要なことは、ブルデューにとって、日常の諸行為には「論理」が存在するものの、そうした「論理」とは（レヴィ＝ストロースが神話に見出したある種のシステムのように）、それがもたらす結果を（自動的に）**読み取る**ことができる「システム」ではなく、むしろ**実践それ自体を可能とする諸条件を生み出す**ような曖昧な「生産の諸原理のシステム」にほかならない、という点である[36]。ブルデューは解釈される準備があらかじめ整っているようなものとして社会的世界を「読解する」手法を拒絶する。その代わりに行為の前提条件（分析される実践**および**分析者自身の実践に関する前提条件）を探求する手法を採用したのである。この洞察は今日依然としてラディカルなものである。とはいえ、諸実践がそれに先行して存在する諸条件によってどのように決定されるのかに関するブルデューの説明（特に「ハビトゥス」概念）は、より論争的なものとなっている[37]。ブルデューにとって、身体的な実践は「無意識のレベルで」取得され、再生産される[38]。第四章で見るように、この説明は現代のメディア文化に関していまだに示唆を与えるものである。だが、それはメディアに関連する実践の全般を捉えることができない。そうした実践の多くは意図的に行われるからである。

テオドール・シャッツキやアンドレアス・レックヴィッツなどによる最近の実践にまつわる研究は、社会的説明としては限定的であり、いくつかの点ではブルデューの議論に戻らざるを得ないものの、より広がりを持つものである[39]。ブルデューと同様に、シャッツキにとって「実践」という用語は、単に記述のためのものではなく、理論的な目的のためのものであり、（個人対社会、主体対構造といった）社会理論における古くからのジレンマを乗り越えるための決定的な移行を可能にする概念である。こうしたジレンマはブルデューも取り組んできたものである。シャッツキにとって実践は**それ自体**、秩序の特徴的な場である。すなわち、「理解力が構造化され、理解可能性が分節化される場」である[40]。いわば、（水泳やトランプといった）示差的な諸実践を**組織化する**諸特性から広範な「社会秩序」が形成されるのである。事実、シャッツキによると、諸実践を相互に差異化する組織化の行為は、実践が組織化される中で「繰り返し」現前することになる。レックヴィッツによるこのアプローチの解説がわかりやすい。すなわち、「『実践』（*Praktik*）……とは、ルーティン化された行動の型である。それは身体活動や精神活動の諸形式、『事物』とその利用、理解の形式による背景知識、ノウハウ、感情の状態、動機づけに関する知識といった諸要素が互いに結びつく形で構成された」ものである[41]。

シャッツキは特定の実践の内部での解釈行為を伴う組織化の作用を区分している。すなわち、（1）「理解」、

（2）「明確な諸規則」、（3）「目標、計画、信念」である。[42] これらの諸要素は、実践を可能にすること、また、行為のための文脈を提供することで実践の再生産に寄与する。すべての実践がこれらの特徴を有しているわけではない。シャッツキが「統合的諸実践」と呼ぶ実践だけが備えている特徴である。それは（水泳や農業、調理のように）多様な下位の諸実践を組織化するミクロな規則を統合する実践である。（記述する、整序するといった）シャッツキが「分散的」実践と呼ぶタイプは（1）のレベルにのみ関連する。すなわち、理解という作用によって、さまざまな事例は同一のものとして収集されるのである。水泳の諸規則とは正確には何を指すのか疑問に思うかもしれない。たとえそれが明確になったところで、水泳という実践全体にとってそれがどれほど重要なものか疑問に感じるかもしれない。とはいえ、こうした疑問を別にすれば、シャッツキの議論で最も重要な点は次の事柄である。すなわち、アクターの間で流動的な日常の諸活動を**理解可能なもの**にするのは、**社会的に**なされた実践のパターン化なのである。アン・スウィドラーがいうように[43]、シャッツキが「共に生活することで文脈を構成すること」と呼ぶような実践を通じて達成される協働に注目することで、このアプローチは行為のパターン化を（内的「観念」や「意味」といった）ある種の心理主義的な「文化」概念によって説明することを回避しうるのである。[44]

したがって、実践理論はデジタル革命をめぐる誇大な喧伝をより具体的な問いに変換するうえで役立つ。こうした問いとは、人々はメディアとの関係において何を**している**のか、メディアとの関係において何を**語っている**（考えている、信じている）のか、というものである。（オーディエンスの活動が、日常生活の他の活動と区別しうると仮定した場合）メディアが飽和した世界の組織化が「飽和以前の」世界における組織化と一致するとは考えないであろう。だが、実践理論が明らかにしたように、メディアに関連する実践を明確化する新しい諸原理と**なるもの**を確立するためには、メディア研究者、あるいは社会研究者としての直観のみによってそれを成し遂げることは不可能である。人々がメディアとの関わりの中で行っていることや話していること、考えていることを詳細に観察しなければならない。適用事例として、BOX2・1でツイッターと実践理論との関わりを挙げておきたい。

Box 2・1　ツイッターと実践理論

ツイッターは二〇〇六年に創設されたマイクロブログ・プラットフォームである。生活様式としてそれぞれ区別される必要がある多様な諸実践をこのプラットフォームが引きつけ、支えている。したがって、ツイッターは実践理論の価値を説明するのに適している。ツイッターの成功は、模倣者を国際的なレベルで生み出しつつある。中国のマイクロブログ・プラットフォームである新浪微博がその一例である。

ツイッターは一四〇字までしか書き込むことのできないブログである。とはいえ、他のテクスト、音声、動画をリンクとして組み込むことが容易である。ツイッターは多くの強みを持つブログ・プラットフォームとして登場した。基本的なフォーマットが共有され、かつ短い文章しか書き込むことができないがゆえに、送り手はかえって携帯電話などで、移動中に容易にツイートできるようになった。受け手にとっては、その簡潔性や他人のふとした思いつきを共有できる感覚が利点であった。こうしたツイッターの基本的な使い方が効果を発揮するのは、二〇一一年に起きた日本の津波や米国のハリケーン・アイリーンのような災害の刻々と変わる状況の中である。リツイートの実践はこうしたメッセージの拡散を加速させることになる。

一見すると、ツイッターのプラットフォームは脱文脈化されたメッセージの寄せ集めからなる不協和音をもたらすかのようである。しかしながら、このプラットフォームを起点として多くの派生的な実践が展開し、それぞれが特定のツイッターアカウントの読者層を規定する方法と結びついている。第一に、高い地位の人物や高名な人物、その他小規模でも一定のオーディエンスを有する人物にとって、ツイッターは**非公式の発言**を行う手段として用いられている。制度的な構造や権威にとってツイッターのこうした機能が及ぼす影響は未だはっきりとしていない。メディアから高い注目を集めるような競技の世界（詳細は第六章を参照のこと）では、影響力があるもののこれまで発言が制限されていた人物がツイートを行うことによってさまざまな出来事に影響を与えつつある。例えばクラブの公式な発表の前に、サッカー選手が新しい選手の獲得についてツイートする場合がその一例である（二〇一一年五月二〇日付『ガーディアン』によると、マンチェスター・ユナイテッド監督、サー・アレックス・ファーガソンはツイートに対応することは「時間の無駄」と言っている）。

第二に、(セレブリティのように) メディアの中で高い地位を獲得している人物は、オンライン上で**存在感**を維持するためにツイッターを利用する場合がある。その格式張らず、親しみを持ったツイートがファン層の確立に適している (英国のコメディアンのスティーブン・フライが初期のパイオニアだったが、今では当たり前のものになっている)。

第三に、**コメント** (あるいはその他の情報) を送信することができる特定のツイッターのアドレスやハッシュタグを通じて諸集団をまとめ上げることができる。それに成功することができれば、これは諸集団にとって、以前のアイデンティティや象徴資本に関わりなく**存在感を提示する**形式になりうる。アラブの春をはじめ多くのデモ行動での集団の形成や迅速な行動の調整にハッシュタグを利用したことは、見方によっては賞賛すべきものにも悪名高いものにもなりうる。

実践的アプローチはこうしたさまざまなツイッターの使い方を区別するのに役立つだけではなく、知見を十分検証することなくツイッターの「目的」を自分が理解していると思い込むことも防いでくれる。二〇一一年八月に英国で起きた暴動の際、政府などによる初期段階での推測では、ツイッター (やフェイスブック) の使われ方の多くが暴動を煽り立てることであり、社会情勢が不安定化した際にこうしたソーシャルメディアの利用を禁止することを呼びかけた。しかし、『ガーディアン』の調査によれば、ツイッターではるかに多かったのは**暴動への反発**の方であった。このことは、ツイッターが例えばエジプトでの動員のために重要な役割を担ったという考えは誇張されたものだと明らかになったアラブの春についての議論と響き合うものである (Lewis, Ball and Haliday 2011; Beamont 2011)。

シャッツキは日常生活の表層のすぐ下にある「社会性の織物」(45) について論じている。とはいえ、シャッツキは個別の諸実践が構成する**ローカルな**文脈から生じたもの以外のいかなるタイプの社会秩序も否定するという点において、ブルデューの議論とは根本的に異なっている。そして社会秩序は、特定の実践に関する理解、規則、目的の中にのみ存在すると強調する。シャッツキは、個々の実践をローカルに「まとめ上げる」ことを可能にする理解という要素に社会秩序を限定するがゆえに、(第三章、第四章で議論する) メディアのような大規模な制度がマクロレベルで実践を形成する役割を無視している。さすがにこの点は問題である。例えばフェイスブックやユーチューブのような領域において複雑な諸実践が生じるのを可能にする実践**間**のさまざまな節合はどのように論じうるのだろうか。これらの節合は、詳細な記述をせずともある特定の形式として認識可能である。なぜならば、われわれの日常的な諸実践は、ルーティンの中に存在するこれらの節合の基盤を通じて繰り返し組織化されるからである[46]。同様に、技術の**アフォーダンス**として広く知られているものは、ユーザーの間で共有された理解を形成する。アクター・ネットワーク理論もまた、ここで有用な補足を提供しうるであろう。この理論は異質な諸行為、諸対象、諸主体がどのように節合され、さまざまなスケールを横断する形で安定した形態をとるのか、という点に関心を寄せてきたからである。トリスタン・ティールマンが指摘しているように、「ANT（アクター・ネットワーク理論）は……行為の連鎖の中にメディアがどこに位置づけられるのかをあらかじめ決定しない」のである[47]。このことは、例えば金融市場がそうであるように、大規模な「デジタル化」がどのように新たな社会形態を生み出すのか、また、「物事を一つにまとめ上げる」というわれわれの日常的な諸実践がどのように繰り返し組織化されるのかを理解する一助となる[48]。

社会学者のエリザベス・ショーブが指摘するように、社会的な秩序化の中にはわれわれがしばしば見逃してしまう特定のレベルが存在する。それは利便性、統制、快適さといった一見したところありふれたニーズによって、その特定のレベルが隠されていることに起因する[49]。ショーブは、「実践の複合体」に目を向けるように促す。すなわちそれは、ある特定の実践が他の実践と**調和**することによって生み出される秩序のことである。スマートフォンの「アプリ」は最適な事例である。「アプリ」や他のスマートフォンの諸機能は、完全に新しいメディア／データインターフェイスを自然化する。これらは重要であるが、依然としてほとんど分析されてこなかった変化の推進力である。「next train」の備わったスマートフォンの「アプリ」は、きわめて強力な形でスマートフォンを個人化する。例えば韓国企業がイスラム教徒向けに作った、礼拝の時間を知らせ、メッカの方角を指し示すコンパスが組み込まれた「Qiblah phone」なども同様である[50]。（値段を比較し、友人の意見を確認するため）店の試着室で服をスキャンできる「アプリ」[51]は、新たな形の利便性と社会的埋め込みを可能にする実践の節合である。実践理論はこうした詳細を説明するのに適している。

3　メディアに関連した実践の多様性

実践理論の有用性は、人々がメディアとの関連で行っていることについて開かれた問いを可能にする点にある。人々がメディアとの関連で行っていることがいかに複雑なものかを説明するために、サッカーのテレビ観戦を例に考えてみたい。テレビでサッカーを観戦することは、チームのファンとしての感情的な実践の一部であるという分析はしばしば行われる。そうした人物のパートナーや子供にとっては、感情を一緒に共有するという義務のため、あるいは歓びのための行為とみなしうる。また、別の人物にとっては、試合内容の詳細はそれほど重要ではなく、このメディア行為は他の家族から離れて家庭空間を利用することのサインであるかもしれない。その場合、この行為は試合が放送される時間に依存することになる。公共空間でサッカーのテレビ中継を見る人にとっては、ある集団の一体感を示す行為の一部かもしれない。人によっては、暇つぶしのために視聴しており、友人がドアのチャイムを鳴らすや否や「興味を失う」ものかもしれない。仕事に戻るための活力を得るために気晴らしで見ているのかもしれない。無論のこと、こうした「決定不可能性」についてはこれまでも指摘されてきた[52]。

例えばテレビで放送される試合のような「テクスト」や、(メディア・スタディーズの当初の出発点である)人々がそうしたテクストを読解する多様な方法から分析を始めても、人々がメディアと関連して行っていることを理解することはできない。試合に関する［メディア・］テクストを**彼／彼女がどのように読解するのか**、という問いが調査研究の問題関心となりうるのは、彼／彼女がサッカーファンである場合のみである。この場合だけが、試合をテレビで視聴することが広範な実践の中で中心的で、他の実践とは代替不可能なものとなるからである。政治経済学的なアプローチは上記のあらゆる事例の重要な背景である。しかしながら、サッカーファンの事例でのみそれは前景化する。すなわち、どこでサッカーのテレビ中継が視聴可能となるのかという点や、試合そのものの構造を経済的な圧力が形成しているからである。諸実践の調和という広範な問題に立ち返ると、（ファン活動、家族間のやりとり、コミュニティーセンターやパブでの集団の一体感、別のことをするための時間つぶしまで）多岐にわたる実践を行う人々はみな、大雑把にいえば、テレビ視聴という同じ事柄を同時に行っているとみなすことができる。しかし、テクストがどのように読解されるのか、という問いは、（メジャースポーツや政治イベント、ソープオペラもしくは長期連続ドラマのクライマックスのように）その重要性が広く共有されているようなコンテンツのテクストをめぐる複数の実践の調和の諸形式を理解することが中心的な問題となる場合にのみ成立しうるのである。

デジタル融合の時代において、実践的アプローチの開放性は特に重要なものとなる。（ツイート、ＳＭＳのメッセージ、フェイスブックのリンクといった）「メディア多様体」は試合のテレビ中継といった特定のテクストの本来の境界からわれわれを越境させるのである。

メディアの調査研究の重心がテクスト（およびその生産や直接の受容）から広範なメディアと関連した**諸実践**へと移行することにより、メディアと関連した諸実践を**通じて**可能となる**社会過程**の特徴をより適切に捉えることができる[53]。これらの諸実践には［メディア・コンテンツの］生産者や出演者だけでなく、双方向的なオーディエンスや出演者になることを目指すオーディエンスも含まれる。さらに、より広範な過程に影響を与えることで当該コンテンツを視聴していない一般の公衆も含まれることになる。こうしたアプローチは、トーク番組に関するわれわれの理解をすでに変容させつつある。すなわちそれは、巨大な労働過程がさまざまな出会いを構築し、その中の一部が実際の報道のために選択され、さらにその実践の一側面だけがテクストとして生産される、というものである[54]。同様のアプローチは、リアリティメディアやセレブリティ文化を捉える際にも有用である（第三章および第四章を参照）。実践理論のアプローチは、メディアとは関連するものの、特定のテクストには関連しないような諸実践を分析することを可能にする。例えば、教育でメディアを素材として活用するような諸実践、自らについて物語る際にメディアを参照する諸個人の利用方法、政治、医療、法に関する諸システム、あるいはまさにあらゆる労働実践におけるメディアの利用方法である（第六章参照）。このアプローチはまた、権力システムにおける実践のさまざまな節合を分析することを可能にする。このアプローチは、例えばニューメディアを「人工物」であり、「実践」であり、「社会的な配置および組織形態」であると定義づけるリア・リエブルーやソニア・リビングストンのようなアプローチとも両立可能である。[55] ここでメディアの表象に関わる権力が欠落していることはいうまでもない。それについては第三章および第四章において、別の側面から言及することにしたい。

すなわち、「メディア」は実践に関する広大な一つの領域として理解されうる、ということである。（シャッツキの見解における）あらゆる実践がそうであるように、実践としてのメディアは基本的なレベルにおいて、社会的なものである。つまり、諸実践を安定させ、それぞれの実践を区分するような諸行為によって成り立つのである。この領域をマッピングする必要がある。そのためには粗雑ではあっても何らかの道標が必要となる。そこでまず、古い記述言語では捉え損ねてしまうような、メディアに関わる実践の新しい形態を探ってみたい。一つのメディアに関わる実践から始め、より複雑な諸実践へと議論を進めていく。

（1）検索および検索が可能にするもの

インターネットには情報が無限に蓄積されている。そのため、たとえ単純なものであっても、ほとんどの場合、利用の際には検索が必要である。マシュー・ハインドマンは、次のように述べている。「ユーザーが自力でまだ自分の知らないコンテンツを見つけるには二つの方法しかない。一つはすでに知っているサイトから移動することであり、もう一つはオンラインの検索ツールを使って見つけることである」。[56]

グーグルなどの検索エンジンへの依存は、もはや初期の電話システムが人力による電話交換から自動電話交換機へと変わったとき以上に不可逆的なものである。[57] 検索は、決まったプロトコルに従って実際のインターネットのある一部を検索するクローラーによって行われる。検索エンジンが世界にもたらしたとされる衝撃については

第四章で詳述するが、ここではルーカス・イントロンとヘレン・ニッセンバウムの「存在するということは検索エンジンに表示されることである」[58]という格言を想起してもらいたい。検索とその諸条件が社会的存在論に影響を及ぼすのである。

検索とは、抽象化ツールの操作にとどまるものではない。われわれの実践の中に埋め込まれたものである。われわれがブラウザを立ち上げる際に表示される「お気に入り」のサイトでさえ、われわれが以前に「検索」した結果なのである。検索は、オーディエンスが有する解釈行為の範囲を拡張する。[59]この過程には終わりがない。ジェイ・ボルターが論じるように、「ウェブページはテクストとしての機能を果たすが、〔別のテクストへの〕経路としての機能も果たす」からである。[60]検索は、われわれが**どのように**行為するのか、という諸手段の中に統合されるようになっている。打ち合わせの際に、打ち合わせ場所の建物の詳細はいうに及ばず、そこへ向かうための地図を持たずに外出する場合が（あるいは旅行で出国する場合さえ）あるかもしれない。移動中に検索することができるスマートフォンの機能にますます依存しつつあるのである。とはいえ、この新たな行為の様式——時間的、空間的に異なった知識の獲得と知識の利用の構造化——は、同時に新たな区分化の諸形式を伴っている。すなわち、インターネットが拡張することによって、人々の検索の戦略と技術の違いがより明確化しつつあるのである。たとえ経験によって徐々にその差を埋められるとしても、社会経済的地位と教育程度の高さは有利に働くことになる。[61]それに加えて、ニュースの民主化に関する新しいモデルの多くは、情報検索を可能にするアグリゲーター〔のツール〕を有し、それを通じて拡散した情報源を自ら見つけ出すオーディエンスの存在を前提としている。インターネットを無限の情報貯蔵庫であると考える場合、検索という実践は、人々が自らの示差的な行為の諸条件を形成するうえで鍵となるのである。

検索を起点として他の実践が展開することになる。例えば家族、友人、職場の同僚にウェブへのリンクを転送して情報を交換する実践が挙げられる。また、他のユーザーが検索を絞り込むことができるように、お勧めのサイトを集める（Diggのような）情報収集の実践や、事前に検索登録ができる（ＲＳＳフィードや他のアラートのような）ツールを活用するような実践が挙げられる。人々が情報の広く拡張したフローにアクセスする方法を最適化しようとするにつれて、こうした**検索が可能にする**諸実践は日常生活の中でますます存在感を高めている。（**誰も**がリンクを転送し、「いいね！」を押すことができる、といった）行為能力の広がりは、過去数世紀に渡る情報の普及方法とは対照的である。例えば、古代や中世世界の**名詩選**（florilegia）は、**学者**集団により作られていた。こうした集団は、もっぱら修道院の中で、世間に知られていない本から興味深い引用を収集し、新しい本をまとめ上げた。[62]今は個人が（コンピュータや電話から、どこにいても）お勧めの情報をまとめ上げている。それだけではなく、Digg や reddit のようなシステム・インターフェイスがこうした情報の蓄積を可能にしている。一部の評論家は、「協調フィルタリング」や他の情報分類の集合形式がグーグルの支配に挑戦し、新たな社会のつながりの形を作り出すことを切望している。[63]

検索が可能にする諸実践は、諸個人がグーグルのような検索エンジンに依存しているといった単純な発想を困難にすることは確かである。だが、アレクサンダー・ハラヴェが指摘するように、「フォークソノミー」や「ソーシャルウェブ」を礼賛することは、次に挙げるような三つの重要な要素を無視することになる。第一は、検索が可能にする諸実践は究極的には依然として「検索という思想」それ自体に依存しており、検索という機能そのものの価値を高めることに寄与している点である。検索エンジンの作用そのものの中に組み込まれた根本的な諸制約は依然として存在し続けている。これらの含意を明らかにするために、まさに社会学的な想像力が求められているのである。[64]第二は、いわゆるソーシャルウェブにはすでに企業という組織的な収奪者が存在し、P2Pで特定のものを推奨することのマーケティング上の潜在力を熟知している点である。アマゾンは消費を後押しするため、疑似社会的な情報提供を行っている（「この商品を買った読者は……」）。疑似社会的な情報戦略は今や、より洗練され、巧妙なものになっている。この「役立つリンク」は特定の商品と結びつくように専門のアマゾンスタッフによって調整され、関連商品を検索すると、「本当はこちらをお探しでしたか？」と尋ねてくる。すなわち、商品の押しつけである。政治マーケティングの領域では、とりわけ政治的動員が行われる際に、この検索が可能にする諸実践によって政治情報のP2Pでの交換が活性化するとされる。だが、〔ソーシャルニュースサイト〕Diggを好むにせよ、〔ソーシャルブックマークサイト〕Deliciousを好むにせよ〕強大な政治的、商業的なアクターからの圧力によって、P2Pの情報交換それ自体が形成されるようになっているとしたらどうであろうか。[65] 第三に、検索への依存がソフトウェアによって**あらかじめ**促進されるようになっている点である。これらのソフトウェアは、（例えばFoursquareやMyTownといったアプリのように）スマートフォンのGPS機能を通じて、われわれがどこにいようとも関係しそうな情報を押しつけてくるのである。こうした検索を**迂回**して情報を直接提供することがどのような帰結をもたらすのかは不確実である。なぜならば、それにはわれわれがどこにいるのかをプロバイダーに、そして設定次第では他のユーザーに常に公開するという多大なコストを要するからである。このことは重要な別の諸実践に目を向けさせることにつながっている。

（2）開示することと開示されること

検索が「向こう」にあるものを見つけることだとすると、同様に日常生活で徐々に目を引くようになっているのが、**開示**（showing）と呼ぶべき、一連の実践である。あらゆる「開示」の行為を特徴づけるような厳密なリストは存在しない。ウィトゲンシュタインが「家族的類似性」と呼んだものがあるにすぎない。[66] 開示という行為の拡張された「一群」に属していると判断するのに十分な類似性をそれぞれの行為が有している、ということである。「開示」という用語は、何かを公にすることについての大量のメディアに関連する諸行為を把握するうえで役立つものである。こうした行為の多くはデジタル時代以前には知られていなかった。[67]

二〇一〇年五月末に本章の執筆を始めた頃、私はオンライン上での開示行為の事例を集めた。一つはある公人による非合法行為を暴露した、旧来のタブロイド紙による一連の実践である。英国のタブロイド紙『ニュース・オブ・ザ・ワールド』は、（一般的には「ファーギー」として知られる）ヨーク公爵夫人に関する隠し撮り動画を自社のウェブサイトに投稿した。[68] それは、ヨーク公爵夫人がエリザベス女王の息子である前夫、アンドリュー王子を〔とある人物に〕紹介する約束の見返りとして金銭を要求し、受け取っていたことを明らかにした。この件が印象的なのは第一に、それ以前の暴露記事はわれわれがそれを読むだけであったのに対し、金銭を受け取る行為をわれわれが**見ている**という点である。第二に、〔リンクを送信することで〕われわれは難なく**他者が**その出来事に関心を寄せるのを促すことができるような**形式**である、ということである。そのためあらゆるオンラインでの開示行為は再‐開示の連鎖を伴うのである。

もう一つの事例は、大手石油会社のBP社がメキシコ湾での深刻な原油漏れに対処しようとしたいわゆるトップキル作戦のライブ映像の配信である。(69) 私はある海底からの「生(ライブ)」映像から何を得ようと期待したのか。私は何を見ていたのか。映像は本当に「生(ライブ)」の映像**だった**のか。こうした答えのない問いは、この開示行為に関する興味深い点を表している。それは、主流メディアの〔自社に対する批判的な〕報道が手に負えなくなりつつある中で、この危機に対するBPという企業の対応の一部が公的領域に自らのライブ「ストリーム」を投入する、というものであったことである。BP社による開示行為が防衛的なものであったとするならば、それとは対照的に積極的に開示を行うキャンペーンもまた頻繁に行われている。BPの事例の一年後、ニューヨークを拠点とするヒューマン・ライツ・ウォッチは、リビア政府軍によるクラスター爆弾の使用の証拠をつかむため、現地調査を行い、まさにその証拠となる爆弾の残骸を自身のウェブサイトに提示したのである。(70)

〔二〇〇六年からグーグルが所有する〕ユーチューブは広大な開示の場を新たに提供している。そこは多様な参加者が動画を投稿し、そうした動画について議論ができる場となっている。ユーチューブに投稿される動画の多くは、企業側からはテレビで放送されることのない、チープでいい加減なものとして位置づけられている。こうした位置づけには、企業の生産／プロモーション戦略が関わっている。だが、ユーチューブが提供するものの中には、お気に入りのテレビ番組の一部を投稿するといった、一般的でごく普通のオーディエンスを対象にした検索が可能にする諸行為〔前項の議論を参照〕が含まれている。非常に興味深いのは、それまでは実践することが不可能であったような形態の個人や集団による開示行為である。私が調べた二〇一〇年五月二七日時点で、以下の投稿が放置されていることを考えてみたい。

・映画『ハリー・ポッター』の出演者たちが（映画の舞台となっている）ロンドンのキングスクロス駅のコンコースを通っている目撃動画（二〇一一年六月末までに一三万六〇〇〇回以上の視聴回数）。
・ワシントン大学情報学部の図書館スタッフによる、レディー・ガガの曲のカバーのパフォーマンス（二〇一一年六月末までに八〇万回以上の視聴回数）。
・ソールズベリーの（犬の保護を行う慈善団体）Dogs Trust Salisbury による、新たに里親となった飼い主を招いた、「狩猟」犬とその調教師の動画（二〇一一年六月末までに二、一六三回の視聴回数）[71]。

ユーチューブは膨大な映像の蓄積の場として利用可能である。こうしたユーチューブの利用可能性が単なる犬の広告や、有名人の目撃情報や、職場でのおふざけを公的な相互関係の空間の中で**共に存在する**行為へと変化させている。「ユーチューブで何かをすること」が、その担い手にとってシャッツキのいう規則づけられた「統合的実践」として十分認識できるかどうかはもちろんのこと、「分散的実践」として認識されるようになっているかどうかも議論の余地がある。

こうした特定の開示行為が行われる多様な社会的文脈もまた興味深い。今日家の外の、そしてしばしば家の中のおよそあらゆる行為に潜んでいるのが、それが**開示されること**（広くさらされること）である。自分の行っていることが何であれ、通常の場合、記録機能を伴った機器を持った人物が周囲にいる。そうした記録端末はインターネットにすぐに、あるいはのちに接続されうるのである。諸状況はどのようにさまざまな方法で「適合されうるのかに関するアーヴィング・ゴフマンの研究がここで関連性を持つことになる[72]。ゴフマンの研究は、日常的な相互行為の（空間的、時間的、テーマ的）可能性がメディア機器によってどのように変化しているのかを説明するうえで有用である。われわれはしばしば自分たちが**どこで**開示されうるのか、という点について根本的な不確実性に直面する。現代のメディアの多くは、不特定多数に向けたコミュニケーションと閉鎖的なコミュニケーションとの間の、この不確実性によって特徴づけられている。[73]

楽しいひとときもまた、時として開示することと開示されることとの文脈を伴う場合がある。他人と過ごした休日やパーティーといったまさにあらゆる出来事のあとで、今やほぼ自動的にその写真が（フェイスブック、フリッカー、スナップフィッシュ、その他諸々の）ウェブサイト上に置かれることになる。自分たちが共に行うことが単にフォトアルバムの画像へとすぐに変換されるだけでなく、オンライン上の画像流出へと変換されるという認識は、今や自らの私的、公的ペルソナの管理にとって不可欠なものとなっている。共に過ごしたイベントの写真をフェイスブックに投稿するという日常的な行為が、「開示すること」と「コメントすること」とを結びつける（以下を参照のこと）[74]。明確な意見を伴うものではないが、規範によって動機づけられた開示の文脈も存在する。それはフェイスブックなどを介して自らの社会的なネットワークを開示するという、ソーシャル・ネットワーキングのインターフェイスに組み込まれた実践である。[75]だが**開示行為**の中には攻撃的な動機もありうる。例えば学校を銃で襲撃した人物がひけらかす動画のように、開示行為を通して人に屈辱を与え、あるいは自ら勝ち誇ることを目的としているものがある。かつては（時には今日でも未だ）戦争の犠牲者が晒し首にされることがあったが、今はその必要はないのかもしれない。攻撃を行う動画が数分以内にオンライン上に投稿でき、携帯機器で友人の間で広まるからである。英国において、これは「ハッピー・スラッピング」という戦慄が走る名で呼ばれている。[76]作られたものが何であれ、メディアの一側面である「ハッピー・スラッピング」を、常軌を逸した忌々しいものとして切り捨てても意味がない。というのも「ハッピー・スラッピング」という行為は、開示という一般的な実践がどれほど広がり始めているのか、そしてその実践に領土や資源やアイデンティティに関連して持続する紛争がいかに絡み合っているのかを示しているからである。[77]

防衛的な形式の開示も存在する。例えば、レスターシア近隣の年金受給者たちによる即席の監視実践が事例として挙げられる。これは、カメラ、ウェブサイト、ユーチューブを活用しつつ、薬物取引を警察に通報する、というものである。ここで「防衛的」と述べたのは、こうした人々が自分たちの実践をどのように記述するかを考えれば自然なものだからである。とはいえ、こうした集団監視は多くの人々が攻撃的なものとみなす、英国で国家監視が過剰に広がった過程と地続きである[78]。

一連の「開示」の多様性は、社会的・公共的空間がメディアに関連する実践を介してどのように適合されるのかを説明するものである。今や人々が行為する空間は、想像的再構成や偶発的な想起のために利用されるだけでなく、持続的な視覚的追跡のために利用される。第一章で取り上げた逃亡者を追跡するグーグルユーザーを思い出してほしい。開示のスケールが拡大すると、日常生活におけるメディアを用いた相互監視を組織化し、日々の行為とパフォーマンスをスペクタクルへと変え、人々を観客化するのである。開示は、かつての私的生活がその通常の境界を越えるさまざまな方法の一つにすぎない。その他の事例として、別れ話のような私的／公的な出来事を、ブログで発信したり、フェイスブックで報告したりといった行為が挙げられる[79]。

それでは、本来的には複雑な（つまり、多元的に構成された）メディアに関連する実践に議論を移行させたい。こうした実践は今やあまりにもルーティン化されてしまった結果、単純な実践として扱われうるものである。**存在感を示すこと**（presencing）は、諸個人や諸集団が空間を横断する形で他者に対する自らの存在感を管理するメディアを介した行為を表している。同様に、**保管すること**（archiving）は時間を超えて自分たちの存在感（他者から見た自らの存在）を管理しようとする人々の試みに関わるものである。

（3）存在感を示すこと

たとえ自分がユーザーでなくても、ソーシャル・ネットワーキング・サービスの空間について無知のままでいるというのはほとんど不可能になっている。われわれは、特定の集団がSNSをどのようなものとみなしているのかについて、すでに多くを知っている。例えばそうした集団がSNS上で語りたがる物語の種類やプライバシーの侵害を恐れるがゆえに制約される物語も存在する、といったことである。「[フェイスブック、人人網（中国の

SNS」、等々を」しているというのは、明確な実践であり、その実践の規範は、それが行われる広範な文化、その文化が許容する枠組みにかなりの程度依存している。高橋利枝による日本のミクシィやマイスペースのユーザーの調査で明らかになったように、異なるプラットフォームでは異なる結びつきを形成しうる。日本のユーザーたちはマイスペースで疎遠な「友人」や外部のネットワークとの結びつきを形成する。外部のネットワークが持ち込まれる理由の一部は、マイスペースが米国から導入されるタイミングが遅れたためである。[80] だが次のような少し違った問いを立てることで、実践的アプローチの開放性を利用してみたい。つまり「フェイスブックをしている」といったことがその一例となる実践の（ウィトゲンシュタインがいう意味での）より大きな家族的類似は一体何か、ということである。

こうした家族的類似の「家族」とは、「存在感を示すこと」である。これはメディアが増幅する一連の手法であり、**公的存在感を維持するために**、個人、集団、制度が自らに関する情報や表象を流通させることである。ここでの「公的」という意味はいうまでもなく非常に単純なものである。つまり、ダニエル・ミラーが端的に示したように、フェイスブックの「公的」側面は「私的空間の集合体」から成り立っている。[81] 存在感を示すことは、何らかのニュースを知らせるために、数人の友人に連絡する行為とは異なる。同様に、そのオーディエンスが不特定であるとはいえ、掲示板に何かを掲載するような行為とも異なる。というのも、存在感を示すことは、**その**担い手が自らを提示することを目的として担い手自身によって明示された公的空間における永続的な場を志向しているからである。いかなるプラットフォームを基盤としていようが（無論のこと、人々はプラットフォームを変え、あるいは複数のプラットフォームを横断する）、存在感を示すという行為は一層広がっていく。それは日常生活において新たに生じつつある要求に対応するものである。すなわち、個人の身体的な存在を超えた公的な存在を**獲得する**こと、自己像を具体化することへの対応である。[82] メディアのプラットフォームやメディア技術、メディア利用はこの実践の必要条件を形成しており、実践の中に強く反映されうる。だが、存在感を示すことは、本来的にメディアに「関する」実践ではない。それは自己に関する企図である。つまり、青年期を通じて自動的に成長するものの一部となりつつあるものであり、ダナ・ボイドが米国の事例から雄弁に主張するように、公共空間で他者と対面する能力が限られている若い人々が公的な主体性を獲得する方法なのである。それとは異なった形で、日本では存在感を示すことは、成人が遠方に暮らす両親に対して格式ばらない形で円滑な関係性を維持するための方法である。日本と同様に、早い段階からインターネットの利用が可能な携帯電話が登場した韓国では、「ミニホムピイ」(携帯端末で利用できる個人ホームページ)は諸個人が互いに「存在する」ための重要な手段となっている。韓国の八五%の人はこれを目的にインターネットを利用しているのである。[83]それでは存在感を示すことをめぐる規範や期待は新しい政治的レパートリーを生み出しているのであろうか。[84]この問いについては第五章まで保留しておきたい。

存在感を示すことは、単純な自己プロモーションであるといえるだろう。だが、好き勝手に移動する自由がない若い人々の間で、あるいは(自発的であれ、そうでない場合であれ)、離れて暮らす家族にとって、存在感を示すことは不可欠であり、選択の余地のない行為である。つまり、存在感を示すことは、友人関係や親子関係の維持という幅広い実践を意図した、「連絡を取り合う」、あるいは単に「付き合う」ための基本的な出発点なのである。[85]存在感を示すことは、相互依存に関する新たな問題を生み出す。あなたが投稿したものを読まなければいけない誰かが存在し、あなたはそのような読者があなたの投稿をどこに拡散すべきか(するべきでないか)わかっていると信頼しなければならない、といったことである。このことは、古典的な社会学者ノルベルト・エリアスの研究領域、そして相互依存をめぐる規範の生成に関するエリアスの研究へとわれわれをいざなうことになる。メディアによって媒介された存在感を維持するために、どの程度努力することが人々にとって、あるいはそうした人々の相手にとって適切なのだろうか。そうした適切な程度はどのようにして確立しうるのだろうか。存在感を獲得するために新たに必要とされる共有された物語とは何だろうか。[86]自分の行為を誰が見るのか確証がない場合、規模や連続性や強度の点で、存在感を示すことの許容範囲はどこにあるのか。

存在感を示すことという今日的な実践が、どのような点で根本的な新しさを持つのかは依然として不確実である。結びつきのスケールという点では確かに新しい。だが、フランスや英国といったヨーロッパ社会の少数エリートの間ではかつて、「社交」の世界で姿を見せるということは義務的な振る舞いであったことを忘れてはならない。これは「自宅で」行われる舞踏会やパーティー、舞台に出席することを意味していた。そこでは出席者はホストに対して自分がその場に存在したことを示すため、玄関に名刺を置いておくことができた。それによってホストは必ずしも直接会うことなく、招待した人々を認識していることを示すことができたのである。プルーストの傑作『失われた時を求めて』にも、多様な基準を持つマス・メディアによって媒介された公的な世界が支持を集めていく中で、一九世紀半ばの社交を中心とした世界が衰退していく様子の一部が記録されている。[87] 今やわれわれはスケールやスタイルやペース、リズムが異なるとはいえ、ソーシャル・ネットワーキング・サービスとウェブを通じた存在感の提示を通じてかつての「社交界」のようなものの復興を見ているのだろうか。それと関連したいかなる実践が生じつつあるのだろうか。オンライン上の互いのパフォーマンスを**評価する**習慣は、権力や社会的規範といった点でいかなる含意があるのであろうか。[88]

(4) 保管すること

保管すること(archiving)は存在感を示すこと(presencing)の時間版にあたる。存在感を示す実践は公的**空間**における プレゼンスを維持すること(社会空間を横断する形で他者に対して可視化すること)の困難性に向けられていたのに対し、(ここで用いられる意味での)「保管すること」は、**時間の中で**彼/彼女が持続的に生産してきた情報やイメージの痕跡の集合体全体を管理する諸個人の実践である。そうした実践の結果、一連の情報やイメージは**徐々に**積み重なることで一つの歴史とみなされ、あるいは理解されうるようになるのである。多くの論者が指摘するように、インターネットへアクセスするという行為が(個人的次元と制度的次元の双方で)日常生活の中に埋め込まれることは社会秩序における情報のフローとその役割を完全に変化させてきた。国家権力の編制の中での情報蓄積の役割に関するギデンズの洞察は依然として有益なものである。しかしこれらはひと昔前(一九七〇年代）に発展した議論である。当時、情報は物理的に保管されており、権力を持った特定の組織によって文字通り閉ざされていたのである。[89] しかし今ではブルース・ビンバーが指摘するように、放送されたニュースや新聞記事、キャンペーン情報、各種の政治コミュニケーション、議事録など、あらゆる種類の情報が開かれたアーカイブとして現存している。ビンバーによると、「過去はますますアクセス可能なものになりつつある」。つまり、誰もがウェブを通じて過去にアクセスするようになったのである。[90] かつてはマス・メディアと個人間のコミュニケーションとに分離していた領域が、こうした新たなアーカイブ機能によって結びつけられるようになった。ユーチューブは今や、文化的アーカイブとなっている。そこで検索を行うことにより、昔自分が好きだった古いテレビ番組の粗い映像の一部を見つけ出し、そのリンクを直接友人に送ることが可能である。[91] 第六章では（特に集団や組織の）政治的アクターにとっての保管することの意味について触れる。

ここでは個人の実践に焦点を当てることにしたい。自分の人生の物語を残しておこうとする欲望は普遍的である。[92] 現代の社会的アクターによるメディア生産物の過剰生産は保管することをめぐる新たな問題を生み出している。つまり、オンライン上での「存在」がますます蓄積されて歴史を織りなす中で、それらを将来的に他者にとってランダムな寄せ集め以上のものとみなされるように管理する時間や余力が一体誰にあるのか、ということである。ここにはより広い倫理的問題が存在する（第八章参照）。他方で、新たなタイプの実践が一つの解決法、少なくとも疑似的な解決法を提供しうる。個人の人生に関するアーカイブを統制管理する「ライフ・キャッチング」という、最近頻繁に聞かれるようになった行為について考えてみてほしい。あるいは、フェイスブックが最近公表したタイムラインの特徴とは「あなたが人生のストーリーを語るのを助ける」ものであるというマーク・ザッカーバーグの発言について考えてみてほしい。かつて、保管の形式として一般的だったのは日記や写真アルバムであり、それぞれ特定の宗教的あるいは娯楽的文脈を有していた。現在、これら個々の文脈を超える形でアーカイブの素材を共有する形式がオンライン上で生じつつある。すなわち、フリッカーやスナップフィッシュに至る、無数の写真共有サイトである。[93]

オンライン上での写真の保管行為が広がるにつれて、トーケ・クリステンセンとインゲ・ワプケが指摘するように、写真撮影それ自体がシャッツキのいう「統合的実践」となる[94]。すなわち、これらの行為は個人的な記憶、集合的な絆、共同体の歴史の生産を結びつける社会的に発展してきた方法であり、存在感を示す空間的な実践とますます結びつきつつある。

（5）メディアに関連した複合的な諸実践

実践は習慣である必要はないものの、実際には習慣であることがしばしばである。習慣的な反復は、諸行為が実践として安定化するための一つの方法である。われわれの習慣は単独で存在しているのではなく、われわれの日常生活を作り上げるより大きな諸習慣の織物の中にまとめ上げられている。この織物から一つの習慣を剝ぎ取ろうとすると、織物全体に綻びが生まれてしまう。しばしば単独の行為とみなされてきた（第一章参照）テレビ視聴といったメディア習慣において、メディアに関する誇大な喧伝が主張するよりもその変化の速度が遅い理由はまさにこうしたことによる。つまり、メディアを利用する習慣は、より広範な一群の習慣の中に編み込まれているのである。驚くまでもなく、メディアに関連した諸実践は、**多くのメディアに関連した諸実践の複合的な節合**として最もよく理解することが可能であり、しばしばメディアと関連しない諸実践との複合的な節合としても理解することができる。これらの複合的な諸実践は「行為の連続体」[95]ないし複数の諸行為の相互条件のいずれかを含んでいる。やや推論的にいくつかの事例を検討してみたい。

ニュースを追いかけること

「ニュースを追う」ということが研究に値する実践だとする考えは、最初にノルウェー人研究者のインガン・ハーゲンによって追求された[96]。ニュース消費が義務であるという、このスカンジナビア人の感覚――これは「義務としての読書」というプロテスタントの感覚をルーツとするものだが――は、恐らく卓越したものである[97]。

より一般的なレベルでは、ニュースを追いかけるという複合的な実践はノルウェー以外の国々でも関心を集める対象であり、ニュースを通じてある人物の人生を語る、あるいはニュースの消費を**通じて**公的世界における自らの位置を確認する、といったより複雑な諸実践に結びつくものである[98]。ニュースのインターフェイスが増加した今日の状況は、ニュースを追いかけるという実践は、多くのより小さい諸実践が節合されたものとなっていることを意味している。つまり、プライムタイムにテレビニュースを視聴し、あるいは決まった時間にラジオを聴取するといった単純な活動にとどまらず、職場での昼食の間にホームページのサイトのニュースの見出しを拾い読みすること、携帯電話のSMSでアップデートされるニュースを受信すること、友人のメールやいつもチェックしているブログのリンクからニューストーリーをフォローすること、職場や大学からの帰宅途中にフリーペーパーを手にすることでニュースを追いかけているのである[99]。実践に費やす時間や、その実践が広がる距離、あるいは背景情報をさらに探る程度はそれぞれ異なり、場合によってはまったく違うものとなりうる。個々のニュースを追いかける実践と社会人口統計学的な変数との相関が新たな研究の重要な領域となるのである。

メディア産業の収益モデルと労働実践は、ニュースを追う流通パターンの時空間の変化に適応しようとしている。九・一一テロ攻撃の緊急ニュース速報の消費が典型的に示すように[100]、職場のデスクトップパソコンからよく行われている、オンライン上のニュース消費は今や多くの人々の日常の一部となっている。例えばアルゼンチンでは、こうした認識がニュースメディアのウェブサイトの構成に影響を与えていることを、パブロ・ボツコフスキーの先駆的研究が示している。一見するとニュースメディアのウェブサイトは人々がニュースを追うことを拡張し、強化するものだが、注意散漫になりやすい職場環境では、主要なヘッドラインに意識が向いてそれ以上の内容に意識が向けられず、ニュース消費はむしろ表層的なものになる[101]。ニュース「アプリ」が入ったインターネット接続サービス付きの携帯電話を多くの人が使うようになれば、ニュースを追う実践に関する時空間の構成は、さらなる急速な変化を続けることになる。だがそれは日常の実践が組織化したものに根差しているのであって、理論上、市民の義務によるものではない。

論評（commentary）

「論評」と呼ばれる複合的な実践は、特徴的なものとして分析に値する。文学に関する豊富な論評実践の蓄積を特徴とする文化も存在し、例えばユダヤ人のカバラはこうした事例としてしばしば挙げられる。とはいえ、古代の世界において、テクストが記述された対象そのものが希少であったことは、以前の読者（いわゆる「古典注釈者」）による論評が書き加えられた手書きの写本を人々が読む、ということを意味していた。この伝統は、今では中世に作成されたギリシャのテクストの写本に付された注釈に見ることができる。[102] 現在、われわれはそれとは正反対の理由から論評の時代に突入している。読む対象や見る対象が無限ともいえるほど増殖しているがゆえに、絶え間なく流入してくる情報を**選択**するために互いにシグナルを送って助け合う必要がある。同時に、そしてそれと関連した理由から、論評を加えたり、シグナルを送ったりするわれわれの能力はデジタルメディアによって飛躍的に拡張している。そのため、Eメールを送ったり、リンクをアップロードすることで、自分が今読んだものの何が面白かったのかを指摘し、世界の裏側にいる誰かに注意を促したりするといったことが当たり前に可能となっている。実践としての論評の範囲は急激に拡大しているのである。

ケレン・タネンボイム゠ウェインブラットの最近の秀逸な論文での指摘によれば、このことは一九六〇年代以来「間テクスト性」と呼ばれていたものを変化させている。今や間テクスト性は、テクストの中に隠れていて研究者がそれを引き出す、といった性格のものではない。われわれが労働や余暇の中で論評という実践を通じて日常的に偶然行うものなのである。[103]

論評はメディア経済において重要な要素となりつつある。企業は自分たちの読者が作ったサイトへのダウンストリーム・アクセスの収益化を試みようとしており、また主要産業でソーシャル・ネットワーキング・サービスでの人々のアップストリーム・リンクが欠かせなくなりつつある。[104] だがその**インフラストラクチャー**が明らかになりつつある中で、論評は広義のメディアの社会学が大きな関心を寄せる実践でもある。特にANTが採用する実践的アプローチはこうした論評のインフラを明らかにするうえで有用である。テレビに向かって叫び声をあげる、本にメモを書く、友人に感想を伝えるといった多くの人々のメディアに関する論評は、これまでであれば消えてなくなるものであった。今では人々の論評は自動的にアーカイブ化され、オンライン上で見えるようになっている。とはいえ、こうした論評は多様な場で、多くの個別の諸実践を横断する形で行われている。論評というこの複合的な実践はどのように組織化されるのであろうか。また、論評の組織化は、人々が何のために論評を行うかという**目的**をどのように変化させるのであろうか。そしてより広いメディア文化の一つとしての論評の位置づけにどのような影響を与えるのだろうか。

このことは、メディア多様体との全体的な関係性をどのように形成するのかという問題へと結びつく。これに関して興味深いのは、次の二つの複合的な実践である。

あらゆるチャンネルを開いておくこと

モダニティに関する支配的な議論は次のようなものであった。すなわち、空間を横断する移動や伝達の能力の上昇にもかかわらず、生活の物質的インフラは、私的空間の中で時間を過ごすようにわれわれを制約してきた、という議論である。これはアンソニー・ギデンズが「経験の隔離」と呼んだものである[105]。だが、現代のメディアは、われわれがどこにいようとも**持続的に**利用が可能となっている。このことは、これまでとは異なる「接続された存在」(connected presence)を可能にする[106]。

今や、自分が望めばコンテンツをあらゆる方向から永続的に取り入れ続ける(そして可能性としては、反応し続ける)ことができる[107]。多くの筆者がこの持続的な接続性という実践(あるいは衝動)を「デジタルネイティブ」世代の特徴とみなしている[108]。このような形であらゆるチャンネルに対して開かれた状態にしておくことは、iPhone に代表される新しい携帯型のインターフェイスがマーケティング上期待されている側面でもある。すべてに対して開かれた状態にしておくことは文字通り不可能であるとはいえ、「利用可能である」ことに対する需要がこの新たな実践を形成している。そしてそれは断続的なコミュニケーションを基盤とし、マス・メディアとパーソナル・メディアとが明確に区分されていた従来のメディア消費の様式とは大きく異なっている。あらゆるチャンネルを開いておくことは、諸個人の私的空間を超えた世界と、その内部で循環するメディアに対して持続的に向き合い続けることを意味している。[109]

歴史の初期――メディアが欠乏していた時代――には、より「世界に開かれる」ために、まさに正反対の形態が必要とされた。中世ヨーロッパでは、神のメッセージを受け取るために修道院にいるように、「世界に開かれる」とはほぼ全日にわたって一人でいることを意味していたのである。[110]恐らく今の飽和したメディア環境にあっては、隠遁の裏返しの、世界との開かれ方の異なった方法が展開している。そこではできるだけ多くの既知の他者やより広い世界とのコミュニケーションのチャンネルに自発的に開かれているのである。

選別すること（screening out）

あらゆるチャンネルに開かれていることは、深刻な問題を生み出す。[111]さまざまなチャンネルから情報を受け取るという感度のよさは、その背後にある無数の選択を基盤にすることによってのみ可能となる。前近代では、遠隔地のニュースは「贅沢品」であり、あるいは偶然出会った人物からもたらされるものにすぎなかった。[112]モダニティは遠く離れた場所からの定期的なニュースの流通を増加させた。だが、このフローを日常生活においてどのように管理するかが問題となってきたのはこの二〇年ほどのことである。文学研究におけるテクスト分析のモデルに影響を受けたメディア・スタディーズは、人々が何を視聴して**いない**のかについて、あるいは読んで**いない**のかについて、最近までほとんど重視してこなかった。その例外は、例えばスチュアート・フーヴァーが同僚と行った研究である。それは米国の家族が子どもたちに対して触れることのできるメディアを積極的に制限してきたことに関するものである。[113]選別することは、今日のメディア環境においては一つのサバイバル技術に近いものである。

選別することの必要性は、われわれにもたらされる情報やコミュニケーションの量が膨大であることにのみ起因するものではない。われわれに同時にもたらされるさまざまな**タイプ**の情報のフローが相互に矛盾する場合があることにも起因する。こうした矛盾は解決するために余分な時間を費やすことになるからである。ロバート・ハッサンが指摘するように[114]、日常生活は即時的な対応を求める「ネットワークの時間」によって圧倒されている。しかも、限りのある**日常の**時間はメールを開き、リンクをクリックし、SMSに反応するために費やされている。選別は、ますます（必ずしも意図的なものではないのだが）**iPhone**のような技術的インターフェイスに委託されるようになっている。こうしたインターフェイスは、特定のメディアへアクセスするためのゲートウェイを提供するが、そうしたメディアは事前にかなりの程度の選択を行った結果、アクセスが許可されたものとなる。そしてその背後には巨大な商業的取引が存在している（『ガーディアン』紙のコンテンツがスマートフォンの「アプリ」として事前に選択された事例のように、それは巨額な取引となる）。数多くの「アプリ」から特定の「アプリ」を選択することによって、人々は無限ともいえるメディア環境から選別を行い、ある「選ばれた」インターフェイスを作り出す。それはカスタム化されたメディア多様体であり、管理可能なものであると同時に、一見すると個人的なものであるかのように見えるものである。

選別という実践には個人に関わることが数多く含まれている。利用可能な時間をあらかじめ指定することは、「アクセス不可能」な時間を提示するために用いられてきた手段である。一九七〇年代において、職業の専門化は、アクセス可能な時間の範囲を限定するとみなされていた[115]。しかしシェリー・タークルによる最近の鋭敏な研究が明らかにしているように、二一世紀初頭においてこの圧力は反対の方に向かっている。「隠れること（**hiding out**）」（オンライン上にいるにもかかわらず、そのことを偽装し他者から隠れること）、あるいはより単純に、電話の利用を避けることは一般的なものになっている。タークルは二一歳の大学生の言葉を引用している。「私はスマートフォンを通話のために使いません。延々としゃべる時間などありませんから」。対面での相互行為という開かれた実践こそが、切り捨てる対象なのである。一六歳の学生は、通話よりも文章での連絡を好むとタークルに語っている。「なぜなら、通話だと『人との境界が失われてしまう』」というのがその理由である。とはいえ、「将来的には、人と電話で会話することが必要になる」ことを認めている。[116]

ここで選別は広範な問いと結びつくことになる。すなわち、社会的な協調がメディア技術と関連した**体系的な**情報の過剰にどのように依存し、そしてまたそれに対してどれほど脆弱なのか、ということである。これは、ジェームズ・ベニガーの用語である「統制の危機」の結果であろうか。とはいえ、それはかつてのように情報の少なさに由来するものではなく、情報の過剰に由来するものなのであろうか。[117]もしそうだとするならば、ベニガーが一九世紀に見出したような主要な**新しい諸実践**、すなわち、未だに萌芽的なものであるとはいえ、「統制の危機」に適応するための諸実践に望みを託すことが可能であろうか。

4　結論

デジタルメディア時代の複雑性がますます増大する中で、人々が日頃メディアと関連してどのようなことをしているのかについて、実践に基づくアプローチは幅広い問いを可能にしてきた。本章の冒頭で、メディアに対して向けられた行為、メディアを通じて遂行される行為、メディアを前提条件とした行為とを区分した。本章ではその後、二番目と三番目の行為を中心に論じてきた。それは、テクストを読解する、番組を視聴する、画像を見るといったメディア・スタディーズの最も標準的な主題から研究の焦点を移行させるためである。しかし、行為、特に反復して行われる行為は、他の行為の背景となるため、実践について考える際にはこれら三つの行為の類型を分離させたままで扱うことは困難である。

実践に関する複雑な力学が生じ始めている。情報や他者に持続的に「接触」し、アクセスできる状態にしておく必要性、公的なプレゼンスを維持する必要性、選択と選別、その結果、他者への選択的注意ないし不注意に依存する必要性である。こうした行為の相互依存的な網の目は、メディアの中で、そしてメディアをめぐって生じる社会変動を捉えるための最もよい方法である。なぜならば、これらの網の目は協調がどのように達成されるのかに依存しているからである。ノルベルト・エリアスが初期モダニティに関して明らかにしたように、これらの相互依存の網の目は新たな文化的「関係構造（figuration）」が形成されるための素材なのである。[118] エリアスにとって、重要な関係構造は、ダンス、ファッション、テーブル作法であった。新たな関係構造はわれわれの周囲に生まれつつあるが、それらが明確な形を取るにはもう少し時間を要するであろう。初期の技術と同様に、社交の一つの類型が他の社交に重ね合わせられることを期待しうるのである。[119] 同時にまた、社会空間の広範な参照点や規範はその重要なところで「未だパターン化されていない」のである。[120]

メディアに対する実践に基づくアプローチは、政治経済学と密接に関連し続ける必要がある。デジタルメディアの時代において、オンライン上で表示される空間における企業の利害関心の強さは、日常生活の素材が再構成される方法を形成するうえで重要である。例えば今、フェイスブックのようなプラットフォームの諸制約の中でわれわれは自らを演じ、公的、疑似公的なプロフィールを展開させている。その結果、われわれは自己反省や自己表現のまさにその特徴の中に市場の論理が深く浸透するというリスクを負っている。この過程はサラ・バネット＝ワイザーが「真正性のブランド戦略」と呼んできたものである。[121] 限定的に流通することを意図した画像がマス・メディア上のストーリーの中で取り上げられる際にこの過程は強化されることになる。例えば主流のニュースメディアでは殺人事件の犠牲者や容疑者の性格立証としてパーティーで撮影されたフェイスブックの画像を用いることがルーティン化している。より深い点では、ネットワーキングのプラットフォーム（そしてネットワーキングの実践）の中に組み込まれた社交性のモデルは、特定のタイプの結節点（そして個人的な関係性）を基盤とした自動的な排除を含んでいる。それはこれらの結節点の一つの側面からわれわれの目をそらせることになる。[122]

したがって、シャッツキの議論とは反対に、メディアの社会的な影響を理解するためには、メディアに関連した実践の詳細を明らかにするだけでは十分ではない。フェイスブックの事例はメディアによる日常的な実践の累積的飽和から生まれる体系的な圧力を明らかにしている。これは選別という実践に関する議論ですでに触れた通りである。こうした圧力については、第五章と第六章で再び論じることにしたい。政治経済学を補完するうえで、メディアの日常的な表象実践に関わる社会的権力のより広範な諸形態を探求することも重要である。これが次章の主題となる。

(1) Larkin (2008: 3).
(2) Wittgenstein (1978 [1953]=1976: 46、邦訳九八ページ).
(3) Pitkin (1972: 3).
(4) 行為を重視することは、コミュニケーション理論がコミュニケーションを行為とみなすことを基本的に重視している点と適合的である (Jensen 2010: 5)。
(5) Wittgenstein (1978 [1953]: 11, 6, 88、邦訳三〇—三一、二二—三、一七六ページ。訳一部修正).
(6) Pitkin (1972: 293). ウィトゲンシュタインの研究は、しばしば社会的構築主義に関連づけられてきたが、仮に実践に関する洞察もまたそうした社会的構築主義に**依存しているの**であれば、批判的実在論 (第一章注161参照) に依拠したメディア実践に関する説明や、本書における議論もまたこの点に関連し、困難性を持つこととなるであろう。しかし、ウィトゲンシュタインの議論はそうしたものではない。一方で、本章の後半部分で展開されるように、構築主義に関する別の見解が実践に関する本書のアプローチとテオドール・シャッツキとの間の対照性を明らかにすることになる。
(7) Knoblauch (2011).
(8) Aristotle (1976=2002: 76、邦訳二九—三〇ページ).
(9) Krotz (2009: 22).
(10) Yates (1992 [1966]).
(11) Tapscott (1998); Prensky (2006).
(12) Herring (2008: 72, 78, 87); Buckingham (2008: 10).
(13) Hillis (2009: 25).
(14) Lessig (2008). ただし Bolin (2011: ch.7) を参照。また、今や「あらゆる人々がコンテンツの生産者である」という O'Reilly (2005) の主張と比較のこと。オンライン上のコンテンツ生産の階層化については、Hargittai and Walejko (2008) を参照のこと。
(15) Lewis (1991: 49).
(16) Garnham (1990); Hesmondhalgh (2007).
(17) 古典的な取り組みとしては、Abercrombie, Hill and Turner (1981)。
(18) Cashmore (2006).
(19) Fuller (2005: 2).
(20) Manovich (2001, 特に 16, 47-8).
(21) Lopez Cuenca (2007/8).
(22) 主体から世界が出現するというカントの見解を乗り越えたドゥルーズの業績については、Parikka (2010: 61) を参照。

（23） スリフトは実践的アプローチについて異なる解釈をしており、「……行為者の実践ではなく、実践それ自体の実践である」と論じている（2008: 8）。実践の社会的側面が根幹的なものであるとはいえ、諸個人の行為能力や意図、再帰的調整がそこから排除されるわけではない。

（24） Couldry (2004) を参照。他の研究者はこうしたパラダイム・シフトに慎重である（Bird 2010: 99）。行為能力については、Thévenot（2007b: 410）を参照。

（25） Katz (1959). Jensen（2010: 78）より引用。

（26） オーディエンス研究については、Hall (1980) を参照。家庭内における実践については、Morley (1986), Silverstone (1994), Silverstone and Hirsch (1992) を参照。コンピュータを媒介としたコミュニケーションの研究を切り開いた業績としては、Turkle (1996)。

（27） Ang（1996: 70, 72）.

（28） Couldry（2000a: 6）.

（29） Alasuutaari（1999: 6）; Hermes (1999).

（30） Jancovich and Faire（2003: 3）.

（31） Michaels (1982). この重要な文献について教えてくれた Gareth Stanton に感謝する。

（32） Ginsburg（1994: 13）. メディア研究の「言葉（word）から世界（world）」への転換の必要性を唱えた Mark Allen Peterson（2003: 22）と比較のこと。

（33） Bird（2003: 2–3）. 強調は引用者による。

（34） Hoover, Schofield Clark and Alters（2004）.

（35） Wittgenstein（1978 [1953]）.

（36） Bourdieu（1977: 109–110; 1990=2001; 83、邦訳(1)一一七ページ）.

（37） Warde（2005）が指摘するように、ブルデューはその後の研究では界の概念を好むようになり、実践の概念はそれほど強調されなくなった。

（38） Bourdieu（1990; 73）.

（39） Schatzki (1999); Reckwitz (2002); Schatzki, Knorr-Cetina and von Savigny (2001); Warde (2005).

（40） Schatzki（1999: 12）.

（41） Reckwitz（2002: 249）.

（42） Schatzki（1999: 89）.

（43） Swidler (2001).

（44） Schatzki（1999: 15）. シャッツキ自身によるブルデューの批判的検討は Schatzki（1999: 136–44）を参照のこと。

（45） Schatzki（1999: 202）.

（46） Moores（2005: 9）は、Giddens（1984）について論じている。比較として Swidler（2001: 78）を参照のこと。

（47） 「アフォーダンス」については Gibson (1979) を参照のこと。ＡＮＴについては Thielmann (2010) を参照のこと。

（48） 「デジタル的構成体」に関しては Latham and Sassen（2005: 10）を、「物事を一つにまとめ上げる」ことに関しては Christensen and Røpke（2010: 246–7）を参照。また Tomlinson（2007: ch. 5）, Shove（2007: ch. 2）と比較のこと。

（49）Shove（2007: 170）.

（50）Campbell（2010: 129）.

（51）例えば二〇一〇年一二月一一日付『ガーディアン』紙を参照。

（52）Bausinger（1984）, Morley（1992）を参照のこと。テレビのスポーツ観戦を対象に、メディアに関連した諸実践が家庭内で完全に別々に行われる事例を扱ったものとして、Nightingale, Bockardt, Ellis and Warwick（1992）を参照。メディアを利用して空間を区切ることに関しては、Bengtsson（2006）を、「『すぐに興味を失う』テクスト」に関してはHermes（1995）を参照のこと。

（53）Peterson（2010a: 172）.

（54）Gamson（1998）; Grindstaff（2002）; Illouz（2003）を参照。

（55）Lievrouw（2011: 7）における Lievrouw and Livingstone（2002）からの引用。

（56）Hindman（2009: 42）.

（57）Halavais（2009a=2009: 56–7、邦訳七六—七ページ）.

（58）Introna and Nissenbaum（2000: 170）.

（59）Livingstone（2004）.

（60）Bolter（2001=1994: 28、邦訳二五ページ）.

（61）Howard and Massanari（2007）.

（62）Hamesse（1999: 107ff）.

（63）全般的な議論としてはMiller and Shepherd（2008: 8）を参照のこと。特にDiggについてはBennett（2011: 168–9）を参照。「協調フィルタリング」というフレーズはPapacharissi（2010: 152–7）による。Palfrey and Gasser（2008: 200）, Levy（1997: 10）, Halavais（2009a: ch. 8）も参照のこと。

（64）Halavais（2009a=2009: 9, 117, 162–8、邦訳一八、一四九、二〇八—一六ページ）.

（65）Clark and van Slyke（2010）, Jenkins（2006）; Katz and Lazarsfeld（1955）の議論に関する悲観的な見解として、Bennett and Manheim（2006）を参照のこと。

（66）Wittgenstein（1978 [1953]=1976: 32、邦訳七〇ページ）. 「開示すること」という語は部分的にDayan（2009）の概念である「モンストレーション（monstration）」から着想を得たが、その使い方はより一般的である。

（67）それ以前のウェブログやウェブカメラの草創期も含まれている。Couldry（2003a: ch. 7）; Senft（2008）; Hillis（2009: ch. 5）.

（68）www.newsoftheworld.co.uk.

（69）www.bp.com/ liveassets/ bp_internet/ globalbp/ globalbp_uk_english/ homepage/ STAGING/ local_assets/ bp_homepage/ html/ rov_stream.html, また再利用した例としてPBS NewshourのYouTube channel, www.youtube.com/ pbsnewshourを参照（二〇一一年六月二五日最終アクセス）.

（70）www.hrw.org, 二〇一一年四月一五日付（二〇一一年六月二五日最終アクセス）.

（71）www.youtube.com/ watch? v = tsi9HFWlA2c, www.youtube.com/ watch? v = a_uzUh1VT98, and www.youtube.com/ watch? v = sMQDDB0SFqw を参照（二〇一一年六月二一日最終アク

セス).

(72) Goffman (1974: 43–4).

(73) マーウィックとボイド (Marwick and boyd 2010: 123) のソーシャル・ネットワーキング・サービスに関する議論と比較のこと。

(74) Miller (2011: 94–5) におけるトリニダードでの事例を参照のこと。

(75) boyd and Ellison (2008).

(76) 「ハッピー・スラッピング」については、『ガーディアン』の二〇〇五年一二月一五日と二〇一〇年七月二七日の報道を参照。学校襲撃動画についてはSumiala (2011) を参照のこと。

(77) Davis (2008) に関するKintrea *et al.* (2008) からの引用を参照のこと。

(78) レスター住人の監視については『メトロ』の二〇一〇年七月七日のレポートを参照。英国の監視国家としての特徴についてはHouse of Lords (2009) を参照。

(79) 共同監視についてはAndrejevic (2008a) を参照。日常的なスペクタクルについては、Longhurst (2005: 5), Wood and Skeggs (2008) を参照。オンライン上での別れ話についてはGershon (2010) やIto (2010: 132–8) を参照のこと。

(80) 日本での事例についてはTakahashi (2010b: 459–60) を参照。文化的な差異一般についてはMiller (2011: 186–7) を、プライバシーに関わる実践については、Livingstone (2008)、Boyd (2008)、Marwick and boyd (2010) を参照のこと。

(81) Miller (2011: 175).

(82) Miller (2011: 179). 組織化をめぐる「存在感を示すこと」の一種に関しては、Cooren, Brummans and Charrieras (2008) を参照のこと。

(83) boyd (2008: 134–7); Takahashi (2010a: 135); Yoo (2009: 218).

(84) Taylor (2007: 143–4).

(85) Tomlinson (2007: 111); boyd (2008: 126). 親子関係の維持についてはMadianou and Miller (2011) を参照。

(86) boyd (2008: 126).

(87) 特に「ゲルマントのほう」と「ソドムとゴモラ」を参照 (Proust 1983)。

(88) Zittrain (2008: 219–20); Enli and Thumin (2009). そしてBeer (2008) の議論を参照。より一般的な議論としてはElias (1994) のパースペクティブを参照のこと。

(89) Giddens (1974).

(90) Bimber (2003: 91). レフ・マノヴィッチ (Lev Manovich 2008: 38) の「かつては一時的で図式化も視覚化もできなかったものが、(ウェブによって) 持続的に存在し、図式化も視覚化も可能になる」という指摘も同様である。

(91) Burgess and Green (2009: 87).

(92) Ricoeur (1992), Cavarero (2000).

(93) 写真についてはLury (1998)、Flichy (1994: 73ff) を参照。今日のオンライン上での存在感の形式についてはPalfrey and Gasser (2008: 35) を参照。ライフ・キャッチングについてはCarter(2004)を参照。マーク・ザッカーバーグの発言は二〇一一年九月二三日付『ガーディアン』からの引用。

(94) Christensen and Røpke (2010: 251).

(95) Wuthnow (1989: 7).

(96) Hagen (1994).

(97) Gilmont (1999: 237).

(98) Peterson (2010b: 133); Couldry, Livingstone and Markham (2010: 65–6).

(99) 例えばSchrøder and Kobbernagel (2010)のデンマーク人についての事例と比較のこと。

(100) Allan (2006).

(101) Boczkowski (2010: ch. 2).

(102) Wilson (2007).

(103) Tenenboim-Weinblatt (2009)では『24』シリーズを事例としている。『24』がアメリカ政界で論争のある期間（グアンタナモ湾での作戦の最中）におけるアメリカ軍や法廷を「間テクスト」として利用していたことについては、Sands (2008: 72, 88, 296)を参照。文学研究に求められる学識の基準がウェブの検索可能性によってどのような影響を受けるのか、という興味深い省察としてはKirch (2010)を参照のこと。

(104) マーケットリサーチ会社のエクスペリアン・ヒットワイズ（Experian Hitwise 2010: 12）によれば、エンターテインメント産業の16・7％、ニュースメディアの10・6％がこの手法でアクセスを集めている。

(105) Giddens (1991)の経験の隔離の議論を参照。Williams (1992)の移動する私的空間の議論と比較対照してもらいたい。

(106) Licoppe (2004).

(107) Winocur (2009: 179).

(108) Turkle (2011: xii), Palfrey and Gasser (2008: 5).

(109) Licoppe (2004: 147)における「接続し続けるというファンタジー」という議論を参照。

(110) Webb (2009).

(111) この件に関しては、私の博士課程の学生であるケンジー・バーチェルによる研究の進展から多くを学んだ。

(112) Braudel (1975=1994: 365、邦訳第四巻三五ページ); Bloch (1962=1973: 65、邦訳(1)六三―四ページ).

(113) Hoover, Schofield Clark and Alters (2004)、選択による排除については、Morley (1986)のローカルニュースに関する議論や、Bryant (1993: 155), Couldry (2000b: 81)を参照。マンセルが指摘するように（Mansell 2010: 7）、誰もが情報を管理するのに最も技術的に洗練された方法を利用しているとは考えることはできない。

(114) Hassan (2003: 41, 44).

(115) Zerubavel (1981=1984: ch. 5, 特に141–2, 153、邦訳二〇四―七、二二二ページ)。

(116) 「隠れること」については、Turkle (2011: 146)を参照。引用は、Turkle (2011: 15, 190)。

(117) Ling and Donner (2009: 142)におけるBeniger (1986)に

関する議論を参照のこと。

(118) Elias (1994=2010: 445、邦訳一一―一二ページ(相互依存について)、214–5、邦訳五二ページ(関係構造について).

(119) Flichy (1994: 168).

(120) Bauman (1992: 65).

(121) Banet-Weiser (2012)、比較対象としてLanier (2011: Part 1)。

(122) Mejias (2010).

第三章　儀礼および社会的形式としてのメディア

新たな技術はしばしば諸アイデンティティの「カテゴリー」を強化する。

クレイグ・キャルホーン(1)

象徴的境界線は……概念的な区分である。それらは社会的行為者が対象、人々、諸実践、さらには時間や空間をカテゴリー化する際に作られる。それらは諸個人や集団が現実の定義づけをめぐって闘争し、その結果それらの定義づけに関して同意する際に用いられる道具なのである。

ミシェル・ラモント、ヴィラーグ・モルナー(2)

われわれが見せたいものは、社会を構成するさまざまな基準で一つの全体としての社会を評価することの誤謬である。なぜなら、そうした基準となるカテゴリーはそれ自体、社会を表象するものの一部だからである。

アンリ・ルフェーブル(3)

カイロの若者が壁に向かいＦＡＣＥＢＯＯＫと描いたら、それはどのような意味なのだろうか。それは何かの指図なのだろうか。あるいは単なるブランド名だろうか。みんなが集まる場所を指し示した参照点だろうか。それともより広い社会変動の過程を示す証拠なのか。この不確実性はより広い問題を提示している。それは、第二章で考察された、一見すると無限の多元性を有するメディアに関する実践から、権力とメディアの関係性の理解にどのように移行するのか、というものである。私はこうした問題に、続く四つの章にわたって段階的に取り組む。

メディアと権力との関係を理解することは難しく、社会理論におけるより広い争点と重複することになる。すなわち、広範で、複雑で、穴だらけの、そしてメディアが集中し、グローバルに結びついた社会において、権力と政治秩序がどのように機能するのか、という問いにつながるのである。情報発信手段の断片化が進行しているが、それはメディアの権力が消失したことを意味しない。英国や米国を例にとってみると、メディアの増殖、メディア生産の脱中心化、メディアのインターフェイスが困惑するほど多様に利用可能であることをめぐるあらゆる証拠にもかかわらず、一連の多様なメディアはいずれもセレブリティ文化に関心を集中させている。これは単にメディア産業が「押しつけた」結果を示しているだけではない。セレブリティ文化が日常生活や社会規範の中に深く浸透してきていることも示している。われわれは〔メディアの多様化・断片化とメディア・コンテンツの画一化という〕一見すると矛盾しているこの現象をどのように説明するのだろうか。

出発点として、ジャン・ボードリヤールのメディアに関する初期の洞察を思い起こしてみたい。「メディアのイデオロギー（または……メディア権力の再生産）は**形式**のレベル（at the level of form）で機能する(4)」。「形式」は、ボードリヤールにおいてプログラムのフォーマットではなく、社会的形式（social form）を意味する。ボードリヤールはマス・メディアによって構成された最も基礎的な社会的形式ないし関係に関心を抱いていた。すなわち、メディアの生産者と消費者との間に存在する、自身が「社会的分断」と呼ぶものである(5)。この分断はデジタルメディア時代では複雑化している。この考えを発展させるために、「カテゴリー」という概念を用いることになる。これは翻るとわれわれに実践をめぐる問題へと回帰させることにもなる。すなわち、特定の諸実践が権力の全般的な諸相の中に埋め込まれ、あるいはそうした権力を再生産するうえで、カテゴリーは主要な手段となるのである。これはまた、第一章の結論部分で示された社会的形式と社会秩序の性質に関する重要な現代的論争へとわれわれを導くことになる。すべての人間の生活は、ある程度の安定と秩序を必要とする。権力の不平等性の観点から、その安定と秩序のために何を犠牲にするのかということが常に問われているのである。

社会的形式――社会の思考の**カテゴリー**が社会秩序に本来的に備わっているというまさにその考え――への関心は、フランスの社会学者エミール・デュルケームにおいて顕著に見られるものである。そしてこの伝統は、リュック・ボルタンスキーとローラン・テヴノーらの研究を通じて、近年のフランスにおける議論へと至っている。テヴノーはデュルケームとマルセル・モースが共同で行った思考のカテゴリーに関する研究は、「豊かだが、**限界を持つ**遺産である」と論じている[6]。テヴノーにとって、その限界は、デュルケームが「集合的な認知カテゴリーと、人々が所属する集団との間にはきわめて強いつながりがある」と想定したことにある[7]。今日、こうした想定は誰も行わないであろう。ボルタンスキーとテヴノーによる価値の社会学は、カテゴリーの概念を維持しつつもデュルケームとは根源的に異なる文脈で用いている。彼らは諸社会を、実際には一つの世界を、固定された構成員が存在しない場所とみなしており、そこには社会的価値をめぐる包括的な合意など存在せず、またわれわれが何者で、どこに所属しているのかという確実性も存在しないとみなしている。そこにはただ社会的生活の領域において**価値**の定義をめぐる競合を行う、複数の「正当化のレジーム」が存在するとしている。このことは、一見するとメディアが象徴資源を独占し、それを通じて体系的な方法で社会的価値を集中させるといういかなる議論とも矛盾する。とはいえ、ボルタンスキーとエヴ・シャペロの著名な研究である『資本主義の新たな精神』において明らかになったように、この社会的な価値への多元的なアプローチは日常生活をめぐる言説的な諸資源に関する批判的研究を放棄するものではなく、基礎づけ直すことを目的としているのである。

『正当化の理論』において、ボルタンスキーとテヴノーは正当化を六つのレジームに区分した。これらはすべて、価値をめぐる、そして決定を正当化する日常的な議論において一般的に見出されるものである。すなわち、「家庭的」価値、「名声」、「市場的」価値、「産業的」価値、「市民的」価値、(「創造的差異」に基づく)「インスピレーション」である。彼らは、特定の正当化のレジームが他のレジームよりも優先される形で社会空間があらかじめ構築されているという考え方を否定している。つまり、彼らのアプローチの重要な点は、日常生活において実際的な価値**多元性**を厳密に認識しているところにある。彼らはブルデューの研究に見出した社会批判の方法を拒否する。しかし、この方法は、一九七〇年代、八〇年代の社会学において広く見出せるものであり、そこでは権力とは直接・間接にかかわらず権力に沿うような価値のレジームの特定の一**つ**を強制させることを通じて作用するとみなされている。[8] より大胆にいえば、ピーター・ワグナーが指摘したように、彼らは価値がどのように創出され、競合するのかを再検討することによって、社会学的な手続きの中で政治共同体の発展を基礎づけるための新たな土台を提供しているのである。[9] メディア研究にとって関心を引くのは正当化のレジームの「名声」であり、それは「世論における知名度」として理解されている。[10] しかし、彼らはメディアそのものに関しての言及は行っていない。

この「価値」への多元的なアプローチからメディア社会学のための教訓を引き出す必要がある。それは、日常生活の中に諸価値が埋め込まれることに関してこのアプローチが持つ開放性は、閉鎖性の固有の形態を排除しない、ということである。テヴノーは次のように説明する。正当化のレジームはその実践上、「世界に関するきわめて個人的かつローカルな経験から**共通のものを構築すること**［すなわち、事物を共有すること］」を必要とする。価値のレジーム間の競合は、いずれの秩序が「最も偉大な**正統性**」を有するのかに基づいて解決される。ボルタンスキーとテヴノーが正統性を「公正性」へと変換している点は、彼らの議論を古典的な政治理論へと結びつける重要な部分である。だが、テヴノーが論じるように、「等価性と共通善の特定の形式に基づいて『共通のものを構築する』ことが求められる場合に」正統性そのものは、依然として「社会における人間存在に課せられた要求」として残り続ける。[11] 体系的な相互依存性がここでは重要となる。

それでは、共通の参照点を提供し、それにより特定の価値のレジームの正統性を支えるメディア制度の役割とは何だろうか。近年出版されたボルタンスキーの著作 *De La Critique* において、メディア制度が有する象徴権力は依然として示唆されるにとどまるが、以前よりもはっきりと示されるようになった。第一章で指摘したように、ボルタンスキーは「現実」を決定づける権力を探求している。ボルタンスキーが「世界（monde）」と呼ぶものの潜在的な多元性、すなわち部分的な非決定性にもかかわらず、こうした権力によって実践的な目的からある種の「現実」が決定されるのである。ここでのボルタンスキーの議論にはある重要な移行が見られる。それはメディア社会学にとって有用なものとなる可能性がある。彼は「［それは］どのようなものなのか（what is）」を決定づけ、認定するという制度の役割を、価値の潜在的不確実性との弁証法的関係と表現している。この潜在的な不確実性の**ゆえに**、制度（国家、政党）は可能な限り「現実」を**決定づける**という作業をしなければならないのである。また彼は、「価値のテスト」と「現実性のテスト」を含めて、そうした決定づけに見られるメカニズムを議論している[12]。われわれはのちにこの点に基づいてメディア儀礼とメディアの「リアリティ」ゲームの分析を行う。

しかし、特定の現実に関してメディア諸制度がどのように作用するのかについて、ボルタンスキーとテヴノーは説明しておらず、また参照もしていない（ボルタンスキーはそうした承認する権力を持つ制度として国家を想定している）[13]。このメディア諸制度の作用もまた、現代社会の価値の決定**不全**性に関係していると考えられる。メディア制度は実際に合意がなされた価値を提供することでそうした決定不全性を「解決」するのではない。むしろ利用可能な中で最も権力を有し、または最も正統である価値と現実の承認を**あらかじめ**提供することでそれを行う。そして第一章で確認したように、共通の現れの空間のようなものを維持するために必要な、あるいは維持するために競う多くの諸制度のセクターの一つとしてメディアが存在するような環境の中で、メディアによる価値や現実の承認は行われるのである。

上記の議論を発展させるために、私はメディア儀礼に関する以前の研究[14]を振り返り、以下の三つの方法によって補強したいと考えている。第一に、以前の研究よりも、価値の一貫性ではなく価値の多元性の仮定に基づいているということを明確に提示する。第二に、価値に関する不確実性がグローバルなレベルで加速しているこの時代において、広範な社会とメディア文化に対してメディア儀礼の概念をどのように適用できるのか、より効果的に明らかにする。第三に、象徴権力――「それがどのようなものなのかを決定する」権力（ボルタンスキー）

——がメディアに集中することの影響だけではなく、企業の所有者やブランドのメーカーも含めた他の制度の影響も理解できるようにメディア儀礼の概念を拡張する[15]。

デュルケームとモースによって展開されたカテゴリーの概念は、ボルタンスキーとテヴノーによる価値の多元性に関する社会学において維持されている。そして、以下の議論においても重要なものである。カテゴリーは特定の（しばしば「儀礼化」されている）秩序化された実践が権力を再生産するうえで鍵となるメカニズムである。この権力の再生産は、特定の方法に従って世界を示し、世界を区分するカテゴリーを成立させ、組織化することを通じて行われる。「カテゴリー」など、**何らか**の実践の秩序化を担うものがなければ、メディアに限らず他の領域においても、実践の多様性と権力作用とを関連づけることは困難である。カテゴリーの機能を理解することによって、なぜ社会的世界が、巨大な複雑性を抱えているにもかかわらず、**共通の**世界としてわれわれの目前に現れるのかという点に関して重要な洞察を行うことができる。

権力へのこのアプローチは、古い、静態的な社会秩序の概念に依拠するものではないことを指摘しておきたい。その代わりとして、ここでの焦点は**秩序化**（ここには社会秩序を求めることも含まれる）の開かれた過程に向けられている。現代社会の実際の価値の多元性**にもかかわらず**、また、十全に達成された社会秩序は実際には存在しない**がゆえに**、この秩序化の過程では、メディアを含む多様な制度が機能している。アンリ・ルフェーブルがその研究で明らかにしたように、全体的な社会システムという考えを否定することと、社会的・公共的な生活に浸透する秩序化の試みを脱構築することの間には、矛盾は存在せず、密接な関係性が存在する（この章の冒頭の引用を参照のこと）。

社会の秩序化の過程において類型化が作用すること、そしてそうした類型化の作用を記録し、**それと共に**脱構築することの重要性はジェフリー・ボウカーとスーザン・L・スターによって強調されてきた。彼らは、「シミュレーションを構築する機能、換言するとイメージ、または出来事を保証する構造的基盤の諸条件にはなんら注目していない[16]」と、無責任なポストモダニズムを拒否する。ボウカーとスターはまた、われわれの世界のような複雑な社会的世界において象徴システムは持続しえない、という主張に異議申し立てを行っている。事実、複雑性に関する議論は、こうした主張とは異なる方向に進展している。それは、現代の社会的世界における複雑性は、一部分において類型化の**上に成り立っている**、というものである。そのため、われわれは類型化作用におけるメディア制度の役割について理解する必要がある。この分析は、以下のような複数の方法で枠づけることが可能である。第一に、メディア生産に関するエスノグラフィーをより広範なメディアの世界に拡張するという方法であることを通じてである。第二は、「情報の有する権力」の分析に寄与することを通じてである。第三は、「文化的スキーマ」を理解することを通じてである。文化的スキーマの正統性は社会の構造化に不可欠である。[17]カテゴリーは一つのラベルから、身体・漫画キャラクター・ブランド・ロゴの構成に至るまでさまざまな対象に作用する。カテゴリー――すべてのカテゴリー――はもの**であると同時に**、構造化された内容物である。それらは、**表象として**社会的世界を秩序化する際に作用する。

1 実践と社会秩序――主要な議論

社会秩序の問題を考える予備知識として、第二章で取り上げた実践理論の議論を振り返っておく。少なくとも理論家セオドア・シャッツキにとって実践を研究するうえで重要な点は、全体的な社会秩序のようなものが存在するという考えを**拒否する**ことである。すなわち、シャッツキにとって、存在するのは秩序化された実践のみである。したがって、シャッツキの実践の理論と、社会的権力の制度としてのメディア、あるいは社会的形式を制度化する存在としてのメディア、という理解との間には深い緊張関係が存在する。メディアが深く関連する実践とは「現実の構築」**である**。メディア・コンテンツは世界を再‐現前させる。それゆえに現実の構築は、メディアが関連する最も基本的な実践である。さらに、メディア制度は大規模なレベルでそうした現実の構築に従事する。しかし、こうしたメディアによる「現実の構築」は、実践理論に対していかなる含意を持つのであろうか。

シャッツキによると、実践へのアプローチによって、現実の構築をすべての人間が関与する基礎的な実践としてみなすことが可能になる。その過程はきわめて多様であり、多元的であり、収束が見られないものである。つまりこの解釈において、実践理論は社会「秩序」の全体性という考えそのものに対して異議申し立てをしている[18]。社会秩序は解釈のローカルな実践を通じて少しずつ組み立てられるものとして理解される。しかし、シャッツキの姿勢が抽象的なものであっても、われわれの世界は抽象的ではない。一人ひとりが既存の世界の中で行動している。その世界は、共有された資源をめぐる闘争の歴史の結果であり、それらの諸資源にはさまざまな解釈をカテゴリーに当てはめ、固定化するという権力が含まれている。そしてそのカテゴリーは翻って実践を組織化するのである。個々人の生活の参照点として構築される「現実」と**みなされる**ものは、無限に多様ではない。むしろ、一定の顕著な形で**まさに**収束するのである。メディア制度はそうした収束において重要な役割を果たしている[19]。

社会的表象を通じて機能するという側面を持つ広範な権力の秩序を正確に理解することは困難である。そしてこの困難性は実践理論のみに見られるものではない。それを理解するために、社会理論の歴史に目を向けることにしたい。以下はピーター・バーガーとトーマス・ルックマンの社会構築主義に関する伝統的な主張である。

> 日常生活は一貫性を持った生活として人々によって解釈され、かつまたそうしたものとして彼らにとって主観的に意味のある一つの現実としてあらわれる。われわれは社会学者として、この現実をわれわれの分析対象として取り上げる。……日常生活の世界は社会の通常の成員によって、……現実として自明視されているだけではない。それは彼らの思考や行動の中にその源を持つと同時に、こうした思考や行動によって現実的なものとして維持されている世界でもある[20]。

この観点に立つと、日常世界は社会の構成員の「思考や行為」に基づいた自動修正機能つきの「全体」である。われわれは、メディアが今や日常生活の情報源となっているという見解を受け入れ、メディアを通じて拡張した日常生活を全体論的方法によって研究し、バーガーとルックマンの議論を更新するという誘惑に駆られるかもしれない。しかし、これは疑わしい問題のある見解である。第一に、日常生活が「全体」としてまとまっているという仮説についてだが、社会的組織化の生じるスケールがますます拡張されつつある点を考慮すると、その前提は説得的ではない。第二に、メディアの基礎をなし、多様なオーディエンスに提供するコンテンツの意味を形成する権力関係の不平等性を考察することに失敗しているという点が挙げられる。われわれが第一章で述べたように、政治経済学的な視点を欠いた現象学は見るべきものを見ていないといえる。

実践理論そのものが、社会構築主義の全体論を否定しているのは正しい。しかし、シャッツキらの実践理論は、〔メディアの権力のような〕マクロな権力作用は日常の現場で際限なく生じる多様な解釈を理解するための有用な洞察を**何も**提供できないとしている[21]。この見解には、〔全体論以上の〕さらなる問題が潜んでいる。シャッツキらの立場では、権力の維持や促進のために世界の脆弱性や不確実性を**修復しよう**とする制度の試みを説明できないのである。リュック・ボルタンスキーが示したように、日常の常識を標準規格化して論じることは〔社会理論上の〕危険が伴う。そうした危険とは、日常生活における価値づけをめぐる実際の不確実性を無視してしまうこと、**そして**、現実〔の定義づけ〕に関する特定の主張に基づいて権威を構築しようとする制度的戦略を無視してしまうことである[22]。シャッツキらの実践理論はまた、世界をフレーム化し、そうしたフレームが**あたかも**全体であるかのように機能させるというメディア制度の果たす積極的な役割、そしてそうしたメディアが構築するフレームが日常の解釈や行為の中に埋め込まれている点を過小評価している。

社会秩序に関する本書のアプローチは、シャッツキらのアプローチとは異なる。それは、日常における実践の多元性が明白であるにも**かかわらず**、メディアの権力が広範な社会において強い影響力を有している点を強調するものである。ここで鍵となるのは、実践の**中に**権力が埋め込まれ、そうした権力が特定の役割を果たし、影響を与える多様な方法を理解することである。これに関連して、コミュニケーション理論の二つの古典的論文を振り返ってみたい。ジェームズ・ケアリーは、「現実とは希少資源である」と論じ、したがってこの希少資源へのアクセス（広範な社会において「現実」とみなされるものの構築に影響力をおよぼすこと）こそが、メディアの権力の源泉であるとしている。ジェームズ・カランは初期の研究で、社会的統合に関する近代メディア制度の役割と中世ヨーロッパにおけるカトリック教会の役割とを比較し、ケアリーの研究を歴史的観点から補強した。カランは、メディアの権力が十全に機能するためには宗教の権力と同様に、合意に基づく実践という形式を通じて行使されなければならないと論じている。つまり、メディアの権力は、マス・コミュニケーションという手段を独占するというだけでなく、カランが「精神を生産する諸制度（the institutions of mental production）」（専門的文化、教育）と呼ぶものや呪術のような儀礼的権力を独占することによって行使されるのである[23]。

社会的形式と権力におけるメディアの役割に関して、本書のアプローチは過去のイデオロギー理論とも異なる。これら古いイデオロギー理論は、社会的な中心から発せられるメッセージが自動的に強制力を持つという前提に立ち、そうした過程にのみ注目してきたのである。われわれは、このデジタル時代においてメディアの権力がどのように再生産されるのかについての理解を深める必要がある。社会的現実を規定するというメディアの役割は常に開かれている。つまり、それはあらかじめ完全に決定されたものではない。メディアによる社会的現実の規定は、日常的な実践に埋め込まれた権力の特定の物質的諸過程に基づいている。それらの諸過程は、常に限界を有し、部分的なものとなる。つまり、世界を規定する競合的な構築実践が生じる可能性がある。しかし重要なことは、一連の過程が「普遍**化**」効果を有している点である。それは、世界について一般化された言葉で語るわれわれの能力に対して戦略的影響を及ぼす。そしてそれらの影響は他の諸実践に埋め込まれ、その結果、世界の組織化に寄与するのである[24]。メディアの権力の社会的作用を理解することは、日常生活における価値づけや組織化の多元性を認めつつ（単一の「社会秩序」なるものは存在しない）、その一方で日常生活におけるメディア言説の普遍化の力を捉えることである。「『中心的な』調整が存在しない」複数の解釈という戯れとして社会的現実を描写することにより、ポストモダンはこの複雑性を捉えることに完全なまでに失敗している[25]。この複雑性への最も適した接近方法は、儀礼という概念である。

2　儀礼としてのメディア

儀礼は形式を通じた権力の行使である。[26] メディア儀礼とは、簡単にいえば、メディアの一貫した権力への意志を自然化する社会的形式である。その意志とは、われわれが注意を向けなければならない共通の現実への権威的なアクセスをメディアが提供するということである。ローカルなレベルにおいて、そうした主張は皮肉られ、問題視されるだろう。しかし、依然としてそうした主張は例えば「リアリティＴＶ」のアイデアが依存する仕掛けとして存在している。

（1）背景と基礎概念

メディアに関する私の最初の研究関心は、メディアの効果を理解する方法をめぐるオーディエンス研究の一九九〇年代初頭の行き詰まりについて考察を加えることにあった。この関心が広がりを持ち、著書、*The Place of Media Power* での試みへとつながっていった。そこでは、メディア環境の根底にある不平等に配分された象徴権力が、意味構築と信念に関する社会過程を通じて、どのように自然なものとして受け入れられていくのかということを問うことによって、メディアの過程についての見解を示した。（ソープオペラ *Coronation Street* のセットに人々が訪れることに関する研究を含めた）同書のフィールドワークは、セットへの訪問を巡礼として解釈する人類学に依拠している。*Media Rituals: A Critical Approach*[27] では、広範なメディア権力の正統化と自然化の過程が社会的形式の中に凝集される特定の契機へと関心が移行した。そうした社会的形式とは、宗教的権威や政治的権威を志向する儀礼ではなく、メディアの権威を志向する儀礼のことである。このアプローチでは、メディア制度が密接に関わる**「社会的なもの」に関するレトリック**を解明するために社会理論と人類学の理論を用いた。

メディアの儀礼概念は、社会の秩序化における象徴の役割を理解することから始まる。しかし、この理解は伝統的な機能主義とは正反対の方向へと進むことになる。それは「象徴的なもの」の合意形成的な性質ではなく、象徴的な権力が有する本質的に競合的な性質を前景に出すことになる。ピエール・ブルデューは「象徴権力について」と題された小論で以下のように議論している。

デュルケームには明確な方法で象徴に関する……**社会的機能**を明示したという功績がある。それは、本来的には**政治的機能**であり、コミュニケーションの構造主義的機能へと縮減させることはできない［強調は引用者による］。象徴により……社会的世界の意味をめぐる**合意**が可能となる。この合意は、根本的に社会秩序の再生産に寄与するものである。[28]

ブルデューはここで、象徴の役割に関する政治的な読解を提示している。[29] また、それゆえ、儀礼とは単に政治的イデオロギーを生産するメッセージにすぎないとするマルクス主義的脱構築へと立ち返ったように見える。しかし、それはブルデューの意図したところではない。マルクス主義的な読解だけでは、秩序化に関するメディアの役割について深いレベルで捉えることはできない。もし、（一九八九年以前の東欧におけるメディアと同様に）メディア儀礼がイデオロギーの媒体であり、脱構築の対象にすぎないのだとすれば、メディアは決して効果的にはなりえないし、例えばセレブリティ文化も存在しえない。

儀礼に関するメディアの能力には、さらに深い何かが作用している。フィリップ・エリオットの「ニュースメディアの儀礼」に関する先駆的な一九八二年の論文はこの問題を検討することから始まっている。そして次のような儀礼に関する定義を提示している。すなわち、儀礼とは「神秘的なものに関する諸観念を伴った象徴をめぐる規則に基づく活動」である。そしてそれは「社会や集団の特定の指導権を重要なものと考え、あるいは感じるように促す対象へと参加者の注意を向けさせる」。[30] しかし、依然としてマルクス主義的イデオロギー分析の影がここでも色濃く残されている。[31] この論文の終盤でエリオットはそうした還元主義的なアプローチに関して違和感を覚えているように見える。そのようなアプローチの代わりに、どのようなメディアの内容であれ、メディア儀礼の**形式**に本来的に備わっている神話化の基本的な作用に注目することが重要である。

儀礼に対するメディア制度の能力の基盤は、次の主張の中に見ることができる。すなわち、何らかの「真の」中核が存在し、それこそが「われわれの」生活様式、「われわれの」価値の中心として評価すべきものであり、そうした「自然な」中心が社会の画一化を推し進める、という主張である。これは**中心の神話**である。この神話は、(ナチスドイツの場合のように)国家によって独占的に用いられうる。[32] しかしその一方で、より広い定義づけや適用に対しても開かれた概念である。したがって、例えばメディア制度が利用することも可能である。この神話は、第一章ですでに言及したもう一つの神話と結びつけることができる。すなわち、「メディア」は、そうした「中心」に対して特権的な関係性を有するという神話である。この場合、象徴生産の高度に集権化したシステムとしてのメディアの「自然」な役割はそうした「中心」を表象し、フレーム化することとなる。こうした関係を私は**メディアによって媒介された中心の神話**と呼ぶ。[33] このデジタルメディア時代において、ブルデューが「普遍的なものへのアクセス手段」と呼んだものをめぐる闘争は廃れておらず、継続している。[34]

社会の「普遍的なもの」をめぐる隠された紛争に関するこの視座を通じて、メディア儀礼を次のように定義することが可能になる。すなわち、**メディア儀礼とはメディアによって媒介された中心の神話と結びつくカテゴリーの区分や境界を強化するような行為の凝集した形式である**。[35]

Media Rituals において、私はメディア儀礼の発展形態に関するさまざまな事例を扱った。例えば、「世界」、すなわちテレビの中の「世界」において、きわめて個人的な真実を暴露するトーク番組に出演する一般人について論じた。[36] また、自分たち自身のいくつかの側面を提示するためにリアリティTVに出演する人物について分析した。こうした行為は、特定の権威の構造に依存している。すなわち、一連の行為は「メディア」の空間で生じたことがその外部で発生したことよりも大きな意味を持つ、というフレームの外ではほとんど意味を成さない。スチュワート・フーヴァーが論じたように、メディア儀礼は「メディアが文化の中心に存在するという前提のもとで」[37] 遂行されるのである。

メディア儀礼の中では、メディアの権力を自然化する思考のカテゴリーが生じる。これらのカテゴリーとは何か。第一の、そして最も重要な基本カテゴリーは、メディア「の中の」「についての」、またはメディアに関係するすべてのもの・人・場所と、そうではないもの・人・場所との区分である。デュルケームが提示した「聖なるもの」と「世俗のもの」との差異のように、この差異は社会的世界のすべてを縦断する。つまり、あらゆるもの、人はメディアの「中に」存在できる。それゆえに「セレブリティ」のカテゴリーは恣意的なのである（デュルケームの議論によると、この恣意性と普遍的な適用可能性こそが、異なる**カテゴリー**を可能にするものである）。何がメディアの「中に」あり、何が「中に」存在しないのかという差異は、自然に発生したものではない。しかし、それはあたかも自然のものとして構築されて、頻繁に使用されている[38]。この形の境界線――例えば、メディアの生産者／オーディエンスといった境界線――は曖昧なものとして現れる。一方で、*Pop Idol* のような相互作用的なメディアのフォーマット[39]に見られるように、異なるレベルでは再統合されつつある。

この第一のカテゴリーの区分から、重要な副次的区分が導かれる。この区分はメディアの「中に」あるものが、外にあるものよりも地位が高いとみなされるべきであるという前提から生じる。とはいえ、これらの区分は何を基準に置くかで異なるカテゴリーとなる。例えば、生（liveness）という用語は、メディアの報道を通じて現在生じている出来事が「われわれに対して」関連性を持つことを示唆している。こうした共有された現実は、ほかの何よりも「今」を示すものとして正当化されるほど重要視されることになる[40]。したがって、「生（ライブ）」中継の地位は、社会で目下生じている「現実」と直接的に結びつくものとして想像されるのである。より明確ではあるものの依然として自然化されているカテゴリーの区分は、メディアが提示するものの**リアリティ**を語る中で生じる。この「リアルなもの」をめぐる区分は、例えば、「リアリティＴＶ」に関する議論の中で、あるいはテレビのトーク番組で「本当の」感情があらわになる「まさにリアルな」瞬間を追い求める中で生じる[41]。これらのカテゴリー――生（ライブ）とリアル――は単に儀礼の形式を下支えするだけではなく、社会的現実を**フレーム化**し（われわれに、メディアのフレームを通じて見るものこそがわれわれの社会的現実であると納得させる）、またそれに連関して社会的現実の内容に**名づけを行う**というメディアの言説が有する能力をも下支えしているのである[42]。

メディアに関係するこれらのカテゴリーは、あらゆる組織化のカテゴリーと同様、さまざまな環境の中で再生産される。それは、ジーザス・マーティン゠バルベロが「行為の文法」と呼ぶものの一部となる[43]。そうしたカテゴリーの境界線は、深く考えることなく自動的に引かれる。例えばあなたが仕事の同僚や相棒に「彼女に電話してみなよ、彼女はあの番組に出てたんだ。おそらくぼくらとは違った人生を歩んできたはずだ……」と伝える。その際に「メディアの人物」と「普通の人」というカテゴリーの区分を再生産することに関してまったく考えが及ぼされることはない。メディア儀礼という特別な形式の中で、こうしたカテゴリーの区分が特定の行為形態に内面化されるのを見ることができる。一連の行為形態は、カテゴリーの作用を確かめるものであり、かつその重要性を自然化するものである。しかし、より重視すべきは、こうしたカテゴリーが日常生活を通して再生産されるという**儀礼化**の幅広い過程である[44]。

メディアの儀礼や儀礼化が日常における実践の中でどのように作用するのかに関する詳細を提示する前に、われわれはメディアによって媒介された中心の神話を比較の文脈に位置づける必要がある。

(2) 比較の視座におけるメディアによって媒介された中心の神話

メディア制度がかつて、象徴権力と世界を記述する手段を大規模に集中させることの恩恵を受けていたことは疑いえない。スタファン・エリクソン、クリスティナ・ライジェート、パトリック・エイカーらのきわめて独創的な英国、ロシア、中国における「メディア組織の建造物」の研究が示すように、このメディアの権力は建築物の形式を通じても表現されてきたのであり、今でも同様の表現形態は残っている[45]。しかし、今日のデジタルメディアの普及の状況を見ると、このような研究の基盤を見直す必要がある。メディアの資源は多様化している。メディア制度の生産物そのものは、今やユーザーが作り出したコンテンツ(UGC)を組み込んでいる。以前の放送時代に比べて、われわれの注目は無限の空間を有するインターネットにますます向けられつつある。圧倒的な情報のフローの時代の中で、象徴的な実践がどのようにして「イデオロギー的システム」、すなわち「情報の残酷なまでのフロー」を乗り越える何かを生み出すことができるのだろうか[46]。メディア諸制度は、これまでのようにメディア儀礼の中心となるような注目や正統性をどのようにして集中させることができるのだろうか。

儀礼をめぐる用語の多くは意味が流動的である。例えば、「生（ライブ）」は放送の歴史を通じてその基準点が変化してきた。だが、ここでの重要な論点は、メディア儀礼の用語の流動性ではなく、注目や正統性をめぐる目下進行中の闘争におけるそれらの役割である。第一に、儀礼にとって必要とされる注目の集中と、オンラインメディアの世界とは互いに相容れないものではないことに注意すべきである。ケン・ヒリスは米国において、テレビ時代よりも中心が分散されているとはいえ、ウェブが社会の中心としての役割をどのように**引き受けている**のかを提示している。（ツイッターのような）ソーシャルメディアの同時性によって、新たなタイプの協働的な儀礼の実践が行われている。マイケル・ジャクソンなどの有名人の死に際して、祈りの言葉が同時的に発生することが事例として挙げられよう[47]。第二に、メディア儀礼においては、メディアの地位（社会的なもの、政治的なものにおける特権化された立場）は異議申し立てに対して開かれている。第一章で概観したように、メディア諸制度にとって、経済的に生き残ることに加えてこうした特権的な地位こそが、「メディアによって媒介された中心」を維持するための闘争においてまさに競われているのである。メディア制度（そしてメディア制度に依存する他の制度）が注目や正統性を維持するための闘争はデジタルメディアの時代においても存在し、さらに**激化しつつある**。この闘争の中で、メディア儀礼の新たな諸形態を求める需要がメディア生産の側で高まりつつある。メディア諸制度には、経済的に生き残るために、**自らが**社会的なものへの中心的なアクセスポイントであり続けるという切実なニーズがある。「メディアによって媒介された中心」を維持するための闘争の過程で生じる「社会的なもの」のイメージは、メディア諸制度のこうしたニーズによって形成されることとなる[48]。まさにそのために、メディア儀礼の中で生み出される社会的なものの語りは、政治的な物語によって支配されたものとなるだけでなく、娯楽の論理によっても支配される傾向にある。

メディアによって媒介された中心の神話という概念に対する異議申し立ては、国家主導の近代化の手段としてメディア制度が導入された、というこの概念が含意する中心化のパターンに対して向けられている。すなわち、そうした中心化のパターンはいくつかの西側諸国では妥当であるが、おそらくそのほかの場所で進行している政治的、社会的闘争とは関連していない、という批判である。メディアによって媒介された中心の神話という概念が中国、スウェーデン、オランダ、オーストラリア、米国、フィリピンにおけるメディア儀礼へ適用可能であるということは、この概念が必ずしも西側諸国固有のものでないことを示している。[49] とはいえ、メディア儀礼に関する私の当初の理解は国民国家を参照点としていたがゆえに非常に単純なものであり、多民族地域についてほとんど注意を払ってこなかったことは確かである。

アラブのリアリティTVに関するマルワン・クレイディの研究は、深い問いを提起している。クレイディはメディア儀礼の存在を否定しているのではない。むしろ、われわれがメディア儀礼の重要性をどのように解釈するかは、メディア制度と次に挙げる一連の制度、すなわち市場、国家の諸実践、特定の国々の宗教制度や中東のように国家を超えた地域の宗教制度との間でいかなる関係性が存在するのかに依存する、と主張している。*Media Rituals* における国家およびモダニティとメディアとの関係についての理解は、自由民主主義または新自由主義的民主主義に過度に焦点を当てていた。アラブ国家において、数十年にわたって維持されてきた特定の「モダニティ」に関する物語に対し、〔新たな〕近代化を**めぐる**論争が激化しているが、クレイディは、メディア儀礼およびメディアによって媒介された中心の神話がこうした状況と両立しうることを示した。[50] 一方で、広大な国家（例えば中国）において、**一つの**中心、または一つのメディア化された中心を維持することは困難である。そのため、メディア儀礼を維持するための諸条件を模索することが、**対抗的な**複数の中心を生み出してしまうことになりかねない。これは、メディア儀礼が政治闘争の新たなツールになっているという点で、ポストモダン的な相対主義とはまったく異なる理解を引き出すことになる。つまり、中国のような国では、メディアを基盤とした労働者階級の抵抗や、よりスキャンダラスな「公的イベント」が生まれつつある。また、高度に階級化されたフィリピンのような国では、ナショナル・メディアは顧客としての労働者階級に寄り添っている。これはエリートによってフォローされている越境的なメディアへ労働者階級がアクセスする可能性が低いという前提に基づいている。レバノンのように破綻した国家においては、国家に抵抗するアクターは「中心」となるメディアを独自に発達させる。例えばヒズボラのアルマナール衛星テレビなどである[51]。留意すべきは、儀礼という概念は、唯一の社会的中心に対して外部から**異議を唱え**、対抗的な中心を想像する信念を生み出すような諸行為に対しても適用されうるという点である[52]。

したがって、メディアによって媒介された中心の神話の概念（とそれに関連するメディア儀礼に関する概念）を、英国、西欧、北米のメディア・スタディーズにおいてきわめて長期にわたり支配的な見解であった特定の制度的なあり方に関する前提から自由にすることは重要である。メディアによって媒介された中心の神話を特定の制度的なあり方から解き放つことは、メディア制度の以下の能力を正確に理解することにほかならない。すなわち、それはメディア制度が自らを**社会的中心**として、すなわち、より広範な「中心」への中核的なアクセスポイントとして自らを構築する能力である。それは単に、（例えば英国やフランス、日本のように）国家との密接な関係のもとで近代的なメディアが発展してきた場所のみならず、多くの場所で発揮される。インドでは、一時的な「コミュニティ」がリアリティメディアの文脈で生み出された。アスウィン・プナサンビーカーが議論しているように、そうしたリアリティメディア上での非暴力的な対抗関係は深い民族的かつ政治的な緊張が生じたのちでは、重要な魅力であることが証明される。また、東ヨーロッパにおいて、メディア儀礼は古い国家主導の教育とグローバルな娯楽文化との間の闘争に関係しうるものである[53]。

メディアによって媒介された中心の神話は重要である。しかしそれは国家が重要であり続けるからではない[54]。国民国家の枠組みが持続することは、国民国家に社会秩序や政治秩序の調整を求めるメディアや他の制度によるますます根拠の曖昧になっている**主張**と密接に結びついている。その一方で、国家への忠誠や日常的な実践において結束を求める主張は、クレイグ・キャルホーンが「［制度的な］正統性のための前政治的基盤」と呼ぶものの一部である。きわめて流動的な人々にとっても、〔メディアの習慣を含む〕日常のハビトゥスは国民国家のフレームを再び押しつけるうえで非常に効果的である。(55) だが、中世の都市国家以来、メディアと制度的権力との関係は常に複数のスケールで機能してきた。(56) したがって、今日の複雑性について驚く必要はないのである。

3　メディア儀礼の柔軟性

比較をめぐるこれらの重要な問題を背景として残しておきつつも、メディア儀礼の概念に戻ることにしたい。基本的な人間の儀礼はきわめて身近なものである。例えば、誕生、死、婚姻などを示すもの、集団への加入、超越的なものとのコミュニケーション、などである。これらの儀礼の諸主題は、秩序を求める人間の基本欲求と関連している。メディアがそうした人間の基本的機能を満たすことが可能となるのは、これら基礎的な儀礼を直接的に伝達するときのみである。したがって、特定の歴史的時点において、メディア儀礼という新たな儀礼は、いかにして登場**しえた**のだろうか。トーク番組やリアリティ番組はいかにして儀礼と**なりうる**のだろうか。

（1）パターン化された行為

メディアの世俗的な性質は、メディアによる儀礼の生成を妨げるものではない。非宗教的な儀礼の存在は、数十年にわたって人類学において認められてきたものである。(57) 加えて、新しい非宗教的な儀礼は常に創造されている。〔二〇〇二年国籍・移民及び庇護法に基づき〕英国の市民権を得た人たちに求められるようになった新たな儀礼がその例として挙げられる。また、結婚や葬儀、国旗の掲揚といった既存の儀礼をメディアがわれわれに再－現前させるという考えは何もおかしくはない。(58) しかし、メディア儀礼という考え方は、それ以上に広範なものを含んでいる。メディアをめぐる複雑な諸実践の中には、儀礼を変容させる**独自の**能力を有しているものがある。また、メディア諸制度、およびそれらとわれわれとの関係をめぐる区分に基づく特定の**タイプ**の儀礼を構築するものが存在する。メディア儀礼とは、世界を組織化する方法を可能にするメディアに関する形式化され、パターン化された行為である。

儀礼は何よりもまず、**パターン化された行為**である。これは、人類学者ロイ・ラパポートの儀礼に関する古典的な定義からも明らかである。その定義とは「演者自身によって必ずしもコード化されていない、形式的な行為と言表に関する多かれ少なかれ不変の一連のパフォーマンス」[59]というものである。儀礼はその薄い解釈において、形式に一切言及することなく、単なる言説またはパフォーマンスとして理解される[60]。そしてまた、儀礼が形式**を通じて**世界を成立させるという役割を果たしていることが無視されている。だが、儀礼の行為形式の中で活性化する諸概念こそが、より広範な社会の再生産の中で儀礼が有する潜在的な重要性を説明しうるのである。

メディア諸制度が儀礼の独自の形式を生み出すという主張は、次の事例によって正当化される。例えば、メディアが（ロイヤル・ウェディングや一九九四年のネルソン・マンデラの南アフリカ共和国大統領就任式のような）特定の出来事をテレビ放送することで、大量の人々を組織化する規則立てられた手法である。これこそが、ダニエル・ダヤーンとエリユ・カッツのメディア・イベント論の根本原理である[61]。メディア制度が儀礼の形式を生み出すという考えはまた、この数十年にわたってトーク番組やリアリティメディアといった広範なメディア形式が出現してきたことによっても正当化される。道徳的権威として、あるいは監視の目として、メディア制度が「社会」の代役を務めることは支持される。それゆえ、トーク番組やリアリティメディアにおいて、人々は自らの生活の重要な側面や、しばしば辛い側面を多くのオーディエンスに喜んで見せるのである。社会的なものの代役を担っているという見解を根拠として、メディア諸制度は自らの権力の正統性を要求する。そしてその主張は、メディア儀礼の諸行為を通じて凝集された形式の中で裏づけられていくのである。

エミール・デュルケームは、宗教を社会的なものとわれわれとの結びつきの諸関係を表現するものと解釈した。しかし、本書の議論においては、デュルケームが論じる諸形式や公式[62]を借りてはいるが、彼の宗教、または宗教と社会的なものとの関係をめぐる主張に依拠しているわけではない。メディア制度は自らが社会的なものの代理であると主張している。初期の例は一世紀前の雑誌『コリアーズ』である。そこには、「ニュースは現代社会の神経である」と書かれていた[63]。しかし重要な点は、社会的なものを代弁し、われわれを社会的なものと結びつけるメディアの主張の強大さ――「われわれにとって共通のものが存在する」という主張の強大さ――は、この主張を可能にするために作られた儀礼が、その力を弱めることなく変化、発展、置換、刷新されうるということを意味していることである。

儀礼がパターン化されているということは、バリエーションが多様であるにもかかわらず、その儀礼が依然として儀礼として認識されうることを意味している。つまり、その基本的な形式は保持されるのである。メディア儀礼についてもこのことを示す多くの事例が存在する。テレビを通じて自分自身を暴露するという儀礼についてまず考えてみたい。トーク番組そのものは、英国や米国といった国での登場から数十年後にはテレビのフォーマットとしては衰退した。しかし、メディアを通じて自分自身を暴露するという儀礼は、例えば *Pop Idol* などの新たなフォーマットのもとで広がっている。こうした柔軟性はリアリティ番組のフォーマットの特徴としてより顕著に見られる。初期の番組は犯罪者を捕らえる番組（ドイツ、英国、米国）や、人生の特定の一場面を追うシリーズものとしての初期の「ドキュソープ（docu-soaps）」（英国では *Airport, Hotel*）といったものから、「ゲームドキュメンタリー」（例えば *Survivor, Big Brother, I'm A Celebrity... Get Me Out of Here*）、教育番組（*What Not to Wear, The Apprentice*）、そして近年では「一般の」人々を登場させて、競争させる娯楽番組（英国では *Pop Idol* や *Britain's Got Talent*、中東では *Star Academy*、中国では *Super Voice Girl*）に至るまで幾度も改定されている。この柔軟性は、複数のフォーマット（公式または非公式なウェブサイト、ゴシップ雑誌、テキストメッセージの更新、オンラインゲーム、携帯のアプリ、フェイスブックのグループ、ユーチューブのパロディ）によって損なわれることなく、むしろ促進されている。*Britain's Got Talent* のウェブサイトには、以下のように書かれている。「もしあなたが *Britain's Got Talent* のアプリをまだダウンロードしていないなら、この番組の楽しさのすべてを見逃していることになる」[64]。*The Only Way is Essex*（ＩＴＶ２）といった近年の英国の番組はフェイスブックを通じて参加者を募集し始めている。リアリティメディアの形式は拡張可能である。それは、一定のレベルにおいてメディアが共有された「現実」を見つけだし、提示する機能を果たすという信念に基づいている。デュルケームが聖なるものは「伝染しやすい」と述べたように[65]、メディアが「社会的なもの」を代理しているからこそ、リアリティメディアが、「リアル」であるとする主張は、あらゆる形に埋め込むことができるほど、柔軟性に富んでいるのである。

儀礼の意味が曖昧であることも、柔軟性の一つの要因となっている。儀礼はリアルであると同時に、演技的でもあり、そして真実であると同時にフィクションでもあることで機能している。儀礼における演技の役割は、例えば現代のリアリティTVを理解するために重要である。なぜならスティーブン・コナーが述べているように、「演技の条件は、あることが存在すると同時に存在せず、それが問題になると同時に問題にならないといった点にある」。*The Big Brother* のフォーマットは、心理学者が認めるように、ゲームがある程度においては人間の相互作用の「リアリティ」を暴きだすという点を示す明白な例である[66]。

メディア儀礼のカテゴリーは、ある特定の儀礼の境界の中でしか機能しないというものではない。むしろ、より広範な儀礼化の日常的な実践の中で再生産される。以下ではこの点をより深く考察してみたい。

（2）カテゴリーの役割

カテゴリーとは、規則に基づいてある項を他の対立する項から差異化することを可能にする安定した原理である。したがって「聖なるもの」は「世俗のもの」から差異化され（デュルケームの宗教儀礼の理論）、メディア儀礼の説明において「メディアの」人／もの／世界は「日常の」（非メディアの）人／もの／世界から差異化される。差異を示すカテゴリーは脆弱なものでも、一時的なものでもない。それは身体的パフォーマンスとして表現され、あるいは身体的パフォーマンスに置き換えられるような確固とした差異である。このような方法で、カテゴリーの差異は、身体や複数の身体の組織化と関連づけられうる。それは、デュルケームの研究と、ジュディス・バトラーによる近年のジェンダーとセクシュアリティの研究とを結びつけるものでもある[67]。儀礼行為は、カテゴリーの差異をめぐって組織化され、身体を通じてそうした差異を**習得する**のに適した方法である。また、ブルデューが儀礼的実践に固有なものとみなす「実践的熟達」を達成する方法でもある。[68] このように習得されることで、カテゴリーの差異およびそれらに由来するより広範な秩序化が自然化される。すなわち、儀礼行為の一見したところの自然らしさを通じて、カテゴリーの差異や秩序化の自然らしさが認められることになる。

カテゴリーが果たす秩序化の役割は、カテゴリーとは諸実践をまとめる「理解」であるとするシャッツキの説明を超越するものである。カテゴリーは実践を組織化する以上のことを行う。すなわち、諸実践が拘束的で反復可能な、そして意味を有した**形式で**習得されることを保証する。これは儀礼のある種の即興性や柔軟性を否定するものではない。しかし、そうした自由は明確にパターン化された形式を背景としてまさに可能となるのである。

宗教研究の主導的な理論家であるキャサリン・ベルは、「儀礼の『意味』が身体に付与されること」は、儀礼化の広範な過程が終了する地点であるとみなしている。この完成された儀礼では、特定の行為の形式が重要な地位を占めることになる。そうした儀礼の中で付与された意味は、広範なヒエラルキーを強化する。儀礼化の規則づけられた境界の線引きは、「より高次の」事物の秩序を示唆している。こうした秩序とは、「直接知覚可能なものを超越したより包摂的で権威を伴う」ものであり、社会生活全般に適用されるものである。[69] 同様に、メディア儀礼の（比較的例外的な）契機は、差異や境界線を構築するメディア実践の広範な領域と結びつき、またそれによって支えられている。これらのメディア実践が差異や境界線を埋め込むことで、メディア儀礼は自動的に行われ、思考されるのである。

人々が非メディアの「世界」からメディアの「世界」へと境界を横断する地点について考察したい。そうした場所は撮影現場、つまりメディア制作会社が撮影を続けている場所、または非メディアの世界の人々が（例えばセレブリティなどの）メディアの中の人物や事物と出会うことができると期待する場所である。もしくは非メディアの世界の人々がメディアのために演技する、例えばカメラの前でポーズを取る、といった契機である。これらのあらゆる状況において、人々は一連の行為を通じて次のような差異を示すこととなる。すなわち、メディアが社会の「中心」へのアクセスポイントであるという考えが凝集された形式において再生産される差異である。「放送中に」映り込んだ人々に対して電話でそのことを知らせることはよく知られた事例である。セレブリティを一目見て殺到すること、あるいはためらうこともそうした事例である。また、メディアと密接に関連した場所へ入ることを躊躇することもそうである。このような行為は、そこへ入ることが境界線を越えるということを強調している[70]。一連の行為を通じて人々は、カテゴリーの作り出す差異を空間の永続的な組織化へと変換する。つまり、**この**エリアはセレブリティまたはＶＩＰのためのものであり、**あの**エリアは「一般の人々」のものである、といった具合である。「メディアの世界」における事物の特別性は、観光に関する疑問の余地のないブランドの基盤になっている。テレビや映画のロケ地、例えば『ロード・オブ・ザ・リング』やテレビの探偵シリーズの撮影現場へのメディア・ツーリズムがそれである[71]。メディア・ツーリズムもまた、境界線とカテゴリーの差異の土台となる。（例えばわれわれがテレビのスタジオに入り、自身の個人的な話を「世界に」伝える契機のような）メディア儀礼は、こうした境界線やカテゴリーの差異に依存しつつ確立されるのである。

　メディア儀礼の諸カテゴリーは、メディアに関連した実践の儀礼化に寄与する。例えば、メディアの業界人やセレブリティといった人々は、メディアに登場することによって自らの地位が特別であることを保証される。「生（ライブ）」のカテゴリーは、どのようなものであれ放送されたものであれば特別なものとして位置づける[72]。そしてメディア制度が特権的に「リアル」として取り扱えば、どのようなものでも「リアリティ」のカテゴリーに位置づけられるのである。そうしたカテゴリーは現代のメディア実践に内在されているものであるが、リュック・ボルタンスキーが「それがどのようなものかを決定する領域」と呼ぶものの一部である。これらの用語をより広範な社会実践の**組織化に適用すること**は、メディアに関連する儀礼化されたカテゴリーに特別な力を付与する（第二章ですでに論じたように、多くの方法でわれわれの実践はメディアに**すでに**適応させられているという事実を参照のこと）。それによって、そうした用語はボルタンスキーが「それがどのようなものかを表象する、あるいは少なくとも集合的なものと関連性を有することを表象する……道具」と呼ぶものになる。つまり、これらの用語（ライブ、リアル、セレブリティなど）は社会的領域全体に適用される基準であるかのようにみなされるのである。[73]

こうした主要なカテゴリーや用語に基づくメディア儀礼の基本的なパターンは、明確な規則に沿ったゲームも含めた特定の領域にも適用される。[74] これは、明確な規則に沿って競争が行われるという形式で構造化されたメディアを通じて「リアリティ」を提示する「ゲームドキュメンタリー」の領域である。その一例として、英国版の *The Apprentice* が挙げられよう（Ｂｏｘ３・１参照）。

Ｂｏｘ３・１　英国版 *The Apprentice*

The Apprentice は、現実には起こりえないような前提に基づいて作成された人気番組である。シリーズごとに少人数の集団に対して番組用に作られたいくつかの課題が与えられる。一連の課題はいずれもカメラ映えのするものであり、最終的に番組のホストであり実業家でもあるアラン・シュガー卿によって評価される。そしてこの番組を通じて現実のビジネスに役立つものとは何かを広く国民に教育することができる、としている。この番組は、完全なドキュメンタリー番組ではなく、娯楽番組として位置づけられている。しかし、次のような現実に関わる主張がＢＢＣの名のもとに行われている点を忘れるべきではない。ＢＢＣの娯楽部門を統括するジェーン・ラッシュは、この番組の目的は「ビジネスは自分たちのものではない、と思っている人たちにビジネスを届けることだ」と述べている。他方、番組制作会社 Talkback の編集ディレクターであるデイジー・グッドウィンは以下のように主張している。この番組は「第一に、現実的な部分を有した――つまり、ビジネスで出世するために本当に必要になることを見せる、娯楽ショーである」（双方の引用ともに BBC 2005）。この番組の人気が高まるにつれて、労働党政府はシュガーを貴族院議員に昇格させ、ビジネスに関する政府のアドバイザーに任命した。

どのようにして娯楽番組がそのような現実に影響をおよぼす効果を有するのだろうか。このフォーマットは、メディア制度が社会的なものを表象するという長い歴史を持つ主張に基礎づけられている。ゲームドキュメンタリーの形式は、さまざまなレトリック（この番組には経営とビジネスの言説が見出せる）を用いているが、そこでは以下のことが示唆されている。それは、このさまざまなステージをパスしたものであれば誰でも、現実世界の特定の専門的な技能（料理がうまい、大胆な人物になる、この番組の場合はビジネスの能力を有した人になる）を獲得することができるということである。このレトリックは、成功とは何かということを定義するゲームの形式に基づいている。シリーズの最後には、優勝者はゲームそのものに基づく価値を備えている人物として示されるのである（ボルタンスキーが「真実性のテスト」と呼んでいるもの：2011: 103–10）。

The Apprentice は単に勝者を任命するだけではない。ゲームを通じて、番組のルール、**そして**そのルールが基づいている価値（個人への攻撃や、アラン・シュガー卿による言葉の攻撃に耐えうる能力など）に異議申し立てを行う見解が一切排除されている。ゲームで強く主張されているものとは異なる代替的な価値は、ゲームの全体構造を批判することなく問題提起することはできないのである。時折、ゲームの周縁で、あなたがゲームで見ていることは「普通」のことだという肯定的な主張がなされる。例えば、英国の第一シリーズで番組後の議論の際、ある出場者は第二話の中で行われていた攻撃的なインタビューを以下のように正当化した。すなわち、攻撃的なインタビューは「あなたがこれから働く現場の文化」を表象しているにすぎないというものである（ボルタンスキーが「現実性のテスト」と呼んだもの：2011: 103–10）。しかし、番組そのものはそうした肯定的な主張はまったく必要としていない。なぜなら、番組の規範は反対されることはなく、またゲームのルールに組み込まれているからである。英国版 *The Apprentice* は、リアリティ番組の**ゲーム**がわれわれに特定の現実を提示するうえで効果的なツールであることを示している。このツールは、他の現実を見ることを防ぎ、番組内で提示されている現実を批判から守る役割も果たしている。社会的現実を狭めるという効果を有するリアリティ番組のゲームは、新自由主義的な労働の規範に適合している（Couldry 2010: ch.4; Hearn 2006; McCarthy 2007; Ouellette and Hay 2008; Boltanski and Chiapello 2005）。しかし、そうした効果は常に、メディア制度に埋め込まれた現実を提示するための儀礼化された権威に基づいているのである。

番組のより詳細な分析は、Couldry and Littler（2011）、また米国版 *The Apprentice* は Hearn（2006: 626–7）を参照してほしい。

メディア儀礼が有する組織化の作用は、儀礼が完成されると終わるものではない。メディア儀礼（その実践、およびメディア儀礼というまさにその観念自体）は、他の実践の組織化を促進する。つまり、メディア儀礼が権威的に構築した表象やカテゴリーを通じて他の諸実践が**固定化される**のである。[75] 儀礼の諸実践は、カテゴリー化と区分けの**新しい**諸形式を実際に適用させる。そして今度はそうした諸形式に基づいた別の諸実践の組織化が行われるのである。このような実践同士の関係性は明確に提示されるものではないが、人々が（模倣、改作、書き換えといった）実践を行う際に示す身体知を通じて「伝えられる」。このメディアを介したパフォーマンスの**模倣的な**役割は、第四章の議論において重要になる。

現代のメディアの儀礼化の二つの様相であるメディア・イベントとセレブリティ文化について検討することで議論を終えることにしたい。それによってわれわれはメディア儀礼が社会秩序**のような**ものを再生産することにいかに寄与するのかということに関しての最終的な要点をつかむことが可能となる。

4　メディア・イベントの平凡化

メディア・イベントはメディア儀礼を組み込んだ概念である。そしてメディア・イベントの地位がこの二〇年間で変化してきたことは、儀礼化の動態を表すよい例である。ダヤーンとカッツが提示したオリジナルのメディア・イベント（テレビで放送されるロイヤル・ウェディング、国家葬礼、大統領就任式、主要な政治的会談）の理論は、次のような一定の形式を明らかにした。それは通常の放送スケジュールの事前に計画された中断に基づいており、国民国家のオーディエンス全体に向けて社会の「中心」の出来事に関する報道を行うことを目的としている、というものである。[76] こうしたダヤーンとカッツの議論は、メディアの報道とも関わる重要な問題へとわれわれの目を向けさせる。この「メディア・イベント」という概念は、すぐにメディア儀礼をめぐる研究の必然的な参照点になった。ダヤーンとカッツは国家儀式に関して初期の、すなわち古典的なデュルケーム的見解を採用している（テレビで放送された一九五二年のエリザベス二世の戴冠式を「国家のコミュニオンの行為」とみなすエドワード・シルズとマイケル・ヤングの説明を想起のこと)[77]。そして、そのデュルケーム的見解を洗練化させたのである。ダヤーンとカッツは、メディア・イベントとその機能が妥当に評価されることによって、デュルケームが一世紀前に大規模な近代社会において末期的な衰退状態にあるとみなした「機械的連帯」がいかに再構築されるのかを知ることができると論じている。「機械的連帯」の再構築は、「祝祭的」視聴という経験の共有を通じて、テレビが国民を一つにまとめあげることによって可能となるとされる[78]。同書の出版から五年後の一九九七年九月、ロンドンで行われ、世界中のテレビを通じてオーディエンスに伝えられたダイアナ妃の葬儀の事例にこの概念がいかに適用可能であったかということは、ダヤーンとカッツの議論の説得力を示すものである。

しかしながら、以下に挙げる三つのタイプの〔変容の〕諸過程はメディア・イベント概念に対して疑問を投げかけている。**第一**の変容は、メディア・イベントとしての多くの特徴(通常の報道スケジュールの中断、生放送を続けること、テレビで熱狂しながら視聴する習慣)を共有しているメディアの報道の重要性が増加したことに由来する。しかし、これらの報道は統合的な潜在力を発揮するわけではない。イスラエルの研究者であるタマル・リーブスはこの点に最初に気づいた人物であり、それを「災厄のマラソン」[79]と名づけている。彼女の例によると、自爆テロ攻撃の直後のイスラエルのテレビにおいて、通常のスケジュールを中断した延々と続く報道がすべてのチャンネルでなされているが、それによって国家が一体になるというよりはむしろ分裂する傾向にあるとされる。**第二**の変容は、政治的アクターがメディア・イベントの諸特徴に順応して、新たなタイプの象徴政治を生み出すことで生じる。最も重要な例としては、二〇〇一年九月一一日にマンハッタンの世界貿易センタービルやその他の施設が標的となった米国同時多発テロが挙げられる[80]。九・一一以降、メディア・イベントの定義には、社会の「中心」から遠く離れたところで計画された破壊的な出来事を考慮に入れることが必要となった。この点を受けてダニエル・ダヤーンは、「テロリズム」という論争的な用語を再考することを提案した。すなわち、象徴的なものの潜在力を的確に活用するメディアによって媒介された暴力という戦略をテロリズムとして認めるべきである、という提案である[81]。エリユ・カッツとタマル・リーブスは、災害や戦争、恐怖に関する独占的な報道が今や

「メディア・イベント」の概念がかつて捉えようとしていた儀式的なイベントに取って代わっていると結論づけた。[82] **第**三の変容は、メディア環境の大きな変化に起因する。つまり、メディア・イベントを特別なもの**として**定義づけるためのレトリックが一般化したこと、そして元来のメディア・イベントが想定していた国民というオーディエンスが断片化したことが挙げられる。[83]

メディア・イベントは国家統合および合意された民主主義的諸価値を強化する、というネオ・デュルケーム主義的見解を強調するダヤーンとカッツのオリジナルの理論は、レトリック上の力強さにもかかわらず理論的に大きな問題を有するものであった。そして上記の展開を通じて、ダヤーンとカッツの議論によってネオ・デュルケーム主義的な装いの背後で同定してきた広範な諸現象に対する説得力**および**妥当性が低下した。したがって、メディア・イベントの初期の理論を再検討する必要がある。それとともに、メディア・イベント概念のネオ・デュルケーム主義的含意を拒絶してきた（私が行ってきたような）批判もまた、再検討を要する。先述の通り、ダヤーンとカッツはそれぞれこの概念の再検討を行っており、今では（失われた）放送メディア時代の諸特徴を持つものとして限定化して捉えている。[84] 他方で、ダヤーンとカッツの理論のネオ・デュルケーム主義的編制を批判してきた私自身は、次のような疑問に直面している。すなわち、私の批判が依拠してきたポスト・デュルケーム主義的な「メディア・イベント」概念はそれ自体、冷笑主義や平凡化、オーディエンスの断片化といった同様の変化の諸力に耐えうるのか、という問いである。[85] メディア・イベントの衰退は、メディア儀礼の衰退の前兆でもあるのだろうか。

ここで、メディア儀礼の概念の示差的な特徴の核心が明らかになる。先に概観したように、メディア儀礼の定義は、メディア儀礼に参加する人々をメディア諸制度への実際の忠誠に結びつけることに**成功する**か否かという点に関するいかなる主張も含んでいない。むしろ、「メディア儀礼」という用語は特定の社会的形式と結びつくものである。この社会的形式は、メディアとメディアが対象とする人々との間に特定の関係を成立させるための、また、メディア諸制度に潜在的なオーディエンスや参加者を関与させるような戦略的行為を可能にするための主要な諸カテゴリーを活用する。こうした戦略的行為が機能することを明らかにすることは、メディア儀礼が実際に社会を一つにまとめ上げて**いる**という主張を意味しない。それとは対照的に、私のメディア儀礼の概念は、多くのデュルケーム主義の研究者が関わる機能主義とは異なる方向に展開している。[86] 私のメディア儀礼の概念は、多くの儀礼における一見したところ普遍的な言語をめぐって生じる政治的な競合と決定不可能性を強調するものである。こうしたメディア儀礼の概念は、二〇〇三年の著書で論じたメディア・イベントに関するオルタナティブな定義を反映している。このオルタナティブなメディア・イベントの定義とは、「メディアによって媒介された中心の神話に関する**主張**に特徴づけられた、メディアに焦点を当てた物語に基づく大規模なイベント」である。[87]

メディア・イベントを成功させることが困難になってはいるが、それにもかかわらず、社会とメディアの特別な関係は重要であり続ける。こうしたメディア環境にわれわれが適応するためにはメディア・イベント概念を適切に修正することが求められる。アンドレアス・ヘップと私はグローバルメディアの時代に適したメディア・イベントの定義の修正版を提示した。すなわち、「メディア・イベントはメディアを介して伝達される状況に依存した、厚みのある、そして中心化を行うパフォーマンスを指す。それは多様なメディア生産物を横断し、広範かつ多様なオーディエンスや参加者の多くに影響を与える特定のテーマの中核への注目を促す」というものである。[88]

「中心化を行うパフォーマンス」という用語は、コミュニケーション的行為のいくつかの類型を意味している。すなわちそれは、メディアを通じて到達される社会的「中心」との関係性の組織化を試みる中核的なテーマへの注目を促すコミュニケーション的行為である。このアプローチはそうしたパフォーマンスが成功するという前提に立っているわけではない。むしろ、パフォーマンスの特定の目的（メディア制度を「メディアによって媒介された中心」に対する特権化されたアクセスポイントとして再生産するという目的）を議論するものである。とりわけ歴史的な観点の中で、メディアによって媒介された中心の神話が構築されつつも、うまく機能しないこともある点を認めることは重要である。それはまさに、植民地時代のナイジェリアにおける、国家と国営ラジオおよび映画との密接な関係性を分析したブライアン・ラーキンの研究において明示されている。[89]

この新しい定義は、デジタルメディア時代に適合している。第一章で論じたように、デジタルメディア時代ではオーディエンスからの注目を集めるための競争が激化し、また、正統性（象徴的価値）や（経営上の）生き残り（経済的価値）をめぐるメディア制度間の闘争がますます可視化しつつある。新しいメディア・イベントの定義は特定のメディア生産のタイプが「イベント」を生み出すことにますます依存するようになっていることに注目する。それは、（映画、そして近年はテレビもそうであるが）メディア・コンテンツの生産にますますコストがかかるようになっているためである。また、この定義は、忠誠心を刺激し結集するために仕組まれたイベントに依存している権威の形式（例えば国家の政治）にも注意を向ける。[90] ダヤーンとカッツは近年、メディア・イベントの「脱魔術化」を示唆しているが、[91] 本章で提示した新しい定義はそうした前提に懐疑的である。政治的な領域において、大規模なイベントの物語は減少するのではなく、おそらく**増加**している。例えば、「貧困を過去のものに」の物語は二〇〇五年七月のスコットランドのグレンイーグルズG20サミットにあわせて盛り上がりを見せ、多くの俳優が参加した。一方で、遠く離れた地で発生した災害は、依然として主流メディアがその大部分を報じているが、その周縁でUGCやウェブサイトが数多く生み出されている。そこでは何らかの専門性を有する諸個人が自らを特権的な解釈者、あるいは目撃者として情報や映像をやりとりしている。[92] 多チャンネル化が進み、インターネットが普及したデジタル環境においても、ダヤーンとカッツがメディア・イベントが作り出す公式の語りの中に見出した「仮定法〔～のような〕」の言語を依然として見出すことができる。だが、それは、今や非公式の参加者たちの語りの中に分散している。その結果、初期のメディア・イベントの神聖化された状況とも、**そして**、かつての時代における遠く離れた場所で生じるスペクタクルに対する一般的な冷笑主義とも異なるものが生じている。[93] メディア報道のフィルターを通してはいるが、二〇〇五年のG20サミットでの人々の声に耳を傾けてみたい。「私たちはメッセージの一部になりたい」「初めて自分に誇りを持つことができました。これはますます影響を持つようになり……エジンバラで見た中で最も巨大な連帯を表すショーとなるでしょう」「われわれは今、政治的支配者層に世界の貧困に対する真剣な政策的関与を行わせるのだ」。異なる文脈となるが、一九八九年以降の東・中央ヨーロッパにおいて、アニコ・イムレは *Eurovision Song Contest* の「イベント」と同様に、*Pop Idol* のフォーマットが国家的なスペクタクルの場として機能することを示した。そこでは、国民としてのアイデンティティの形成や集団への認識の新たな可能性が提示され、競われるのである。カトリックやヒンドゥーの宗教組織が、自らの権威と国内におけるプレゼンスを高めるために宗教的なドラマやドキュメンタリーシリーズに関連したメディア・イベントを活用するという事例でも、同様の議論を見出すことができる[94]。

メディア・イベントは消失しつつあるというよりも、一つのメディア形式として維持されていくであろう。しかし、それは国家的、社会的連帯に関するネオ・デュルケーム主義的な説明とは異なる形で解釈される必要がある。今日、ギー・ドゥボールが提示したような一枚岩的なスペクタクルは存在しない。しかし、われわれの時代においても、スペクタクルのための中心的な能力やローカルな資源の統制は、最も重要な政治的闘争の一つであり続けている[95]。

5 セレブリティ文化

セレブリティ文化を用いつつ、メディア儀礼と儀礼化が広範な社会的環境とどのように関係しているのかについて説明することで本章を終えることにしたい。

映画の登場以来、セレブリティは需要を高めるための重要な方法であり続けている。セレブリティを生み出すこと、セレブリティを表象することは前期近代のマーケティングにまで遡る。デイビッド・マーシャルは「セレブリティ文化」の生産者サイドに関する、そしてそれと一般オーディエンスの需要との関係性についての決定版ともいうべき分析を提示した[96]。デジタルメディア時代において、新聞とテレビ産業にとってニュースのオーディエンスをめぐる競合の必要性は、資源が少なくなる一方で激化しており、その結果（セレブリティのゴシップといったような）記事を用いて多くの注目を集めることで、生産コストを削減するという誘惑が増している。しかし、セレブリティ文化は、広範な日常の実践の中でどのように再生産されるのだろうか。セレブリティの雑誌や、絶え間なく掲載されるセレブリティに関するニュース記事、そしてセレブリティ自身によるソーシャル・ネットワーキングへの多くの投稿、ツイッターのフィードなどを考えてみたい。そこには、大規模なイベントから最も親密で感情的な実践にまで及ぶ、今日の普及した「名声の文化」が見られる[97]。この文化をわれわれはどのように理解できるのだろうか。

セレブリティ文化は、本来その言葉が有している意味以上の広がりを持つ。セレブリティ文化とは、**われわれが行うこと**である。すなわち、行為や言語を**組織化する**特定の行為である。儀礼理論はここで、イデオロギーとは信じるかどうかではなく、行うかどうかという次元に関わる概念であるとした、スラヴォイ・ジジェクのラカン学派的イデオロギー理論と共通の基盤を見出すことになる[98]。セレブリティ文化はしばしば、信念の集合体に基づく「文化」とみなされてきた。しかし、それは儀礼的な実践の集合体とみなした方がよりよく理解することができる。マックス・ウェーバーははるか以前に大規模な社会の中で権力を補強するうえで「カリスマの日常化」が果たす役割について論じた[99]。セレブリティが「作られたもの」であることを皆が知っているということは、われわれの諸実践がセレブリティ文化に**順応する**中で再生産されるカテゴリーの区分を弱体化させるものではない。社会秩序のようなものを構築するのは、雑誌を手に取る、リンク先に飛ぶ・飛ばないといった、まさにこの順応性のパターンにほかならない。カリン・クノール＝セティナは興味深い形で「**ポスト**社会秩序」について論じている。ポスト社会秩序は実定的な社会的同一化ではなく、「不在の構造を明らかにすること」によって基礎づけられている。いかなるフレーズを使うにしても、私が示唆するように、セレブリティは不在の一つなのである。つまり、われわれが常に埋めようとするにもかかわらず、そうした試みが決して完遂されることはない一つの欠如に対する応答なのである[100]。

セレブリティ文化は儀礼化の過程を通じて機能する。この儀礼化の過程とは、ある構築された集団（「セレブリティ」または「メディア関係者」）を他の同様に構築された集団（「一般の人々」）から区別する行為のパターンである。セレブリティとはメディア産業にとって重要な一つのカテゴリーである。メディア産業は特定のセレブリティに対して投資をする。なぜならば、セレブリティのカテゴリーは、「われわれ」が追い求める共通の、そして共有されたものに注意を向けるような魅力を凝集しているからである。セレブリティを偶然見かけて驚きの声をあげ、息をのむ際にわれわれが行動で示すものこそが、この漠然とした、合意に基づく、儀礼化のカテゴリーにほかならない。第二章で言及したハリー・ポッターの出演者を追ったビデオの音声に耳を傾けてみればこのことがわかるであろう。さらに、デジタルメディアの時代においてはフェイスブックやツイッターといったソーシャルメディアを含めた複数のサイトやプラットフォームを横断しつつこのカテゴリーを理解する必要がある。

　われわれは、セレブリティが大抵の場合、メディアに出ているということ以外は「普通」であることを**知っている**。だが、われわれはそうして知っていることとは異なる形で**行為する**。セレブリティが行う「普通のこと」が掲載された週刊誌を購入し、あるいは散髪の間にそうした雑誌をめくる。セレブリティに関する知識や目撃情報を交換し、自分たちが購入する服や食べに行くレストランを決める際の参照点としてセレブリティを活用する。英国と米国において、子どもや若者が抱くセレブリティになりたいという欲望は、近年の調査で顕著になっている[101]。そうした欲望が底流となって、多くの国で学校や公共の場所での撮影が増加した[102]。セレブリティ文化は信じることへの同意を一切必要としない。つまり、セレブリティは開かれたカテゴリーである。われわれはこれまで論じてきた、あるいは論じてこなかったさまざまな制度的、個人的、社会的な諸実践を通じてこのカテゴリーを再生産している。この一世紀の間、セレブリティを生産する産業が存在し続けてきた。だが、近年の実践はこの産業を新しい形で活性化させている。政治権力もまた、そこから恩恵を得るための手段を模索している[103]。「裏舞台」の物語を生み出すことは、メディア業界の人々が「現実」に働く現場へアクセスすることを特権化する。こうした物語の生産こそが、「肥大化」したセレブリティ文化をより一層活性化させることになる。そしてセレブリティを価値あるものとして絶え間なく**再生産する**のである[104]。パパラッチがセレブリティの日常生活を追い求めることは、こうした文化の最も苛烈な形での具現化である。パパラッチの産業的な論理は、自らが基盤とするカテゴリー上のトリック、すなわち「(本来的には) 普通の人々を特別であるかのように」提示するという偽装を隠さない点に特徴がある。ピーター・ハウの著書 *Paparazzi* で次のようなコメントがある。「[セレブリティによる]〝私たちのような〟写真はつまらないものには決してならない。……もしあなたや私がした場合、つまらないものとなる日々の活動は、セレブリティが行えば魅力的なものとなる。あなたは単純に、キャメロン・ディアスがキンコーズに行ったり、ジェニファー・ラブ・ヒューイットが自分のドライクリーニングを受け取りに行ったりすることなど、予想していないだけなのだ[105]」。

セレブリティを目撃することで、そのセレブリティに対する深い感情的な備給が完遂される必要はない。つまり、この目撃談は、特定のメディア文化において重要性を有する物語り行為なのであり、この目撃談を聞いた人々によって、自動的に認識される共有されたカテゴリーの基準が再生産されることで、**すでに**十分な意味がある。日常的な実践を通じて(例えば、われわれが自身のセレブリティの目撃情報を Gawkerstalker, http://gawker.com/stalker にアップロードするなど)、われわれはセレブリティを範型へと作り上げる。それこそが、メディア諸制度が作り上げたいものなのである。セレブリティ文化の儀礼化の圧力は、日常生活の実践におけるセレブリティの境界線を再生産している[106]。そして、この儀礼化の圧力は、メディア産業が社会的中心性であり続ける必要性が増していることとの別の側面にほかならない。

したがって、「セレブリティ文化」を、民主化を進めるものとして読み解くことは大いなる誤解に基づいている。三〇年前にジョージ・トゥロウは次のように考察している。「テレビ**そのもの**が文脈となり、その文脈へのアクセスはテレビが許可する。この考えに基づいてテレビは再形式化されるであろう[107]」。この点を検討するうえでは、「テレビ」を今日のネットワーク化されたメディアの「中心」への参照に置き換えるだけでよい。ＤＩＹのセレブリティにとってウェブ上の多様なプラットフォームの存在は、確かにセレブリティそのものの範囲を拡張し(Digg やユーチューブのおすすめのプラットフォームを作ったケビン・ローズを想起のこと)、さらには活動の地理的な範囲を拡張している(*Britain's Got Talent* で行ったパフォーマンスに関するユーチューブ動画で国際的なスターとなったスーザン・ボイルを想起のこと）。しかし、これらの技術革新のいずれもが、セレブリティ文化の巨大なヒエラルキーそのものに対しては何ら異議申し立てをしていないのである。むしろホセ・ファンダイクが適切に指摘したように、一連の技術革新によって登場してきた新たなセレブリティは「オプション市場」、つまり主要なセレブリティ株式市場のデリバティブを生み出したのである。[108] また、セレブリティ文化の隆盛を、メディアと無関係な社会病理の独特の兆候として捉えることは同様に誤解を招くものである。[109] なぜならそれは、メディアによって媒介された中心の神話を通じたパターン化された秩序を維持しようという、メディア、政治、その他の制度の利害に基づく役割を無視することになるからである。二〇一一年三月、*Big Brother* のブランドのディベロッパーである Endemol 社が、セレブリティのゴシップサイト Holy Moly の五〇％の所有権を獲得した際、われわれは驚くべきではなかったのである。

メディアに関連した諸実践が多数の人々を巻き込む形で広範な社会的秩序化の過程にどのように寄与しているのか。セレブリティ文化は、そのパターンとヒエラルキーを通じてこの問いについて具体的な事例を提供している。しかし、広範な社会の組織化に対する一連の秩序化がもたらす帰結は未だに解明されていない。この点については次章で述べることにしたい。

（1） Calhoun（2005: 375）. Coleman and Ross（2010: 118）による引用。
（2） Lamount and Molnar（2002: 168）.
（3） Lefebvre（1971=1970: 71、邦訳一二二ページ。訳一部修正）.
（4） Baudrillard（1981=1982: 169、強調は原文のまま。邦訳二一八ページ。訳一部修正）.
（5） Baudrillard（1981: 169、同右）.
（6） Thevenot（2007b: 409）.
（7） Thevenot（2007b: 410）.
（8） Boltanski（2011: ch. 2）を参照のこと。
（9） Wagner（2008: 245–6）.
（10） Thevenot（2007b: 410）.
（11） Thevenot（2007b: 411 and 421 n.3）.
（12） 世界（world/monde）については Boltanski（2011: 57）を参照のこと。フランス語文献では Boltanski（2009: 91）。「テ

スト」についてはBoltanski (2011: 103–10) を参照のこと。

(13) Boltanski (2011: 34).

(14) Couldry (2003a).

(15) Lash and Lury (2007).

(16) Bowker and Star (2000: 9–10; cf. 325).

(17) Giddens (1984) を参考にしたこれらの視点に関しては以下をそれぞれ参照のこと。Peterson (2003: 195), Braman (2009: 25–6), Sewell (1996).

(18) Wrong (1994).

(19) 第一章でも示したように、私のアプローチは非表象理論とは明らかに異なるものである (Thrift 2008)。

(20) Berger and Luckmann (1967=2003: 19–20、強調は引用者による。邦訳二八—九ページ。訳一部修正).

(21) Hobart (2010) と比較のこと。

(22) Boltanski (2011: 54–5, 59–60, 90).

(23) Carey (1989: 87); Curran (1982). Curran (1982) は、二〇〇二年に再版されたもの (Curran 2002=2007: 特に61, 58、邦訳一一六—七、一一二ページ) を使用した。

(24) ブルデュー (2000: 94、邦訳一四一ページ) の「普遍へのアクセス条件の普遍化のための普段の政治的たたかい」と比較のこと。

(25) Vattimo (1992: 7). Kraidy (2009: viii) による引用。

(26) Bloch (1989: 45).

(27) Couldry (2000a); Couldry (2003a).

(28) Bourdieu (1991: 166). ここでブルデューは直接的にマルクス主義とデュルケーム的視点の統合を試みている。興味深い議論ではあるが、究極的には疑問のあるものであり、この統合は不可能である。これに関してはGraham (1994) を参照のこと。

(29) イスラエルの人類学者ドン・ハンデルマンによる社会秩序を制御する方法である「類型化」に関する研究と比較のこと。これに関してはHandelman (1998: xxxi) を参照するとよい。

(30) Elliott (1982: 147).

(31) Elliott (1982: 168–73).

(32) Kershaw (1987).

(33) 詳細はCouldry (2003a: 45–6; 2006: 15–8) を参照。

(34) Bourdieu (2000).

(35) Couldry (2003a: 29) と比較のこと。

(36) Couldry (2003a: ch. 7). この点は、Foucault (1981: 61–2、邦訳七九—八二ページ) とWhite (1992) に依拠している。

(37) Hoover (2006: 267).

(38) Couldry (2000a: 41).

(39) Ytreberg (2009, 2011).

(40) Feuer (1983), Bourdon (2000), White (2004), Turner (2010: 13).「Nation Now」の神話についてのBrunsdon and Morley (1978: 27) と比較のこと。

(41) Couldry (2003a: chs. 6, 7).

(42) Couldry (2000a: 42–4, 50–2).「フレーミング」に関してはGitlin (1980: 6) と比較のこと。また、「名づけ」に関し

てはFreire（1972）とMelucci（1996）を参照のこと。

（43）Martin-Barbero（2006: 286）.

（44）Bell（1992, 1997）.

（45）Ericson, Riegert and Akers（2010）.

（46）Lash（2002=2006: 1、邦訳一三ページ）; Levy（1997: 98）と比較のこと。

（47）Hillis（2009: 58）. マイケル・ジャクソンの死に関連する儀礼については、Sanderson and Cheong（2010）を参照。

（48）Turner（2010）.

（49）Widestedt（2009）; Reijnders, Rooijakkers and Zoonen（2007）; Cui and Lee（2010）; Ruddock（2007）; Moore（2009）; Ong（2011）.

（50）Kraidy（2009, 儀礼についての脚注208）. 中東におけるアルジャジーラのプラットフォームのようなトーク番組の爆発的な影響についてはLynch（2006: 96–7）を参照。

（51）中国についての全般的なものは、Lee（2000）, Zhau（2008a: 11）, Sun（2002: ch. 7）を、特に政治的行動についてはQiu（2009: 222–3）を、論争的なメディア・イベントについてはCao（2010）, Qiang（2011）, Jiang（2015）を参照。フィリピンについてはOng（2011: ch. 5）を、レバノンについてはKraidy and Khalil（2009: 98）を参照。

（52）Rothenbuhler（1989）.

（53）英国とフランスそれぞれについてはMattelart（1994）とScannel and Cardiff（1991）を参照。日本についてはChapman（2005: 53）とKasza（1993: 87）を、インドについてはPunathambekar（2010）を参照。東ヨーロッパについてはImre（2009a: 6–7）を参照。

（54）Calhoun（2007）; Turner（2009: 62）.

（55）国民の前政治的基礎（pre-political basis）についてはCalhoun（2007: 3）とAppadurai（1996=2004: 157、邦訳二七九ページ）を参照のこと。ナショナリズムに関する日常的な習慣に関してはEdensor（2006: 541）を参照のこと。

（56）Rantanen（2009: 32–3）.

（57）Moore and Myerhoff（1977）.

（58）Marvin and Ingle（1999）.

（59）Rappaport（1999: 24）. コミュニケーション研究者Eric Rothenbuhler（1998: 27）による儀礼の定義「生活上の重要な諸相（serious life）への象徴的な効果または参加に関する適切にパターン化された行為の自発的パフォーマンス」と比較のこと。

（60）Couldry（2003a: 24–5）で議論されているWuthnow（1989: 109）を参照のこと。

（61）Dayan and Katz（1992）.

（62）詳細はCouldry（2000a: 14–6; 2003a: 5–9）を参照のこと。そこではDurkheim（1995［1912］）に依拠している。

（63）一九一一年一月二一日、Chapman（2005: 93）による引用から。McLuhan（2001［1964］）と比較のこと。

（64）*Britain's Got Talent*に関してはサイトhttp://talent.itv.com/2011/mobile（二〇一一年六月二三日アクセス）を参照。*The Only Way is Essex*に関してはRaeside（2011）を参照のこと。

（65）Durkheim（1995［1912］: 224、邦訳四八七ページ）.

（66）曖昧性についてはBloch（1989: 130）とConnor（2005）を参照のこと。これらはImre（2009a: 11）で引用されている。また、*Big Brother*の曖昧性についてはCouldry（2002）を参照のこと。

（67）Durkheim（1953）とButler（1993）を比較のこと。

（68）Bourdieu（1977: 87–95）. この部分はBell（1992: 107–8）が議論している。

（69）Bell（1992=2017: 98; 1997: 169、邦訳三二一ページ）.

（70）Couldry（2000a: 111）.

（71）Reijnders（2011）, Peaslee（2010）, Couldry（2000a: Part 2）.

（72）Ruddock（2007: 122）.

（73）Boltanski（2009: 9, 34）. 本書での引用は三四ページのもの。

（74）レヴィ＝ストロースは「ゲーム」と「ルール」の間に見られる複雑な対比を展開した。そしてそれぞれが「分離」と「結合」の効果を有しているとした（1972: 32–3、邦訳四〇ページ）。異論のあるところではあるが、そうした差異は*The Apprentice*といった現実のゲームの中に包括されている。このつながりを指摘したTom Malabyに感謝する。

（75）Swindler（2001）.

（76）Dayan and Katz（1992=1996: 3–7、邦訳一五―二一ページ）.

（77）Shils（1975: 139）による。

（78）Dayan and Katz（1992=1996: viii、邦訳八―九ページ）。Durkheim（1984［1893］）と比較のこと。

（79）Liebes（1998）. 不和を生じさせるメディア・イベントに関してはMihelj（2008）も参照のこと。

（80）Liebes and Blondheim（2005）.

（81）Dayan（2006）.

（82）Katz and Liebes（2010）.

（83）Dayan（2010: 28–9）; Katz and Liebes（2010: 32）と比較のこと。

（84）Dayan（2010）; Katz and Liebes（2010）. Katz（1996）と比較のこと。

（85）Couldry（2003a: ch. 4）.

（86）Shils（1975）.

（87）Couldry（2003a: 67、強調は引用者）.

（88）Hepp and Couldry（2009b: 12）; Zelizer（1993）と比較のこと。

（89）Larkin（2008: 244–53）.

（90）「政治的なイベント」については、米国の例ではBimber（2003: 103）, Kellner（2003）, Wolin（2008: Preview and ch. 1）を、中国の例ではSun and Zhao（2009）を、そしてイスラエルの例ではHandelman（2004）を参照のこと。映画の受容における「イベント」の重要性に関してはStaiger（1992）を参照のこと。

（91）メディア・イベントの衰退ではなく再興についてはRothenbuhler（2010）と比較のこと。

（92）Hakala and Seech（2009）.

（93）Edelman（1988）.

(94) G20の出席者の発言の引用は『ガーディアン』(二〇〇五年七月四日)から。またこのイベントに参加した抗議者のメディア戦略はMcCurdy (2009)を参照のこと。東欧については Imre (2009a: ch. 4)を、カトリック教会のマザー・テレサの一連の利用に関しては Buonanno (2008: 49)を、そして一九八〇年代からのインドにおけるヒンドゥーの英雄譚に関するテレビ番組に関しては Rajagopal (2001)を参照のこと。

(95) Retort Collective (2005); Stallabrass (2006).

(96) Marshall (1997).

(97) Redmond (2006).

(98) Zizek (1989=2015: 32、邦訳六九ページ); Dean (2010).

(99) Weber (1947=1970: 364ff、邦訳八〇―一〇四ページ).

(100) Knorr-Cetina (2001: 527-9)の議論は、ラカンの精神分析に依存することなく、その公式を活用している。ジョディ・ディーンはラカンをより直接的に用い、さらに一段踏み込み、以下のように議論している。セレブリティは、自身による宣伝活動のより広範な論理の一部である。そして、その論理は、積極的な同一化ではなく、欲求と衝動というより抽象的な構造に基づく「主体化」のための機構を構成している(Dean 2002: 特に123-4)。そうした矛盾を暴くための異なるアプローチは、本書第四章を参照のこと。

(101) 英国については *Times Education Supplement* (二〇〇六年一一月二日)と Kay (2011)を参照のこと。ただしこれらは私が確認できない Sky テレビの調査を参照している。米国に関しては Pew Research Center (2007)を参照のこと。

(102) Kallner (2008); Serazio (2010).

(103) 政治的な世界に相互作用をもたらす役割を有するセレブリティの政治的正統性の効用に関しては、Ruddock (2007: 141)と Capino (2003: 167)を参照のこと。

(104) Aslama (2009); Svec (2010); Mole (2004); Holmes (2004); Ruddock (2007: ch. 6).

(105) Howe (2004: 131). パパラッチ全般については Mcnamara (2011)を参照のこと。

(106) Bell (1992).

(107) Trow (1981: 51).

(108) DIYのセレブリティ全般に関しては Bennett (2011: ch. 7)を、セレブリティの「オプション市場」に関しては van Dijk (2009: 53)を参照のこと。また、以下の研究は成長中ではあるが、ユーチューブに関しては Burgess and Green (2009: 23), Banet-Weiser (2011)を、リアリティメディアに関しては Holmes (2004), Grindstaff (2009), Hearn and boyd (2010)を参照のこと。また、有名性と不平等性に関しては、Holmes and Redmond (2006: 14)を参照のこと。

(109) 例えば Clarke (2004: 3)。

第四章　メディアと社会的なものの隠された形成

社会を語ること、社会それ自体に対して社会を表象することこそ……、物語のシステムが行っていることである。

ミリー・ブオナンノ(1)

前章では、実践、特に儀礼化された実践がどのように社会的形式に寄与しうるのかを綿密に検証することを通じて、メディアと権力との関係について説明を試みた。特に、ボルタンスキーとテヴノーの主張に依拠しつつ、社会の諸価値の一貫性を前提とせずに一連の説明を行った。この説明と密接に結びつく主要概念は、「カテゴリー」である。なぜならば、カテゴリー、およびカテゴリーをめぐる差異を中心にして組織化されることによって、諸実践は権力にとってより一層、利用可能なものになるからである。メディア儀礼、そしてメディアに関する儀礼化された実践がカテゴリーの作用する事例として探求された。前章の議論の結果、実践の一見したところ無限ともいえる複数性という理解から移行し、現代のリアリティTV、メディア・イベント、セレブリティ「文化」などによって形成されるいくつかの主要な社会諸形式を理解するに至った。

本章では、こうしたメディアによって媒介された社会的形式が社会的知識に対して、また社会生活の組織化に対していかなる影響をおよぼすかについて検討したい。第二章で述べたように、「効果」をめぐる問題はメディアの調査研究における最も古くて最も扱いにくい領域である。これからの調査研究では、メディアの**特定の**内容の結果、人々が**信じている**ものの何が変化するのか、という問いを回避する必要がある。その代わりに、人々の行為を可能にする諸条件や人々が**定期的に行っている**ことに関心を寄せることになる。本章のキー概念は**自然化**

である。メディアは多様な方法を通じて世界に関する一つの一貫した「描写」のみならず、特定の次元、カテゴリー上のさまざまな特徴、そして「諸事実」を自然化する。その結果、世界に関するオルタナティブな説明が不可能になり、また、自然化されたものは日常の行為や理解の中に**既定事項として**埋め込まれるのである。このようにして、メディアであふれかえる社会の中で、メディアは何が社会的知識として重要なものとみなされるのかに影響を与えるのである。繰り返しとなるが、本章の議論は、メディアの権力に対する政治経済学的アプローチの代替ではなく、補完を意図している。本章の焦点はメディアの生産やメディアをめぐる経済学ではなく、実践の中に埋め込まれた、メディアが社会的なものを表象するメカニズムにある。いうまでもなく、われわれはこの広大なトピックのわずかな入口をカバーしうるにすぎない。

自然化は、メディアが排他的に有する特性ではない。（ボルタンスキーの表現における）「〔それは〕どのようなものなのか」を示差的に示す地図を構築するあらゆる形態の権力が持つ効果である。ここから二つの帰結がもたらされる。第一に、メディアが構築する「〔それは〕どのようなものなのか」を示す地図が、他の有力な地図との間で**抗争する**場合、これら他の地図の**脱自然化**がもたらされる可能性がある。中東におけるリアリティTVが近年果たしている役割は鮮烈な事例である。第二に、メディアが構築する「〔それは〕どのようなものなのか」を示す地図が他の地図と一**致する**場合（例えば、英国や米国のような新自由主義的な民主主義国家における政府や企業の権力）、その結果として自然化が**強化される**ことになる。換言するとわれわれが「ハード配線〔訳注：コンピュータに組み込まれ、改変の難しいもの〕」と呼ぶものとなり、特定の諸価値、区別、排除が文化的、社会的、政治的言説に組み込まれることになる。[2] こうしたハード配線は一見したところ自由な空間を「持続的な不平等」[3] の領域へと変換する。

1　メディア権力の固有の特徴

以下では、象徴権力の一形態としてのメディア権力[4]に関する本質的な説明を提供する。しかしながら第一に、こうした説明に対するいくつかの標準的な異議申し立てについて扱わなければならない。一つの異議申し立ては、メディアはまさに、さまざまな（経済的、政治的、軍事的、社会的、文化的、物理的）諸力を媒介する制度にほかならない、と論じるものである。こうした諸力が世界を構築し、あるいは権力闘争を行うのであり、メディアではない、というわけである。この見解に基づくと、メディア諸制度は権力に対して何ら特別寄与するものではない、ということになる。これを社会的存在論に対してメディアがいかに寄与するかをめぐる「古典的見解」と呼ぶことにしたい。すなわち、根本的な次元において考えると、**メディアは社会的存在論に対して何ら寄与するものではなく、**そうした貢献をなしうるあらゆる諸力を媒介するにすぎない、というものである。とはいえ、そのように否定的に主張されることはそれほど多くはなかった。ただしこの古典的見解が何らかの形で存在してきたことを前提とすることによってのみ、一九八〇年代後半まで――場合によっては今日においても――大半の社会理論や社会学全般においてメディアに対する視点が欠落してきたことを説明しうる。例えば、ジョン・スコットが権力について論じた権威ある本の中でメディアについて何ら言及がないことはその最たる事例である[5]。一方で、まったく異なった形でマニュエル・カステルは現代社会および政治に対してネットワークが与える影響に関する先駆的な研究において、この古典的見解を反映している。一九九〇年代にカステルは、メディアはそれ自体、権力を有しておらず（例えばメディアは政治の内容を決定しない）、権力がそれを通じて作用するような結節点（ノード）を構築すると主張した[6]。近年の研究では、カステルはメディア諸制度は潜在的に強力な権力を有する場合もあるとみなすようになった。とはいえ、それもルパート・マードックのニューズ・コーポレーションのように、ネットワークの空間における「スイッチ」として作用する限りにおいてである。あらゆる権力は今や、こうした「スイッチ」を通じてネットワークの中を流れるとされる。カステルの研究は、デジタルメディアのネットワークが新しい時代の権力の到来を告げるものであると大胆にも主張しているにもかかわらず、メディアの特定の内容が社会生活においていかなる機能を果たしうるのかについてはもっぱら沈黙したままである[7]。

メディアが権力に関して果たす固有の役割があるとする説明に対するもう一つ別の異議申し立てとは正反対の立場からなされるものである。すなわち、**メディアはすでに社会的存在論を変容させており**、この観点からするとメディアから明確に区別される形で存在しうるものは何もない、ということになる。その結果、メディア諸制度が権力にいかなる影響を及ぼすのかを明らかにすることができなくなる。ボードリヤールは「社会的なものの終焉」という言葉でこのことを定式化した。ボードリヤールによると、メディアは「表面上、社会的なものをますます生産するようになり、その内部では社会諸関係、そして社会的なものそれ自体を自然化する」のである。[8] このメディアによって満たされた世界において、「社会的なものは自らを指示対象の空間とみなすことをやめるようになる」[9]。ボードリヤールはリアリティTVの登場について考察を加えた最初の研究者の一人であり、一九七一年のアメリカのテレビ番組 *The Family* について論じている。彼の結論は黙示論的である。「もはや従うべきモデルやまなざしは存在しない。絶対的規則は存在しないのである。『あなたこそがモデルである！』……『あなたこそがニュースである』、あなたこそが社会的なものであり、出来事はあなたである。あなたは用いられ、あなたは自らを用いるのだ」[10]。

　結果として、ボードリヤールにとってテレビは単なるメディアにとどまらない存在となった。すなわち、「生活の中にTVが溶解し、TVの中に生活が溶解する」ということである。[11] この説明はのちに生じたリアリティTVの興隆を思えば、卓越した予言か幸先のよい一般化であるかのように見える。だが、この説明においては、メディアと社会的なものとの関係について何ら明確なことを論じることはできない。なぜならば、テレビの「コード」によって侵略されていない**社会的なものはもはや残っていない**からである。ボードリヤールの分析がごく限られた西欧社会を離れたところでどれほど当てはまるのか、といった点は別にして（われわれは彼の比較分析の問題について、のちに触れる）、その分析には非常に奇妙な側面がある。ボードリヤールの分析は、ある侵入者に対してなされる、理論という年老いた身体の発熱を伴った反応として読むことができる。ここで侵入者とはメディアであり、年老いた身体とは社会学（そして哲学）である。社会学や哲学の古い理論は社会を現実の「全体性」

とみなしていた。この「全体性」を組織化する諸価値が、メディアという特定の制度と社会経験の多様な現場との間のフィードバックループによってますます汚染されてくるようになると、こうした考え方を維持することは困難となったのである。いかなる理由にせよ、メディアが社会的世界にどのような影響を与えるかという点についてボードリヤールから具体的に学べることはほとんどない。

いずれにせよ、われわれは社会を一つの全体性として捉える考えを拒絶しなければならない。そしてその代わりにアクター・ネットワーク理論の主唱者であるジョン・ロウが「社会的―技術的秩序化の多元的過程」と呼ぶものに焦点を当てたい。すなわち、「社会的なもののネットワークの中で機能し、また自らを社会的なもののネットワークの中で体系化している」**秩序化の諸様式**が存在するのである[12]。ロウはメディアについて論じなかったが、メディアがいかなる役割を果たすのかを検討するうえで、この考え方を適用してはいけない理由は何もない[13]。現代社会が権力や権威の特性の変化に直面しているとするならば、メディアは確かにこうした変容にとって決定的な役割を果たすのである。メディアがいかなる決定的な役割を果たすのかを理解するためには、メディア固有の権力の形式をまずは理解する必要があるだろう。

メディアは象徴を伴う。したがって、上記の検討は象徴権力に関する理解から開始されるべきである。「象徴権力」は比較的未発達のままの概念である。「象徴権力」に関する説明の一つはジョン・トンプソンの *The Media and Modernity* の中に見出すことができる。究極的にはマックス・ウェーバーに依拠しつつ、トンプソンは、象徴的なものは、政治や経済と同様に権力の側面を有するという重要な主張を行っている。だが、「象徴権力」に関する彼の厳密な定義はあまり満足のいくものではない。その中では象徴権力は「象徴諸形態の生産や伝達という手段によって出来事の過程に介入し、他者に影響を与え、出来事そのものを作り出す能力」にすぎない[14]。この定義は、社会諸制度（メディア、教会、教育制度）の多くが何をしているのかを捉えるものであるが、象徴権力が**集中**することで、いかなる広範な影響がもたらされうるのかを捉えるものではない[15]。

あらゆる権力諸形態は広く行き渡る形で機能する。だが、象徴権力は（例えば経済権力のような）他の権力形態以上に社会に浸透する形で影響を与える。なぜならば、社会の象徴資源の集中は、われわれが何をするか、だけではなく、何が「生じているのか」を**記述する**われわれの能力に対しても影響を与えるからである。象徴権力に関する説得的な捉え方は、象徴権力の集中の形にはきわめて強力なものも存在し（例えば、現代のメディア諸制度がそれを通じて利益を得ることを可能にしている象徴権力の集中化の形）、それらはすべての社会領域を支配し、「現実を構築する」権力に等しいと主張する。[16] 象徴権力の集中は、それ自体事実であり、あらゆる社会的諸事実（象徴権力それ自体も含まれている）の表象に影響を与える要素でもある。したがって、認識が**歪められること**の影響は、象徴権力の不平等な配分に本来的に備わっているのである。そしてそれは、他の権力の諸形態には本来備わっていない。象徴権力が強力であると捉えることによってのみ、象徴権力の不平等な配分が有する歪曲の影響力が社会空間に存在することを認識することができる。メディア諸制度を理解するためには、象徴権力が強力であると捉えることが必要である。

こうした象徴権力に関する見解は、ピエール・ブルデューの社会学の特徴である。メディアが駆り立てる社会的なものの内破に関するボードリヤールの一般理論とは対照的に、ブルデューは「現実の構築」の過程を記述し、こうした現実の構築が社会でいかなる作用を果たすのかを観察することが可能であると主張する。仮にそうだとするならば、ブルデューにとって、「現実の構築」とは字義通りにわれわれが存在する現実全体を構築することを意味しない。むしろ、それは**秩序化の諸様式**の生産を意味する。これらの諸様式は一貫した形で、そして広く適用されるため、さまざまな目的のために普遍的な参照点**として扱われる**ようになるのである。この見解に基づくと、現実は内破せず、特定の記述やカテゴリーを普遍化し、抵抗や矛盾のない他の記述やカテゴリーの一般化や構築を承認するものとなる。その結果、「現実」は、さまざまな目的に応じて首尾一貫し、秩序づけられ、異議申し立てが不可能なものに見えるようになる。しかしながら、その首尾一貫性は一連の区別や排除に基づいている。こうした区別や排除は多くの場合不可視のものとなっており、それらを記述する基本的な言語すら存在しないのである。

エミール・デュルケームは『宗教生活の基本形態』において、宗教は社会が一つのコミュニティとしてまとまる方法であると論じている。デュルケームの宗教理論をひとまず脇に置くにしても、その中心的な考え方は手元に残しておきたい。それは、諸個人に対して「社会が持つ刺激および活性化の効果」に関するものである。このことについてはすでに第三章のメディア儀礼とメディア・イベントに関する説明の中で検討した。(メディア・イベントの場合のように)メディアは時としてこの種の「活性化する」権力を伴って語りかけてくる。だが、次のような場合の方がより一般的であり、したがってより重要である。それは、儀礼化された言語の中に存在するこの種の権力を**参照する**方法で語りかける場合である。こうした言語の中に、社会の参照点が暗黙の裡に指し示されているからである。デュルケームの社会的なものに対する関心は、社会的沸騰の契機に関する例外的なものにとどまらない。それによって「社会に関する感覚が「個人にとって」自らの感情を高揚させる」ことになるような「あらゆる種類の行為」に及ぶ。[17] デュルケームは、社会的に是認された行為の特定の様式が、表象として作用するうえで特別な地位を有する点について論じている。

これらの行為の諸様式は共同で生み出されてきたがゆえに、諸個人の精神におけるそれらに関する思考は強度を持ち、他のすべての人の精神と共鳴することになる。反対に他のすべての人の精神における思考が諸個人の精神と共鳴する。それゆえ、われわれ各自の内部で**行為の諸様式を解釈する際に用いられる諸表象**は、純粋に私的な意識状態が到達しえないような強度を有している。……われわれの眼前でこれらの表象を肯定する人々の口を通じて語るものこそが社会である。そのときにわれわれが聞いているものこそが社会である。そしてすべての人の声は、個人の声が持ちえないトーンを有しているのである。[18]

この記述は、メディアによって媒介された中心の神話に基づく形式、言語、カテゴリーの作用に関する根本的な洞察である。先行研究の中にはこのデュルケームの論点に触れているものもある。それは、パディー・スキャネルによるテレビやラジオの生中継に関する分析や、ダヤーンとカッツによるメディア・イベントに関する「経験を共有し、視聴者を互いに、そして社会と結びつける」という説明において見られる[19]。だが、これらの説明は、有機的機能主義のようなものを伴っている。より懐疑的な視点から、われわれはデュルケームの議論を次のように理解することができるだろう。それはわれわれ個々人よりも「より大きな」何か――われわれをある特定の集団や社会の一員として結びつける社会的絆のようなもの――を提供してくれるように**見える**が、同時にそれはこれらの諸形式が社会的なものを**表象する**手段と分かちがたく結びついていることを強調するのである。結局のところ、デュルケームが社会的なものから見出したものをメディアという産業が生産しているのである。メディアの生産物は社会的なものの想起、再生、参照の機能を果たす。そしてメディア生産物を通じた社会的なものの参照は広範な社会生活に行き渡る。これらの秩序化の諸様式（ジョン・ロウ）は二重の意味でパラドキシカルである。第一に、それらはメディア諸制度の個別の過程を通じて生産されるが、普遍的に適用されることが求められる（「社会」を扱うという点において）。第二に、個別の生産物であるにもかかわらず、それらは**全体的な伝達の中に**組み込まれており、個別のコミュニティにおいて行われる「社会化」という古いモデルの限界を超えている[20]。メディアの社会理論にとって、これらの矛盾がいかなる帰結をもたらすのかを理解することが重要である。

メディア産業は多様かつローカルな条件のもとで、社会的表象の全般的な生産者として発達してきた。その帰結について考えることは、社会的存在論に言及しないままでいることではなく（古典的見解）、参照点としての社会的なものを破壊することでもなく（ボードリヤールの終末論）、社会的なものをメディアの生産物と直接結びつけることでもない（初期のダヤーンとカッツのネオ・デュルケーム主義）。そうではなく、社会的相互作用や社会的想像に関するわれわれの日常的経験にメディア諸過程が本来的に備え持つあらゆる権力の効果や排除の問題を結びつけることである。コモナリティの最も深い経験においてこそ、メディアに集中した表象権力にアクセスできる人々と、アクセスする手段を持たない人々とを区分けするという本来的に対立や紛争をもたらすメディアの象徴権力が、まるでウィリアム・ブレイクの薔薇の詩に登場する不可視の虫のように作用するさまを発見することができるのである。[21]このことは、日常的な行為能力（agency）にとって重要な帰結をもたらす。

2　メディア権力の隠された傷

メディア諸制度を中心とした社会の組織化は、象徴権力の過度の集中によって成り立つ。同時にこのことは日常生活の中心に**欠如**を生み出す。世界の外部で生きることによって構成される「欠如」は、メディアによってわれわれにもたらされる。この主張を一般化するには、一定範囲の国やメディア文化の間で象徴権力の作用や影響についてさらに調査研究を行う必要がある（ここでの重要な要素は、宗教制度がメディアに匹敵する象徴権力をどの程度構築しているかという点である。第六章および第七章を参照のこと）。とはいえ、以下の数ページでは、メディアが社会生活の表象において疑うべくもなく支配的な勢力となっている社会に焦点を当てたい。

この議論では、健全で民主主義的な意味で自由なメディアが社会の組織化において重要であり、基本財であるのを否定することを意味するわけではない。開発経済学者であるアマルティア・センは、自由なメディアが存在する社会において飢餓は生じないと論じている。[22]力強い公共メディア制度が歴史的に生まれてきた社会では、それは社会参加や教育に関する明確な目標と結びつけられてきた。一九三〇年代の英国におけるＢＢＣがまさにそうであった。同様に、歴史上の最悪ともいえる虐殺のいくつかは、脆弱な、あるいは国家によって支配されたメディアによって煽動されてきた。ナチスドイツにおける脆弱な印刷メディアおよび国家によって統制されたラジオがその例である。あるいは国家の支援を受け、ルワンダの虐殺を煽動した千の丘自由ラジオ・テレビが挙げられる。[23]幸いなことに、これらは通常の事例ではない。とはいえ、現代の大半の社会においてメディアの影響を理解するうえで必要なのは、より捉え難い（すなわち隠された）傷に目を向けることである。特定の歴史的状況においては、たとえ成熟した「自由な」メディアであっても、そうした傷と関連しうる。アレクシ・ド・トクヴィル以来、社会思想家たちは社会的善と社会的悪の複雑なバランスについて論じてきたのであり、それらは強力なメディア諸制度と密接に連関しているのである。[24]

初期の洞察

メディア諸制度が日常生活にとって欠かせないものとなっている社会において、メディア諸資源の欠如は、きわめて単純にいって、必要不可欠な基本資源の欠如であると論じたくなる。この場合、メディア権力の傷はもはや隠されたものではなくなる。生きていくうえで必要であることが明白な道具が存在しない、ということになるからである。しかしながら、この分析は、ある特定の文脈において重要であるものの（政治の組織化など。第五章を参照）、メディアと密接に関連するより微細で複雑な欠如を捉えていない。興味深いことに、初期のテレビ時代における研究者たちは、こうした微細な欠如を最も明確に見出していた。ニール・ガブラーは、米国社会におけるテレビと映画の影響の歴史を分析する中で、「カメラの神聖化」について論じている。そうした神聖化は一方において「映画に登場**しない**こと、（映画やテレビを通じて）承認**されない**ことは娯楽が中心となった国家において最も深刻な失敗となる」ことを示している。[25] アンリ・ルフェーブルが密接に関わっていた一九六〇年代フランスにおけるシチュアシオニスム・グループの理論家であり、実践家でもあるラウル・ヴァネーゲムは、最も鋭く次のように指摘している。すなわち、「スペクタクルからの疎外のメカニズムは、私的な生活のことを**スペクタクルが奪われた**と定義するような状況を作り出す形で力を行使する」[26]のである。

ヴァネーゲムの定式化は、メディアが新たな形式の威信を付与するといった議論よりも微細で複雑なものを示唆している。ヴァネーゲムの論点は、メディアによって媒介された社会において、日常生活は新たに知覚された**欠如**という観点から**定義される**ようになる、という点にある。日々の生活は単なる日常として定義されるようになる。この場合の「単なる」とは、スペクタクルの中で提示されるものこそが「十全な」地位を保証されるという考えを参照することを通じてなされる表現である。

シチュアシオニストたちが理解したように、「スペクタクル」は消費財の日常的なディスプレイである。それはメディアや他のさまざまな手段を通じて行われる。そして資本主義的諸価値を肯定し、支持する。それとは対照的に、本章は（日常生活は構成的な欠如（constitutive lack）という点から定義されるようになっているという）ヴァネーゲムの考えを、社会制度としての現代のメディアの正統性の根本にある一般的な価値に適用している。すなわち、メディアの**中に**あるものを、メディアの**中に**ないものよりも優れたものとみなす価値である（第三章を参照）。この視座からすると、日常生活とはメディアによって報道される範囲から欠落したものと定義されるようになる。すなわち、生活をメディアの報道に適したものにする何かが欠如しているのである。われわれはヴァネーゲムの主張を修正する必要がある。日常生活の中には価値づけのレジームが多様に存在する可能性がある。だが、それは、すべての人々のメディア消費に由来する、すなわち、「ある特定の行為がコミュニティの共通のものとなる方法」（エミール・デュルケーム）[27]に由来する重要性を無視することを意味しない。

社会的なものの代理的な役割を果たす卓越したパフォーマンスに接近したい、あるいはその一部になりたいという欲望は新しいものではない[28]。だが、現代の世界において、スペクタクル（一般的にはメディアの提示するスペクタクル）が日常生活の中に深く**埋め込まれている**ことは、メディアが提示する世界と、日常生活との間に**カテゴリー上の**差異、すなわちギャップを維持させることになる。ギャップは常に埋められることが求められる。しかし、このギャップはメディアとわれわれとの関係に含意される世界の持続的な分断に由来するがゆえに、決して埋められることはありえない。そして逆説的にこのギャップ、すなわち欠如こそが社会生活における力学となりうるのである。

前章で見たように、カリン・クノール＝セティナは現代社会におけるメディアイメージの役割を「不在の構造を明らかにすること」であると記述している。メディア諸制度に象徴権力が集中する社会での生活に備わる隠された傷が開かれたままであることを、ジャック・ラカンの精神分析を参照しながら理解しようとするクノール＝セティナにわれわれはならう必要はない。われわれの議論は欲望よりもむしろ**不足**に関係している（とはいえ、時としてメディアに出たいという欲望も関係することもあるが）。メディアの中に存在を示すことがこの不足を埋め合わせることになる。それはわれわれが日常生活を全体的に**再定義**しない限り、すなわち、参照枠組みを別のものに変えない限り、決して逃れることのできない不足である。リチャード・セネットとジョナサン・コッブによる階級の隠された傷に関する著名な説明との対比がここできわめて明確となる。この議論が「より高い」階級位置が有しているものは何でも学習することを要求するような（しかしそれによって満たされることはない）欠如の感覚と関係しているからである。メディア――あるいはむしろメディアと共に生活し、メディアに自らを適応させるあらゆる方法――もまた同様に、メディアによって構築された世界に包摂されることを要請する（しかしそれによって満たされることはない）欠如の感覚を引き起こす。重要なことに、こうした欠如はさまざまな社会集団ごとに異なって影響を与える。なぜならば、それはまさに、さまざまな理由から望ましいものとされる**社会的**承認はすでに不平等に配分されていることを示唆しているからである[29]。

この欠如を探る方法はさまざまである。一つの方法はブラジルにおける国家主導のモダニティ（national modernity）の定義づけをめぐる闘争から明らかになるであろう。ブラジルの強力なメディアの影響力（特に TV Globo）は、大多数の国民に対してモダニティの「外縁で」生活しているにすぎないという感覚を作り出している。別の方法はインドの事例で示されるであろう。世界第二の映画産業を抱え、貧富の格差が極端なインドでは、オーディエンスはボリウッドが提示する世界と自らの世界との大きな距離を感じ、まるで「その映画作品の出演者から削除されてしまった」ように感じるのである。フランスでは、公共メディアが強い力を持つにもかかわらず、社会生活の多くは主流メディアの中では不可視化されている。パリの貧しい移民が多く暮らす郊外（banlieue）で二〇〇五年に暴動が発生した際にスイスの雑誌 *L'Hebdo* が設立した *Bondy Blog* の編集長は次のように述べている。「われわれが報道する記事のトピックの一〇％でも、フランスのいずれかのメディアが報道しているのかということを問題にしたいのである[30]」。

この欠如を明らかにするために私は一五年前から英国において、メディアの世界との関係をめぐる人々のストーリーを調査分析するフィールドワークを行っている。フィールドワークの中で話を聞いた一人がデビーであった。[31] 彼女は当時二〇代半ばで、印刷工であった。彼女は、リバプール地区にいたときに、当時人気のあった *Richard and Judy* というバラエティ番組（特に天気予報のコーナー）が撮影されていたところにたまたま居合わせた経験について語ってくれた。「テレビに出演できたらな、と思っていました。テレビを見るのが好きだからです。考えてもみて。ああ、なんてこと！　テレビの撮影をしてる！　私はそこに立っている。母さん、早く！　テレビをつけて天気予報のコーナーを見て！　そこに私が立っているのがわかるから」。デビーにとって、多くのほかの人たちと同様に、英国の長寿番組であるソープオペラ *Coronation Street* の屋外セットを訪問すること（当時は可能であったが今は一般人は立ち入ることができない）は、一時的ではあれ、メディアと日常の世界とのギャップを埋めるものであった。「それは単にテレビの中に登場する場所というだけじゃない。実際に私がいる場所なんだ」。この番組のセットを訪問した別の人物はメディアに登場したいという欲望をより直接的に表現した。例えば同じく当時二〇代半ばであった飲食店の従業員ピーターは次のように述べている。

グラナダ［テレビ番組制作会社］に（*Coronation Street* に）エキストラで出演させてほしいと掛け合ったんだ。だけどグラナダは出演させてくれなかった。単に Kabin［番組の中の店舗］に入って新聞やほかのものを買って外に出ていくような役でもよかったんだ。しゃべったりほかの演技をしたりしたいわけではないんだ。ただテレビに一度でも出演できたらなって。この番組にさ。そうしたらハッピーだと思うよ。

ピーターはテレビのトーク番組にスタジオの観衆として参加したことがその後にどのような影響を与えているのかについて次のように語っている。「俺は完全に以前の自分とは違っている。俺はとてもおとなしかったし、バーで働くなんて夢にも思わなかった。今じゃオープンだし、誰とも話をするよ」。メディアの隠された傷を探るこれらの事例はパトリシア・プリーストによるトーク番組への参加に関する調査と一致している。[32] 一連の知見は、セレブリティやリアリティメディアの世界をより広く理解するための有用な出発点を提供するものである。

すなわち、セレブリティやリアリティメディアはメディア産業にとって経済的に必要なフォーマットというだけではなく、参加を通じたある種の承認を提供する**社会的形式**なのである。

メディアの隠された傷について正面から向き合う必要がある。哲学者アドリアナ・カヴァレロは次のように論じている。すなわち、「語りたいという欲望は」人類の根源的な要求である。それは物語ることの中で「自らのアイデンティティの統一性を模索する」という人々に組み込まれた意識の欲望のためであり、何かを表現したいという本来的な自己が存在するからではない。カヴァレロにとって、われわれが語りうる自己はいわば、他者との物語の**交換**の過程を通じて外部から生じるものなのである[33]。メディアによって媒介された社会において、隠された傷は、われわれが主要な物語の制度（メディア）から疎遠であることによって構築される。したがって、それは取るに足らない小さな傷ではない。歴史上のあらゆる大規模な社会はこうした隠された傷によって特徴づけられてきた。それは、物語りのための資源が社会においてどのように構築されてきたのかに依存している。だが、この傷はメディア化が著しい現代社会において最も顕著である。

このような社会の中に含意された欠如を満たそうとする試みは、物語の生産をめぐって集中的な権力を持つ巨大な制度的諸過程との接触や、時として抗争をもたらすことになる。自らの生を他者に示すためにテレビに出演したというインタビュー対象者の語りには、まごうことなきパトスが存在している。そして、そうした人々は満たされるどころか公衆に自らを晒すことで、自らが傷を受けたことに気づくのである。（二〇〇〇年にBBCで放送された）リアリティTV番組*Castaway*に参加した一人について考えてみたい。この番組は、英国の北西の海岸にあるアウター・ヘブリディーズの無人島タランゼイで一群の人々が一年間生活するというものである。多くの集団が一年間でいざこざに巻き込まれるのだが、それとは別に、ロン・コプシーの主要な悩みは表象の過程そのものが公正でなかったことであった。以下に他の出演者がどのように扱われていたのかに関する彼の評価を見ることができる。

タランゼイで起きたある出来事が印象に残っています。子供の一人が私の部屋からお菓子を盗み、カメラで撮影していたスタッフの女性はそのことについて私にカメラの前でインタビューに応じるよう求めてきました。私はそれを拒否しました。そしてもし番組がその子供を盗人であると烙印を押してしまったら、ひどい結末をもたらすと説明しました。彼女は次のように答えました。*Castaway* の出演者となるうえで、われわれはすべてをカメラに収められることに同意しているのだと。「契約で保証されている」と知らされました。彼女が子どもの福祉に対する配慮を欠いていることに驚かされました。[34]

メディアとわれわれとの分断された関係から生じる欠如を満たそうとすることによって支払う代価が存在する。それは、まさに「非対称的」な産業化された表象の過程に自らの生活のフロー全体を晒すことである。[35]人々が欠如を満たそうとすると、それまで覆い隠されていたメディアの表象過程の本性に直面することになる。この突如として生じる脱自然化こそ、私が以前行ったフィールドワークで提示したものである。そこでは人生で初めてニュースに表象された経験を持つ抗議活動参加者に対して調査を行うことで、脱自然化の過程が明らかになった。[36]有名人になりたい、メディアに登場したいという今日的な欲望は、〔社会の中で〕客観的な承認を求めることよりも複雑である。欠如の**構築的**性質――そして象徴的生産の制度的集中に伴う**現実の**分離という根本――を捉えることなしに、こうした欠如が新たな傷として人々にどのような影響をもたらすのかを理解することはできない。この新たな傷はもはや隠されていない。人々は公衆の面前に傷が完全に晒されることを耐えねばならないのである。

英国のリアリティTVの革新性は、番組それ自体の中にメディア報道に対する登場人物の反応を組み込んだことである。その例として二〇一一年の *The Only Way is Essex*（ITV2）を挙げることができる。この番組は、*Celebrity Big Brother 2007* の論争を呼んだスターのジェイド・グッディが注目を浴びるようになったきっかけとなった、メディアのフィードバックループにインスパイアされていたようである。[37]BOX4・1にジェイド・グッディの事例の詳細について記しておく。

Box 4・1 ジェイド・グッディ

メディア権力の隠された傷を検討するうえで、憐れみを感じさせるような事例がある。それは、*Big Brother*（英国、二〇〇二年）の出場者であったジェイド・グッディのメディアの中での人生である。この人物は番組の終盤までに追放されたが、英国のタブロイド紙からのひどい中傷に晒されることとなった（Holmes 2004）。

メディアから身を引くどころか、グッディはますます深く入り込むこととなった。腕利きのエージェントのおかげで彼女は人気のあるセレブリティへと生まれ変わることに成功したのである。そして二〇〇七年一月の *Celebrity Big Brother* に選出されることとなった。番組でのボリウッドのセレブリティ、シルパー・シェッティーに対する彼女の人種差別的な発言は大きな騒動を引き起こし、ユーチューブを介してインドのディアスポラたちの間でその発言シーンが出回った結果、国際的な政治スキャンダルへと発展した。その非難の嵐は当時、インドを公式訪問していた英国政府の閣僚、ゴードン・ブラウンが対応を迫られるほどであった。グッディは番組を降ろされた。

世間の評判は非常に悪く、彼女の自伝のペーパーバック版が回収されるほどであった。彼女はインドへの「懺悔」行脚を通じて苦労の末に手に入れたセレブリティとしての地位を回復しようとした。彼女の自己表象の様式は今やそれ自体リアリティメディアである。そのためグッディはインド版 *Big Brother*（*Big Boss*）に登場することとなった。その番組では二七歳にして子宮頸癌となった自身の病状説明を大多数のオーディエンスの前で語られることに耐えねばならなかった。この時点で、おそらくますます公衆の前に晒される彼女の道筋は不可避となったのである。彼女は末期症状段階を公衆の前で耐え忍び、［その死後］二〇〇九年四月には公葬が実施された。葬儀ではわずか二年ほど前に彼女の人種差別的な発言を非難した同じ英国の政治家（そのときにはゴードン・ブラウンは総理大臣となっていた）が弔辞を送ることとなった。

メディアの隠された傷に伴う欠如を埋めようとする結果生じる厳しい状況は、ジェイド・グッディの人生にそのすべてが表れている。グッディが支払った代償は非常に高くついた。まさに、二〇〇六年の自伝の最終ページに「皆が

［私を］一つの側面から見ようとする」と自ら記した通りである。それは日常生活におけるメディアの役割について倫理的な問いを投げかけるのに十分である。この点については第八章で振り返ることにしたい。
より詳細には Goody（2006）, Holmes（2004）, Bennett（2011: 4-5）を参照のこと。

八〇年前、ヴァルター・ベンヤミンは即時的な情報で溢れた世界で個々の独立した語り手が失われたことを嘆いた。[38] 今日、さらに顕著なのは、**自己の**物語化のモデルの普及である。このことは人々を人生や生活を物語る産業化された様式（すなわちメディア）に備わった象徴的暴力に晒しかねないリスクを持っている。[39] その物語の登場人物に**なりたい**、メディアシステムによって生み出された「空間」の中で生きたいと試みるメディアの物語への参加者たちは、自分たちにとって最も身近なものについて語る能力の**統制を失う**。そしてメディア権力の隠された傷が存在する抽象的な境界線は、より直接的で公的な痛みとして実体化するのである。

とはいえ、同じ過程の一部として、ポピュラー文化の広大な領域は欠如を「満たす」必要によって**突き動かされる**ようになっている。この領域の中でわれわれはメディアによって媒介された社会の「ごく普通の」構成員として自らの立場に位置づけられるのである。この欠如は、その形式は異なるとはいえ、現代社会を特徴づけるより全般的な承認をめぐる紛争と重なり合う。より広範な社会的承認が階層化されていることは、メディアを基盤とした承認を求める欲望もまた社会的に階層化されていることを意味する。英国においてそれはとりわけ階級によって階層化されている。しかしながら、メディアの隠された傷はリアリティTVを通じて「解決策」を作り出す（これはアクセル・ホネットが「組織化された自己実現」の諸形式と呼ぶものである）。[40] この解決策は労働市場におけるパフォーマティブな圧力や競合的な個人主義の全般的台頭と重なり合うものである。[41]

3　民主化としてのデジタルメディア？

しかしながら、おそらく読者は次のように論じるであろう。このような状況はデジタルメディアによってコンテンツを生産する時代になったことで完全に変化したのだ、と。この時代において、誰もがメディアの生産者になれるのではないか、というわけである。まさに、デジタル化によるリアリティメディアの爆発的増加それ自体が広告の世界におけるメディア・スケジュールの中身を変化させてきたのではないか。本当に今や、メディアのレンズを通じて自分自身を眺める時代になったのだとしたらどうだろうか。一五年前、英国における「一般人」とは、疑問の余地なく、メディアの送り手になったりメディアに登場したりする経験がないことを意味していた。先述の初めて抗議活動に参加したルイーズは、一九九六年の時点で私に次のように語っていた。「私たちは単なる一般人で、メディアに出たこともなければ、抗議活動も何もしたことがありませんでした」。別の一人、ラケルによると、「テレビはそのすべてがエキサイティングだけど、自分がそれに登場することになるとは思わない」。今や、すべてが変わってしまったのであろうか。ある人々はフェイスブックをハイパーリアルなサイトとみなすであろう。そこでは若者たちが、ボードリヤールが「コミュニケーションの愉悦」と呼んだような経験をしているというわけである。[42]ほかの人々は世界中に浸透するリアリティメディアが、メディア過程をめぐる境界線に関する人々の理解を取り消すことができない形で変えてしまったと主張するであろう。世界規模でのリアリティメディアの全般的成長は、いくつかのフォーマットが退屈なものと受け取られることが避けられないにしても[43]（例えば非常に成功を収めた *Big Brother* のフォーマットは英国では今では終了してしまった）、衰える兆候が見られない。それではいったい、このリアリティTV現象がメディアの隠された傷を引き起こす諸要因にいかなる長期的な影響をもたらすのであろうか。

人々が（依然として最も共有されたメディアである）テレビで自らの人生や生活の諸相を語り、あるいは演じる経験を重ねることで、それらの人々にとってのメディアの隠された傷は癒されるのではないかと主張することもできる。少なくともそうした主張を掲げる人々にとって、テレビはわれわれ自身が登場するものになりつつある。だが、このような主張を疑わしく思うに十分な多くの理由が存在する。最もあからさまなレベルでは、人口規模の問題が存在する。中規模の国家において（例えば英国は六〇〇〇万の人口を抱える）、リアリティメディアに登場している人物と個人的な知り合いであることはまずない。友人がそうした人物と知り合いであることもほとんどないであろう。人口が五〇〇万人程度のノルウェーのような国では事態は異なるかもしれない。だが、メディア権力による隠された傷は、それを生み出すような広範な諸条件が解決されることなしに果たして満たされることがあるのだろうか。メディアに登場することの意味は、いかなる場合においても単純なものではない。ここで再びデビーの事例について引用したい。彼女は英国で人気の日中のトーク番組 *Kilroy* にスタジオの観客として参加した。このことを詳しく話す中で、彼女は番組それ自体に参加したことよりも、家に帰ってから番組のビデオを視聴した経験の方によりこだわりを見せた。ビデオテープを再生して視聴したことは彼女に衝撃をもたらしたのである。

ああ、あれは私だ。テレビに映ってる。ああ、とても不思議［短く笑う］……。スタジオにいたときこんな風になっていたなんて覚えていない。テレビで見ているのと同じようには見えなかった。全然違う……。いいえ、テレビじゃないみたい。誰かが持ってきたポータブルビデオカメラで撮影したホームビデオみたい。ああ、本当にこれはテレビなの？　何百万人も見ている人がいるの？　本当のことをいうと、結局このテープには別の番組を上書き録画したの。なんだか混乱するから。

デビーは（テレビに登場する自分と家にいる自分という）二つの状態を、確証を持って結びつけることができなかった。そして録画の状況を疑い始めた。「ホームビデオ」の一場面（つまりメディアの世界に対する完全なる外部で制作されたもの）にすぎないのではないか、という疑問である。メディアの世界と一般の世界の間の隔たりは簡単に克服することができない。この隔たりは経験によって身につけた態度の中に深く埋め込まれているのであり、社会における象徴的資源の全般的な不均衡の中に深く埋め込まれたものでもある。ここでは先に引用した*Castaway*の場合のようなメディアに登場することの直接的なネガティブな経験は考慮さえされていない。

リアリティメディアがメディアの隠された傷を消し去るほどに成長するためには、テレビの番組編成の中に数万人以上の「一般人」を登場させるほど大規模な変容が求められるであろう。メディアの隠された傷は**特定の**個人がメディアに現れないことによって構築されるのではなく、メディアによって媒介された社会の**構成**全体を通じて構築されるからである。こうした社会は空間、時間、文化的世界をめぐるメディア生産とメディア消費との間の恒常的な分離に基づいている。この地理的な階層化を覆すことはメディアと社会に関するまったく新しいあり方を求めることに等しい。そのためにはわれわれの大半が常に公的に流通する情報に関する情報源であり続ける必要があるだろう。あるいは少なくとも、そうした身近な情報源を常に知っておく必要があるだろう。また、自分たち自身が自らの名のもとで物語の語り手として存在し続ける必要があるだろう。あるいは少なくとも、メディアを通じて表象され、影響力があるとみなされうる語り手として存在し続ける必要があるだろう（われわれが参加しているウェブサイト、われわれが活動している特定の集団、われわれが影響を行使しうるネットワーク）。さらに、時として、メディア制度の外部にある制作集団から娯楽を享受する必要があるだろう。多くの人々はユーチューブに存在する無数のアマチュアビデオがこうした革命の発端であると指摘するであろう。だが、全体として、これらの革命的条件が英国のような社会において全般的に満たされているという証拠は存在しない。

仮に、英国のリアリティメディアで過去一〇年以上支配的であったフォーマットについて検討し、そうした形式に人々が順応し、自らの名前で独立して活動する語り手になっているかと問われれば、答えは否であり、事態はむしろ逆の方向へ進んでいる。出演者の選別、編集過程、パフォーマンスの解釈、いずれも〔既存の〕権力闘争で満ちている。まさに、リアリティメディアにおいて過去二〇年にわたって固定化されてきた新しい役割とは、諸個人が権威化された語り手になることではなく、**制度的に統制された、あるいはフィルタリングされた語り手**

になることであった。例えば英国においてこうした役割は次の点を含んでいる。

・プロの番組司会者（トリニーやスザンナのような）がパフォーマンスを審査し、出演者は自らを変える機会を得るうえでそうした司会者の助言を受け入れる。このような種類の番組はまさに出演者が司会者の助言によって変身するという筋書きに基づいている。

・精神分析医や栄養士といった専門的なコメンテーターが番組の間、出演者と直接やりとりすることなく遠くからパフォーマンスを審査する。

・*The Apprentice: You're Fired* のように専門的なパネリストがパフォーマンスについて遡及的にコメントを行う。この番組は英国の *The Apprentice* を受けて制作されたものである。

それとは対照的に、英国の *Video Nation* の一連の番組は一九九〇年代初頭に諸個人を新たな語り手にすることを実際に**行った**。これは非常に稀有な試みである(44)。英国のテレビは新しい教育手法によって特徴づけられてきた。それは、一般人の「ありふれた」パフォーマンスを見せしめの手段として、全国規模のオーディエンスに情報伝達するために用いるものである。メディアの民主化とはほど遠いことに、少なくとも英国の「一般の人々」は過去二〇年の間、テレビの言説における主体ではなく**対象**になってきたのである。のちに、新自由主義の広範な過程とこの過程との交錯について振り返って検討する。他方でリアリティメディアにおける承認の要求は一層強まっている。まさにアルベルト・メルッチの説得的な主張を借りれば、「今日の実際の支配とは、名づけの権力からの排除である(45)」。

同じ懐疑主義が多くの他の傾向に対しても必然的に結びつく。UGCやブログ、クラウドソーシングといったこれらの諸傾向もまた、象徴権力の集中化に異議申し立てをするように見えるものの、「一般の人々」のメディアとの関係性を再編するには至らない[46]。一連の諸傾向はすべて、興味深い発展である。だが、メディア環境において、これらのメディア生産物はどれほど平均的な諸個人によってフォローされているのだろうか。これらのメディア生産物は、政治的な動乱の時をわずかな例外として、少数の諸個人によって利用可能な象徴資源を再編成することに通じているのであろうか。クレイ・シャーキーのような著者によって喧伝される、現代の物語りの全体的な再構成の可能性の議論は確かに興奮させられるものがある[47]。だが、そうした再構成のための前提条件は依然として適切な形で具体化されておらず、当然ながら実現もされていない。

4　メディアと公的言説の形成

本章におけるわれわれの関心は、メディアによる社会的なものの形成が**隠されていること**である。本章はメディア権力が個人レベルにおける欠如の感覚をいかに引き起こすのかという点からスタートした。ここで社会生活全般にわたる広範な影響について検討したい。ここではメディアが制度化された権力に異議申し立てをする明白な紛争には関心を寄せない。あるいは大半の人々の日常的な経験と明らかに調和しないような、メディアによる社会的なものの提示にも焦点を当てない。独裁的な全体主義の体制におけるメディアの社会的影響は、明らかに対立を基盤としており、したがって隠されていない。同様に、一九五〇年代から六〇年代初頭にかけての英国のテレビで描写される「日常的な現実」は明確にその外部から構築されていた。当時は*Other People's Homes*の司会者ハワード・マーシャルがニューキャッスルのスラムを訪問したことに関する、次のような報告が成り立つような時代であった。「私たちがこの不思議な場所を訪問したとき、私たちの多くがこれから目にするものを撮影し、描き出そうとしていたと思う……。だが今ではそのような見通しはまったくの誤りであったことがわかっている[48]」。こうした階級に基づくナイーブさは少なくとも英国では今や想像することが困難である。だが、メディアの社会的なものに対する明白ではない、すなわち隠された影響力は依然として重要である。

一般的に、メディアは社会的なものを歪ませて映す鏡であるともいわれる[49]。だが、メディアの隠された影響はポジティブなものの場合もある。一九六〇年代以降の英国のテレビやラジオが次第に格式ばらないものとなり、ますます階級に対して開かれたものになっていったことを例に考えたい。パディ・スキャネルがラジオに関する先駆的な研究において指摘したように、テレビやラジオは社会生活を表象するありふれたメディアとして、他者の日常生活を社会的な参照点へと変換するという実践を通じて「会話可能な」領域を拡張する強力な道具であることを自ら示したのである[50]。こうした議論の中でも特殊なものは、アメリカのトーク番組に関するジョシュア・ギャムソンによる説明である。ギャムソンはこうした番組が性的マイノリティの生活を「世間一般」に向けて可視化することを可能にすると論じている。これは自己をさらけ出すような作品を発信するオンラインのさまざまな形式に関する議論と似通っている[51]。だが、ギャムソンの研究が明らかにしているように、こうしたメディアを通じて自らをさらけ出すことは高い対価を支払うことになりうる。性的嗜好性をめぐるステレオタイプやヒエラルキーの全体を承認することにもなりかねない。また、それは他の標準的な表象の中に自らの表象を密輸することにもつながる。その影響は完全に否定的なものとはいえないまでも、不明確なものである。全体として、ギャムソンは性的マイノリティに対するトーク番組がもたらす帰結はポジティブなものであると判断している。しかしながら、これは特殊で難しい事例である。社会的なものに対するメディアの隠された影響に関する、より一般的な結論に到達することは可能なのだろうか。

メディアの報道が公的言説のための特定のアジェンダやフレームを生産する点に関する重要な諸研究を参照したい。メディアが社会的なものとその境界の表象に関係している以上、メディア諸制度は社会的な言説における「内部」と「外部」の定義づけにも関連する。それはおそらく国際政治における言説も同様である[52]。多くの国々でメディアの生産に対する投資が全般的に引き下げられている状況について、そしてその帰結として特定の階級にとってメディアの専門家になるルートが狭まっている状況についてはもちろんよく考える必要があるが、この問題はいったん棚上げしておきたい[53]。これらの特定の過程の根底には象徴権力の不均衡な配分に**内在する**物語をめぐる長期的な圧力が存在しているからである。それは大きな被害をもたらすものであり、メディアの潜在的な隠された傷とは分けて検討する必要がある。これらの圧力はデジタル時代において消滅するどころか、ますます大きくなる兆候が存在する。

リアリティメディアについて論じる中で、メディア諸制度が日常生活の多様な側面について**教育的な権威**として立ち現れつつあると述べた。すなわち、着こなし、友達作り、結婚、室内装飾、料理、子育て、個人の健康管理、防犯、失業後の再就職などである（番組のリストは果てしなく続くように**見える**）。この新たな権威性は、特定の領域においてそうした権威となることを求めるようにメディア制度が意図したものではないと理解した方がよい。ここで議論されている番組のほとんどは結局、大仰な公共の目的を持った大きなメディア組織ではなく、より大きな放送制度やネットワークにフォーマットを売り込むことによって存在しうるような、小さな独立の制作会社によって作られたものである。国際的なスケールにおいては、別の複雑性が当てはまる。テレビにおいては、ジョゼフ・ストラアブハアーが「文化的近接性」と呼ぶものが、人々のメディア消費に主たる影響を与える[54]。だが、こうした近接性はしばしば（アラブ世界、東アジアといった）共通の言語や文化的な親和性に基づくリージョナルなテレビ市場において作用する。そこではメディアのフローを形成する主要な「メディア資本」は国民国家の権威と単純な関係を持つものではない[55]。こうした複雑な状況にもかかわらず、リアリティメディアの教育的権威性は二つの理由において影響力を持っている。第一に、多くの人々の注目を維持する確実な方法を発見し、かつ安価な番組フォーマットを購入することを求められているメディア制度が有する意図せざる効果という点から**必然性**を持っていることである[56]。第二に、メディアによって媒介された中心の神話の中に、メディアが中心化する「現実」として日常生活を再パッケージするうえでこうした手法が「正統性」を持っていることである。

リアリティメディアは経済的に効率的で、社会的に重要な**関係構造**（figuration: エリアスの用語）である。それは日常生活の原材料から物語のフォーマットを作り出す。リアリティメディアのフォーマットは長い歴史を持つ新聞の三面記事や、助言を与えるコラムのフォーマットとは異なる。[57] なぜならば、それは多くのオーディエンスの眼前に晒す「一般人」の**パフォーマンス**を含んでいるからである。リアリティメディアの教えは、教育的な意図ではなく、物語に対する関心によって推進されている。すなわち、**ある種の**管理された過程は、**ある種の**技術を有する人に対して、**ある種の**成果をもたらす、という一連の主張である。明らかに、そこに含まれる教育的経験はリスクが伴うにしても、それ自体遂行されなければならない。[58] だがまさにそれは権威的である。メディアの利害関心、すなわち、「リアリティを作り出す機構」を維持するという単純な目標が、ある特定の生活状況を見つけ出すよう命令を下す。すなわち、この教育が支障なく実践されうるような生活状況を、である。その結果、われわれに「自然なもの」（日常生活の断片）として提示されるものは、ますますこの教育を事前に行使されて形成された形式を持つようになる。それは判断や自己反省の特定のメカニズムであり、自己変革の特定の形態でもある。リアリティメディアは**そもそも**、自らのイメージに基づいて社会的なものを形成するようになっている。その際に、社会的記述の言語を構築し、「定義づけの権力」に近い累積的な圧力を行使するのである。[59]

いくつかの語りはこの過程によって自動的に抑圧される。例えば、日常生活の諸過程は一般的に簡単に結末がわかるような（*The Apprentice*、*Changing Rooms*）、そして簡単に役割の交換ができる（*Wife Swap*）競技ゲームの**ような**ものではないと主張するような語りである。あるいはわれわれが「どのように生きるべきか」を教えてくれるような知識や権威を有するいかなる制度もメディアも存在しないという語りである。その一方でいくつかの語りは推奨される。例えば、社会的現実について簡単に何らかの審判を下すことができるかのように扱う語り、強い感情的反応を呼び起こすような語り、劇的な自己変革やスペクタクルのための明白な機会を提供するような語りである。[60] その結果もたらされるのは、社会的に中立とはいいがたい（ブレンダ・ウェーバーによる米国および英国のイメージチェンジ番組に関する印象深い研究から引用するならば）「感情的支配」の実践である。[61]

とはいえ、リアリティメディアが提示するモデルや参照点が特定の国々の広範な社会行動の中にどれほど定着しているのかについて、われわれは未だに知らない。本章の最後でそれに関わるメカニズムの可能性について振り返ることにしたい。より長い歴史的視点において、リアリティメディアは比較的新しい関係構造であり続ける。その長期的な運命は、こうした儀礼形式がメディア権力の引き起こす隠された傷をどの程度指し示すことができるのか、そして社会的承認のようなものを提供することで人々を引き込むことができるのかにかかっている。

　しかしながら、リアリティメディアをめぐる一連の考察は、リアリティメディアが社会的世界を**上書きする**方法をさらに掘り下げて捉え、メディアに起因する隠された傷の長らく確立されてきた別の形式を検討する一助になる。ここで、（その「モダニティ」に関する偶像破壊的説明における）ブルーノ・ラトゥールによるネットワークと空間の隠された関係についての読解が大変参考になる(62)。メディアをひとたび空間**の中**にレイアウトされた「技術的ネットワーク」とみなすことで、メディアが社会的空間とどのように結びついているのかを考えるうえで、機能主義的な解釈を適用しようとする誘惑は喪失する。ラトゥールは次のように論じている。「技術的ネットワークは空間に投げ入れられた網である。それらは空間の中にわずかな散在する要素として残存する。こうしたネットワークは平面ではなく、相互に結びついた複数の線である。ネットワークがそれを含まない平面を取り囲み、また、拡張するものであったとしても、それらは包括的なものではなく、グローバルなものでも、体系化されたものでもない」。ラトゥールはアイデアや情報も同様に理解している。「今日の理性とは、プラトン的な理念よりもむしろケーブルテレビのネットワークと同様のものである(63)」。ラトゥールの適切なメタファーは、われわれにメディアとは特に空間的なものであることを想起させる。すなわち、思想やイメージの空間的な配分である。このことはメディアに関する古い洞察に新たな生命を与えることになる。その洞察とは、メディアは地理的な近接性を有する情報源に過度にアクセスし、それが体系化されているというものである。メディア言説の本来的な特性とは通常の場合考えられないものの、ニュースの情報源や公的な政治的情報源に関して、こうした特徴が当てはまることは長らく知られてきた(64)。しかしながら、メディア生産のための利用可能な資源が容赦なく削減されるにしたがい、それとは別の過剰なアクセスの形式が重要になっている。すなわち、制度的アクターによる広報の試みに関するものである。これらのアクターはメディアの外部に存在するが、近接するものである。もう一つは、

メディアそれ自体が「情報源」として提供される形式である。[65] こうした議論は、ＧＩＳ（地理情報システム）のような新たな通信技術の中に組み込まれた排除の力学について目を向けると新たな広がりを持つ。[66] ラトゥールのフレーズの中では、メディアは象徴権力の集中に基づく特定の地点から社会的空間**の上に**投げ込まれた網にとどまる。しかしここからわれわれはメディア権力の隠された傷が、個人的な欠如であることを超えて、**われわれすべてにとっての**社会的世界が形成される様態に関わる体系的な諸特徴を、どのように包含するようになるのかを見ることができる。そうした諸特徴こそが他の潜在的な複数の「社会的なもの」を「不可視」で、「思考不可能な、そして「現前不可能な」ものとするのである。[67] この現象は現代のメディア文化の諸相の中で生じうる。

（１）セレブリティと犯罪

セレブリティについては第三章で儀礼化の観点から検討した。名声と称賛は大規模な社会が持つ特徴であるとはいえ、セレブリティは自然現象ではない。[68] すなわち、それは実践の観点からメディア過程と密接な関わりを持つタイプの人物に与えられる人々の注目が重層決定された結果生じるものである。

セレブリティに関するかつての診断は、「虚偽の人々（pseudo-people）」というものであった。[69] こうした診断は、次の点を理解しそこなっている。すなわち、セレブリティはまた、大規模な人々が解釈を行ううえでの中心的な対象でもあるということである。こうした人々の共振は、メディアの隠された傷の一つの側面である**現実の**承認の欠乏にまさに由来する。したがって、セレブリティを「中身がない」ものとして退けることはできない。セレブリティは社会的領域の重要な諸相の代役を務める現実の人々である。デュルケームが「共通して問題解決にあたる行為の様式」と呼ぶものを代表＝表象する。[70] だが、セレブリティに関するかつての批判の核心は、セレブリティの生産に本来的に備わっている排除という点にある。それはポピュラー文化の解釈の多様性では決して埋め合わせることができないものである。「セレブリティが重きを置かれる」ような社会的世界では、労働組合、社会運動、市民団体のような多様な集合的、代表的なアクターが締め出されることになる。[71] 政治経済学的なアプローチがここでは重要となる。セレブリティに関するニュースは安価に生産可能である。おそらく遠隔地での戦争や政治運動のために海外に特派員を派遣するよりも安い[72]。これらの戦争や政治運動もまた、それぞれきわめて異なる力学であるとはいえ、今日の変容しつつあるメディア環境においてセレブリティ文化の「適合性」を強化する役割を果たす。このことは、セレブリティが社会的、政治的紛争に決着をつけるうえで特定のプレイヤーが用いることのできるツールであることを否定するものではない（第六章参照）。しかしながら、ここではセレブリティが公的言説における参照点としての役割を全体として果たしていることについて検討する。

もう一つの重要な事例は犯罪である。米国の犯罪学者デーヴィッド・ガーランドによると、米国と英国は矛盾した意味において「高度犯罪社会」になっている。矛盾した意味とは、すなわち、これらの社会は高い犯罪発生率によって特徴づけられるものの、社会的なものに関するメディアの語りにおいて、犯罪に非常に重きが置かれることによる犯罪の高度な**受容**によっても特徴づけられるのである。犯罪（それはあらかじめ定まった公的な情報源、傷つきやすいが多くの場合何を語るべきかをわきまえた被害者、倫理的な教育との直接的な結びつきを伴う）はメディアのニュースストーリーに手近な素材を提供する。そして特定の犯罪は、メディアに対して「社会および社会秩序の状態の指標」を提供するような「シグナルを発する犯罪」となる[73]。ここでの議論はメディアが犯罪をでっち上げる、あるいはわれわれの犯罪に関する経験を「構築する」というものではない。むしろ、メディアが犯罪に関するストーリーを目立たせるために定期的に選択を重ねる中で、数十年にもわたって犯罪の「経験が**制度化されてきた**」のである。したがって、実際にそれが身近なものかどうかに関係なく、「手近な」ものとしてのメディアを通じた犯罪の経験に至るようになる。ガーランドの言葉によれば、米国におけるメディアは、

われわれが恐怖、怒り、敵意、魅了といった感情を表す定期的、日常的な機会を提供する。それらの感情は、われわれの犯罪に関する〔メディアを通じた〕経験が引き起こすのである。この制度化は**日常生活における犯罪の顕在性を高める**。メディアを通じて犯罪は典型的な形で表象され、メディアは長い年月をかけてそう

した集合的な表象を確立してきた。公衆の反応はそうしたメディアに慣れてきたのである。[74]

政府、メディア、民衆、あるいは諸個人の言説は、一つの「合意」をめぐって絡まり合う。この合意はレトリックが示唆する事実に関する根拠から切り離されたものとなる。この〔事実の〕「作り直しの効果」の帰結は、社会における特定の種類の事実や、事実の輪郭を硬直的なものとして描くことになる。このような効果は、米国、英国、オランダにおいて明らかになっている。[75] 一方で、こうしたうわべの下で（貧困化、紛争、非社会化に関する）オルタナティブな語りが不可視のものとなる。問題は、社会的なものの身近なスペクタクル化というだけではなく、われわれの目の前で生じるものの何が**選択されていない**のか、である。これはニコラス・ミアゾエフが「反スペクタクル」の論理と呼ぶものである。[76]

これらは**社会的なものに対する**隠された傷である。この傷は、メディア過程が循環的にフィードバックし続ける中でメディア諸制度における象徴権力が集中化し、蓄積されてきたことに起因する。だがこうした傷は、より広範な制度的マトリックスから切り離して考えることはできない。米国、英国、あるいはどこにおいても犯罪に関するメディアの重層的に決定された描写は、貧しいものを罰するために犯罪対策を利用するというような攻勢的な国家の戦略を反映しているのだろうか（ロイック・ヴァカン）。あるいは後期近代において弱められた国家の正統性を浮上させるためにメディアを通じて犯罪に関連した行為への対策を利用する国家の守勢的な戦略を反映しているのだろうか（ガーランド）[77]。新自由主義国家は排除的な社会政策の場であり、同時に日常的な出来事を「管理」する能力がメディアに深く依存するような官僚政治の場でもある。それゆえにその根底にある力学を解きほぐすことは困難である。われわれは章の最後の結論部分でこの新自由主義の問題に立ち返ることにしたい。

（2）サーチエンジンの機能

あらゆる公的な知識がますますサーチエンジンという隠された実践を通じてアクセスされるようになっていく

につれて、インターネットが有する構造と広がりは「傷」に関する問題をより深いものにするようになった。われわれは第二章で、人々が世界を知るうえでサーチエンジンが今や重要な役割を果たすようになったことについて議論した。傷に関するここでの問題は複雑である。なぜならば、サーチエンジンが依拠するフィルタリング装置は、ウェブの事実上無限ともいえる情報空間が完全に「フラット」であった場合、機能しえないからである。ウェブ空間は、人間という行為主体にとってアクセス可能であるようにするには、不均衡で**なければならない**。[78]つまり、何らかの方法で情報を識別するための差異を生み出す必要があるのである。（膨大なリンクを伴ったハブや結節点の蓄積を通じて構築される傾向にあるという）ウェブの基本的なトポロジーは、たとえサーチエンジンの手助けがあったとしても、われわれが「見る」ことができるものを制約する。[79]特定の検索項目が他の項目よりも上位にランクづけされるように評価するグーグルのページランクシステムはより多くのリンクを有するページを選好する傾向にある。したがって、すでに人気のあるページがより人気のあるものにすることを保証するという「選好を付与する」メカニズムを強化することになる。[80]ここからいくつかの鍵となる示唆が導かれる。検索を行うユーザーは（「最良の」結果を得ようとより多くの時間をかけるよりも）最短の時間で、満足のいく結果を最小の努力で得ようとするがゆえに、[81]また、情報量（およびサーチエンジンへの依存）が幾何級数的に増加しているがゆえに、検索結果の最初のページから先を見るような時間をかけることがますます少なくなっている。[82]その結果、あらゆる「バイアス」はグーグルや他のサーチエンジンの開発者のアルゴリズムに組み込まれるようになり、そうしたアルゴリズムが完全に公開されるようにならない限り、それらはますますユーザーたちの前に立ち現れる情報空間に影響を与えるようになっている。

こうした状況は、例えばニュースにとって深い帰結をもたらす。多くの消費者たちは今や、フィルター化して個人向けにカスタマイズされたニュースを提供するサーチエンジンやホームページ、RSSフィードに依存している。[83]それだけではなく、ニュース向けの素材を発見し、追いかけるために**ジャーナリストたち自身が**グーグルを活用し、さらにはサーチエンジンに引っかかりやすいように自らのコンテンツを生産するようになっている。

サーチエンジン研究の第一人者であるアレクサンダー・ハラヴェが論じているように、こうした傾向の結果、マス・メディアの論理とサーチエンジンの力学が時間をかけて互いを補強し合うようになると予想するに足る根拠が存在する。その実現に際し、マス・メディアとサーチエンジン、双方の共謀や計画の必要はないとされる。「グーグルを用いた検索（googling）」がわれわれの世界の主要な「窓」の一つになればなるほど、こうした隠された構造的諸力は見ることが困難なものとなり、実際にそうした諸力を調整することも困難になる。[84] これはわれわれが経験する「世界」の**地理的**バランスに関する含意を有する。すなわち、われわれが経験する「世界」はその規模が拡張しているにもかかわらず、的確な形であらかじめクラスター化されているのである。[85]

こうした中で、サーチエンジンの政治学や倫理学をめぐる大がかりな議論がなされるようになっている。新旧のメディアは近年、公的な議論について次のように評価している。すなわち、「サーチエンジンはおそらく、すでに確立されたアクターや制度に対してより大きな場を提供することによって、実際の社会的な議論を沈黙させるようになっている」。インターネットは情報の自由の空間とはほど遠いものであり、（複数のサーチエンジンの競合によって）注目をめぐる競合が生じる空間となっている。その結果、あらゆる不平等がそこから生じるようになっているのである。[86] 主導的な法理論家ローレンス・レッシグはさらに次のように論じている。すなわち、ウェブはますます「革新のためのアーキテクチャ」ではなく、むしろ「統制のためのアーキテクチャ」になっている。この統制は複数の要因から生じている。その要因にはウェブの基本設計の中に組み込まれたコードも含まれる。また、iPhone のようなデバイスを用いたりそれに適応したりすることの中に、あらかじめ組み込まれた制約も含まれる。そうしたデバイスは専用のソフトウェアやインターフェイスをユーザーに押しつける。第二章で示唆されたように、スマートフォンの「アプリ」は、主要な企業の利益になるような方法でわれわれの経験的世界が再構成される場なのである。そしてこれらの作用は不可視の状態に置かれている。[87]

インターネットのアーキテクチャの発達に関するこれらの批判が正しいものであるならば、リチャード・ロジャーズが論じるように、ウェブサイトやポータルサイトのコンテンツの選択や掲載の明確なバイアスに関するさらなる調査研究が必要である。われわれはまた、「バックエンドで行われる情報に関する政治学」を必要としている。それは隠された情報源をめぐる闘争を形成する諸力を暴き、オンライン上に現れる世界に可視化させる政治学である。[88] メディアの調査研究の歴史は**デジャヴ**の感覚を提供する。プロフェッショナルのジャーナリズムにおける情報源の「重層的決定」に関する一九七〇年代および八〇年代の研究は、**われわれの誰もが**用いる情報源に関する調査研究を可能にするために、より一層ラディカル化してきた。「自由な情報」をわれわれの行為に影響を及ぼすために利用しようとする（政治的・商業的な）、マーケティングの専門家たちの役割をひとたび考慮するならば、情報をめぐる政治学の必要性は増しているのである。[89]

5 結論

本章では、社会的世界の存在論に対するメディアのもたらす帰結について直接的に検討してきた。本章の大部分で、われわれは隠された傷について論じてきた。これは社会を理解するうえで諸個人や特定のメディアがもたらすものに対して影響を与えるものである。本章の最後ではオンラインにおける「〔それは〕どのようなものなのか」を隠れた形で歪める力学について論じた。これはあらゆる国家において適用可能な事例である。しかしながら、本章の冒頭において比較分析の問題について触れたが、それはまだ手つかずである。ここで振り返って論じることにしたい。

本章の多くは、英国や米国のような新自由主義的民主主義社会を強調する形で論じてきた。一連の社会では、後期近代において、メディアが偶発的に担うようになった教育的機能と、国家が自身の正統性を獲得するうえでメディアに一層注目するようになった状況とが結びつくことで、これら二つの弱い制度的空間の間で相互依存に基づく強い共生関係が形成されている。こうした共生関係は、予想可能な将来にわたり、その基盤にあるメディアによって媒介された中心の神話を持続させうるものである。以上の諸条件をもとに、メディアはわれわれにある社会的世界を提示する。この社会的世界は、特定の範囲に制約された政治の中に自らの世界の「解決策」を見出す。そしてこの制約された政治は、自らの「事実に基づく」参照点としてメディアに依存するのである。この社会的世界は、自らの歴史（そして希望の源泉）をもっぱらメディアによる社会的なものの説明の歴史へと還元することになる。ドイツの社会理論家ニクラス・ルーマンは、その適切なメタファーの中でこの変容を捉えている。それは、メディアが社会の「固有値」を提供するというものである。[90] 量子力学において、「固有値」は特定の性質を持つ。すなわち、システムに変容が生じても、その数的な「値（value）」は一定のままである、というものである。一連の複雑な圧力――リアリティメディアはそうした圧力の中でも最も大きなものである――を通じて、いくつかの社会ではあるリスクが生じる。そうしたリスクはあらかじめ社会的活動や社会的事実の調整、すなわち「値」がメディアの諸過程による調整を通じて設定されることに伴うものである。これらのメディアの諸過程は、独自の競争原理と遂行力学を持つ。その結果は意図せざるものとなるが、厳格なイデオロギーを伴っている。それは、意図せざる結果として生じた、社会的なものに関するイデオロギーである。これは、多くの国の政治において新自由主義的な価値が既定のものとして導入されることの隠れた要因なのかもしれない。[91]

　しかし、おそらく次のような反応が返ってくるだろう。人々はメディアが提供するもの以外についても考えることができるのだ、と。もちろんそうであろう。近年の研究は、人々はリアリティメディアの構築性について「よく理解している」ことを示してきた。[92] だが、ここで強調してきたように、虚偽体系や誤った形で導かれてきた信念体系という意味におけるイデオロギーについて検討してきたわけではない。ここでは取り除くことがより一層困難なものについて論じてきた。すなわち、行為や生産のパターン化である。このパターン化は、社会的世界が表象される諸形式を制約し、日常的な会話の中で利用可能な参照点を狭めていくことになる。

　仮に、二〇世紀半ばの英国におけるラジオが「語りうること」を拡張させたというパディ・スキャネルの研究がいまだに有効であるとするならば、[93] それとは正反対の傾向を理解するうえで役立つことになるだろう。すなわち、社会的世界に何が存在しているのかをわれわれが予想することが、この「語りうること」によって制約されてしまうという矛盾である。したがって、例えばオランダにおいてセレブリティについて語ることは、必ずしもセレブリティとの自己同一化の証拠を提供するものとはならない。ましてやセレブリティを模倣することにも直接的につながらない。だが、そうした語りは、（ほかならぬ）ある特定のタイプの行動がいかに正統性を付与され、標準化されるのかに関する証拠をまさに提供するものである。[94] 同様に、英国や米国において、イメージチェンジ番組は身体に関する実定的なイデオロギーを生産するものではない。だが、「自分自身の正しいあり方」は、こうした番組の「イメージチェンジの過程」によって完全に変わってしまうものではないが、標準化の実践を通じてこの「自分自身の正しいあり方」の感覚を不可能にしてしまうのである。[95] これらの国々において、新しい社会的規範が生み出されている。こうした規範は、社会で正式に共有されたものとは異なっており、メディアの生産における語りの必要性のために微調整されたものである。（メディア生産物の質をめぐる）美的価値とソーシャル・ネットワーキングにおける推薦や評価はこうした娯楽的規範に異議申し立てを行うものではなく、むしろ補強するものである。[96] これらの規範の一貫性を支えるためには、統一的な社会システムは必要とされない。その一貫性は、部分的にはメディア産業それ自体の基盤的力学に任されている。その結果、新たな社会的存在論の原理が登場する。すなわち、ボルタンスキーのフレーズを想起するならば、メディアがあらかじめ有する「存在するものがどのようなものなのか（ce qu'il en est de ce qui est）」を形成する権力である。

しかしながら、それが唯一の変化の可能性ではない。メディア制度の新たな領域を有する国々が登場しつつある。そうした国々では政府や宗教エリートの地位が変化しつつあり、従来のものとは大きく異なる視座が提供されている（サウジアラビア、中国）。アラブ世界におけるリアリティTVについて記述する中で、マルワン・クライディは次のように論じている。「リアリティTVはそれが現在の現実であると主張する。そのため、*Star Academy* はある規範的世界を前提とする」。[97] 計画された現実を実際の出場者、あるいは出場希望者として楽しむことによって人々はその規範に服従するのである。広域的な産業の中でメディアの諸過程は、（例えば、保守的な宗教的・政治的イデオロギーといった）既存の世界の図式とは調和しないような規範を生み出す。その結果として生じる脱自然化は、娯楽を予測不可能な社会的創造の領域へと変化させる。このことは、こうしたメディアによって固定化される規範が長期にわたって隠された傷を形成する可能性を除外しない。本章でこれまで検討してきた、メディアの現れに焦点化する諸個人の欲望や傷をめぐる力学と、ほとんど矛盾することはない。それでもなお、中東のような規範をめぐる紛争が生じる領域で、メディアの諸形式によって切り開かれる公的な言説の展開についてわれわれは注目する必要があるのである。

社会志向のメディア理論はこうしてもたらされる両義的な結果について認識しなければならない。同様の複雑性はメディアと政治の直接的な関係性にも影響を与える。それが次章の主題である。

（1） Buonanno（2008: 77）.

（2） ジム・コリンズは「二重の参照」概念を通じた映画の諸価値と社会的諸価値の重なり合いについて論じている（Collins 1992）。

（3） Tilly（1999）.

（4） 参考になる議論として Turner（2010: 20-1）と比較のこと。

（5） Scott（2001）.

（6） Castells（1996: 312, 317）.

（7） 一つの例外は、カステルが「フレーミング」理論を採用していることである。だが、本書第五章で論じたように、カステルは奇妙なことにも**非社会的な**形でフレーミングの効果を記述している。

（8） Baudrillard（1983a=1984: 66、邦訳一六二ページ。ただし訳文は一部修正した。以下同様。）.

（9） Baudrillard（1983a=1984: 71、邦訳一六五ページ）.

（10） Baudrillard（1983a: 53）.

（11） Baudrillard（1983a: 55）.

（12） Law（1994: 2, 121）.

（13） ＡＮＴの視座は報道の編集部門やＴＶゲーム番組に適用されてきた（Hemmingway 2007; Teurlings 2007）。メディア全般に対するＡＮＴの関連性については、Couldry（2008b, c）を参照のこと。

（14） Thompson（1995: 17）.

（15） Thompson（1994: 48 n. 10）はこの点を認識しており、ブルデューの無知の概念を慎重に回避している。

（16） Bourdieu（1991: 166）. 権力と娯楽については、Gray（2008）を参照。

（17） Durkheim（1995［1912］=2014: 213、邦訳上巻四六一―二ページ）.

（18）Durkheim（1995［1912］=2014: 209–10，強調は引用者による。邦訳上巻四六一―二ページ。訳一部修正）。

（19）Scannell（1996）; Dayan and Katz（1992=1996: 13，邦訳二八ページ。訳一部修正）。

（20）Berger and Luckmann（1967=2003: 83，邦訳一〇二ページ）。

（21）ボードリヤールの初期の洞察（Baudrillard 1981: 169; 仏語版 1969=1982，邦訳二一八ページ）は，自身ののちの研究で無視されている。'The Sick Rose' については，ブレイクの 'Songs of Experience'（Blake 1976=2013: 140，邦訳六八ページ）を参照のこと。

（22）Sen（1999）。

（23）英国に関しては，Scannell and Cardiff（1991）を参照。ドイツに関しては，Ekstein（1975: 310）; Welch（1993）を参照。ルワンダに関しては，Kellow and Steeves（1998）を参照のこと。

（24）Tocqueville（1864［1835–1840］: 135，邦訳第一巻上二〇〇ページ ; 1961［1835–1840］: 207，邦訳第二巻上一九六ページ）。

（25）Gabler（2000: 185，強調は引用者による）。Lazarsfeld and Merton（1969）と比較のこと。

（26）Blazwick（1989: 37）における引用。Lefebvre（1971=1970: 86，邦訳一四五―七ページ）と比較のこと。

（27）Durkheim（1995［1912］: 210，邦訳上巻四六二ページ）。

（28）歴史的な説明として，Altick（1978），Greenhalgh（1988），Briggs and Burke（2005: 34–6）を参照のこと。

（29）Sennett and Cobb（1972: 25）。承認については，Honneth（2007），Illouz（2003）を参照。また，米国におけるセレブリティになることをめぐる欲望を形成する階級の差異については Grindstaff（2009: 84）を参照のこと。

（30）ブラジルに関しては，Straubhaar（2007: 235）を参照。インドに関しては，Rao（2007: 73）を参照。フランスに関しては，ノルディーン・ナビリを引用している Echchaibi（2009: 21）を参照のこと。

（31）フィールドワークの対象者はすべて仮名である。

（32）Priest（1995）。

（33）Cavarero（2000: 41, 88）; Butler（2005）と比較のこと。

（34）Cospey（2010）。

（35）Teulings（2007: 269–70）。Grindstaff（2009）と比較のこと。

（36）Couldry（2000a: Part 3）。

（37）Raeside（2011）。

（38）Benyamin（1968）。

（39）Bourdieu（1991: 127）; Couldry（2003a: 39–41）。

（40）Honneth（2004）。

（41）Honneth（2004）; Ehrenberg（1998）; Hearn（2006）。

（42）Paz（2009）。

（43）より費用のかかるテレビの娯楽のフォーマットへの投資を締め出す（安価なテレビ番組としてのリアリティメディアに見られる）経済的な動向は，あらゆる市場に影響を与えており，（米国のような）豊かな市場でさえも同様である。Mandabach（2007）。

（44） 議論のためにDovey（2000: ch. 5）を参照。

（45） Melucci（1996: 179）.

（46） ＵＧＣについては、Wardle and Williams（2010）を参照。ブログについては、本書第五章における議論を参照。クラウドソーシングについては、Halliday（2010）を参照。ツイッターについては本書第二章を参照のこと。

（47） Shirky（2010）.

（48） Scannel and Cardiff（1991: 142-3）からの引用。

（49） Brewer（2004: 45）; Marcos（2000）. メディアにおいて夢と現実の境界が曖昧になることに関するBoorstin（1961）, Mattelart（2000: vii）と比較のこと。

（50） Scannell（1991）.

（51） Gamson（1998）. オンライン上で自らをさらけ出すことについては、Hillis（2009: ch. 5）を参照。

（52） フレーミングについてはPan and Kosicki（1993）, Cappella and Jamieson（1997）を参照。また、少なくとも政治コミュニケーションにおいて、フレーミングがうまく機能しないというBennett and Iyengar（2008）の議論はのちに本書第五章で論じる。アジェンダ設定については、McCombs and Shaw（1993）を参照。内部者と外部者については、Phillips and Nossek（2008: 250）を参照。Ericson, Baranek and Chan（1991）; Schlesinger and Tumber（1994）. 国際関係の言説における同様の傾向についてはSinha（2004: 12）が論じている。

（53） The Sutton Trust（2006）.

（54） Straubhaar（2007）.

（55） 国民国家のテレビ市場およびリージョナルな領域でのテレビ市場については特にStraubhaar（2007）を参照。またこれと関連した一般的な議論として、Hafez（2007）を参照。メディア資本については、Curtin（2003）を参照のこと。

（56） Turner（2010: 21）.

（57） LeMaheu（1988: 23-5）.

（58） Lunt（2009）.

（59） Curran（2002=2007: 165、邦訳二八九ページ）.

（60） Wood and Skeggs（2008）.

（61） Weber（2009: 30）. *American Idol*の「罰と復讐のタブローズ」に関するMatt Stahl（2004: 221）の議論と比較のこと。

（62） Latour（1993）. 以前の論評（Couldry 2008b, c）で、私はＡＮＴの概念がメディアの社会的レトリックを突き崩す潜在力を過小評価していた。

（63） Latour（1993=2008: 117-8, 119、邦訳一九九、二〇一ページ。訳文一部修正）。

（64） 通信社に関しては、Brooker-Gross（1983）を参照。より最近の研究として、Boyd-Barrett and Rantanen（1998）, Chang（1998）, Paterson（2006）、概観としてStöber（2006）を参照。情報源全般については、Hall（1973）, Hall *et al.*（1978）を参照のこと。

（65） 政治的な情報源については、Davis（2010）を参照。メディアが他のメディアを情報源とすることについては、Davies（2008）を参照のこと。

（66） Adams（2009: 89–90）.

（67） Latour（1993: 34、邦訳六六ページ）.「心理的、集合的個人化のための参照の環境」に対するメディアの影響に関する Bernard Stiegler（2009: 41）の議論と比較のこと。

（68） Braudy（1986）.

（69） Boorstin（1961）; Bourdieu（1998）と比較のこと。

（70） Durkheim（1995［1912］=2000: 210、邦訳上巻四六一ページ）.

（71） Schickel（1986: ix, 401）.

（72） Davis（2010: 129–30）.

（73） Innes（2004: 17）.

（74） Garland（2001: 158、強調は引用者による）.

（75） 米国に関して Turner（2010: 168–9）において論じられている Miller（2008: 35）の議論を参照。英国に関しては Innes（2004）; オランダに関しては Meijer（2011）を参照。

（76） Mirzoeff（2005: 16）.

（77） Garland（2001: 109–10）; Wacquant（2009: 299–303）.

（78） Halavais（2009a=2009: 69、邦訳九〇―一ページ）.

（79） Barabasi（2003）.

（80） Halavais（2009a=2009: 63–7、邦訳八二―九ページ）で論じられている Huberman（2001）の議論を参照。

（81） Halavais（2009a=2009: 69、邦訳九〇―一ページ）.

（82） Spink *et al.*（2002）.

（83） Carlson（2007）.

（84） Halavais（2009a=2009: 104, 116、邦訳一三四―五、一四八ページ）. Introna and Nissenbaum（2000）, Vaidyanathan（2011: 7, 80）と比較のこと。

（85） フランス国立図書館館長 Jeanneney（2007）を参照。また、Vaughan and Zhang（2007）, Halavais（2000）と比較のこと。

（86） Gerhards and Shäfer（2010: 156）;「市場の市場」としてのインターネットに関しては、Introna and Nissenbaum（2000: 177）を参照のこと。

（87） 特に Lessig（2002: 268）を参照のこと。「紐付きアプライアンス」に関する Zittrain（2008: 3）や、スマートフォンの「アプリ」の背後にある権力闘争に関する Gillespie（2011）および Powell（2011）と比較のこと。

（88） Rogers（2004: 4）. 同様の呼び名に関しては Lanier（2011）を参照のこと。

（89） ニュースの情報源に関しては、Hall（1980）を参照のこと。また、近年の Coleman and Ross（2010: ch. 3）と比較のこと。政治的なニュースの情報源の形成については、Howard（2006）, Bennett and Iyengar（2008）を参照のこと。

（90） Luhmann（1999: 37、邦訳六一ページ）. Bourdieu（2005: 137）のよく知られた「ドクサ」としての社会的知識という概念と比較のこと。

（91） Couldry（2010: ch. 4）. より一般的な議論として Turner（2010: 25, 68）を参照。

（92） Hill（2007）, Andrejevic（2008b: 39）, Teurlings（2010）.

（93） Scannell（1988）.

（94） Duits and Vis（2009: 35）.

（95） Weber（2009: 14）. リアリティTVとミスコンテストにおけるイメージチェンジ番組の長い歴史に関して、Banet-Weiser and Portwood-Stacer（2006）を参照。

（96） オーディエンスが「退屈そう」という理由でUGCのビデオを拒絶することについては、Carpentier（2009）を参照。オンライン上のおすすめのバイアスに関してはHalavais（2009b）を参照のこと。

（97） Kraidy（2009: 359）.

第五章　ネットワーク社会におけるネットワーク化された政治

世界の新たな電子インフラは地球全体を思想の市場に変化させる。……われわれは真の革命を目撃する。人々への権力の移譲は疑いようがない。

ウォルター・リストン(1)

［インターネットは］人々の政治的な社会化の過程と適合しない。……インターネットは対面的な、そしてメディアによって媒介されたコミュニケーションの回路や過程を強く統合した形で拡張する。すなわち、インターネットは共同空間（**syntopia**）の一形態なのである。

ジェームズ・カッツとロナルド・ライス(2)

民主化は動態的な過程である。民主化は常に不完全なものであり続け、逆行する、すなわち脱民主化するリスクを常にはらんでいる。

チャールズ・ティリー(3)

二〇世紀の前半から中盤にかけての社会的機能の理論は、今やどこでも時代遅れとなっている特定の仮説、すなわち、単一の社会システム、完全に統合された社会的価値、そして国民国家の境界に縛られた社会過程という仮説に基づいていた。現代の社会理論はかつての社会的機能の一連の仮説に対して異議を唱えている(4)。ブルーノ・ラトゥールは分析対象としての「社会」という概念そのものに疑問を投げかけ、「関係性の社会学」ないしは「関係社会学（associology）」を提唱している。[5] それに対してこれまでの四つの章で述べてきたように、社会秩序に関する**最も基本的な**諸前提――価値の多元主義、社会を説明するための「中心」の不在、メディア諸過程に関する首尾一貫した「中心」の欠如――から出発することで、現代のメディアと社会生活における**求心的な**圧力の多くを説明することができる。この意味において、社会に関する初期の説明のいくつかの点を修正することは可能である。もちろん、それは少なくとも今や国境を越えたものとなっているように、異なる前提や出発点から論じる必要がある。

しかし、デジタルメディアの根源的に新しい特徴から、どのような変容の可能性がもたらされるのだろうか。デジタルメディアはそれ自体の中に新しい社会的なものの原理や政治の原理を内包しているのだろうか。このような考え方は社会的に広まった「ウェブ2・0」の特徴に刺激を受けた多くの論者の願望であり続けてきた。時にラディカルな政治への言及さえ伴う政治的・社会的な結びつきの新しい形態に関する予言は、これまで技術変容の波が到来するごとに幾度となく登場した。例えば、一九世紀の欧州の労働者階級は政治パンフレットに期待を寄せていた。[6] そして、インターネットに関する説明も、ビンセント・モスコが冷笑的に「デジタルの崇高性」と呼ぶように、過去半世紀にわたって曲解されてきた。[7] ただし、誇張であろうとなかろうと、インターネットが制度的な革新の主要な源泉であることは認めねばならない。デジタルに基づくコミュニケーション実践は、二世紀前の新聞が成し遂げたように、〔政治的な〕制度化を実現するための資源を構成する。[8] こうした議論は二〇一一年のアラブの春と関連する一連の出来事によってとりわけ注目されるようになった。

デジタルメディアの諸形態およびインフラそれ自体は、過去二〇〇年にわたって所与とされてきた制度的中心を持たない。それゆえ、さまざまな**タイプ**の社会組織を作り出す手段としての可能性を持っている。このことは政治的な関心を喚起した。しかし、次に挙げる二つの事柄を忘れてはならない。第一に、政府、メディア、企業、さらには市民社会の多くの構成要素でさえも、既得権益を有し、抜本的な組織再編を**回避する**（第一章で取り上げた権力をめぐる問題がこの指摘と関連する）。第二に、政治的ならびに文化的な変容に関する予言は、メディアの諸特徴を下敷きにして提唱される。その結果、この予言は社会過程に関する薄い説明に基づいて行われることになる。以上の事柄は、ラトゥールには**失礼ながら**、「社会的なもの」が存在しないことを意味するのではない。むしろ、デジタル化が可能にした社会生活の「テクスチュア」に関する、そしてそうした社会生活の中での政治的関与の資源とは何かということへの説明の必要性が、依然として存在していることを意味するのである[9]。本章の後半で論じる予定ではあるが、デジタルメディアと民主的な政治との関係性について、それほど楽観的に評価できないのには多くの要因がある。以下で述べるように、デジタルメディアと民主的な政治との関係については、全世界に当てはまる問題ではなく、制度的な基盤や文化的な文脈とも深く関連している。これらの要因を理解するには、シティコープ〔現・シティグループ〕の元最高経営責任者ウォルター・リストンがワールド・ワイド・ウェブの登場**以前**に掲げた技術自由主義的な主張（冒頭の引用）が、今日に至っても依然として成就していないことに目を向けるとよい。同様に、先に引用したカッツとライスの議論、ならびにティリーの議論に着目しなければならない理由もここにある。

いかにして民主主義は機能する**べきか**という問題を扱った理論は数多く存在し（自由民主主義、共和主義、熟議民主主義、エリート主義的民主主義）、それぞれが競合し合っている。ただし本章では、民主主義の問題を考察する際に特定の立場に立つことはしない。本章で前提とする考え方は単純である。つまり、民主化は望ましいということであり、「個別かつ具体的な世界および生活様式のための共同事業への、構成員の参加を促す文化に基づいている」というシェルドン・ウォーリンの指摘に依拠するものである[10]。

1　社会的なものの喪失

ネットワーク化された状態を基本的な特徴とするインターネットは、政治的な組織化、動員、活動の新たな可能性を生み出した。サラ・ベンティヴェーニャが要約するように、インターネットは「相互作用」、「共存」、「直接性」、コスト削減、「速度」、非境界性という点で民主的な潜在力を有している。[11] われわれは現在、ローカルな、あるいはリージョナルな、そして時には国家の境界を越えて見知らぬ人と瞬時に出会い、政治的な組織化を実現することができる。こうした現象について、ある論者はより対話的で、格式張らない政治の始まりと評価する。[12] 他方、非常に懐疑的に評価する論者もいる。とはいえ、どのような見方をするにせよ、政治的な社会化の新たなメカニズムという調査対象が存在するのは確かである。

インターネットと政治との関係性がますます複雑化していると説明する以下の三つの議論は、社会におけるメディアの役割と政治文化の抜本的な変化を強調している。第一に、ヘンリー・ジェンキンスが提示した「コンバージェンス文化〔融合文化〕」という影響力の高い議論である。次いで、法学者ヨハイ・ベンクラーの著書 *The Wealth of Networks* である。そして最後にマニュエル・カステルが *The Information Age* と名づけた初期の三部作に基づいた、近著 *Communication Power* である。[13]

ジェンキンスの議論は、「コンバージェンス」という現代のメディア産業の様態を参照することから始まる（そしてそれを理解するのに役立つ）。コンバージェンスとは「無数のプラットフォームを横断するメディアのフロー、多様なメディア産業間の連携、そして、自分たちが欲する娯楽経験を方々に探し求めるメディア・オーディエンスの回遊行動」を特徴とする。[14] ジェンキンスの関心はメディアの伝達システムの基礎的な変化にあるわけではない。彼の関心はメディア利用に際しての「関係性のプロトコル（associated protocols）」の変容に置かれている。[15] ジェンキンスが提起した有意義な議論は、メディア利用に関わる文化や、本書の第二章で言及した「メディアに関連した実践」を土台としている。今や当たり前の能力ともいえるメディア・インターフェイス間での情報のやりとり、例えば、他人に画像、映像、ウェブリンク、楽曲、テキストを送信することは、メディア・コンテンツの**密度**を変容させ、社会的相互作用におけるメディアの浸透をより進展させた。メディアを活用する社会的協働の新しい諸形態は、デジタルメディアの時代ではより容易なものとなっている。ジェンキンスが適切に示すように、オーディエンスの忠誠や興味の獲得にかつてないほどの関心を抱いているメディア産業は、これらの過程をより一層活性化させている。オンライン上でのオーディエンスの関与は追跡が可能であり、さらにメディア産業の資源として不可欠なものだからである。すなわち、非常に関与の度合いが高いファンと、メディア産業の生産ならびにマーケティング・インターフェイスとは密接に結びついており、そこに「コンバージェンス文化」が存在するのである。ジェンキンスの文献は、リアリティゲーム番組 *Survivor* のあらすじをオンラインで晒すファン（spoilers）のような、コンバージェンス文化に関する多くの事例を鮮やかに描き出している。

ジェンキンスの議論はメディア産業にとってきわめて重要であると同時に、ますます情動を重視し、個人をターゲットとするようになったマーケティングの理論的根拠ともよく適合するものである[16]。また、少なくともメディア研究やカルチュラル・スタディーズに新たな学説を提供してきた。しかし、ジェンキンスの議論は社会や政治に関する広範な理解に何か新しい知見をもたらしているのだろうか。ジェンキンスはコンバージェンス文化の理解につながる次のようなメタファーを提示している。「**現在の**コンバージェンス文化を理解するために**最も適した**窓は、初期の開拓者や最初の住民の経験を考察することで得られる」[17]。確かに初期採用者はジェンキンスが強調するような実践の諸類型を理解するための窓を提供する。しかし、なぜ初期採用者の実践が**広範な**コンバージェンス文化を理解するための最適の窓となるのだろうか。あるいは、一般的な単一のコンバージェンス**文化**なるものが存在すると想定するのだろうか。ジェンキンスの提示する議論は論拠が十分ではない。ジェンキンスも初期採用者は「白人、男性、中流階級、大卒に偏っている」と認めているように、人口統計学的な観点からいえば「初期採用者」は特別な存在なのである[18]。また、メディアへの関与を広い視点で捉えるならば、ファンも特別な存在である。メディアの対象物をめぐる人々の関与や感情的な思い入れは、人それぞれに異なっており、幅があることをファン研究は論じてきた[19]。しかしながら、ジェンキンスは、ファンの行動を次に挙げるような現象の典型であることを強調する。それは、既存の他の社会的紐帯が分断されている中で重要性が増している「新たな知識文化」、「参加型権力」の増大へとつながる知識生産の新たな「より民主的な様式」、ならびに、「クリエイティブな知性」の新たな様式である[20]。

何がジェンキンスの主張の根拠となっているのだろうか。おそらく、ジェンキンスは、われわれがオーディエンスの構成員として現在学習しているコンバージェント・スキル（番組やサイト上の投票、情報を拡散させること、コメント、メディア上でのロビイングなど）が「コンバージェンス文化」の一端を示すものであると考えており、それが彼の大胆な議論の根拠となっている。さらにジェンキンスは、そうしたコンバージェント・スキルを、「より『シリアスな』目的、すなわち、宗教、教育、法律、政治、広告、さらには軍事作戦の変革」に運用すべきであると主張する。[21] しかし、オンラインにおける新たな社会的連帯の可能性のすべてが、娯楽や政治的組織化を含むすべての領域に適用されるというのは自明の理といえるのだろうか。また、政治的領域にも当てはまる非常に広範な主張といえるのだろうか。そうした主張を裏づける根拠はどこにあるのだろうか。ジェンキンスによるコンバージェンス文化に関する分析の大半は、消費者政治とでも描写しうるものである。消費者政治が近代の始まりから今日に至るまで重要な政治的行為の形態の一つであることは疑いようもない。[22] しかし、消費者政治がその他の政治形態、例えば、労働者の権利や政治的代表をめぐる闘争、あるいは、社会資源と経済資源の分配をめぐる争いなどと直接関連しているとまではいえない。ファンによる抗議と、右に挙げたような政治は、区別して捉える必要がある。ジェンキンスはカルチャー・ジャミング様式のアクティビズムの事例として、二〇〇四年の民主党大統領予備選でハワード・ディーンが短期間に実施したキャンペーンを取り上げているが、それは根拠に乏しい。加えて、ジェンキンスの「コンバージェンス文化」という概念はもっぱら米国の実践をモデルとしており、米国的な生活の一端に焦点を当てたものである。しかし、アニコ・イムレが問題を提起しているように、東欧のようにファンダムの実践の大部分が輸入によって成り立っている地域にはコンバージェンス文化は存在しないのだろうか。また、米国の文化諸形態は一切の疑念を抱かれることなく扱われているのだろうか。[23]「コンバージェンス文化」というメタファーだけでデジタル時代を定義するような議論については、慎重な見極めが求められるのである。

ヨハイ・ベンクラーのインターネットの規制と政策に関する重要な議論は、より一般的な権力関係に関する見解、すなわち、デジタル時代における文化生産の経済は至るところで根本的に変化しているという考えを基盤とする。著書 *The Wealth of Networks* においてベンクラーは次のように述べている。

> 情報や知識、そして文化の収集、活用、伝達において必要とされる高資本コストは、今や社会に広く配分されている。かつてのように情報環境を支配する大規模な組織が凝集する地点が存在しないため、情報、知識、文化の収集、活用、伝達過程への参入障壁もなくなっている。代わりに情報と文化生産に関しては、根源的に脱中心化され、協働と共有の生成を基盤としながら、シンプルな調和によって成立する新たなモデルが出現している。その新たなモデルは、われわれが意味を生み出す過程において非常に重要な役割を果たすようになってきている[24]。

ベンクラー自身が明確に述べるように、産業的なメディア生産への経済的集中の逆転は部分的に可能となるにすぎない。市場を伴わない「共有」の形態、また、そのような共有を可能にする代替的な情報インフラは、市場を基盤とするメディア構造と**並列して**存在するのが一般的である。とはいえ、そのことでベンクラーが提唱するまったく新しい社会的な物語のモデルの意義が薄れるわけではない。彼は「情報、知識、そして文化の創造と交換のあり方を変える機会にわれわれは直面している」と指摘する[25]。それでは、アンドリュー・チャドウィックも指摘しているように、ベンクラーの提唱するモデルが広範な政治過程の変化につながる機会を人々にもたらすのであろうか[26]。潜在的にはそのような可能性も秘めているが、ベンクラーの分析には一定の限界があることを認識する必要がある。

第一は、情報生産をめぐる従来型の経済学に異議申し立てする中で提示されるベンクラーの主要な諸前提そのものの問題である。明白な前提の一つは、「われわれが環境を感知し、情報処理し、新たな情報財を伝達する機械的手段［のコスト］はコンピュータ・ネットワークにおいて劇的に減少している」というものである。だが、議論はここで終わるわけではない。もう一つの主要な資本の形式である「人間のコミュニケーション能力」の希少性という問題がある。確かに、インターネットの情報伝達能力は、この希少性を克服しうるかのようである。インターネットは、ベンクラーが文化的行為の「粒状化」と呼ぶものを通じて情報の生産と配分のタスクを小規模な単位に分解することが可能である。[27] しかしながら、人間のコミュニケーション能力は特定の領域において、依然として希少なままである。

ベンクラーの尺度で捉えれば、近年のニュース生産の劇的な変化は、テレビ局や新聞社の報道編集部門から資本が撤退していることを表しているといえよう。[28] まさに、ベンクラーの経済的分析の妥当性は、「環境を感知する機械的手段」をめぐる議論を根拠としている。ベンクラーは「コンピュータ・ネットワーク」に言及する場合、情報環境のインフラにおける経済的なコストを省くことが念頭にあるようである。そしてそれに基づいて詳細な事例の証明がなされている。[29] だが、海外ニュースや経済ニュースといった、人々が求め、必要とするような重要な情報を「感知する」ためのコストも同様に減少しているのだろうか。ベンクラーの議論においては明らかではない。ベンクラーの議論は次のような暗黙の前提に基づいている。すなわち、過去半世紀にわたり典型とされていた「マス・メディアという」供給の類型から**需要**を引き離し、「インターネットという」別の供給の類型へと結びつけ、その帰結を肯定的なものとみなすのである。だが、この前提は立証されていない。[30] 政治ニュースについて考えてみたい。政治情報とメディアとの間に新しい関係が形成される中で、いかなる需要が存在するのかという問題は、いかなる新しい供給の類型が生じるのかという問題と同様に重要である。しかしこの需要の問題は供給の問題ほどには研究されていない。供給サイドにおける変化によって可能となった新しい情報源としてのメディアに合わせる形で需要そのものが変化するといった現象は、依然として認められていない。クレイ・シャーキーが指摘しているように、政治の変容や社会変動は、技術的好条件だけで達成されるものではない。政治の変容や社会変動へと至るには、新たな類型のメディア生産のための動機づけや関連する文化のニーズが必要となる。言い方を変えると、現在オンラインで発展しているデータ・シェアリングの慣習は、実際の「公共的・市民的価値」を生み出すことはないのである。[31]

第二に、ベンクラーの議論は、新しいメディア環境における人々のメディア利用という問題を詳細に分析していない。その事例として、彼のインターネット・アーキテクチャに関する議論が挙げられる。ベンクラーはウェブサイト間に生成するリンクに注目しつつ議論を展開するが、[32]そのようなリンクとユーザーとの関係性（あるいは、無関係であること）について言及しているわけではない。ベンクラーは、法的な、あるいは政策上の改革を鼓舞するビジョンについて、どのようなものとして**ありうるのか**を論じる。ただし、実現の見込みについて説明していない。技術の変化が日常の文化、そして政治に与える影響を分析する際には、やはり実際の習慣的な利用動向を理解することが重要である。第三の問題は二番目の問題に続くものである。ベンクラーは実際のメディア利用を説明していないだけでなく、メディア利用に伴って成立する実践や社会組織の広範な布置にも目を向けていない。ベンクラーは、諸個人のインターネット利用に関する日常的な文脈は、われわれが当初考えていたほどには重要なものではない、ともっともらしく論じている。ベンクラーは「ネットワーク化された公共圏」について二つの興味深い事例を提示している。[33]一つは、二〇〇四年の大統領選挙のまさに一か月前に放送された〔民主党の大統領候補〕ジョン・ケリーに対する批判的なドキュメンタリー「盗まれた名誉（Stolen Honor）」をめぐる騒動である。ドキュメンタリーの放送が米国の放送大手シンクレア・ブロードキャスティングによる露骨な政治的判断であるとして激怒した人々はオンラインでキャンペーンを展開した。キャンペーンは、シンクレア傘下のローカルテレビ局の広告主を対象に広告の撤回を求めるというものであった。一連のキャンペーンは直接的な収入の減少やシンクレアの株価への打撃につながるものであり、結果としてシンクレアは番組を差し替えた。もう一つは、米国の選挙で使用された電子投票機の製造業者ディボールド社を非難する二〇〇二年から二〇〇三年のキャンペーンである（これは二〇〇〇年の大統領選挙における激しい論争に端を発する）。しばしば学生が中心となったキャンペーンの参加者はネットワークを形成し、ディボールド社による法律に抵触する行いを指し示すデータが発見され、あるいはリークされるとそれらを削除できないように保護した。その結果、ディボールド社の機械をカリフォルニアから追放することに成功した。これらの事例をもとにベンクラーは「ネットワークのトポロジーは特定の意見の迅速な表明、浸透、統合を可能にし、そうした意見を顕在化させる。ネットワークのトポロジーは、公共圏での意見の表明、浸透、統合といった要素を阻害するよりもむしろ促進するのである」と論じている。[34]

ベンクラーが提唱した「ネットワークのトポロジー」という概念は、コンピュータを操るスキルの広範な普及、「共通の関心を抱く小集団」のオンライン上での迅速な出現と連携、そしてそのような基盤に支えられた動員を意味している。ベンクラーは政治的な抗議に関するインフラの変容を力強く主張する。新たなインフラによって支えられた「社会的生産の諸実践」は、短期間の妨害的な政治的活動のための機会を**十分すぎるほど**に構築する。[35] それは特に、民主主義的過程全体の正統性が問われる選挙のような場面で効果を発揮する。ピエール・ロザンヴァロンも言及しているように、反対や異議申し立ての政治といった「対抗的民主主義」のレパートリーがここ一〇年で増加していることは疑いようがない。ウィリアム・ダットンが「第五権力」と呼ぶようなネットワーク化された公衆の活動が、新たな種類の政治的説明責任を実現する圧力となっているのも確かである。[36] しかし、(政策の推進、提言、着実な実行といった)**ポジティブな**政治活動の新たなプロジェクトが生まれ、維持されうるような社会的文脈とは何だろうか。こうした政治活動を可能にし、意味あるものにするような社会的、政治的諸形態についてより深く学ぶ必要がある。

この問題関心は、マニュエル・カステルのコミュニケーションと社会理論に関する研究へと通じている。*Communication Power* におけるカステルの議論は、単純化するとこの数十年の間、社会と政治の組織化が根本的に変化してきたというものである。カステルは二つの方向性からこの変化について論じている。第一は、**ネットワーク**の出現である。このネットワークが諸資源の配分を決定し、旧来の国民国家の境界を越えて人々を結びつける構造を提供するようになった。第二は、ネットワーク内部の**意味**の構成である。なぜならば、権力は常に正統化され、文化的に翻訳される必要があるからである。前者の要素が重要であることに疑いようはない。だが、後者との関係性についてはどうだろうか。カステルの著作は、単純な楽観主義や悲観主義を巧みに回避している。ネットワークの権力により国家は弱体化し、主要なネットワークの結節点(ノード)を統制する者が広範な影響力を持つ。特に、ルパート・マードックのように文脈と資源を別のノードへと切り替えることが可能な者は多大な権力を有する。**しかし**、政治的抵抗それ自体が広範なネットワークを形成する場合、それらは迅速に動員可能であり、日常的な政治に介入し、政権を打倒することさえある。文化は常に多様な解釈や再解釈に開かれているがゆえに、文化的領域において権力は完全なものにはなりえない。**だが**、ネットワークをめぐる権力は、一般公衆に対して流通するメッセージ、そして争点がどのようにフレーム化されるのかといった側面に多大な影響を及ぼしうる。こうした影響は、九・一一のテロにサダム・フセインが関与したという二〇〇〇年代初頭に米国で広範に信じられていた奇妙な誤解をもたらす場合もある。ネットワーク社会に関するカステルの議論は、「コミュニケーションの権力と代表制の権力との体系的な分離」の中で、(メディアネットワークにおける意味のフロー、そして金融や他のネットワークにおける諸資源のフローといった)**空間的な**フローが国内政治をいかにかき乱すのかについて非常に有用な説明を提供する。[37] 特に、メディアのネットワークと金融のネットワークがグローバルなスケールでいかに融合しているのかに関する分析は明快である。

カステルは権力の包括的理論を提示していない。政治権力について明確な焦点を当てている一方で、[38] 権力の諸類型の区分についてほとんど関心を払っていないのである。その代わりに、カステルはよりラディカルな理論を提示している。それは、広範でグローバルな秩序内部の**権力空間としての**社会を維持する諸力に関する二階の理論(a second-order theory)である。権力の容器としての国家社会の脱構築に関するウルリッヒ・ベックの議論に基づきつつ、カステルは外部から「社会を構成する(ローカル、ナショナル、グローバルといったそれぞれのレベルの)権力の社会空間的ネットワークを明らかにする」ことを試みている。[39] カステルは社会が「共有された価値を土台として成立する」という考えを正当にも棄却し、代わりに「関係性の権力」に基づいているという考え方を採用している。そしてこの「関係性の権力」が「強制的な能力とコミュニケーション的な資源」に基づくとみなしている。それを通じて社会構造に**文化的な**要素を組み込んでいるのである。カステルのこうした分析は、本書の第三章および第四章の議論と矛盾しない[40]。以下の議論も、カステルのネットワーク概念を拒絶するものではない[41]。

カステルの議論は見事なバランスによって成り立っている。にもかかわらず、彼の説明には曖昧な点も目立つ。第一に、ネットワーク**に対する**、あるいはネットワーク**内部の**権力は、いかにしてネットワークのフローを越えて他の権力形態へと変換されるのであろうか。また、逆に、他の権力形態はいかにしてネットワークの権力へと変換されるのであろうか。カステルは「何が重要であるかを決定する権力は誰しもが保持しており」、ネットワークにおいて価値が生成されることを強調する。彼はまた、ネットワークで循環する意味を個人が解釈、利用、「再プログラム」する能力も強調する。カステルは、「自分たちの生活や経験と明確に関連する話題を扱ったニュース」にのみ人々は関心を持つと論じつつ、ニュースが人々にいかなる影響を与えるのかについて日常性の文脈が果たす役割について説明している。しかし、カステルの議論は、社会過程や政治過程の説明に際して文脈とネットワークのいずれの因果に重きを置いているのかはっきりしない。日常的な行為の文脈が、ネットワークの作用やネットワーク内部における人々の位置づけに還元されないことは明らかである[42]。第二に、グローバルなコミュニケーション・ネットワークは、国内の政治過程を通じては広まらない諸価値を広めることができる（未遂に終わった二〇〇九年のイランにおける革命を想起のこと）[43]。それでは、**適切な時機に向けて**政治的な行為能力を持続させるためにはいかなる文脈や資源が必要なのだろうか。二〇〇八年の大統領選挙においてオバマ候補のキャンペーンに動員された短期間の「実践のコミュニティ」が、オバマ大統領の一期目の最初の二年間に展開された闘争に継続されなかったのはなぜだろうか[44]。

第三に、より根本的なことであるが、コミュニケーション・ネットワークは具体的にはどのようにして社会を「構成する」のだろうか。経済力、軍事力、そして法的権限は、それぞれの行使手段としてネットワークを必要とするにしても、単なるネットワークの作用へと還元することはできない。例えば、カステルが論じるように、国家による暴力の独占が依然として「確固たるもの」であるのであれば、国家は〔カステルが論じるような〕「あらゆる［コミュニケーションを伴わない］権力ネットワークを適切に機能させる既定のネットワーク」というもの以上の存在でなければならない。さらにはバランスという観点でも重要な争点が存在する。すなわち、（オンラインのソーシャル・ネットワークやブログなどの）「マス・セルフ・コミュニケーション」の増加をどの程度重視すればよいのかという問題である。マス・セルフ・コミュニケーションには、各種の制約（時間、ならびに平素の習慣のような各種資源）がつきまとう。そうした制約要因は、多くの人々のオンラインにおける永続的な活動を妨げているのではないか。また、マス・セルフ・コミュニケーションを徹底的に非政治的な文脈へと方向づけているのではないか。[45] ジョディ・ディーンは、日常生活における「マス・セルフ・コミュニケーション」のようなコミュニケーションは、企業のフレームに吸収されると指摘する。こうした議論は一般化するにはあまりにも悲観的すぎるとしても、政治的な行為能力を形成する（階級やジェンダーを含む）根深いヒエラルキーについて検討しなければならないことは確かである。[46] そのようなヒエラルキーが、人々が行動に際して下す判断に影響を及ぼさないと信じるに足る根拠は**存在する**のだろうか。カステルが事例として挙げるネットワーク化された政治（二〇〇八年の大統領選挙におけるオバマ候補のキャンペーンや数十年にわたり発展を遂げてきたグローバルな環境政治）は、経済における日常的な権力闘争（労働権や企業に対する異議申し立て）とは結びつかない。その結果、カステルはネットワーク化された政治をめぐる議論において新たに重視されている労働運動の存在を見過ごしている。そうした労働運動は中国のような国における民主主義の拡大に重要な役割を果たしている。また、カステルは米国では新たな政治文化の担い手として想定される人々（若者）が、労働団体や政治団体に加入しない傾向にあるという問題に目を向けていない。[47] われわれは、非政治的な形態の権力（経済、法律、社会）が、諸個人**自身の**政治的行為のための枠組みを形成することについてより一層考察を加える必要がある。

「ネットワーク社会」というハイブリッドな概念の中で暗黙のうちに使用される「社会」という用語も比喩的なものにとどまっている。カステルは新しい「社会的なもの」の想起を試みる。しかし、果たして「ネットワーク社会の技術的、組織的な変革が、ネットワーク化された自己管理というアナーキストのユートピアを、**ある特定**

の社会的実践として実現するための物質的・文化的な基盤を提供すること」は可能なのだろうか。[48]

社会的なものをめぐるカステルの含意は不明確である。水平的なネットワークは社会的なものと等価なのであろうか。仮にそうだとすると、このネットワークに特定の**社会的**実践としての性格を付与するものは何だろうか。また、こうしたネットワークは、われわれが依然として直面している厚みのある社会的文脈の諸類型とどのように関係するのであろうか。カステルはまた、「人々が自身の生活と関連する諸制度についてどのように**考える**かによって、権力の行使の仕方が**定義づけられる**」と論じている。[49] しかし、われわれが権力の再解釈をどのように行うようになったのかに関する詳細な事例（地球温暖化をめぐる政治の発展）を提示する際に、カステルの議論にほころびが生じる。すなわち、それは「われわれは、コミュニケーション環境のネットワークを再プログラム化することでわれわれの精神のネットワークを再プログラムする必要がある」という記述である。[50] ここでは、社会的ネットワークと諸個人の認知的諸過程が共に「プログラミング」という単一の用語に回収されてしまい、（メディア・コンテンツが解釈され、利用される社会的な文脈を含めた）社会的なものは完全に無視されてしまっている。カステルは社会的なものの消滅というこの奇妙な事態をまったく認識していない。実際、カステルは初期の著作において、ネットワーク社会では「人々、場所、活動は構造的な意味を失う」ことを強調している。[51] 政治的な説明を「ネット」と「自己」という二つの要素の対峙関係に還元するカステルの議論は、いくつかの側面において意味づけをめぐる個人化された闘争が激しさを増す時代において、正当化されうる。つまり、オーディエンスが断片化され、オンライン上で消費者が追跡されるような時代において、政治的な情報もまた、個別にターゲット化されているのである。[52] だが、カステルは諸個人の行為を**持続させる**ような長期的な文脈について理論化を行っていない。諸個人は単純に統一的な彼自身や彼女自身としてまとめ上げることはできない。アンドリュー・バリーが指摘するように、ネットワークのメタファーは、「[ネットワークが」不一致、裂け目、欠落を内包し、また形成することについて……理解するうえで何らの示唆をもたらすものではない」のである。[53] カステルの議論において、（行為能力、社会的文脈、階級、アイデンティティ、価値といった）社会学的諸概念はすべて蒸発し、退屈なサイバネティックのメタファーへと変化してしまうように見える。[54]

このような社会的なものの省略は、本章で論じた三人に共通している。そして他の論者たちにも同様の傾向が認められる。[55] ニコラス・クリスタキスとジェームズ・ファウラー（結合性（コネクティビティ）に関する著作で知られる医学者）が社会学よりも生物学の知見を参照しつつ、社会生活に関する薄い説明を展開していることは驚くべきことではない。だが、資本主義に関する批判で名声を得ているマイケル・ハートやアントニオ・ネグリのような研究者ですら、「統一された社会的身体」という考えを説得的に拒絶する一方で、彼らが提唱する新しい社会的なものの概念は、その特徴についてまったく定義づけられていない。「現在私たちが［ポスト近代社会において］経験しているのは身体ではない一種の社会的〈肉〉、生きた実質としての〈共〉的な〈肉〉である。……マルチチュードの〈肉〉は純粋な潜在力、未だ形をなさない生命力であり、**この意味において**常に生の充溢を目指すものとしての社会的存在の原質にほかならないのだ[56]」。ここで看過されているものはカステルの議論をしのぐ。すなわち、政治的動員の継続に必要となる特定の資源、行為の文脈、歴史的な機会構造という観念、つまり、「社会諸制度」を完全に見落としているのである。コミュニケーション技術を通じた変革についてはこれまでさまざまな希望が語られてきた。それにもかかわらず、コミュニケーション技術によって最終的に**既存の**ネットワークが強化されてしまうさまざまな帰結を保証してきたのはほかならぬこの社会的諸制度なのである。[57] 携帯電話とオンライン・ネットワークに関するエビデンスは早くもこうした傾向を示しつつある。[58] この点に関して、キース・ハンプトンらは次のような推測を行っている。すなわち、今日のネットワークの急激な発展は、おそらく「伝統的な村落生活の抑圧的で内向きの構造に再び類似した」情報のフローをもたらしうるのである。[59]

インターネットを誇大に喧伝することと、社会過程に関する薄い説明の組み合わせは、エフゲニー・モロゾフが「ネットに関する妄想」と呼ぶ状況を生み出している。[60] それは、民主化に必要な制度的諸構造にインターネットがどのように寄与しうるのかという問題の理解を妨げる。[61] 社会学的に概念を深めることをしなければ「ネットワーク」という用語は空虚なものとなってしまう恐れがある。この点において、別の理論家の議論を参照することは有用である。晩年のチャールズ・ティリーは、民主主義を「市民によって表明された要求に対して国家が対応する範囲」と定義し、民主化を実現する三つのマクロな条件を明らかにしている。

1　信頼性のネットワークが公共政治の中に統合される
2　社会的なカテゴリーによって生じる不平等から公共政治を分離する
3　非国家的な権力の主要なセンターが有する公共政治からの自律性が縮減する[62]

ここではまず（1）の条件に着目する（（2）と（3）についてはのちに扱う）。ティリーはより多くの信頼が必要であると指摘しているわけではない。信頼性の**ネットワーク**は広範な社会的組織化へ、特に公共政治の交渉諸過程へと統合される必要があると指摘しているのである。こうした統合は、人々が支配勢力をより一層信頼することを求めているわけではない（しばしばその反対である！）。むしろ、民主的な政治過程に内在するリスクを解消するという「重大な事業」に関与することを求めているのである。人々は**過程**をより信頼する必要がある。そして「相互に拘束力を持つ協議」の過程を受け入れ、そうした協議に基づく評価・判断の構造を受け入れることが求められる[63]。また、ピエール・ロザンヴァロンが指摘するように、こうした信頼性のネットワークは、「明瞭で可視的な全体性」であることが求められる。そうしたネットワークにおいて、政治活動が発生する可能性が存在し、一群の争点を結びつける公共空間が想像され、また、議論されうるのである[64]。このことは象徴的実践の問題や政治の表象の問題へと立ち返る際の重要なリンクとなる。

2　デジタルメディア・政治・社会の変革

「財、サービス、価値の権威的配分」という政治に関するデイヴィッド・イーストンの古典的な定義を思い出してみたい[65]。この定義はそれ自体、きわめて狭義なものである。なぜならば、何が権威となるのかをめぐる、あるいはいかなる財が配分されるべきかをめぐる競合が進行中である可能性を考慮に入れていないからである。一連の競合は抽象的な「メタ政治」ではなく、まさに政治の本質そのものである。こうした留保は別にして、イーストンの定義はデジタル時代における政治の条件を検討するうえで格好の出発点となる。なぜならば、それはわれわれが常に留意すべき第一の次元を明らかにしているからである。すなわち、**権威**である。そしてこの概念から政治的正統性の問題が導かれることとなる。

〔第二の次元として、〕権威は**価値づけ**と連関する。フランスの社会学者ボルタンスキーとテヴノーの主張、すなわち政治社会学がかつて参照点として想定していた共通価値によって社会はもはや統合されえないという議論を出発点とした場合[66]、あらゆる変革の政治は、日常生活の組織化において支配的な価値づけのレジームの部分的、あるいは全体的な**変化**に依存することとなる。政治の前提条件を形成するうえで鍵となる第三の次元は、**フレーミング**である。フレーミングとは「世界」の構築である。こうした「世界」の構築は政治の中で取り組まれ、また、潜在的に変容する可能性を有している[67]。メディアはこれらすべての政治の文脈上の諸次元に対して重要な役割を果たす。カステルのネットワーク社会論の強みはこれらの次元を認識していたことである。しかし、問題はカステルの理論が権威、価値づけ、フレーミングが根差す社会の習慣的な領域にほとんど言及していない点である[68]。この社会の基本的レベルにおけるメディアの役割をより重要なものとして扱う場合、デジタル時代における政治や社会の説明はどのようなものになるだろうか。

この短い一つの章では上記の問いについて完全な解答を提供することは不可能である。しかし、デジタルメディアと政治に関する広範な文献を概観することで、デジタルメディアが政治をどのように変化させるのかについて十分な説明を行うためのいくつかの重要な社会的諸要因を特定することは可能である。以下で展開する議論は、メディアと関連した実践の複雑性に関する第二章の説明と、第三章および第四章における社会的世界を表象するメディアの役割に関する議論に基づいている。まずは、**誰が**政治に関わるのかという問題（今日、政治的行為主体とみなされるのはいかなる人々、あるいは事物であろうか）について着目する。そこから**何が**政治に関わるのかという問題（熟議、行為、決定といったさまざまな様式がある中で、何が政治的なものとみなされうるのだろうか）について検討する。そして、**なぜ**政治が成り立つのかという問題（特定の政治的な主体／行為を可能・不可能にする広範な文脈やフレームとは何か）について論じる。加えて、「誰が、何が、なぜ」という問題を変化させる体系的な副次効果についてもある程度は目配りする必要がある。この副次効果は、ブルース・ビンバーが指摘するような民主主義自体の「情報化が進展し、コミュニケーションの集中が進んでいる」時代における政治的変容の経路を形成する可能性がある。[69]

(1) 誰の政治か、そして何が政治なのか

政治的アクターの中には主流の政治制度やその代表者が名を連ねる公的なリストからはみ出る者が常に存在する。当局によって政治的主張が容認されない集団にとって、暴力的、あるいは非暴力的な物理的抵抗は政治的行為の方法の一つであり続けてきた。国家の正統化された暴力（マックス・ウェーバー）とは対照的に、こうした暴力は正統性を伴う政治の周縁に位置づけられる。それらにはしばしば政治の名が与えられず、「テロリズム」と呼ばれることもある。新たなデジタル政治をめぐる議論では暴力を伴う政治は主たる関心の対象ではない。その代わりにデジタル政治をめぐる議論が焦点を当てているのは、デジタル時代は新たな種類の正統な政治活動を可能にする、という主張であり、すなわち政治的言説の新たな担い手と承認された新しい声に対してである。

ヨハイ・ベンクラーがインターネットのトポロジーと呼ぶものは、正統性の付与された新たな政治的アクターの出現を可能にした。まず、**ネットワーク化されたアクター**の存在が挙げられる。ネットワーク化されたアクターは、分散しつつも政治的に協力し合う主体である。そうしたアクターは、空間を超えた多様な人、集団、地位の結びつきによって形成され、物理的な拠点や社会的メンバーシップの絆を必要とはしない。ネットワーク化されたアクターは、NGO活動やサパティスタのような反乱者が形成する国際的なオンライン・ネットワークが興

隆した一九九〇年代に顕在化した。そして一九九九年のシアトルにおけるWTO閣僚会議への反対運動の動員を経て、ネットワーク化された政治組織の新たな慣習が確立された。[70] インターネットは非公式の政治的アクターがオンラインの実践を通じてコミュニティを形成・構築し、国内政治のさまざまな境界線に対して異議申し立てを行う新たな可能性をもたらしたのである。英国の Tescopoly.org のように適切に設計されたキャンペーンのウェブサイトは、争点となっている領域の名づけを行い、地元のキャンペーンのためのネットワーキングの資源を供給し、さらには将来的な動員や長期間の活動のための参照点であり続ける。そうしたキャンペーンは、政治活動のレパートリーや日常的に実施される政治活動のスケールを拡大させ、一連の過程を通じて政治的アクターの範囲も拡大させた。英国における母親たちのロビー団体である Mumsnet は、もともとは利害を共有する身近な人々から成る地域の小集団であったが、オンラインで急速に勢力を拡大し、国内の政治アクターとして成長を遂げたのである。[71]

なぜ、ネットワークを通じた新たな政治的主体の出現が可能になったのであろうか。第一に、離れたところから匿名で行う政治活動が可能になったことで、報復や嫌がらせに対する恐怖といった政治活動を行ううえでの障壁が緩和されたことが挙げられる。さらに、より全般的には「ネットワークのネットワーク」としてのインターネットは、ネットワーク上のアクターたちが互いに容易に結びつき、より大きなネットワークを形成することを可能にしたことが挙げられる。インターネットのコンヴィヴァリティ〔訳注：イヴァン・イリイチの用語〕としての性格、すなわち境界線を構築するような差異を参照することなくインフォーマルな結びつきをもたらすような特徴も、対面的な状況では重要である。[72] ローレン・ラングマンが主張するように、インターネットは「政治的動員」の全般的な再考をもたらしている。われわれはもはや、政治的主体がいかなる形態を伴いうるのかを確実に述べることはできない。ネットワーク化を通じた政治的主体の構築の可能性はあまりにも多様である。[73] 法学者ベス・ノベックは、ネットワーク化された集団は政治的決定に寄与する能力を有した責任主体として、政府により法的にも政治的にも認められるべきである、という非常にラディカルな仮説を提起している。二〇一一年にアイスランド政府がオンラインで実施した新憲法に関する意見募集は、同国の人口は三二万人にすぎなかったとはいえ、ノベックが提起した仮説が実践的に適用された初めての事例として挙げることができるだろう。[74]
したがって、新しい種類の**個人レベルの政治的アクター**が登場したといえる。もはや、政党やストライキのカリスマ的指導者、権威ある主流政治のコメンテーター（ジャーナリスト）、熱心に活動をしていない党員、デモの参加者といった人々だけが政治的アクターなのではない。政治的な権威を有していない者でも、オンライン上で活動することによって、突如として重要な政治的アクターとしての地位を獲得することができるようになったのである。

ブログは政治的「論評」（第二章で用いた用語）の範囲を拡張させてきた顕著な現象の一つである。しかし、その具体的な影響は不明確である。個人ブロガーたちの活動は本当の意味で政治における新たな声なのだろうか。このことはいくつかの事例についていえば疑いようがない。例えば、中国の工場労働者が遠く離れた日本の経営者に対してストライキを仕掛ける際に Blogcn.com に開設したブログが使用された。同じく中国の厦門（アモイ）市で二〇〇七年に発生した化学工場の建設に反対する大規模な抗議活動では、その周知に際して画像やテキストがブログに投稿された。二〇一一年一月から二月にかけてエジプトで発生した騒乱でブロガーのハーリド・サイードが警官に殺害されたのは偶然ではない。しかし、大半のブロガーは旧来の政治エリートのメンバーであり、そうしたブロガーの声は政治の密室から聞こえてくるものというよりは、文書ですでに保管されているような情報にすぎないのである。[75]

国際比較は分析をさらに複雑にする。二〇〇五年の段階で一五〇〇万を超えるブログが存在していた韓国では、個々に独立した市民ジャーナリストによって担われたコミュニティである『オーマイニュース』が幅広い民意を実際に代表するものとして登場した。『オーマイニュース』における市民の自発的な動員は、大統領選挙の最終盤の趨勢に多大な影響を及ぼしたと評価されている。中国では二〇〇九年末の段階でアクティブなブログユーザー（半年以内にブログを更新しているユーザー）が一億四五〇〇万人にものぼる。イン・ハイチンが論じるように、中国国内のブロゴスフィア〔訳注：ブログにおける言論空間〕では主流の政治的イデオロギーと戯れるような関係性が構築されている。だが、この戯れに満ちたユーモアやコメンタリーは権威主義的な政府に対する政治的な異議申し立てなのである。イランでは、個人や集団によるブロゴスフィアが主流の政治に対抗する明確な闘争の中心である。ブロゴスフィアは権威主義的体制内部において政治的な重要性を有している。米国や英国では状況は複雑である。米国では一八歳から二九歳のブログユーザーの割合は二〇〇九年までに一五％まで低下している。その一方で、断片化した米国の政治空間において、ブロガーの諸クラスターはオンライン上の特定の政治的領域を囲い込み、支持する力を持っている。これらの集団は、政治的な正統性が認められている政党や組織から大きく逸脱した主張を行うことができ、主要メディアによって取り上げられることで政治的な意見の分散を自らの範囲に引き寄せつつある。こうした状況下において、（サラ・ペイリンのような）専門的な政治家たちはしばらくの間、自らの公的な地位を捨て、単なる一個人に「戻って」ブログやフェイスブックを通じて活動することができるようになった。政治がより中央に集中し、また、政治的な対立の程度がより穏やかな英国では、グイド・フォークスやイアン・デールのような著名な政治ブロガーが、ある意味でかつての政治評論家たちが担った役割をデジタル向けに改訂している。ブロガーたちが徘徊するのは常に政治的に周縁の領域であり、その政治的な影響力も周縁にとどまる。ただし、ブロガーの記事を主流メディアや政治的アクターが正式に取り上げるような場合には、彼らは一種の権威を獲得する（二〇一〇年九月にグイド・フォークスが英国の外務大臣ウィリアム・ヘイグの同性愛不倫疑惑を暴露した出来事はその一例として挙げられる[76]）。とはいえ、こうした関係性は、主流ジャーナリズムへの対抗的な論理というよりも、主流ジャーナリズムの地位をさらに強化しているように見える[77]。

インターネット全般について検討すると、個々の政治的アクターの間での階層序列化の圧力が非常に大きいことがわかる。ウェブ上で可視化されることは偶然の産物ではない。ウェブ上での可視性は、検索エンジンでの表示（被リンク数をもとに優先度が決まる）、ウェブユーザー個人による推薦[78]、あるいは（昨今増加傾向にある）スマートフォンのアプリに備わるおすすめ機能に左右されるのである。もちろん最初の二つについては、政治権力を強化するこれまでのやり方とそれほど異なるわけではない。推薦を掲げるブログが主流メディアのアクターが運営するブログであるような場合にはなおさらである[79]。その民主主義的な潜在力が誇大に語られるにもかかわらず、ツイッターもまた、政治的なツイートは一部に集中している。ウェブ・エコロジー・プロジェクトの調査によると、二〇〇九年のイランでの失敗に終わった革命では一度きりのツイートにとどまったユーザーが五九％にのぼり、ツイートの六五％は上位一〇％のユーザーによって投稿されたものであった[80]。

しかしながら、われわれは**潜在的な政治的アクター**の増加を認識する必要がある。例えば英国では、特定の組織や制度の中で働く自らの生活について、ブログやツイッターを通じて投稿している人々が存在する。彼らの投稿は今のところは政治的な論議に貢献するものとみなされてはいない。しかし、適切な政治的文脈を与えられた際に、そうした投稿は姿を現す。すなわち、自身の勤務状況を公に向けて語ることを禁じられている医者、教師、男性警官・女性警官、軍人、行政長官、巨大製薬企業の被雇用者たちがブログを投稿しているのである[81]。潜在化された諸個人の政治という領域は新しいものであり、ウェブというネットワーク化された空間を通じてのみ実現される。（ウィキリークスのように）国境線を越えた連携が生じるような場合には、情報と商業のフローが密接に絡み合った古い規則を崩壊させる可能性がある[82]。それは広範な政治的帰結をもたらすものであるが、必ずしもよい帰結をもたらすとは限らない[83]。いずれにせよ、ウェブ上での政治的アクターの増加の結果、政治活動のための新たな**蓄積**がもたらされている。

「情報過多」の時代において、確かに政治活動の範囲は拡張された。こうした状況は、ブルース・ビンバーが「ポスト官僚制の政治形態」と呼ぶものを可能にしている。しかし、新しい政治的アクターを特定するだけでは十分ではない。こうした政治的アクターの諸活動がより長い「連鎖」へと節合され、政治的な「もの」の一部であると認識されるようになる諸条件を理解することも必要である。政党の外部にいるものの、持続的にメディアの情報源となっている主流の政治的ブロガーたちはこのようにして長い「連鎖」へと節合された存在である。しかし、大半のブロガーたちはそうではない。確かに、新たなオンライン・ネットワークはグローバルな政治の中で可視化されるようになっている。だが、そこに何か持続的な影響が伴っているのであろうか。市民の対話は多くの場合権力の実践とは無関係である。オンラインでの影響力を小規模な集団を越えて、現実政治に影響を及ぼすような存在感や正統性へと変換することはきわめて困難である。それゆえ、ブログを「新たなエリートメディア」にすぎないと冷めた目で評価するマシュー・ハインドマンの議論は、民主主義が機能している国においては否定しえない。数多くの小規模な民主的「サブアクティビズム」には、「公的な制度領域における政策決定」へと至るための橋が架かっていないことを心に留め置くべきである。[84]

とはいえ、原則として、分散した公衆はオンラインで容易につながることができる。そして特定の争点や政治的危機をめぐって「公衆の集まり」を形成する。[85]この点についていくつかの事例を挙げて考えてみる。欧州や北米、ならびにその他の地域で形成されている反グローバル化のネットワークは、この一〇年で潜在的な政治的アクターにとどまらず、一連の顕在的な政治的アクターの一つに加わり、著しい存在感を示している。しかし、そうした活動が主流政治のアジェンダや、広範な一般市民による政治の理解にどの程度の影響を及ぼしているのだろうか。主流のアジェンダときわめて密接に関係する（NGOのような）ネットワークのアクターの活動を考慮に入れないとすれば、政治的アクターの範囲は拡大していても、西洋の政治的アジェンダは過去二〇年にわたってさほど変化していないのは確かである。実際、この二〇年間、新自由主義的な政策が主要アジェンダとしての地位を絶えず占めている。[86]この問題は先に提示した三つの概念、すなわち、権威、価値づけ、フレーミングという観点からも説明しうる。政治的アクターの範囲は広がった。しかし、政治の変化には、政治的**権威**の配分の変化が必要とされる。また、政治の変化は価値づけの支配的なレジームの変化に基礎づけられなければならない。そしてそれは社会的な関心や政治的ニーズが定義づけられる空間それ自体が、どのように**フレーム化**されるのかに依存するのである。[87]政治の変化にはジェンダー、年齢、エスニシティ、階級といった隔たりを超えた連携が求められる。また、インドネシアの政治を扱った昨今の研究が示すように、政治的な主体が可視化される**物理的**な場所を維持し続けることも必要となる。一連の変容をめぐる困難の結果、最も資源に恵まれた新たな政治的アクターでさえも、より広範な政治的影響力を及ぼす機会を減じさせることとなる。ジェフリー・ジュリスによる反グローバル化の運動に関する卓越した研究は、新たな政治的アクターたちによる不満の表明とその帰結について知見をもたらしてくれる。米国のティーパーティー運動のように、新たな政治的アクターがオンライン上で姿を現す**場合がある**。しかし、ティーパーティーのメンバーは（二〇一〇年現在）六万七〇〇〇人にとどまっている。そもそもティーパーティー運動には二つの決定的な強みがあった。一つは、そのキャンペーンが米国社会における支配的な価値づけのレジーム（市場優先、反国家、地域活動の重視）の傾向と反目せずに協調的であったこと、そしてもう一つは、支持者として名を連ねる裕福な企業の利益にかなっていたことである[88]。

　ティーパーティー運動の事例は、次のような重要な論点を前景化する。すなわち、政治的行為能力の基本的な諸資源を変容させる（そして政治への参加者リストを拡張させる）諸力は、いずれも既存の政治的アクターも含む**あらゆる**政治諸制度の利益に寄与するのだろうか、という問題である。制度的な政治的アクターにとって、情報過多という状況が持つ含意はおそらく複雑なものである。アンドリュー・チャドウィックが指摘するように、「インターネットは政治エリートが自身の権力の座を維持する手段を強化し、多様化させる多くの機会を提供する」[89]。しかしながら、諸制度は、関係者（被雇用者、顧客、契約者）の誰しもが今やブログを書いていることもまた、想定しなければならない。すなわち、（まさに電子メールの送信ボタンを押すだけで）リークが容易に行われるのである。さらに、大半の人々がブログを行う動機や、しばしばリークを行う動機を有している。その結果、諸制度は**多孔性**の性質を新たに有するようになった。他方でメディア制度はその結果生じたニュースの新たな情報源を囲い込み、気まぐれなオーディエンスの関心を得るための新たな手段とすべく躍起になっている[90]。制度の多孔性は、既成の制度的な権威を暴露し、競合的な政治の機会をあらゆるところで増加させる。こうした状況は民主主義にとって一見望ましく映る。しかし、まさにその多孔性が、国家やその機関を含む**政治的**諸制度に同じような影響を与えることは重要である。英国では内務省の不祥事（大量の機密データが保存されたノートパソコンの紛失）がリークされた。米国ではアブグレイブ刑務所で兵士が拷問を行っている写真が流出した。そうした情報が公的な領域で流通することは、国家から提供されるさまざまな資源に依存する（例えば警察などの）一部の制度にとっては利益になるかもしれない。したがって、制度的な多孔性の進展は、個別の政治的行為能力の新たな形式を生み出す**可能性がある**。それでもやはり、そうした政治的行為能力の社会的な影響力については、別の力学を参照しながら、詳細な分析を行うことが常に求められる。アブグレイブ刑務所の事例についていえば、ランス・ベネットとその同僚たちが指摘しているように、準戦時体制で活動していた米国の報道機関が「拷問」ではなく「虐待」としてイメージを枠づけたことで、事の重大性の緩和が図られたのである[91]。

いずれにせよ、制度の権威を動揺させる個々の行為は長期的な民主化の過程を説明するものではない。既存の価値づけのレジームや政治空間のフレーミングに対する異議申し立てを行うために十分な権威を備えた新しい政治**制度**を構築する機会はあるのだろうか。そうした機会は小さなものであるといえる。十分に定着した政治制度が「あらゆる出来事や争点に対して適切に対応する機能を維持する」可能性がますます困難になりつつあるならば[92]、ラディカルな政策的取り組みの諸プログラムを維持するために十分な権威を備えた新たな政治制度を確立することは、どれほど困難なものとなるだろうか。政治スキャンダルが慣例化している時代において、あらゆる政治的権威はますます不安定なものとなる。そしてそれらの政治的権威はますます新たな政治的権威の諸形式を生み出そうとするのである。

オンラインを通じ、共同で社会的、政治的な何かを生み出すための新たな機会が存在するのは明白であるといえる[93]。実際に、ユルゲン・ハーバーマスのいう「公共圏」は、その境界と力学を変容させつつある。複数の公共圏のネットワーク化は、特定の制度に帰属したゆっくりとした過程から、無数のノード間の急速なフィードバック・ループへと移行しつつある。こうした動きは中国で見られたように、時に驚くべき速度で、あるいは「炎（中国語の huo）」のように進展する[94]。そして変革的な政治活動の実現可能性は、短期間に展開される破壊的介入の方にその重心を移し、長期的かつ建設的な政治的プロジェクトの実現可能性からますます遠ざかりつつある。

（2）政治的関与の諸条件の変化（「なぜ」政治が可能になるのか）

政治に関する説明のほとんどは制度に集中しており、市民の政治的志向や能力といった諸個人のレベルは軽視されている。政治的志向や能力は人々が政治的に振る舞う**理由**を理解するうえで重要である。制度に属する政治的行為能力がますます脆弱になっていることは、**現時点では**政治的な主体とはいえない市民の政治的関与という問題と関わってくる。ベネットが指摘するように、若者の「オンラインにおける市民生活」に関する近年の研究に着目してみると、「政治的関与の経路」は広範であることを認めざるを得ない。しかし、政治的関与がエンパワーメントやディスエンパワーメントに関する文脈に深く根差していることにも留意しなければならない。「大半の若者は、多様な争点をフォローし、学習することが、それらに関する政治的決定を促す権力へと変換されるなどと素朴に信じているわけではない」。この指摘とも関連するのだが、英国全体としても近年こうした傾向が顕著になってはいるものの、次の総選挙で確実に投票に行くと答えた割合が五〇歳未満では五〇％以下にとどまるという、印象的なデータが示されている。例えば、若者たちが自らの提案を「聴いてもらえると信じていない」場合、若者たちの関与の感覚に対する「双方向的な」サイトの寄与がほとんどないというのは当たり前である[95]。政治的社会化への期待と、現実における政治的な（非）参加との間のギャップこそが問題である。デジタルメディアはこうしたギャップを埋めるわけではない。その一方で、伝統的なメディアはわれわれの認識以上に、依然として重要な役割を果たし続けている。例えば、二〇一〇年の英国の総選挙では、テレビ討論が人々の意見を変化させたイベントであったことは広く認識されている。ＳＮＳでの論評は少なくとも新たな有権者、あるいは若年層の有権者にとって重要なツールであったが、それらはテレビの効果を増幅させる役割にとどまったのである[96]。

まずは政治的関与の「供給」サイドについて検討する。今日の情報インターフェイスの有する双方向性**それ自体**が関与と同義であるといういかなる前提も排除したい[97]。ここで考えたいのは、単なる「情報処理的」な双方向性でなく、実際の連帯行動の可能性である。ピエール・ロザンヴァロンは次のように論じている。すなわち、今日の政治という言葉には、「番犬としての民衆、拒否権を行使する主体としての民衆、審判者としての民衆」といった「対抗政治」の諸形式を通じた参加を促進させるものという意味が**ますます**含まれるようになっている。しかしながら他方で、「通常の民主主義」、すなわち明確な政治的目標に資する持続的な政治活動を促進するものという意味は**ますます**含まれなくなっている。

とはいえ、肯定的な連帯よりも否定的な連帯の方が組織化は容易であるというわけではない[98]。ロザンヴァロンは、政治的可能性の領域を下から構造化する肯定的な動機づけが否定的なものへと変容することに関心を示している。彼は強調はしないものの、**メディア**はこの変容を可能にし、増幅させる重要な存在である。メディアは否定的な政治活動の勢力を増強させ、その行動への関心を集中させる。また、制度的なアクターに対する強烈な圧力を生み出す。肯定的な政治活動については、メディアは「政治的なもの」に対する通常の異議申し立てを危険ないし暴力的とフレーミングする。そして、新たな価値づけのレジームを公的に構築するために必要な時間の尺度を短縮させる。こうして（すでに制度化された主体であれ、新たな主体であれ）建設的な政治の担い手の基盤を揺るがす。デジタルメディアの環境はこのような非対称性を増幅させる。

転じて政治的関与の「需要」サイドについて検討してみたい。今日のインフラによって促進される個人の行為は、どのような条件によって継続的な政治活動へと変換されるのであろうか。多くの場合、強大なアクターがメディアの生産や伝達のネットワークを支配することを通じて世界のさまざまな出来事がどのようにフレーム化されるのかを支配している[99]。マス・**セルフ**・コミュニケーションが依拠する資源はますます増加しつつあるが、それらは企業やその他の強大なアクターが管理する**商業活動や宣伝のための**資源を増加させる結果となっている[100]。そしてそうした状況に影響されながら「単なる」諸個人による政治活動は評価されることとなる。**あらゆる**人々にとって、語ることの誘因はますます増加し、巨大なものとなっている。このような状況は、過剰に飽和したメディア**消費**の環境を作り出している。その結果、諸個人が（政治的に）注目し、関与することに結びつくような特定のテーマを選択する可能性はますます低くなっている。ダニーロ・ゾロが二〇年前に指摘したように、人々の関心を集めることが重視され、そのための諸形式が発展することは、政治の個別のテーマに多くの関心を集めることが難しくなることを意味する。否定的な政治よりも肯定的な政治が関心を集める可能性は一層低くなる。仮にわれわれ全員がテレビを視聴することをやめる場合、代わりにオンラインで利用可能な大量の政治コミュニケーションをフォローすることに多くの時間を費やすことが予想される。とはいえ、情報や意見のフローが事実上無限である時代に、大量の政治的な情報をフォローする「認知的な余剰」は十分に確保できるのだろうか。ポスト官僚政治の時代では、それまで引き継がれてきた忠誠や「利害関係に基づく政治的帰属意識」は、短期的な「出来事に基づく」政治的忠誠と比べてそれほどの価値を持たない。そうした傾向は、後者を促進することに既得権益を持つメディア制度によって支えられる。一方で、旧来の市民としての責任は制度の変容によって不安定となり、日常生活における社会的・政治的諸次元に深刻な分断を生み出す。この傾向は特に若い人々の間で顕著である。[101]

とりわけ重要なのは、人々の実際のデジタルメディア利用について、デジタルメディアの喧伝者のように誇張することなく、証拠に基づきながら理解をすることである。アルゼンチンのニュース生産とオーディエンスに関するパブロ・ボツコフスキーの非常に興味深い研究によると、ニュース・オーディエンスの圧倒的多数がブログやオンラインの論評を読んでおらず、ホームページに設定しているサイトのヘッドラインを一瞥する程度にとどまり、ニュースのリンクをクリックすることなくホームページを閉じていた。[102]一方、インターネット普及率が非常に高く、政治的有効性感覚も非常に高いデンマークのような国においても、オンラインで政治的な討論に参加したり、ソーシャル・ネットワーキング・サービスを利用して政治的な活動に携わったりするのはごく少数にとどまる。[103]インターネットへアクセスするだけでは十分ではない。マシュー・プリオールが指摘するように、米国では「ケーブルテレビやインターネットにアクセスする習慣を有し、**そして**ニュースよりも娯楽番組を好んで視聴する人々は、その他の集団に比べて**政治的知識に乏しく、投票に行く動機づけも低い**」とされる。[104]それは、米国においてしばしば建設的な政治活動のための文脈を提供するような「市民社会の環境」が持続的に存在していないことが理由の一つである（ティーパーティーの否定的な政治は逆説的な反証である）。また、**過去の**政治的知識へのアクセスが、オンライン上の娯楽の享受のついでにできてしまうという点も理由の一つである[105]。

日常生活の構造に変化をもたらす新たな形態の言説や行為を組織化しようとする変革の政治の諸戦略は、メディアによって強化されて**日常の**行為の中に浸透した秩序に異議申し立てをすることも求められている。例えば、職場での監視は近年ますます強化され、今や行為の最小カテゴリーとなっている。職場での行為を監視と結びつける能力は、（「達成目標」「使命」「個人的目標」といった）被雇用者の労働や広範な生活の組織化の方向性をあらかじめ規定するような語りとも結びつけられうる[106]。監視が浸透した労働環境の諸原則は、社会的な環境や余暇、消費の環境における**相互監視**へと変換される。この相互監視は、うわさ、「リーク」、暴露、スキャンダルの発生を促す圧力を再生産する。相互の監視は常に社会生活の一部として存在する。しかし、デジタルメディアは迅速かつ広範で持続的な相互監視の諸形式を制度化し、支えている。同時に、ボルタンスキーとシャペロが論じるように、ネットワーク化された生活におけるモビリティの急激な進展は、オルタナティブな価値の集合的な構築や維持を可能にする**社会的**資源を減少させる[107]。カール・マルクスが「経済生活の無言の強制」と定義したような抑圧が変革の政治に及んでいる[108]。こうした抑圧が今や社会や文化の次元を有するようになったのである。こうした状況を**メディアが浸透した生活の無言の強制**と呼ぶことにする。

一方で、**潜在的な**政治活動を実現可能とするような資源はデジタル化以前に比べて量的にも質的にも増加している。こうした変化は、諸個人が新たな技術へアクセスできるかどうか、といった問題に必ずしも依存するものではなく、したがって豊かな国以外にも広がっている。ウェブサイト、携帯電話、ソーシャル・ネットワーキング・サービス、ツイッターは今や、世界中で政治活動の編制に寄与している。こうした状況は二〇〇〇年代にすでにフィリピンからイランに至るまで各地で発生し、二〇一〇年代にもチュニジアの民主化運動からUK Uncut運動に至るまでさまざまな形で生じている[109]。とはいえ、これらのデジタルメディアによって相互に結びついているがゆえに、肯定的な政治や新たな政治制度の構築といった**長期的な**戦略はより制約されたものとなる。ニュースサイクルの隙間を埋めることは旧来型のメディアでも行われてきたが、今日の拡大化したメディア環境の中では莫大な量の「ノイズ」がそれを行っている[110]。より微細には、肯定的な政治の（他者に対して生活様式を変えるように説得するという）リスクを人々が回避するように仕向けるような相互監視や社会的判断がこうしたメディア環境によって強化される。ネットワーキングが発展し、より影響力を持つようになっても、それは政治的な体制順応主義（コンフォーミズム）を促すような「沈黙のらせん」を止めるものではない[111]。「対抗的民主主義」の膨張と「普通の民主主義」に対する制約の強化という二重の動きこそが、目下の政治的革新なるものを形成している[112]。これらの状況を背景にした場合、**ニュース**が一般の人々の参加を通じて生産されるということはどれほどの意義を持つのだろうか[113]。

以上の分析は、民主化という観点からいかなる含意を有するのか。この問いに答えるためにティリーが提起した民主化の三つの条件に立ち返ってみたい。デジタルメディアの時代において、ティリーが提起した三番目の条件（**非国家的な権力の諸センターが有する公共政治からの自律性の縮減**）の一部は強化されている。すべての制度は多孔性が拡大し、メディアによる精査やスキャンダルに晒される。その結果、**いかなる**制度的な権力のセンターも自らを公共政治から隔離することがますます困難となる。（例えば、犯罪ネットワークのような）一部のネットワークは公共政治から隔離されるかもしれないが、そうした状態が成立するのは公とならない場合のみである。ティリーが提示した二番目の条件（**あらゆる社会的カテゴリーからの参加が可能となるように公共政治が開かれたものになること**）については明確ではない。なぜならば、二番目の条件は、価値づけのレジームがカテゴリーに基づく不平等をどの程度固定化しているのかに左右されるからである。ところによっては（ジェンダーに基づく不平等により政治への参入が大幅に制限されているような場所）、メディアのスペクタクルが旧来の価値づけのレジームにあらがう道を切り開く場合がある[114]。第四章で見たように、メディアが逆の役割を果たす場合もある。ティリーが提起した一番目の条件（**信頼性のネットワークが公共政治の中に統合される**）は、デジタルメディア時代においては進展しない公算が大きい。なぜならば、政治情報の飽和がさらに進むことで、ネットワークを結びつける過程を支える制度を信頼する根拠がほとんどなくなってしまうからである。同時に、そうしたネットワークをつなぐことに人々が不信感を抱くようになる根拠が増えつつある。一方で、政治的な意思決定の位相は、これまで民主的な過程が存在していた空間からますます引き離されるようになる。[115]

新たな民主主義の可能性は矛盾をはらみ、不完全なものにとどまる。他方でデジタルメディアが脱民主化（既存の民主主義の制度的基盤の弱体化）をもたらす可能性は多様で持続的なものである。政治経済学派が長い間指摘してきた、主流メディアにおける政治的な立場を狭めるような持続的圧力について検討する必要がある。[116]われわれは「コミュニケーションの技術はそれ自体が善である」と礼讃するような議論に用心しなければならない。[117]コミュニケーションの形式それ自体は、新たな形の公共政治を確立・維持するには十分たりえない。このことを忘れてはならないのである。

3　公共政治の新たな経路

公共政治の新たな経路がいかに構築されうるかという議論は、諸個人の立ち位置にかなり左右される。ただし、「新たな政治」の制約の傍らには希望も少なからず存在していることを理解せねばならない。政治は希望なしに存在しえない。フィリップ・ハワードの「薄い政治」という暗い見通しは、「莫大に供給される情報の全体量のうち、市民に共有されるのはごくわずかである」といった状態を指しており、こうした見解は米国（ならびに英国）に関しては説得力を有している。[118]だが、（特徴的な人口動態、新植民地主義と権威主義の長い歴史、貧困の増大が認められる）今日のアラブ世界における政治的動員に関する例外的な状況に対しては当てはまらない。あるいは大規模な若い「ネティズン」の集団が政府に対して異議申し立てを行い、罵る際にデジタル・プラットフォームを活用しながら声を上げ、連帯する状況が生まれている中国に対しても当てはまらない。[119]持続的な政治的動員や変革が生じるのは、非常に強いニーズが共有されたときに限られる。すなわち、必要とされる資源の量と、利用可能な資源の量との間にギャップが認識され、それが深刻な場合、連帯行動が要請されるのである。国際連合食糧農業機関（FAO）は食糧をめぐる暴動に警告を発したが[120]、そのようなグローバルな経済危機や社会危機が増大するようなときには、非常に強いニーズも生じうる。こうした場合、政治的争点化を求めるローカルな運動が、しばしばメディアの生中継という舞台を通じてグローバルなレベルで展開されることになる。

デジタルメディアは、公共メディアや公共政治に新たなインフラを提供する。これはジェレミー・ギルバートが「オルタナティブ・メディアのインフラ」と呼ぶものである。だが、メディアの「インフラストラクチャー」の民主化をどのように評価すればよいのであろうか[121]。先述の通り、ヨハイ・ベンクラーは非制度的な文化生産の妨げとなるような経済的（実践的）障壁は取り払われたとみなしている。だが、いかなる情報が求められているのかという情報需要の力学にまったく言及していない。（政治的な情報、協調、問題解決、動員に関する新たな需要が形成されるといった）政治的なニーズが存在する場合、メディアに関連した実践の中からニュースや動員のための新たな情報源だけでなく、**新たなタイプのメディアユーザー**もまた出現するのである。そうしたメディアユーザーたちは、諸制度をはるかに超えて広がって社会的に蓄積された情報やコメントを収集しようとする欲求を持っている[122]。そして別の情報生産者の需要に応じて、また、「検索すること」「存在感を示すこと」「保管すること」といった行為を通じてメディアのインフラの一部として機能する場合がある（第二章参照）。すなわち、抵抗の様子や、二〇一一年一〇月のソウル市長選のようにただ投票する様子といった画像を（ソーシャルメディアを通じて）提示すること、不正に関する情報を交換すること、抵抗運動を行うためのツールキットを（ソーシャルメディアを通じて）集合的に作成し、誰でも利用できるようにすること、開かれたメディアアーカイブの作成、国境を越えて共通の闘争の経験を情報交換すること、などである[123]。（成功したもの、あるいは不完全に終わったものを問わず）二〇一一年のアラブの春を通じて生じたいくつかの革命は、ソーシャル・ネットワーキングの可能性や限界に関する事例と位置づけられる。ソーシャル・ネットワーキングのプラットフォームが、民衆政治の新たなイコノグラフィーを可能にしたことは疑いえない。また、政治の諸形式にさまざまな影響を与えてきた技術の歴史が新たな段階に至ったこと、そしてそれがヴァルター・ベンヤミンが近代の政治文化は「注意散逸状態」のうちに受容されると論じた見解を発展させるものであることも確かである。[124] ソーシャル・ネットワーキングのプラットフォームは、時として既存の国家とメディアの関係に対抗するための神話、すなわちメディアによって媒介された中心の**対抗神話**を生み出すことさえありうる。そのような対抗神話は、「フェイスブックの若者」という考えによって示唆されている。これは一般の語りやジャーナリズム上の言説において、アラブの春における重要な要素とみなされたものである。ツイッターにはプラカードを掲げる男性の画像が投稿されたが、そのプラカードにはアラビア語で「エジプトにいるフェイスブックの若者たちに感謝する。われわれは決して逃げることなく毅然と立ち向かう」と書かれていた。この画像はソーシャル・ネットワーキングの可能性を表す象徴とみなすことができるであろう。とはいえ、アラブの反乱におけるソーシャル・ネットワーキングの役割は実際よりも多分に誇張されている。[125]

ソーシャル・ネットワーキングのための基礎的なツールをあらゆるオーディエンスが共有しているような社会において、デジタルメディアをめぐる一連の発展は政治的な動員を喚起することができたのであろうか。国境を越えた公共圏がすでに成立しつつある一方で、既存の政治制度がそうした動きにどのように対応しうるのかは〔国や社会によって〕完全に異なっている。[126] 二〇一一年に金融危機が進展する中で、スペイン（インディグナドス：怒れる者たち）とギリシャ（アガナクティスミノイ：同）で新しい社会運動が発生し、それらはアラブの春と同じような展開を見せた。しかし、こうした運動が展開する重要な要因は、ニーズ、すなわち絶望から生じる政治に対する**要求**である。こうした政治的圧力は英国で生じうるのだろうか。二〇一一年八月の暴動は初期症例であったのかもしれない。[127] ニーズは政治的関与の主な推進力である。しかし、メディア・インフラは、たとえダイナミックなものであったとしても、それ自体が政治的ニーズを生み出すわけではない。メディア政治の社会学は、（ニーズが生まれるような特殊事態の外側にある）日常性を変化させることを困難にするような**イナーシア**〔慣性〕の諸力を認識する必要がある。新たな「言説のコミュニティ」（ロバート・ウスノーによる、反響を呼んだ用語）は実際に出現し、持続している。デジタルメディアは一連の過程において重要な役割を担うことになる。だが、さまざまな圧力や機会が交錯する中で**のみ**可能となるのである。「ネットワーク社会」の理論は言説のコミュニティが長期的に存続するうえで必要となる社会的相互行為の厚みのある文脈を正しく認識していない。それゆえ、国際政治に対するインターネットの長期的な影響について予想することは現時点では非常に困難である[128]。

したがって以下のように区別しておくことが重要となる。第一に、民衆政治の新たな形態の出現（二〇一一年の初めにアラブ世界で発生した事例が該当する）、第二に、エリート政治をめぐる諸条件の長期的な変化（アラブ諸国の体制では軍隊の力や忠誠は依然として重要な変数である）、第三に、まったく新しい政治過程の出現、そして第四に、より深い民主化へと向かう動きである。例えば、アラブの春に関する初期の楽観的な解釈は、第一と第三の項目の区分を曖昧にすると同時に、第二と第四の項目を無視していたといえる[129]。

本章は次のような問いからはじまった。すなわち、新しい政治に対してデジタルメディアが与える影響を理解するためには社会的なものに関するどのような概念が重要なのか、というものである。そうした社会的なものとは、国民国家の境界線に限定されたものではない。今日の政治変動のために必要な資源の多くは情報や社会関係資本であり、それらは多くの国々に配分されている。また、そうした社会的なものは、対面的な出会いの優位を前提とするものではない。われわれの対面的な出会いはオンライン上で行われ、中継され、再解釈され、迂回される。そしてラディカルな新しい社会的想像力はオンライン・ネットワークによって喚起されている[130]。われわれは社会的なものを次のように理解する必要がある。すなわち、人々の日常的な資源をめぐる闘争（基本的には物質的なニーズをめぐるものであるが、空間、時間、認識の組織化をめぐっても展開される）の圧力を包含し、またそれを記述することができるほど「厚みのある」ものとして社会的なものを理解する必要がある[131]。このような闘争は、複数の場所**の間**を結びつけて流れるネットワーク化されたフローに回収されることは決してない。なぜならば、そうした闘争は行為能力のローカルな文脈の中でニーズをめぐる**ものとして**、あるいは不平等性をめぐる**ものとして**凝集されているからである。まさに、こうしたローカルな文脈にこそ、不平等性が凝縮されているのである。

ラトゥールによると、「ローカル」は複数のスケールで機能する数多くの資源を包含している。しかし、そのことはある状況において政治的主体として位置づけられた特定の集団が利用可能な政治的資源が不平等に分配されているという重要な問題を解消するものではない。政治的な行為主体が出現する現実的な可能性は、まさにこれらの**階層化された**不平等に対して異議申し立てがなされるかどうかにかかっている。スケールは依然として政治においては重要な問題である。デジタルかどうかに関わりなく、メディア制度はスケールの生産という面で重要な役割を果たし、また、政治的な行為能力を形成するうえで重要である。

本章では、特定の状況の中に位置づけられた政治的行為能力に対してデジタルメディアはいかなる影響を及ぼすのかという観点から、デジタルメディアのプラットフォームが政治に与える影響という一般的な問題を改めて検討した。一連の考察を通じて、数多くの競合する力学、そして、根本的な矛盾の存在が明らかとなった。すなわち、政治的闘争と不信を促す刺激が増幅していると同時に、肯定的な政治の構築にまつわる制約も増しているのである。以下の章では、本章で扱った対象とは別の厄介なパラドクスを明らかにすることにしたい。

(1) Wriston (1992: 176).
(2) Katz and Rice (2002: 150).
(3) Tilly (1992: xi).
(4) 例えば、Martuccelli (2005), Urry (2000 and 2007), Sassen (2006), Layder (2005) が挙げられる。
(5) Latour (2005).
(6) 電気や電話についてはMarvin (1987)、ラジオがもたらす世界平和の希望についてはDouglas (1987: 23)、パンフレットに関してはThompson (1963=2003: 805. 邦訳九六五ページ) を参照。
(7) Mosco (2004).
(8) Chadwick (2006: 3).
(9) Martuccelli (2005: 46-9).
(10) Wolin (2008: 288); Tilly (2007: 59) と比較のこと。
(11) Bentivegna (2002: 54-6). Coleman and Blumler (2009: 12-3), Bennett (2003) と比較のこと。
(12) Clark and van Slyke (2010); Coleman (2005); Mutz (2008).
(13) Jenkins (2006); Benkler (2006); Castells (1996, 1997, 1998, 2009).

(14) Jenkins (2006: 2).
(15) Jenkins (2006: 13–4).
(16) Arvidsson (2011).
(17) Jenkins (2006: 23、強調は引用者による).
(18) Jenkins (2006: 23).
(19) Abercrombie and Longhurst (1998); Harrington and Bielby (1995).
(20) Jenkins (2006: 27, 29, 4); Pierre Levy (1997) について論じた Jenkins (2006: 235)。
(21) Jenkins (2006: 4)
(22) Littler (2008), Micheletti (2010), Mukherjee and Banet-Weiser (2012).
(23) Imre (2009a: 10).
(24) Benkler (2006: 32–3).
(25) Benkler (2006: 121, 23); Benkler (2006: 473, cf. 162–5).
(26) Chadwick (2012).
(27) Benkler (2006: 52, 105–6).
(28) Fenton (2009).
(29) Benkler (2006: chs. 2, 3).
(30) Carpini (2000).
(31) Shirky (2010: 157–9, 175).
(32) Benkler (2006: ch.6).
(33) Benkler (2006: 219–34).
(34) Benkler (2006: 246).
(35) Benkler (2006: 210, 246, 237, 219).
(36) Rossanvallon (2008); Dutton (2009).
(37) Castells (2009: 298).
(38) Castells (2009: 5).
(39) Castells (2009: 18); Castells (2009: 24, 53).
(40) Castells (2009: 13–5). これらの議論は、本書第一章と第三章で取り上げた機能主義批判や政治経済に対する文化的な補完に関する議論とおおむね通じている。
(41) Monge, Heiss and Margolin (2008) の参照に基づく。
(42) Castells (2009: 28, 42, 126); Castells (2009: 205). 根本的にネットワーク内部におけるノードの構成というのは多義的である (Hepp 2008)。
(43) McDonald (2006: 218) と比べて、ネットワーク理論は概して時間への関心を欠いている。
(44) Wenger (1998) の引用に基づく「実践的コミュニティ」の議論は Castells (2009: 364–412, 406) を幅広く参照のこと。
(45) Castells (2009: 417, 427); Castells (2009: 196).
(46) Dean (2002, 2010); より広範な制約の問題については Pateman (1970), Croteau (1995), LeBlanc (1999) を参照。
(47) 中国における労働問題をめぐるアクティビズムについては Zhao (2008b: 310–15) および Qiu (2009: 193–5) を参照。労働問題をめぐるアクティビズムが一般的に軽視されている問題については Lovink and Rossiter (2011) を参照。米国の若者のケースについては Rainie, Purcell and Smith (2011) を参照。
(48) Castells (2009: 346、強調は引用者による).

(49) Castells (2009: 417、強調は引用者による).

(50) Castells (1996: 339).

(51) Castells (1996: 477).

(52) ネットと自己の対峙についてはCastells (1996: 3) を参照。個人化についてはTouraine (2007) ならびに、たびたび引用されるBarry Wellmanの「人間はポータルとなった」(Wellman 2000) というフレーズを参照。オンライン上での消費者の追跡についてはBennett and Manheim (2006), Turow (2007), Bennett and Iyengar (2008) を参照。

(53) Barry (2001: 15). 本書の第四章、ならびにMejias (2010) と比較のこと。

(54) カステルは社会生活の本質的な説明をフロー概念に置き換えている。Martuccelli (2005: 81–2) と比較のこと。

(55) 政治理論が社会的なものを無視するというのは歴史的に見ても非常に根深い。この問題についてはWagner (2008: 244–5) を参照。また、現代のポスト国民に関する説明では連帯が無視される。この問題についてはCalhoun (2007: 8) を参照。

(56) Hardt and Negri (2005=2005: 191、邦訳一八ページ、強調は引用者による)。Christaksis and Fowler (2010) と比較のこと。

(57) Turner (2005: 136).

(58) Matei and Ball-Rokeach (2003); Gergen (2002); Ling and Donner (2009); Livingstone (2009a: 95); Choi (2006).

(59) Hampton, Lee and Ja Her (2011).

(60) Morozov (2011: xvii).

(61) Lovink and Rossiter (2011).

(62) Tilly (2007: 13, 23).

(63) Tilly (2007: 74).

(64) 「全体性」についてはRosanvallon (2008=2017: 308、邦訳三〇六ページ) を参照。「公共空間」についてはDayan (2001: 746) を参照。

(65) Easton (1965). Delli Carpini and Keater (1996:12) を引用。

(66) Boltanski and Thévenot (2006); Thévenot (2007b)、ならびにTouraine (2007) も参照。

(67) Boltanski (2009).

(68) 「ネットワーク社会」の理論は日常生活の社会性とその複雑性への関心を欠いている。Postill (2008) と比較のこと。

(69) Bimber (2003: 9).

(70) Keck and Sikkink (1998); Castells (1996); Lievrouw (2011: ch. 6, esp. 168–71). 分散型の行為主体に関するより包括的な議論についてはBach and Stark (2005: 45) を参照。政治的行為主体の新たな可能性についてはSassen (2006: 374–5、邦訳三九九―四〇〇ページ), Bennett (2003: 15), Lievrouw (2011: ch. 6), Baym (2010: ch. 4) を参照。

(71) Tescopoly.orgについてはCouldry (2009b) を参照。Mumsnetについてはcoleman and Blumler (2009: 127–34), Chadwick (2012) を参照。昨今の調査によると、米国市民の多くはインターネットが集団のコミュニケーションを促進し、広く社会に影響を及ぼすと考えている。しかし、インターネットが集団の**生成**を容易にするという考えを裏づけるような議論は少ない。Rainie, Purcell and Smith（2011: 12-3）を参照。

（72） 嫌がらせの減少についてはChadwick（2006: 202）を参照。「ネットワークのネットワーク」についてはTerranova（2004: 41）, Lievrouw（2011: 9）を参照。「コンヴィヴァリティ」についてはLim and Kann（2008）を参照。

（73） Langman（2005: 45）.

（74） Noveck（2009）; *Guardian*, 10 June 2011.

（75） 中国の工場労働者についてはQiu（2009: 193-4）、厦門市の抗議活動についてはQiang（2011: 202）; Khaled Saidのケースは*Guardian*, 25 June 2010; ブログ政治に対する懐疑的な見方についてはMeikle（2009: ch. 4）, Matheson（2004）, Singer（2005）。

（76） 韓国のケースはYoo（2009: 221）; 9/11関連のブログについてはAllan（2006: 129-34）, 中国のブログについてはHaiqing（2007）およびQiang（2011）, イランのケースはKhiabany and Sreberny（2009: 204, 206）, 米国のブロガーについてはLenhart *et al.*（2010）およびHarsin（2010）, 英国のケースはDavis（2009）。より広範な国際比較についてはGoggin and McLelland（2009）, Russell and Echchaibi（2009）を参照。

（77） Lowrey and Latta（2008）.

（78） 本書第四章と比較のこと。特にHindman（2009）, Gerhards and Schäfer（2011）を参照。

（79） 争点や討論がオンラインで容易に「可視化」されることが政治アクターとメディアアクターの戦略をめぐる相互関係に影響を及ぼしている。Rogers（2004）を参照。

（80） http://webecologyproject.org Sanbroook（2010: 92）で引用されている。

（81） Couldry（2009b）.

（82） Briggs and Burke（2005: 19）. また、ランタネンが指摘するように、今の政治的アクターは国内レベルでのニュースの**供給**にそれほど左右されない（Rantanen 2009: 41）。

（83） Benkler（2011）.

（84） Bimber（2003: 21）;「連鎖」についてはLatour（2007）、「市民の対話」についてはNoveck（2009: 37）、Eliasoph（1998）、エリートメディアとしてのブログについてはHindman（2009: 102）、「サブアクティビズム」についてはBakardjeva（2009: especially 103）を参照のこと。

（85） Bohman（2004: 152）.

（86） Leys（2001）, Crouch（2000）.

（87） Boltanski（2004: 152）.

（88） インドネシアのケースについてはLim and Padawangi（2008）、ティーパーティーのケースについてはChinni（2010）およびMonbiot（2010）を参照のこと。

（89） Chadwick（2006: 202）. Bimber（2003: 99-108）, Hindman（2009: 139）, Braman（2009: 315）と比較のこと。

（90） メディアのゴシップの歴史については、Thompson

（1997）ならびに、Tarde（1969［1922］）の先駆的な洞察を参照。
（91） Bennett, Johnson and Livingston（2008）. アブグレイブ刑務所の写真の流通については Anden-Papadopoulos（2009）および Russell（2011: 16-8）を参照。
（92） Bimber（2003: 107）.
（93） Leadbeater（2007）; Chadwick（2012）.
（94） Habermas（1989 and 1996）. **炎**（中国語の huo）や「情報カスケード」については Qiang（2011）を参照。
（95） 政治において諸個人の見解が無視される問題については Rosenau（1990: 10）; Bennett（2008: 3, 5, 19）の指摘については、Livingstone（2009a: 137）ならびに Earl and Schussman（2008: 89）と比較のこと。英国における投票傾向や非参加の問題については Hansard（2011: 66）を参照、ならびに Leighton（2011: 23-4）と比較のこと。双方向性の限界については Livingstone（2007: 180）および Manovich（2001=2013: 55、邦訳一〇六ページ）。
（96） Coleman（2011）.
（97） Xenos and Foot（2008: 65-7）.「閉じた」双方向性と「開かれた」双方向性の対立は Manovich（2008）と比較のこと。
（98） Rosanvallon（2008）.
（99） Castells（2009: chs. 2 and 4）.
（100） Hindman（2009: 139）.
（101） 関心の問題については Zolo（1992）および Thomas（2004）、認知的な余剰については Shirky（2010）、出来事に基づく（政治的）忠誠については Bimber（2003: 103）、「従順な市民モデル」の低下については Bennett（2008: 11-4）。
（102） Boczkowski（2010: 164）; Jensen（2011: Table 4）. オルタナティブなニュースのプロバイダにアクセスしているオーストラリア人はわずか一％であると指摘する Bolton（2006）と比較のこと。
（103） オンラインで政治的な討論に参加する割合は四％、ソーシャル・ネットワーキング・サービスを利用して政治的な活動に携わる割合は一〇％（Jensen 2011）。デンマークにおけるニュースの把握と「（その）重要性に関する認識」については Schrøder and Larsem（2009）を参照。
（104） Prior（2002: 145、強調は引用者による）.
（105） 市民社会の環境の欠如については Papacharissi（2010: 110）および Dean（2010）、「過去の政治的知識へのアクセス」については Prior（2002: 145）を参照。娯楽の誘引に関する包括的な議論は Dahlgren（2009: 125）, Morley（1999）, Turner（2010）を参照。
（106） Andrejevic（2008a）.
（107） Boltanski and Chiapello（2005）.
（108） Marx（1973=1997: 899、邦訳一二五八ページ）.
（109） モバイルメディアと政治に関する包括的な議論は Castells *et al.*（2007）、イランのケースについては http://webecology.com, 二〇一一年六月二五日最終アクセス、アラブ世界のケースについては Beaumont（2011）、UK Uncut 運動については www.ukuncut.org.uk, 二〇一一年一一月一八日最終アクセス。

(110) Sambrook (2010: 93).

(111) Noelle-Neumann (1974).

(112) これと対照的なものについてはRosanvallon (2008)を参照。ニューメディアが政治に与える影響を否定的ないし慎重に評価する議論としてPapacharrissi (2010), Dahlgren (2009: 200), Davis (2010: 113) を参照。その他、Howard (2006: 186); Heikkila *et al.* (2010)が挙げられる。

(113) おそらく参加的になってはいないだろう！ 肯定的な見解についてはClark and van Slyke (2010) ならびにRussell (2011)を参照。懐疑的な見解についてはGans (2003: ch.5), Wardle and Williams (2010), Ornebring (2008), Anderson (2010)を参照。Ofcom (2010, in 2007–11: 271) の報告では、英国のインターネット利用者の間では、写真共有やソーシャル・ネットワーキングを除くと、各種のユーザー生成コンテンツへの「関心は相対的に低いレベルにある」ことが示されている。

(114) 中東におけるリアリティTVについてはKaridy (2009)を参照。

(115) Fraser (2007).

(116) Curran and Seaton (2007), Bagdikian (2004), Baker (2002).「ニューメディアの所有と統制」の問題を概観する際にはPress and Williams (2011: ch.2) の参照が有用である。

(117) Ross (1991: 35), Hassan (2003: 134) を引用。

(118) Howard (2006: 186). 米国のケースについてはWolin (2008: ch.13) と、英国のケースについてはDavis (2010) および Marquand (2004)と比較のこと。

(119) アラブ世界のケースについてはAnderson (2011)、中国のケースについてはQiang (2011)。

(120) 『ガーディアン』「国連、干ばつによる価格上昇をきっかけに発生した開発途上国での食料をめぐる暴動に警告」、二〇一一年五月二八日。

(121) Gilbert (2008: 96).「公共メディア」の新たな論理についてはAufderheide and Clark (2009: 1) を参照。市民参加活動における若者の関与によりデジタルメディアのインフラの潜在力が発揮されたという興味深い現象についてはRheingold (2008)を参照のこと。

(122) Leadbeater (2007); Tapscott and Williams (2008).

(123) Idle and Nunns (2011); *Korea Times*, 26 October 2011, www.koreatimes.co.kr/www/news/nation/2011/10/117_97371.html.

(124) Benjamin (1968: 240).

(125) 当時のURLはhttp://twitpic.com/3whvv3g, 二〇一一年六月二五日最終アクセス。私の同僚でアラビア語話者のケイ・ディキンソンのおかげでプラカードを掲げる男性の画像やプラカードに書かれた言葉を扱うことができた。アラブの春におけるSNSの役割についてバランスのとれた評価を行っている議論としてBeaumont (2011), Zuckerman (2011)を参照。

(126) 国境を越えた公共圏と対照的な見解としてFraser (2007) およびBohman (2007)が挙げられる。

（127） Pattie, Seyd and Whiteley（2004）.
（128） Bremner（2010）.
（129） McDonald（2011）; Hardt and Negri（2011）.
（130） Marcos（2000）.
（131） Geertz（1971）.

第六章　メディアと変容する資本・権威

仮にすべてのものがメディアによって媒介されており、ソニア・リビングストンがいうように、メディアが「メディア組織と公衆との間の関係だけではなく、社会制度、すなわち政府、商業、家族、教会などとのすべての関係を作り変えている[1]」のだとすれば、社会的なものの空間にはいかなる影響がもたらされるのであろうか。メディアと社会との関係を直線的なものとして考えることはできない。メディアは社会に対して他の要素から切り離された固有の「効果」を持っていないのである。なぜならば、「社会」はそれ自体、相互に接続され、重なり合った過程のかたまり（mass）を指し示しているにすぎず、それらの相互の接続や過程は今やメディアに依存しており、また、その過程にメディアは深く浸透しているからである。本章では「社会的なものの空間」という言葉を主に地理的な意味としてではなく、社会的組織化に関する**潜在的可能性**に言及するために用いていく。またこれまでの三つの章で見てきたように、こうした問題は国ごとに異なっている。

ここで重要となるのが「界（field）」という概念であろう。一九七〇年代から八〇年代にかけてピエール・ブルデューは、社会的空間と価値の多元性について理論化を行った。価値や社会的権力に関するブルデューの議論に対するボルタンスキーの評価（第一章参照）では、社会を資源や「資本」をめぐる争いが行われている、多かれ少なかれ相互に区分された複数の界から構成されるものとして捉えるブルデューの社会分析を否定する理由はない、というものだった。ブルデューの初期の研究は、マルクス主義の用語である「資本」を「蓄積された労働であり、それが私的、すなわち排他的に利用される場合には具体化し、生きた労働の形式で社会的エネルギーを独占利用することを可能にするもの[2]」と定義している。後期のブルデューの研究では、「資本」概念はより柔軟なものになってきており、潜在的な「資源」も含むようになっている。マルクスの議論を超えて、ブルデューはあらゆる界で作用する資本を、基本的な類型（経済資本、社会関係資本、文化資本、象徴資本）に分類した[3]。本章では、メディア諸過程が社会的資源や大規模な形態の社会組織に対してどのような影響を与えているか考察を進めていくために、ブルデューの界と資本に関する概念を用いていくことにする。

特定の界における実践をめぐるメディアの役割を考察することによって、「世界はジャーナリストにとって官僚的に組織化されている[4]」というマーク・フィッシュマンの誇張気味の主張が何を意味しているのか考えていく。また、*Pop Idle* や英国のテレビ番組 *Jamie's School Dinners* のようなグローバルなメディアのフォーマットが持つ幅広い権力の関係の重要性についても深く理解していきたい。

1　メディア化に関する議論

歴史的には、メディアの一般的な効果を説明するために「メディア化（mediatization）」と「媒介作用（mediation）」という二つの言葉が使われてきた。これらの用語にはそれぞれ別の歴史があり、メディア研究がどの国で発展してきたのかという違いを反映している。一般的には、*mediatization* はドイツ語もしくはスカンジナビアの諸言語を話す国々、*mediation* は英語もしくはスペイン語を話す国々で使用されている言葉である。ただし、興味深いことに「mediatization」はスペイン語でも日常的に使用されており、「una persona mediatizada（英訳で「A mediated person」）」という言い回しが、英語の日常的な言い回しの「media-savvy（情報通[5]）」と同じ意味になっている。しかし国際化した領域では、言語的な利便性はグローバルなレベルで考えられなければならない[6]。「mediation」という語は、上記の意味のほかに多くの使われ方がある（メディアの中で示される何らかの行為という意味から、社会の中で金銭や輸送を仲介する役割という意味に至るまで）。したがって、メディア社会学における使用においては、より示差的な用い方について合意するべきである。「mediatization」とは、そうした専門用語として現れてきたもので[7]、本章ではこちらの用語を用いることにしたい。それはボードリヤールの議論を参考にしながら第三章で論じたメディアの一般的影響に立ち返ることになる。なお、興味深いことにボードリヤール自身、いち早く「mediatization」という言葉を使っていた[8]。

ここで議論したいことは用語法についてではなく、本章の目的としているものに対する説明の類型に関するものである。以下の二点に関しては一般的な了解が得られている。一つは、今日ではメディアの影響が「あらゆる社会と社会生活の空間」[9]に拡大していること、二つ目は、〔メディアの影響が〕広範であるがゆえに、その因果関係をめぐる複雑性の新しい類型が生まれていることである。そしてわれわれはその複雑性こそを明らかにしようとしている。ナット・ランドビーが指摘するように、「メディア化」と「媒介作用」との間には考察の出発点において部分的一致があることは注目すべきことである[10]。「媒介作用」の概念を提唱したロジャー・シルバーストーンは、メディアの社会的影響に関する根本的な複雑性について以下のようにまとめた。「コミュニケーションの諸過程は、それらを支える社会的、文化的環境を変化させる。そして同様に、個人的、制度的なコミュニケーションの当事者が互いに、あるいは環境に対して有する諸関係を変化させる」[11]。重要なことは、この複雑性をどのように捉えるのか、ということである。シルバーストーンによれば、システム化に抵抗する終わりのない弁証法的過程として理解するのが最適であるという。ほかの多くの研究者（今日では主流である）は、そうした因果の複雑性がどのように作用しているのか、その複雑性は社会的なものが組織化される過程にどのような影響を与えるのかを説明しようとしてきた。説明に困難が伴うのは、こうしたより特殊なレベルにおいてである。

メディアは社会的世界の中で、そして社会的世界に対して何をしているのか、それを体系的に理解する方法の一つは、メディアが機能するうえで必要とされる**フォーマット**が存在し、メディアはそれを他の領域へと広めている、と考えることである。こうしたアプローチの先駆者がデイビッド・アルシードとロバート・スノウである。

一九七〇年代後半から八〇年代初頭にかけて、彼らはメディアの権力に関する新しいアプローチを提示し、メディアの権力は制度的な資源から単純に生じてくるのではなく、社会におけるあらゆる人々とメディアとの相互関係のあり方からも生じていると論じた[12]。アルシードとスノウはメディアを新しい「集合的意識」として捉え、日常生活の至るところで「メディアの論理（media logic）」が適用され、その影響が増大するメカニズムを明らかにした。彼らによると、「人々がメディアの論理を適用してきたがゆえに、メディアの影響力は強力」なのである。アルシードとスノウのメディアの論理のアイデアは、社会的なものの体系的パターン化に関する何らかの根拠に基づいているわけではない。「メディアのフォーマットやものの見方が他の生活の領域へと広まる」ことを通じた、「主流メディアの形式や論理がわれわれの生活において果たす役割や影響力」に関する議論に基づいている[13]。メディアのフォーマットを重視することは、経験に関する初期の社会学とは対照をなす。それは、われわれはフレームを通じて自らを世界に適応させるというゴフマンのフレーム概念や、不変的パターンとしての社会的形式が社会関係の基盤となるというゲオルク・ジンメルの社会的形式概念とも異なっている[14]。アルシードとスノウの念頭にあったのは、社会行為の特定の文脈や形式に、メディアの諸フォーマットが恣意的な形で**接ぎ木される**という考えであった。

第三章および第四章では、メディアが社会的なものの中で作用する「現実」を構築していることを示した。すなわち、この「現実」はさまざまなカテゴリーに関する特定の組織化実践の中にメディアが埋め込まれることで構築されるのであり、そしてこの過程が複数の領域の中に存在していることを解明していく必要があるのである。それとは対照的に、アルシードとスノウは、（彼らの呼ぶところの）「媒介作用」の効果は**すでに**生じており、今やあらゆる領域に広がっていると主張する傾向にあった。彼らの議論は多様に存在する「論理」それぞれの違いを曖昧なものにしてしまいかねない[15]。メディア表象の実際のフォーマットは特定の目的に適合すべく多様なものとなる。こうした目的とは、メディアの権威と重要性を広く価値づけること、何が現実なのかに関する人々の定義づけの変化に対応すること、メディアによって構築された現実が強く必要とされるようになった状況に対応すること、などである。[16] こうした社会の変化をどのように判断するのか、という社会的存在論における基準は依然として不明確である。

単一の「メディアの論理」によってメディアの社会的効果を説明することにはいくつかの問題が存在する。第一に、すべてのメディアが特定の一つの論理を持っているのか、という問題である。それらの論理が異なる場合、個々の論理を「メディアの論理」としてひとまとめにできるような共通の「論理」とは何なのだろうか（メディア（の種類）が増加するにつれてこうした問題は現実のものになっている）。第二に、（現在まさに急激にそうなっているように）メディアが刻々と変化している場合、メディアは完全に新しいメディアの論理を獲得するのであろうか、あるいは何らかのメディアの論理は不変のままとどまるのであろうか、という問題である。第三に、アルシードやスノウのように、メディアの論理の概念を何らかのメディアのフォーマットと強く結びつけて捉え、そして**それらのフォーマットが**日常生活の中に浸透していることを示すことが**できた**としても、そうした捉え方はメディアが社会的なものに与える影響について十分に理解できるのか、という点である。

近年の研究は依然として、その特異性を通じて「メディア化」の幅広い過程を捉えることができるような特定のメディアの論理が存在するという考えを維持しているが、これらの研究[17]にも一連の問題は残っている。「メディア化」に関する主導的な研究者であるスチ・ヤーバードはある時期から、「メディア化」を「メディアおよびその論理に社会が従属し、依存する程度が増加する過程[18]」と定義するようになった。しかし、「メディア化」の理論が主張するような広範な全般的影響を説明できる単一の論理を見出すことは困難である。さらに、さまざまな研究者が「メディア化」という用語によってひと括りに論じている諸過程を見ると、その不確実性がわかってくる。「メディア化」を依然として「フォーマット」という意味で使い続けている研究者もいれば、「メディア・コンテンツを最終的に形作りフレーム化する過程全体」（あるいはもっと広いもの？）として言及する研究者もいる。さらには人間の能力の拡張、または社会生活の構造的組織化といった新しい要素で捉える研究者さえいる。[19]「メディア化」に関する大半のアプローチにはより深刻な問題がある。すなわち、社会的存在論をどのように理解しているのかが明確でない点である。われわれは何を根拠に、社会的世界がメディアによって簡単に、少なくとも直接的に変容**させられる**と信じているのだろうか。社会的空間の全体が、同一のメディアの論理の拡張に対して抵抗することなく、また、適応のための構造的変化もなく侵略されると想像できるだろうか。「メディア化」をめぐる主張は数多くの有力な社会学的なアプローチと根本的にそぐわないものである。ここでは三つのアプローチを挙げておく。ピエール・ブルデューの「界」の理論は、社会的なものの空間は単一のものとして存在するのではなく、相互に競合する複数の界として差異化されるとしている。ほかには社会的世界における価値の多元性に関するボルタンスキーとテヴノーの主張、そして相互依存性に関する複雑な問題が解決されることで構築される社会秩序に関するノルベルト・エリアスの説明などである。[20] こうしたさまざまな理由から、「メディア化」をメディアの中で組織化され、社会空間のあらゆる領域に一貫して作用するような単一の論理とみなすことには問題がある。

こうした問題はどのように回避されるべきだろうか。最も明確な解決法は、フリードリッヒ・クロッツが提示する以下のようなものである。クロッツは、「メディア化」を個別特定の過程としてではなく、「メタ過程」と捉える。それは、「人々が社会的なものや文化的世界を構築するための基本的実践としてのコミュニケーションを変容させることを基盤とした過程」である。クロッツはある特定の「論理」がメディアからほかの社会過程へとどのように転移するのかではなく、「メディアと関連したコミュニケーション実践」に関心を向けた。クロッツは「メディア化」をグローバル化や個人化に匹敵する構造的な移行とみなした。すなわち、あらゆる生活空間がメディアと深く関わるようになるため、「メディアは長期にわたり日常生活、社会、文化の全体を社会的に構築することにますます関係するようになってきた」[21] という。こうしたアプローチは、「メディア化」がさまざまな領域の多様なタイプの諸過程を包含することを可能にする。クロッツは、「メディア化」とは架橋的な概念であり、特定の次元における単一の論理などではなく、（もし「論理」という言葉が適切であるならば）複数の論理に対して開かれたものであることを強調した。このように解釈すれば、用語としての「メディア化」は、完全に「界の理論」と矛盾するものではなくなる。界の理論は特定の界における複数の「論理」やその作用について関心を払うべきであると主張している。以前、われわれはこうした理解に基づいて社会秩序に関するメディアの影響を「媒介作用」概念と関連づけたことがある。[22]

こうした点で、メディア化とはメディア時代において**社会的世界の様相が変化していること**を指摘するものである。メディア化の概念によって、メディアをあらゆる社会諸過程に関わる、**別のものに還元することができない要素**とみなすことが可能になる。メディア化が中世やそれ以前にさかのぼることができるのか、あるいは近代に固有の現象として理解することができるのか、といった議論は別の機会に譲りたい。[23]重要なのは、多様なタイプの社会過程において作用するメディア化をどのように辿ることができるのか、という点である。メディア化の過程に注目することによって、それを明らかにすることが可能となる。例えば、エリザベス・バードは、結婚のような本来メディアと関連を持たない儀式が、ますますメディア・コンテンツやメディア的な筋書きによって満たされ、またそれらを通じて形作られていく様子を考察した。[24]とはいえ、われわれはそれよりも界の理論を通じてメディア化について検討することにしたい。なぜならばそれは、社会的組織化におけるメディアの**広範な**影響について一層深い考察へといざなってくれるからである。

2　メディア・資本・権威

ここで社会的なものの空間に対するメディアの一般的な影響力とはどのようなものか、という前述の問いを再度繰り返すこととなる。ただし、その問い直しはブルデューの界の理論の観点に基づいて行う。ブルデューは、特定の実践の界で生じていることと関連づけることなしに、社会学的な諸過程を分析することはできない、と主張している。そしてそうした界では、特定の資本の形態が問題となるとされる。ブルデューの界の概念は、モダニティにおける**差異化の**過程を捉えようとする議論としては高度で洗練されている。それはまた、柔軟性を持っている。なぜならば、界とは創発的な現象であり、特定の類型の人々が活動する際に作用する秩序を理解するのに寄与する場合のみ用いられるべきである、とブルデューが認めているからである。とはいえ、行為に関するブルデューの界の理論に関するよく知られた事例は、文学、芸術、政治に関する文化的生産といった非メディア的なものである。[25]

ここ一〇年の間、ジャーナリズムについても固有の界とみなす新たな研究が登場してきた。[26] 加えて医療や経済といった他の界とジャーナリズム界との関係性をめぐる研究も行われてきた。[27] 近年は、電子出版という新たな界の内部における象徴資本をめぐる競合が果たす役割が研究されている。[28] 界の理論の支持者の中には、「メディアの権力」を理解しようとするメディア化の議論そのものを無視しようとする者もいるであろう。そうしたメディア化の議論は、メディアの界やメディアの界と他の界との相互関係の中で作用する特定の権力よりも、社会全体のレベルで作用する権力について論じようとするからである。しかし、そのような理由でメディア化の議論を遠ざけようとすることは有用ではない。

（1）界の理論とメディアの全般的影響

ブルデュー自身は、界の理論を発展させる以前に象徴権力に関する研究を完成させた。そしてその研究の中で一つの全体としての社会空間を横断して信念を生産する象徴諸制度の役割に多大な関心を示してきた。ブルデューがそこで関心を寄せたのはメディアではなく教会であった。初期の小論の中で、ブルデューは象徴権力の集中の中には社会環境の全体を支配するほど強力なものもあると示唆している。そうした象徴権力は集中することによって認識ができないほど自然なものとなり、その潜在的な恣意性を確認することが困難となる。こうして象徴権力は単なるローカルな権力（ある特定の発言を構築する権力、あるいはある特定の芸術作品を創造する権力）から全般的な権力へと移行する。すなわち、「［社会的］現実を構築する権力」とブルデューがかつて呼んだ権力である。[29] この象徴権力を強力なものとみなす定義（第三章と比較のこと）では、象徴権力は「信念が生産、再生産される界の構造そのものに備わっている」と定義づけられ、認知的次元と社会的力の双方に関わる主要なカテゴリーを正統化するものとされる[30]。ブルデューはそれから二〇年後、テレビの象徴的な重要性に関する一般的な主張を行う中で、この議論を再び想起している。テレビの象徴的な重要性は、界の理論においてはそれまで適切に位置づけられてこなかった。*On Television* における次の記述を検討してみたい。すなわち、「さまざまな状況が重なり合うことによって、記録の手段ということになっているテレビは、いつの間にか現実を作り上げることになる。われわれの社会的世界はますますテレビが描き出す通りの、そしてある意味においてテレビが規定する通りの［**décrit-prescrit**］ものに近づいていく[31]」というものである。こうした伝統的なデュルケーム的な視点は、アルシードとスノウの記述とそれほど異なるものではないであろう。

社会的空間に対するメディアの全般的な影響力を理解しようとする同様の姿勢は、ブルデューの界の理論の追随者たちによる研究においても見ることができる。現代政治の界におけるメディアの影響力を分析したパトリック・シャンパーニュもその一人である。シャンパーニュによれば、ジャーナリズム界は政治界と緊密な関係がある。その関係性は、シャンパーニュが「ジャーナリズム的―政治的界（あるいは空間）」と呼ぶほど密接なものである。それは、従来の政治の定義を破壊する形で変容させてきたという。ジャーナリストと政治家の両者は、「循環の論理」を通じてある種の世論に「反応」することになる。そしてこの種の世論は、世論調査の質問のフレーミング、世論調査の結果に対する反応の報道[32]、ジャーナリストによる政治に関する説明を通じてジャーナリストと政治家によってもっぱら構築されるのである。政治界は、他の界以上にメディアと関連する「論理」によって影響されるという考えについてはのちほど再検討する。とはいえ、**ある特定の**界におけるアクターによって構築された表象が、**それとは別の**界のアクターの行為や思考に対し、そのような影響をいかにして与えることができるのであろうか（「界を横断した効果」の問題[33]）。

ここでシャンパーニュは、ジャーナリズムに関わるさまざまな出来事に影響を与えることのできる相対的な能力を理解するために「メディア資本」という概念を提示している[34]。だが、（シャンパーニュはそのように明言していないが）メディア資本は経済資本のような資本の基本形態であり、**あらゆるところ**に適用可能であると理解することも、あるいはシャンパーニュの議論を界の理論の基本的諸前提に当てはめて理解することも困難である。メディア資本はどこで獲得され、行使されるのか。メディア界の中であろうか、あるいは分析対象となる行為主体がそもそも活動している（政治、医療、学術などの）別の界の中であろうか。おそらく、「ジャーナリズム的―政治的界」という混合的な用語のポイントはこうした問いを無効化することにあるのかもしれない。しかし、もし**すべての**非メディアの界とメディアとの関係についてこの説明を適用し、繰り返すのであれば、あらゆる界を単一の「ジャーナリズム的―文化的界」へと融合させてしまうことになる。あるいは、混合的な「ジャーナリズム的―専門的な何か（例えば医療、政治など）の界」が並列的にそれぞれメディア資本の特定のバージョンとしてまとめられてしまうことになる。いずれにせよ、特定の界に固有の力学について関心を払う界のモデルの多様性は失われてしまう。誤解のないようにいえば、多くの界が今やメディアに**関連する**資本の形態に依存しながら機能しているという考えは重要かつ妥当である。問題はいかにしてこの洞察を従来の界の理論の中に当てはめていくかということである。[35]それは、国家に関するブルデューの後期の研究の中で示されたモデルを考察することによって得られると思われる。

（2）メディアのメタ資本と *Pop Idol*

ブルデューはウェーバーの国家に関する概念を発展的に引き継ぎ、国家を正統化された物理的暴力だけでなく、正統化された**象徴的**暴力も独占しているものとして概念化した。[36]それでは国家が他の社会的空間に対し権力を行使した結果、一体何が生じるのだろうか。

ブルデューは、法的地位や教育的地位などを社会的に定義づけることをめぐる国家の卓越した影響力に注目している。[37]こうした影響力は、特定の領域にのみ作用するわけではなく、「権力界」を通じて**あらゆる**領域に作用する。[38]「権力界」の概念は、ブルデューの研究の中ではそれ以上発展していない。[39]「権力界」とは特定の界を超越した空間のことであり、そこでは複数の界**の間**の関係性に影響を及ぼすことをめぐって競い合う諸力が作用するのである。国家はそうした諸力のせめぎ合いの主要な参照点である。それゆえ、こうした空間をブルデューが通常の意味で用いている「界」として理解するのは適切とはいえない。むしろ、国家があらゆる個別の界の間の相互関係に対して、そして社会空間それ自体の作用に対して影響力を行使する全般的な空間である。国家とは、「闘争の場であり、そこで争われているのは、多様な社会的ゲーム（界）を統治する規則の設定、特に、これらのゲームを再生産する規則の設定をめぐるものである」。より正確にいえば、国家はそれぞれの界に特有の資本形態（例えば経済資本と文化資本）の「交換レート」に影響を与える[40]。そこには個別の界それぞれにおける「象徴資本」とされるものに対する影響力も含まれることになる[41]。国家の権力は、個別の界の作用から生じるのではなく、あらゆる界に上から重なるようにして存在するものなのである。

　メディアの諸制度が、特定の界で資本とみなされるものに対する〔国家と〕同様の影響力を有しているとすればどうだろうか。その場合、それはおそらく「メタ資本」といった形態をとり、それを通じて**メディア**が他の権力形態に対して権力を行使することとなる。メタ資本は、マクロ—制度的なレベル（メタ過程のレベル、すなわちクロツが「メディア化」と呼ぶもののレベル）でのみ作用することになろう。したがって、特定の界で作用するメディアに関連した資本と結びついてはいるものの、それとは明確に区別されるものとなる。この議論の基本的な考え方は、**メディア部門全体の広範なメタ資本が強力なものになっていくにつれて、あらゆる個別の界においてメディアに関連した資本の重要性が増していく**というものである[42]。このことは、「メディア構築主義」を単に意味するだけではなく、ある種の実在論を意味することを再度強調したい。その実在論とは、「メディアによって媒介された中心の神話」を通じて社会的世界を構築するための物質的諸過程に関するものである。まさに、メディアのメタ資本に関する理論は、この神話が**どのようにして**巨大で高度に差異化された社会空間を横断する形で組み込まれ、維持されるのかをより正確に説明可能にする。

　メディアのメタ資本に関するこの広範な概念はまた、ブルデューによるメディアに関する最も興味深い洞察に対して明確で理論的な形を与える。ブルデューは例えば学術界に対してテレビの圧力が増大していることについて論じた際に、[43]（多くのテレビのオーディエンスを獲得することは、より多くの本が売れることを意味するといった）明白な経済的次元について論じている一方で、テレビは間接的な圧力も行使することを示唆している。すなわち、学術界において適切な形で問われている象徴資本のあり方を歪める、あるいは自身の学術界における象徴資本の一部がテレビに登場することに依存しているような新たな学者集団を形成する、といったことである。このような変容が一つの界だけで生じているとは考えられない。むしろ、おそらくすべての専門家による生産が行われる界で幅広く生じている現象であろう。こうした現象を把握するために「**メタ資本**」という架橋的な概念が必要である。これらの議論を踏まえて、第三章や第四章ですでに論じたように、例えばメディアや文化の消費をめぐる領域全般といった、**界の議論が焦点を当ててこなかった**社会生活の諸相に対するメディアの影響もまた提示することが可能となるのである。[44]

メディアのメタ資本は、資本は特定の界における特定の形態の行為主体によってのみ**獲得されうる**というブルデューの議論の根幹とまさに一致する概念でもある。テレビの料理番組のシリーズで成功したことで獲得したシェフたちの間の象徴資本は、学術界のようなまったく異なる界における象徴資本と必ずしも交換可能なわけでは**ない**。前者は、後者の表象の中で**メディア**によって価値づけられる特定の属性をほとんど必要としないからである。しかし、だからといって界を横断したメディアの作用があまり重要なものではないということにはならない。また、特定の界の中で発展してきたメディアに基づく象徴資本が、ある特定の条件において他の界の象徴資本と直接交換可能となるという可能性を除外することにもならない。近年、英国で有名になったテレビで活躍する園芸家（アラン・ティッチマーシュ）は二〇〇〇年代初頭には人気作家となった。特定のメディアの領域（例えば *The Apprentice* や *Dragon's Den* といったビジネスものの「リアリティ」番組）は、PR会社、政治家、ビジネスパーソンがプロモーション上の有利な条件を得るために協力し合う場となっている。[45] メディアが特定の生活の領域（例えばガーデニングや料理）を集中的に取り上げることで、そうした下位の界の内的諸機能を作り変え、社会的領域を横断して作用するメディアのメタ資本の範囲を拡大させる。このことは、メディア諸制度が時間をかけて（深い意味における）象徴資本の独占から利益を得るようになった重要な手法の一つである。

それゆえ、界の理論／メディア化の諸原理は、メディア儀礼に関する説明をめぐって第三章で分析した、一般的なメディアの諸影響と結びつくことになる。メディアのメタ資本は、資本に対するメディアの直接的な影響にとどまらず、より広い間接的な影響力を含めて理解すべきである。ここでいう間接的な影響力とは、社会的世界を理解するときにメディアによってなされる**表象**と**カテゴリー**の正統化を通じて発揮されるものである。[46]

以上のことを、*Pop Idol / American Idol* という番組のフォーマットを事例に説明したい。このフォーマットは国際的に受け入れられている。社会的領域におけるこれらの関係性――現時点では米国版と英国版との関係――について考えると、（アルシードとスノウの「メディアの論理」のアプローチが示すような）*Pop Idol* のフォーマットやそのリズムおよびスタイルを日常生活で人々が模倣するということだけにとどまらない。第一に、サイモン・コーウェル（*The X Factor, American Idol, Britain's Got Talent* などのオーディション番組の審査員で、テレビの出演者として世界的に最も稼いだ人物の一人）の番組内での権威は、幅広いメディアおよびクリエイティブ産業の界での自身の資本に基づいていることは明らかであろう。[47] しかし、それだけにとどまらない。第二に、テレビ番組が歌手を評価する最も適切な方法である、という考えは、メディアの増大するメタ資本、すなわちメディア制度の影響力が、競技に関するさまざまな領域の中で象徴資本とみなされるものにますます作用しつつあることに由来する。第三に、これもまたメディアのメタ資本の概念が示すように、サポート文化やこうしたフォーマットに対する正統性はメディアの表象やカテゴリーに由来し、それは競技に関する特定の界内部、さらには界を超えた社会空間の中で循環するようになる。そして（ボルタンスキーとテヴノーの用語における）日常生活の欲望、議論、証拠の参照点として利用可能なものとなる。メディア諸制度は、ポピュラー音楽のような特定の界における価値を崇拝の対象にする能力を有しているが、それは *American Idol* のような儀礼的なフォーマットを通じて自然化される。しかし、こうした作用をもたらす主要な因果的メカニズムは、フォーマットそれ自体が有するものではない。**フォーマッ**

トの内部で権威が付与され、カテゴリーへの所属が成立し、あるいは確認されることによってである。そうした状況が生じる可能性は、番組の出演者が有するメディアに関連する資本に部分的に依存しており、また、カテゴリー化のより一般的な過程やメディアのメタ資本の動態全体にも部分的に依存している。

　メディア化を理解するうえで、この事例の持つ意味とは何だろうか。この事例は、ポピュラー音楽産業のように、広範なメディア生産の界との相互依存性が強くなると、メディア化がきわめて厳格にほとんど「論理」のような形式で作用**しうる**ことを示している[48]。だが、そのような作用があまり生じない場合もありうる。ポピュラー音楽産業とは異なりメディア産業の界との相互依存性が間接的な他の多くの界では、より微細な形態の相互作用が生じうる。以下、政治、教育、宗教、芸術を事例に、相互の関係の多様なあり方について論じてみたい。

　メディア化と界の理論を結びつけることで、国際的な比較調査のための新たな可能性が開かれる。それぞれの国でメディア化がどのように作用しているのかを比較するには、制度、界の組織化に関して膨大なバリエーションがあることを説明に組み込まなければならない[49]。すなわち、メディアの諸フォーマットがさまざまな国で適用されるのを単純に比較するだけでは十分ではない。このメディア化に関する比較研究の初期段階においては、より大きな問題が未解決なものとして残らざるを得ない。ますます多くの界において、メディアの影響力が象徴資本に影響を与え、その結果、そうした象徴資本が社会空間全体のメディアに関連した象徴資本と**交換可能**となり、そして新しい形式の威信や資本（まさに「メディア資本」）を生み出しつつある場合、それらはいかなる条件で可能となるのであろうか[50]。メディアのメタ資本が国家に対して及ぼす影響をどのように理解するべきであろうか。国家（および政策を生み出す国家内部の特定の実践の界）は、政治界内部のメディアの作用を通じて、そのメタ資本によって支配されている。同様に政治家の国家に対する行政的な影響力にも従属している。しかし、さまざまな国における政治的権威に対してそれはどのような深い含意を有するのであろうか。

　政治的権威がメディアに基づく威信と結びつくことについては、よく知られた事例がいくつもある（例えばロナルド・レーガン以降のセレブリティ出身の政治家）。だが、それが普遍的な傾向なのか、ローカルな相互依存性に基づく特殊な帰結なのかについては不明確である。これはより根源的な不確実性と結びつく問題である。界の権力に対する経済（企業）、政治（国家）、象徴（メディア）に関する諸影響力――**これらすべて**をメタ資本と呼ぶべきかもしれないが――はどのように相互浸透するのであろうか[51]。構造化されていない競争、もしくは何らかのヒエラルキーを通じてそれはなされていくのか[52]。こうした大きな未解決の問題は残っているものの、さまざまな界におけるメディア化の作用について考察することで、興味深い知見を引き出すことができるであろう。

3　メディアと政治・教育・宗教・芸術の界

「現代のわれわれの文明システムでは、知名度（種類は問わない）はあらゆるものを動かす梃子となる」。一九世紀英国の小説家ウィルキー・コリンズは、初期の犯罪小説の一つ『月長石』の中でこう述べた[53]。この鋭い批評は、セレブリティが多くの国々の中の権力諸関係において果たすことになる、まさにその一般的な役割を予想するものであった。そしてこの権力はセレブリティの影響力を通じて作用すると理解されたのである。威信としてのセレブリティは一般的な用語であるが、影響力の「梃子」という用語は本来的に特殊なものである。コリンズの洞察を前節の用法で言い換えれば、セレブリティとはメディアへの現れを通じて大量のメディアに関連する資本を獲得してきた人々のことである。特定の状況下で、このメディア関連資本はさまざまな界で用いることができる。無論のこと、メディア資本に由来する影響力は、一連のメディア関連資本それ自体の流通を統制する諸条件によって制約される。ネガティブな形でのメディアへの露出はメディア資本の量を減少させることとなり、それを利用することが困難になる場合もある。ゴルフ選手のタイガー・ウッズは二〇〇九年末に不倫が暴露されたことで名声が傷つき、彼の一般的なメディア関連資本が大きく減少した（あらゆるメディアへの出演がキャンセルされた）。それだけでなく、ウッズの広範な象徴資本を特定の界に対して用いることも不可能になった。そして、ウッズの一般的なキャラクターを利用してきたアンダーセン・コンサルティングは広告から撤退した。もはや彼のイメージは、ゴルフをオリンピックの新種目にするプロモーションのためには使えないと判断したからである。[54]
スキャンダルは公的生活に固有のものとなる。人々がますます噂話をするようになっているから、というわけではなく、公的な人物がますます自らの象徴的（とりわけメディア関連の）資本に依存するようになっているからである（第五章と比較のこと）。すなわち、メディアの中で自らに対してなされるポジティブな評価、さらにそうしたポジティブな評価が生み出す梃子の力に依存しているのである。[55]これは社会的空間の至るところでメディアのメタ資本の及ぶ範囲が拡大していることの一側面でもある。
以下、それぞれの特定の界の中での一連の過程に注目する。そしてメディア化が、単一の「メディアに基づく論理」としてではなく、興味深い多様性をもたらすものとして説明できることを確認する。

（1）政治のメディア化

「メディア民主主義」とは、ドイツの政治学者トーマス・メイヤーが「メディアが世論形成から政治的争点における意思決定に至るまで、あらゆる政治過程において決定的な役割を果たすようになった」状況を捉えるための用語である。[56]政治のメディア化は、精力的に研究が行われてきた領域である。政治はおそらく「メディアの論理」**的なもの**が作用する最も明確な領域の典型である。[57]すなわち、政策の形成、実施、公的な熟議の日常的な過程において、メディアの論理が作用しているのである。歴史家のエリック・ホブズボウムは、次のような矛盾を鋭く論じた。「［二〇］世紀が終わりを迎えるにつれて、メディアは政党、選挙制度、政治過程などの構成要素よりも重要なものになった……しかしながら……それが民主的な統治であることを意味するわけではない」。[58]もし現代政治において「メディアの論理」が存在するのならば、それは政治とニュースの時間サイクル、[59]政治的なニュースとみなされるものに対するメディア制度の影響力、あるいは政策に対する影響力といった多くの事柄をカバーすることになるはずである。さらにそれは政治とは**何か**をめぐる構築、すなわち政治の存在論にも関わることになる。

ここでは明確化のために、メディアにどのように表象されるのかということが政治活動の主目的となるようないくつかの側面に「メディアの論理」を限定することにしたい[60]。このように「メディアの論理」を用いることで、現代政治においてメディアが有する不可避の**力**を捉えることができるであろう。こうした力は、現職の大統領から地方政治における異議申し立て、そして制度化された政党政治システムの外部から影響を及ぼそうとするNGOに至るまであらゆる政治的次元のすべてのアクターに対して作用する。オランダのNGOによるメディア実践に関する研究においてリチャード・ロジャーズは次のように論じている。すなわち、それらのNGOがどれほど急進的なものであっても、「商業的なニュースメディアの報道」は、そうした団体にとって依然として「価値があること」を示していた。したがって、メディアはボルタンスキーとテヴノーの用語における「正当化の論理」の一つとして中心的な位置を占めることになる[61]。だが、それは「メディアの論理」がもたらすものが単純であることを意味しない。もしあらゆる政治的アクターがこの論理によって動かされているのだとすると、大規模な政治戦略は、同様の戦略を展開する**他の**アクターによって常に妨害されることとなり、不安定なものとなる。同様に、政治における界の理論の作用も単純なものではない。「メディア資本（あるいは前述したメディアに**関連した**資本の方がよいかもしれない）」という概念を用いると、メディアに関連した資本の用い方やその資源が多様であるとしても、政治家たちは究極的にメディア報道のされ方を通じて政治界における資本を獲得することができるという点が明らかになる[62]。

ここでいったん立ち止まり、メディアと政治とがそのような形で強く結びつく理由について検討してみる価値はある。メディアと政治とが強く結びつく理由はコミュニケーションの特性そのものに起因する。メディア化がコミュニケーションの形態変化も含む過程であるとすると[63]、政治のメディア化とは、政治的アクターの主要なコミュニケーションの手段の変容を含むことは明らかである。情報が不足し、近代的なメディアが存在しない中世において、統治者は知られて**いない**ことについて情報を集めることに専心し、絶え間なく旅をして情報を得る者に援助をした。二〇世紀初頭において、ウェーバーは官僚制の構造を含意しつつ、政治的意思決定の速度が上昇したことと近代的なコミュニケーションとを関連づけている。ティモシー・クックは二〇世紀後半の米国政府に関する研究を行い、「四〇年前に比べてあらゆる政府の部門がニュースメディアによって占有され、そうしたメディアのために資源を割くようになった」としてメディアの政治への浸透がより一層進展していることを明らかにした[64]。二一世紀初頭では、統治者、政府、政治家は、あらゆる方向からやってくる情報や出来事の洪水を絶え間なく処理しなければならない。そして単に情報を消費するだけではなく、そうした出来事の中で役者として活動しなければならない。こうした変化はつまり、官僚制の過程、政治的な権威、制度的な記憶、個々の政治家が自らの仕事を省察し、処理する能力などに対する大いなる挑戦にもなる[65]。

政治とは財の**権威的**配分であるというイーストンの定義を今一度想起すると、政治はまさに、大多数の人々との間の遠隔的なコミュニケーション手段の発展に依存しているといえる。市民の希少な注目を集めるための競合は、主にメディアを通じて行われる必要がある。政治家が自らの権威を維持するための努力は、メディアによって媒介された中心の神話をめぐる広範な競合と密接に連関している。一見したところ、このことはまさに政治をフレーミングすることに利害関心を有するアクターがますます増加する中で、政治をより開かれたものにすることを約束するかのようである。メディアを通じた政治的可視性をめぐる広範で開かれた競合の進展は、確かにある意味で民主化であるに違いない。しかし、事態はそう単純なものではない。

第一に、デジタルメディアの時代は、それ以前の印刷メディアの時代とまさに同じように[66]、政治的権威に対してきわめてラディカルな影響をもたらしている。メディア報道の素材となる情報はあらゆるところから入手可能であり、それらは政治的情報源に関する公式リストよりも広範な領域からやってくる。例えば、専門のコメンテーターや番組の司会者のブログやツイートなども情報源となりうる。そうした情報は、単純な反復によって権威を増していく。いかなるインターネットの利用者も、例えばリンクを張ることによってそうした情報の権威化に貢献しうる。ジェイソン・ハーシンが「噂爆弾」と呼ぶものは、「今日の」政治的状況を特徴づけており[67]、地位の確立された政治的アクターに対応を強いることでその噂はより正統性を付与されることになる。一方、非公式的なコメンテーター（例えば米国で勢力を拡大している極右のコメンテーター）は、定期的にあるタイプの情報を「掘り起こし」、それを「支持する」ことで新しいメディア資本を獲得してきた。しかし前述したように、個人の権威だけでなくメディアの広範な表象もまた、メディアのメタ資本の作用に関わっている。情報はあらゆる場所から入手可能であるがゆえに、メディア制度がニュース・ストーリーを生み出す能力は増加する（そしてメディア制度自身のメディアに関連した資本も増加する）。メディアのメタ資本――政治的、社会的、文化的議論で語られる用語や参照点に及ぼすメディアの全般的な影響力[68]――はニュースが生み出される空間が拡張しているがゆえに増大している。政治家たちがたとえ失敗しようとも、自らの行為がどのように報道されるのかについて影響を与えようと模索する（「スピン」と呼ばれる）状況をメディア自身が報道する場合、この拡張し続けるサイクルは完成することになる[69]。

それゆえ、デジタルメディアは政治が演じられる舞台を拡大させてきた[70]。しかし、こうしたニュースサイクルが加速した結果として生じた潜在的なニュースの情報源の拡大によって、政治的アクターがニュースを管理する能力が一層重視されるようになる。すなわち、これが政治界でメディアのメタ資本が増大することの二つ目の主要な影響である。メディア戦略の必要性、「メディアの論理」的なものに従属せざるを得ない状況は、伝統的政党から人道主義的抗議活動を行うＮＧＯといったすべての政治的アクターに影響を及ぼす[71]。それぞれの政治的アクターは、ニュース生産に対して影響を与える相対的な権力という点では多様である。アムステルダム近郊の新しい大モスクをめぐり生じた論争について考察した、ユストゥス・オイターマルクとエイミー・ジェーン・ギーレンの研究がこの点について明らかにしている[72]。（貧しい移民が居住する集水地域にある）地元のモスクのスポークスパーソンと、地元政府の議員のメディア資本のバランスはきわめて不平等であった。オランダのこの研究は、メディアのメタ資本が最もローカルなレベルの政治でどのように作用するのかについて豊富な証拠を提供している。マジョリティのオランダ市民とマイノリティのムスリムとの間の激しい緊張関係は、（アムステルダムで発生した）二〇〇四年一一月の映画監督テオ・ファン・ゴッホの殺害事件を背景としている。一年後、近隣政府の議長は、モスク論争に関する報道を見ていた幅広い国民（主に白人のオランダ人）が、彼に高い評価を与えるだろうことを把握していた。

あなたはこう考えるかもしれない。「これは近隣の出来事にすぎない」……［しかし］すべての次元の現象がここに存在している。家族、ストリート、教育、健康、市、世界。すべてがこの一つの近隣で一緒になっている。したがって、もしあなたがこのゲームでプレーヤーになりたいのなら、あなたはメディアを駆使しなければならない……。メディアはストーリーを欲しているし、われわれはストーリーを持っている。われわれがそれを与えるのだ。[73]

彼が主張していた通り、結果は、「地方自治が［必然的に］自らを外部（すなわちナショナル・メディアの物語）に適応させる」ということであった。[74] あらゆるローカルなアクターの戦略は、（オイターマルクとギーレンの言葉でいえば）「メディアの中での自らに関する実際の、あるいは予想された表象によって導かれ、あるいは動機づけられる」のである。[75] したがって、かつてのメディアの論争の緊張を永続させるものは、集団が共有する記憶だけにとどまらない。ナショナル・メディアで表象された出来事は、**メディア**の専門職業人たちの参照点になる。すなわち、ローカルで生じた新しい出来事はいかなるものでもそうした参照点と関連づけられる可能性を有し、**そのこと自体によって**潜在的な政治の空間へと牽引されていくのである。このことは、ナショナル・メディアの物語へと効果的に結びつけることができた近隣政府議長のような政治的主体に対して有利な立場を付与する。また支配的な政治家にも新たな統治の手段を与える。政府が業績の乏しいものに対して統治や処罰を行うための「証拠」を、メディアが素早く提供するからである。近年の英国教育界におけるこうした事例をのちに確認することにしたい。だが、中国のような権威主義的市場国家でも同様のことがいえる。中国については *Focus* （*Jiaodian Fantan*）というCCTV（中国中央電視台）の番組に関するミァオ・ディの研究がある。二〇〇〇年代には、地方政府が隠蔽する問題を明らかにしたり取り締まったりするための道具としてCCTVのこの番組は中央政府に活用された[76]。しかし、近年のオランダの研究は、参加型ジャーナリズムという形態を通じて対抗的な声が反撃することが可能になった点を明らかにしている[77]。もっと一般的にいえば、セレブリティのようなメディアの物語の中の**自然発生的な**資本は、ローカルな物語においては特権的な役割を果たす。セレブリティが行う人道主義的な主張や外交などを想像するとよいだろう[78]。（専門的な政策立案者ではなく）こうしたメディアの「セレブたち」こそが、今や公的な政治過程に魅力を感じないオーディエンスたちを互いに結びつける機会を最も有するともいわれている[79]。

三つ目に、政治界で重視される資本に対してメディアの影響が拡大したことで、政治の組織化にとって**スペクタクル**がより主要な位置を占めるようになってきたといえる。これは第二章で論じた「開示」の実践とも関係する。政治におけるスペクタクルの役割は、以前から論じられてきたことであるが、メディアでのパフォーマンスが政治的権威の獲得・維持のための独占的な空間になるにつれて、その顕在性が増してきた。同様に政治的・社会的な生活は、**対抗的なスペクタクル**の戦術の犠牲となる。悲劇的な例としては、孤独な学生がメディアの注目を集めるために、学校でセンセーショナルな殺人事件を計画するといったものが挙げられる。ダニエル・ダヤーンはテロリズムに関わる出来事を新たに定義し直している。すなわちそれは、「世間の注目を集めるための特定の形式なしには存在しえない表現を伴う出来事」であり、「その出来事の重要性やリズムを意味づける行為のためにメディアの存在が欠かせない」ものである。メディアの標準的なフォーマットが拡張しているということだけで、スペクタクルを伴う暴力が重視されるようになっている点を説明することは不可能である。なぜならば、暴力に関するメディア・スペクタクルは、メディアのフォーマットを模倣するよりは、むしろ予想を**覆す**ことで、すなわちメディアのスケジュールを中断させることで作用するからである[80]。メディア化の幅広い過程が問題となっているのである。

政治界において、メディアの論理とみなされるものは何だろうか。以下の三点がそれに該当する可能性を有する。**第一は**、政治的諸価値が再形成される——フラット化されるというべきかもしれない——空間である。政治的諸価値の再形成は、どのような行為がメディアに肯定的に報道されるのかをあらゆる政治的アクターが共有することを通じて行われる。このことは、あらゆる政治的アクターに対して、自らの諸行為を主流メディアの中で肯定的に「読解されうる」ように適合させるよう要請する。主流メディアが肯定的に読解することができないと判断された行為は遂行することが困難になる。それればかりか、計画することすら難しくなる。多くの国で行われている新自由主義の政治は、政治的諸価値のこうしたフラット化と結びついている。それは政治における娯楽的な諸価値の顕在化（第四章）や、政治的関与に対する全般的な抑圧（第五章）と関連するのである。メディアの論理とみなされうるものの**第二は**、政治的アクターの実務上の労力がメディアのインプットおよびアウトプットへの対応をめぐる諸問題や、それらを統制しようとすることに関する諸問題へと集中化することに関するものである。[81]トニー・ブレアとジョン・メージャー（ブレアの直前の英国首相）のもとで活動したクリストファー・フォスターの説明は明快である。「われわれはもはや、自らが試みていることを議会や公衆、さらには**自らに**説明するのに十分な時間も能力も……持っていない。それゆえ、何が実用的で十分機能しうるのか合理的に確証を持つこともできないのである」[82]。このことは価値の問題ではなく、むしろ政治家たちの日常的な振る舞いにおける実践の変化の問題である。こうした実践の変化は、論理と同様の質を有している。メディアの論理とみなされうるものの**第三は**、メディアによって媒介された中心の神話をめぐる現行の競合に政治が不可避的に絡み合っていることである。主要な政治的アクターは自らが市民の関心を捉え続けることに関心を払わなければ**ならない**。それはまさに、広告会社やメディア企業が行っていることと同様である。このことがあらゆる政治的制度をメディア空間の実践的な諸要求と結びつけることとなる。

実践をめぐる諸価値や行為の論理のレベルにおいて、政治はメディアから強く影響を受ける界である。だが、われわれはそれがさまざまな固有の形態を取ることを明らかにしてきた。すべての**単一の**メディアの論理として描くことは誤解を招きかねない。さらに、そうしたメディアの論理が政治界全体に対して直線的な影響を与えると予想することも誤解である。複合的な競合が生じる界では、こうした直線的な影響は不可能である。

（2）教育・宗教・芸術におけるメディア化

メディア化やメディアのメタ資本の拡大は、政治以外の領域ではどのように作用しているのだろうか。教育、宗教、芸術などのさまざまな事例は、この視座からは十分には考察されてこなかった。それゆえ、これらの考えは推論的なものになるだろう。しかし、一連の諸事例は、メディアのメタ資本の概念が明らかにしうる状況がどれほど広範なものかを説明するものである。

教育は一九七〇年代にブルデューの研究で焦点が当てられた領域であり、その諸概念が広範囲にわたって適用された最初の分野である。教育の界に対するメディアの影響は、政治界ほどには直接的ではないと考えられる。なぜならば、（政治の場合のように）国民とのコミュニケーションや国民の表象が教育の主目的ではないからである。したがって、教育はその基本的なコミュニケーション実践に対して、マス・メディアや遠隔とやりとりするためのメディアに依存していない。一見したところ、政治の論理がそうであるような形では基本的な「教育の論理」と「メディアの論理」とが融合する理由は存在しない。しかしながら、一九九〇年代から二〇〇〇年代にかけて、例えば英国やオーストラリアでは、新自由主義の広範な圧力の結果、学校は市場の論理がますます浸透し、それによって運用される領域とみなされるようになった。したがって、教育社会学者が界としての教育に対するメディアの影響を検討するうえで、自国の教育**政策**は研究のための入り口となったのである。初期の研究は、基本的な政策の形成における、そして学校、教師、政府が議論を行う紛争を伴った空間の形成におけるメディアの圧力の役割を論じていた(83)。市場化に関する新自由主義の原理の背後で展開する諸圧力は国境を越えたものであり、それゆえブルデューの界のモデルやメディア化に関する研究への理解を当初の国民国家の枠組みから超えたものにする必要が生じた(84)。〔新自由主義の影響による〕政策の変容は、「界を横断する影響」に関する問題を提起する。

前述の通り、これは界の理論に対して困難性をもたらすものである。だが、新自由主義のような政策のマクロ構造を理解しようとするうえで中心的なものである。[85] メディアと教育との関係を、界を横断する影響、特にメディアのメタ資本の概念によって明らかになるものとして理解することはできるのだろうか。[86]

教育に対するメディアの影響については、解明すべき多様な種類が数多く存在する。教育実践それ自体の表現に関するフォーマットの役割の問題は脇に置いた方がよい。すなわち、パワーポイントのような基本的「メディア」フォーマットが学校に広がっていくことは、教育において権力が組織化される固有の方法について何ら示唆的なものを提供しない。なぜならそうしたフォーマットは、ほぼすべてのビジネスの世界で使われているからである（メディアの論理ではなく、教育に**ビジネス**の論理が広がっていく現象とみなすべきである）。もう一つの方向性は、学校経営におけるＩＴやデータ管理システムの役割について見ていくことであろう。そうした研究はドイツにおいて進行中である。[87] だがそれはもっと広い組織のマネジメントの問題として捉えた方がよいだろう。教育の界に関係する**メディア制度**についてより適切に考察するためには、メディアと教育との間の境界面について研究する必要がある。そうした境界面は、前述した教育社会学者の研究の中でまさに言及されているように、政府が教育政策を発展、推進、監視するために**メディア報道**を活用するときに生じてくる。

メディアに基づく諸効果は、教育へのメディアの論理の輸入を伴うわけではない。むしろ、主流のナショナル・メディアが特定の**空間**ないしフォーラムとして出現することを伴う。すなわち、政府が教育者たちを批判し、あるいは鼓舞するために用いるための空間である。そして（達成目標を定めることで）メディアに政府のパフォーマンスを評価させるため、また、そうした達成目標やそれと関連した評価体制を際立たせるような典型的な事例を提示させるための空間である。このことは、前節で論じた政治的「開示」の実践と大きく異なるものではない。一方、教育者たちは自らのパフォーマンスに対する政府やメディアからの攻撃に対応しようとする。だが、それは自らの実践の全体をさらに、そして引き続きメディアによる評価に晒すことになる。その結果、英国のような国では教育の界が強く政治化され、メディア化されることになる。[88] こうした国では、次に挙げるような相互に交わる二つのタイプのメタ資本が教育の界における諸アクターを形成し、抑圧する。すなわち、教育という界の将来をめぐって政治的な闘争が激しく展開する中で教育政策（その成功の基準や広範な目標）を定める主体としての**国家**のメタ資本と、「事実」を裁定する主体としての**メディア**のメタ資本である。先に引用したオランダの地方政府の当局者のフレーズを借りるのであれば、政府も教育者も「［自らを］外部に適応させる」ことが求められるようになったのである。これが教育にとってよいことかどうかは非常に論争的な事柄である。しかし日常的な教育実践に、メディアの圧力とメディア関連資本が深く埋め込まれていることは確かである。したがって、この問題は、教育の技術的な側面におけるＩＴの活用といった事柄以上のものである。

ここには権威に関するより深い問題が存在する。教育とメディアは、教えることをめぐる権威に関する問題へと収斂していくのである。学校とメディアは教えるという点ではどちらも同じだが、その手法が異なる。まさに、ポピュラーメディアによる「文化的教育」はすでに定着した研究領域である。[89]特に興味深いのは、セレブリティが学校とはどのようにあるべきかをメディアを用いて主張する事例である。英国のテレビ局のチャンネル4は、二〇〇四年に*Jamie's School Dinners*を放映し、高い視聴率を得た。この番組では英国の公立学校の食事の質を高めようと試みた。番組は少ない予算でより栄養価の高い食事をどのようにして提供しうるのかを示した。この番組／キャンペーンは、ある種の政治的インパクトを伴うものであった。なぜならば、この番組が英国の学校にとって異なる「現実」を作り上げるため、そしてそうした「現実」を実現させることを主張するためにデザインされたリアリティ番組のフォーマットであったからである。教育者、行政担当者、予算統括責任者に狙いを定めたこうした直接的なメディアの教育方法は、学校が依存する象徴的権威がセレブリティ文化から生じたメディア関連資本によって異議申し立てを受ける可能性があることを示している。

一連の諸テーマは、**宗教**の事例において、どのように展開されるであろうか。メディアは宗教の表象だけでなく、今日「宗教的」とみなされるような諸実践や諸信念そのものを形成する主要な力学であるとますます多くの研究者たちが考えるようになっている。[90]宗教制度もメディア制度も世界を表象するために、象徴権力のまさに一般形態を利用する。[91] このことは、確かに過度に単純化しているとはいえ、二〇世紀におけるメディアは「新しい宗教」になったと多くの研究者たちが主張する理由である。[92] 原則上、宗教の能力とは、世界を描写すること、そして重要な権威の諸形態を国家やメディアのメタ資本と並ぶ固有のメタ資本にすることであるとみなされていた。ただし、こうした説明の説得力は国によって異なっている。イランやフィリピン、そして恐らく米国もそうであるが、宗教制度が非常に強く高い権威を有している国ではこうした説明は説得力があるだろう。一方で（チベットの場合のように）、宗教の権威が国の成立に関わる紛争に直接関係する国もわずかながら存在する。しかし（宗教の権威が強い）イランですら、宗教制度はその活動や目的を表象するためにメディアにますます依存するようになり、メディアのスキャンダル報道に対して脆弱なものになっている。全世界に勢力を拡大し影響力を行使しているカトリック教会もまた、二〇一〇年の法王の英国訪問の直前とその最中において、メディア報道に対して脆弱なものになっている側面と、メディアのアジェンダを統制する能力を有する側面の両面を示したのである。

儀礼的なイベントへの注目や認識を高めるためにメディアを利用する宗教諸制度の能力は実証的に裏づけられている。そしてその能力は、メディアが有する象徴権力の全般的な蓄積に直接由来する。[93] メディア資本が宗教界における威信を**自動的に**高めるほど、両者がルーティン的に相互に重なり合っているかどうかは未だ明らかではない。[94] しかし、メディアを利用する高い能力と、宗教上の素質の双方を含めた象徴資本を持つカリスマ的宗教指導者に関する事例があることは確かである。例えば米国のテレビ伝道者（ビリー・グラハムやベニー・ヒム）、イスラム教の伝道者（ユースフ・アル＝カラダーウィーやシェリフ・オスマン・ハイダラ）である。さらに、自らの専用メディアチャンネルやメディア配信手段を構築することは、オルタナティブな宗教的権威を構築するための重要な手段である。ブログへの投稿は、公衆に自らの宗教的精神をもたらすための一般的な手段となりつつある。[95] さらに、宗教と娯楽が共に同一メディアの多くのコンテンツを占有し、分かち合っていることは、宗教的な言説の変容における重要な要素である。[96] その結果、宗教的な権威の源泉は何か、ということをめぐって今日論争が生じ、また、おそらく誤認されてもいる。[97] 権威の問題に関するより一般的な問題についてはこののちに立ち返ることにしたい。北アフリカのムスリムにおけるシェリフ・オスマン・ハイダラの活動であるアンサール・アッ゠ディーンのより詳細な背景についてはＢｏｘ６・１に挙げている。

Ｂｏｘ６・１　マリのアンサール・アッ゠ディーン運動

アンサール・アッ゠ディーンは、アフリカ中部マリにおけるイスラム教の運動組織である。この運動組織は、今日の変容する宗教においてメディアがいかに重要であるかを示す事例であるが、メディア化が埋め込まれた広範な諸過程の複雑性を示すものでもある。以下の説明は、人類学者ドロテア・シュルツの研究（Schulz 2006）に依拠している。

アンサール・アッ゠ディーンは、カリスマ的イスラム教指導者シェリフ・オスマン・ハイダラによる運動である。**Ansar Dine**とは、アラビア語の***Ansar al-Din***を南部マリの共通語であるバンバラ語に翻訳したものであり、「宗教の支持者」を意味している。一九八〇年代半ばに設立され、当初は都市の中流下位層を中心に支持を集めたが、その後は地方でも支持を獲得した。この運動が支持を拡大していった背景にはさまざまな要因があるとされ、経済が自由化されたこと、一九九一年にマリで多党制民主主義が導入されたこと、そしてそれが〔マリで民主主義の闘士と呼ばれ指導者となった〕アマドゥ・トゥマニ・トゥーレの台頭をもたらしたこと、などが挙げられる。ただ、アンサール・アッ゠ディーンをグローバルなイスラム教の政治勢力の一つとして解釈することは問題であるとシュルツはいう。むしろ、この運動はマリの社会権力の複雑な界の中で登場してきたものとしてとらえるべきであると強調する。

アンサール・アッ゠ディーン運動は、宗教的なコミュニケーションを拡張するため、そして宗教の界の境界線を拡大するために、メディアが主要な役割を果たすということを明確に示している。ちなみに、ここでいうメディアとはデジタルメディアのことではなく、音声やビデオのカセットといった「スモールメディア」のことである。それらは個人が所有したり、あるいはラジオで伝えられたりする（Sreberny-Mohammadi and Mohammadi 1994参照）。ハイダラは、イスラムの古い宗教一派の中でも少数派の分家の出身である。ハイダラはしばらくの間、**マリ・イスラム高等評議会**の外部にとどまり続けながら影響力を行使しようと格闘した。ハイダラにとって自分の説教を広めるためにメディアを使うことは非常に重要なことである。メディアを使えば、**評議会**のメンバーよりも多くの一般の人々を彼のオーディエンスにすることができるからである。その結果、二〇〇〇年にはハイダラは評議会のメンバーになることを許可された。

しかし、アンサール・アッ＝ディーンが幅広い力を持つに至った要因は多様であることをシュルツは以下のように指摘する。マリには社会的権威が弱いという問題があったこと（「ポスト植民地」に関するムベンベの二〇〇一年の著作（Mbembe 2001）と比較すること）、そしてマリのイスラム教組織には歴史的に宗教的権威の資源となる有力な一族がいなかったことである。このような二つの背景要因のため、マリは一九二〇年代の植民地時代、イスラムへの同化が遅れていた。一般的な「道徳的番犬（Schulz 2006: 137）」という点では、ハイダラの訴求力は特定の宗教の解釈者のそれと同等のものである。ハイダラは、核心となる道徳的立場以外では、政治に関して論評を避けた。ハイダラは、アンサール・アッ＝ディーンを通じて国家が長らく提供してこなかった基礎的な社会サービスを提供した。したがって、この運動は、メディア化だけでなく、より広範な権力の界における広範な闘争を説明するものである。すなわちそれは、弱い国家によって残された空間に宗教的権威とメディアの権威が競合しながら流入する過程である。とはいえ、こうした状況が実際に社会的界の民主化を示しているかどうかは議論の余地があるとシュルツは論じている（Schulz 2006: 144-6）。

それとは対照的に、**視覚芸術**は高度に専門化した競合的な界である。とはいえ、中には時として宗教的な、あるいは政治的な主張を行う（ヨーゼフ・ボイスやマリーナ・アブラモヴィッチのような）芸術家も存在する。芸術の実践に関して、価値、参照点、基本的な目的をめぐる合意が欠如している――芸術の外部から何かを参照することそれ自体が欠如している――とすると、芸術界がメディアと特定の関係性を有するべき固有の理由は存在しない。確かに、芸術はコミュニケーション行為の一つであるが、マス・コミュニケーションや遠隔とのコミュニケーションを行うべき本来的なニーズは存在しないのである。

しかし一九九〇年代の Young British Artists のように、ある特定の状況下では芸術もメディアと密接に関連する。YBAは、少なくとも大きな界の特定のメンバーにとって、メディアへの露出とメディア資本がどのようにして圧倒的な重要性を持つに至ったのかを示す興味深い事例である。その過程で、トレイシー・エミンのいくつかの実践のように、メディアへの現れが芸術実践それ自体と融合することになる。[98]

このことをどのように説明しうるだろうか。芸術の世界がメディアの参照点（例えば広告）によって全体的に満たされているという事例として説明できるものではないであろう。[99]それは芸術界全体に及ぶような一般的効果ではないからである。メディアが芸術実践に強く影響を及ぼす場合、メディアは特定の芸術家が依拠する象徴資本の形式に依存することになる。メディアが芸術実践に強く影響を及ぼす場合、多様性を有する芸術界において、メディア資本は界の一部にとってきわめて重要なものとなりうる。開かれており、規制がなく、多様性を有する芸術界において、メディア資本は界の一部にとってきわめて重要なものとなりうる。しかし、界全体に支配的なものとはならないであろう。ＹＢＡ内部の特定の芸術家にとって、あるいはアンディ・ウォーホルやジェフ・クーンズなどのニューヨークの芸術シーンの多様な世代の芸術家にとって、芸術の論理と狭義のメディアの論理とは重なり合っているようである。経済的な圧力や政治的な圧力は、時として芸術制作にインセンティブを与え、それがある種のメディアの期待と結びつく場合がある。しかし、このことを、メディアの論理全般が芸術界の中で作用するものとして解釈しうる理由にはならない。

（3）権威と制度の多孔性

社会的組織化にメディアが与える影響の中で、現在生じつつある側面の一つは、デジタルメディア時代における権威の変容である。このことは、現代の諸制度がどれほど強固なものなのか、という点と密接な関連性を有している。したがって、これまでの議論と分けて検討する必要がある。

ブルース・ビンバーの卓越した分析（第五章参照）が示すように、情報のデジタル化とそれによる情報の過剰生産は、制度的権力の基本条件を変化させている。それは特に政治的領域において顕著である（とはいえ、それにとどまるものではない）。情報のデジタル化は、諸制度に属するエリートが利用可能な情報資源を大きく増加させただけではない。あらゆるアクターに対して過去の情報やメディアの**アーカイブ**へのアクセスのあり方を変化させ、**外部のエリートとの水平的なコミュニケーション**を促進している。[100] こうした状況は、制度的組織にとっても恩恵をもたらすとはいえ、[101] 非エリートが特にメディアを介して情報を拡散させることにより、脆弱性が増大するという対価を支払うことになっている。その結果、あらゆる制度的な権威は、情報漏洩、妨害行為、あるいは単純な情報流通そのものに起因する弊害に対して脆弱になっている。すなわち、情報の新たなフローは諸制度をより一層多孔的なものにしているのである。ここで重要なアクターは、特定の政策アジェンダを掲げるNGO、ライバル関係にある組織や制度、時として諸個人である。こうしたアクターは、自らの目的のためにメディアの可視性というツールを積極的に活用する。[102] イラクのアブグレイブ刑務所における、米国軍人の非常に不名誉な写真が暴露された事件は、諸個人がメディアを活用した事例である。

こうした絶え間ない変化の結果、制度は脆弱になり、権威は不安定化した。[103] とはいえ、権威をめぐる問題を最もよく理解するためには、特定の界の詳細な動態を参照する必要がある。政治界においてはメディア報道による侵食が不可避の状況となっている。そこでは個々の政治的権威は、すでに論じたさまざまな理由のために、メディア関連資本やメディア上で個人的に演技する能力にますます依存するようになっている。こうした高度に個人化された権威は、まかり間違えればスキャンダルを引きつけることになる。そうでない場合でも、個人の権威は一般的な地位や正統性ではなく、メディア上でのパフォーマンスにますます依存することになる。[104] こうした帰結が政策構築や大規模な政治的組織化にいかなる困難性をもたらしているのかについては第五章で論じた通りである。

メディアの越境的なフローは、特にリテラシーに基づく権威の独特の諸形態がしばしば中心的なものとなる宗教的な領域で重要な帰結をもたらしている。デジタル時代において、かつては限定的なコミュニティによってアクセスが制限されていた宗教的なテクストは流動化し、双方向的なものとなり、容易に入手可能なものとなっている。ハイディ・キャンベルが論じたように、神学的な解釈や論評は、「共同活動」になりつつあり、オンライン上で幅広い投稿者に対して開かれたものとなっている。その一方で、宗教的な言説はメディア上で流通するようになり、諸制度が統制することを困難にしている。[105] そしてデジタル・コミュニケーションの規模の拡大は、新たな宗教的コミュニティの形成を可能にしている。きわめて特殊な宗教的アイデンティティに基づきつつも対面的に接触することなくそうしたコミュニティが形成可能になったのである。[106] 公式の宗教的権威から排除された新しい集団が必ずしもネットとは限らないが、何らかのメディアを活用することで宗教的な解釈者になることが可能になった。これは今までにない状況である。ドロテア・シュルツによると、マリにおけるムスリムの女性集団がローカルラジオやカセットテープを利用してイスラム教に関するオルタナティブな解釈を広め、イスラム教の権威を形成するジェンダーに基づく不平等に対する異議申し立てを行っているという。[107]

その結果、宗教的権威そのものの性質の変化を多くの人々が今や目撃することとなっている。[108] だが、このことはメディア化の効果へと単純に還元できるものではない。イスラム教において、近年の大衆のリテラシーの増大、モダニティの性質や方向性に関する議論の拡大を含めた多くの要因が同時に生じているのである。これらの変化は、あまりにも複雑であり、そしてあまりにも重要なものであり、一つのメディアの論理にのみ還元することは不可能である。いずれにせよ、ピーター・マンダビルが述べるように、イスラム教の権威構造は常に比較的脱中心化されたものであった。[109] 他方で、例えば、ヨーロッパの宗教改革と印刷された書物との関係を考えてみればわかるように、宗教界において進行している諸変化の中には、デジタル時代のはるか以前から明らかなものもある。[110]

4　結論

本章では、時として他のアプローチで補完しつつ、ブルデューの界の理論を柔軟に、そして批判的に用いることによって現代社会が「メディア化」されているという考えをより精緻に明らかにしうる方法を検討してきた。これまで最も研究されてきた界である政治において、メディア界との相互依存はますます強いものとなっており、メディアの論理に類するものが政治的実践の**諸相に**内在化されつつある。しかしながら、その帰結は決して単一の、あるいは単純なメディアの論理によって生じているものではない。他の界において、〔メディア化は〕より緩やかでかつ多様な形態で生じつつある。一方で権威のように特定の問題においては、〔メディア化をめぐって〕大きな緊張が生じつつある。それぞれの事例において、メディア化という一般的な概念はより個別の分析へと翻訳される必要がある。すなわち、特定の場において、資本、権威、権力がどのようにしてメディアのメタ資本によって変容しつつあるのかを分析しなければならないのである。この過程でより大きな矛盾が明らかになる。社会的競合が生じているさまざまな界が、メディアの可視性の力学に対して開かれていくにつれ、すなわち、ある意味において「民主化」が進展するにつれ、メディアの権力はますます増加することになるのである。第八章において、メディアの応答＝責任能力の欠如がいかなる帰結をもたらすのかについて検討する。

メディアの権力とその作用をより微細に明らかにするためには、国際比較を行うことがますます重要なものとなる。長期的には、比較調査は多様な場所や異なる界におけるメディアのメタ資本の**諸制約**を取り払うことができるかもしれない[11]。だが今は、単純な形式の比較しかできない。世界の複数のメディア文化を比較する視座について、次章で考察する。

（1） Livingstone（2009a: x）. Livingstone（2009b）と比較のこと。

（2） Boudieu（1983: 241）. Bolin（2011: 135）は、マルクスの資本概念に関するブルデューの使用法が正確か疑問を呈している。

（3） Boudieu and Wacquant（1992: 98）.

（4） Fishman（1980: 51）. Meikle（2009: 29）による引用を参照。

（5） この洞察に関して Klaus Zilles に感謝する。

（6） Livingstone（2009a: ix）と比較のこと。

（7） Lundby（2009）は最近の議論をまとめている。もう一つ別に用いられてきた用語は「Mediazation」である（Thompson 1995: 49）。「メディア化」は明確な理論化がなされないまま、広範な社会学において自覚的ではない形で主張されるものとなっている（Lash and Lury 2007: 9; Urry 2007=2015: 9、邦訳二〇―一ページ）。「メディア化」と文化に関してわずかながらも展開している議論については Fornäs（1995: 210–21）を参照のこと。

（8）Lundby（2009b: 10）は、Baudrillard（1993. 仏語版 1976）を引用しながら議論している。
（9）Mazzoleni（2008）.
（10）Lundby（2009b）.
（11）Silverstone（2005: 189）.
（12）Altheide and Snow（1979）; Snow（1983）; Altheide（1985）.
（13）Snow（1983: 11）; Altheide and Snow（1979: 237）; Altheide（1985: 9）.
（14）Altheide（1985: 13–4）.
（15）Altheide and Snow（1979: 12, 60）; Altheide（1985: 9）.
（16）Snow（1983: 151–2）.
（17）二〇一一年までは異なる立場であった。Hjarvard（2011）を参照のこと。
（18）Hjarvard（2009: 160）. Hjarvard（2006: 5）および Andrea Schrott（2009: 47）の「メディア化……とはメディアがもたらす社会変動に関する社会的な過程で、それは特定のメカニズムによって機能し、……その結果、社会空間においてメディアの論理の制度化がなされる」という定義と比較すること。
（19）それぞれ、Mazzoleni（2008）, Lundby（2009b: 8）, Schulz（2006: 90）を参照のこと。
（20）Bourdieu（1993）; Boltanski and Thevënot（2006）; Elias（1994）.
（21）Krotz（2009: 26, 27, 24）.
（22）Couldry（2008a）. Hepp（2009a: 149）は事実上、Krotz の用いる意味におけるメディア化に関するものとして、私のメディアのメタ資本に関する初期の議論（Couldry 2003b）を理解している。
（23）Krotz（2009）と Hjarvard（2011）を対比のこと。
（24）Bird（2010: 91–6）.
（25）Bourdieu（1993 and 1996b）; Champagne（1990）.
（26）Bourdieu（1998）; Marlière（1998）; Benson and Neveu（2005）.
（27）Champagne and Marchetti（2005）; Duval（2005）.
（28）O'Neil（2009: 63）.
（29）Bourdieu（1991: 166）.
（30）Bourdieu（1991: 170）.
（31）Bourdieu（1998: 22）; 仏語版は Bourdieu（1996c=2000: 21、邦訳三三ページ。訳一部修正）。
（32）Champagne（1990=2004: 261, 277; 264; 39、邦訳二〇八、二八二―三、二六八、四九―五〇ページ）。同様の立場からの議論として Champagne and Marchetti（2005: 43）を参照のこと。
（33）Lingard, Rawolle and Taylor（2005）.
（34）Champagne（1990=2004: 237, 239, 243、邦訳二四六―七、二四八―九、二五二―三ページ）。
（35）以下で論じる議論のより完全なものとして、初期のものであるが Couldry（2003b）を参照のこと。
（36）Bourdieu（1996a）; Weber（1947）.
（37）Bourdieu（1996a=2012: 40–5、邦訳七八―八七ページ；

1991: 239–41).

（38） Bourdieu（1991: 229).

（39） Bolin（2009: 352–3).

（40） それぞれ Bourdieu in Wacquant（1993: 42、強調は引用者による); Bourdieu（1996a=2012: 265、邦訳四八三ページ); Bourdieu in Wacquant（1993: 23）を参照のこと。

（41） ブルデューにおける「象徴資本」概念は一般的に、ある特定の界の中で正統化され、あるいは高く評価されるようになった（経済的、文化的などの）資本のタイプを意味する（例えば、Bourdieu 1986: 132, 133; 1991: 230)。

（42） シャンパーニュも類似の議論をしているが、「メタ資本」という用語を使わずに論じている（Champagne 2005: 54)。

（43） Bourdieu(1998).

（44） 日常生活の大半は特定の界の競争に埋め込まれているわけではない、ということに関しては Lahire(1999) の議論を参照のこと。

（45） Boyle and Kelly(2010).

（46） これはブルデュー自身が国家との関係で「メタ資本」という用語を用いる方法と一致している。

（47） Bennett（2011: 130).

（48） Strömbäck and Esser（2009: 213–4）と比較のこと。

（49） Hallin and Mancini(2004) のメディア・システムに関する比較理論と対比のこと。

（50） Champagne（1990: 237, 243), Couldry（2003b）を参照のこと。

（51） Hallin(2005) と比較のこと。

（52） Bolin（2011: ch.2; 2009）と比較のこと。

（53） Collins（1994 [1868]=1962: 434、邦訳五七九ページ。訳一部修正).

（54） 二〇〇九年一二月一二日に BBC Radio 4 の *Today* という番組で報じられた。

（55） Thompson(2001).

（56） Meyer（2003: xv).

（57） 主要な研究として下記を参照のこと。Mazzoleni and Schulz(1999), Benson(2006), Davis(2007), Riegert(2007), Strömback and Esser(2009), Thompson(2001), Fairclough(2000).

（58） Hobsbawm（1995=1996: 581–2、邦訳四四〇ページ。訳一部修正).

（59） Cook(2005).

（60） この点については Meyrowitz（1985: ch.6）を参照のこと。

（61） Rogers（2004: 173).

（62） Davis and Seymour(2010).

（63） Krotz（2009: 25).

（64） 中世に関しては Braudel（1975=1994: 372–3、邦訳Ⅱ巻四二一四ページ), Bloch（1962=1973: 62、邦訳八二一三ページ）を参照のこと。二〇世紀初頭に関しては Gerth and Millls（1991: 215）におけるウェーバーの議論を参照のこと。二〇世紀後半の米国に関しては Cook（2005: 122）を参照のこと。

(65) それぞれ以下を参照のこと。Foster(2005), Cook (2005: 113, 137), Braman (2009: 319), Davis (2010: 65–6).

(66) Briggs and Burke (2005: 18–9).

(67) Harsin(2010).

(68) 前述の注(46)およびそれと関係する本文の議論と比較のこと。

(69) Coleman and Burke (2009: 18–9).

(70) 二〇世紀における狭く限定されたテレビ的な公共圏に関するMeyer (2003: 91) と対比のこと。

(71) 人道主義的なＮＧＯに関してはCottle and Nolan(2007)を参照のこと。

(72) Uitermark and Gielen(2010).

(73) Uiternmark and Gielen (2010: 1331) によるヤープ・ヴァン・ギルスの発言の引用。

(74) Uitermark and Gielen (2010: 1331).

(75) Uitermark and Gielen (2010: 1340).

(76) Miao (2011: 109).

(77) Meijer(2011).

(78) Chouliaraki(2012); Cooper(2008).

(79) ボリス・ジョンソン下院議員（現ロンドン市長〔本書刊行当時〕）に関してはRuddock (2007: 141) を参照のこと。

(80) 政治におけるスペクタクルに関しては一般的議論としてBoorstion(1961), Debord(1983)を参照のこと。近年のその強化に関してはKellner (2003; 2009) を参照のこと。学校での殺人に関しては、Serazio(2010)およびKellner(2008)を参照のこと。「テロリズム」とスペクタクルとの結びつきに関してはDayan (2006: 15,19、著者による翻訳) を参照のこと。

(81) Cook(2005).

(82) Foster (2005: 1–2).

(83) 英国における教育改善のための特区 (Education Action Zones) やオーストラリアのヴィクトリア州における「自律的学校経営 (self-managing school)」に関しては、Gewirtz, Dickson and Power(2004), Blackmore and Thorpe(2003)を参照のこと。

(84) 教育に関するLingard, Rawolle and Taylor(2005)を参照のこと。

(85) Lingard, Rawolle and Taylor (2005: 769); Rawolle and Lingard(2008)と比較のこと。

(86) Rawolle(2010).

(87) Breiter, Schulz and Welling(2011).

(88) スコットランドとウェールズにおける教育的な権限は、イングランドにおける権限とはもっぱら切り離されている。

(89) Giroux(2000).

(90) Hoover(2006); Hjarvard(2006).

(91) Meyer (2006: 307–8).

(92) 例えば、Goethals(1997).

(93) カトリック教会のワールドユースデーに関してはHepp and Krönert(2009)を参照のこと。また、通説となっているDayan and Katz(1992)と比較のこと。.

(94) Lundly(2006)はこの視座から、ノルウェー国教会の司教選出について議論している。

(95) テレビ伝道師に関してはHoover(1988), Thomas(2008)を参照。イスラム教伝道者に関してはKraidy and Khalil(2009: 73)を参照。アンサール・アッ＝ディーンについてはSchulz(2006)を参照。宗教ブログに関してはCheong, Halavais and Kwon(2008)を参照のこと。

(96) Meyer and Moors (2006: 19); Asamaoah-Gyadu (2009: 165) において引用された de Witte (2009: 13) を参照のこと。

(97) Thomas (2008: 95).

(98) Stallabrass(2000).

(99) ここではYBAに関するLash and Lury (2007) の説明については賛同しない。

(100) Bimber (2003: 91).

(101) Latham and Sassen (2005: 16).

(102) Thompson (2005: 31). より一般的な議論としてBoyer (2010: 253)。

(103) Bimber (2003); Turner (2007b: 117) と比較のこと。

(104) Howard (2009: 138).

(105) 宗教的なテクストに関してはEss (2010: 15) を参照。注釈に関してはStolow(2006), Mandaville(2003), Campbell (2010: 154) を参照。制度的な統制のために生じる問題に関してはMeyer and Moor (2006: 11) を参照のこと。

(106) Howard (2009: 138).

(107) Shculz (2006: 140).

(108) Turner (2007b); Meyer and Moors (2006: 8); Hoover and Kaneva (2009: 8).

(109) Mandaville (2007: 102).

(110) Wuthnow(1989).

(111) この点に関して、シグルズ・アレンの指摘に感謝したい。

第七章　複数のメディア文化――拡がる世界

比較研究をする際に何を探求すべきかということについて、われわれはなおも明確な見通しを持っていない。

ダニエル・ハリン／パオロ・マンチーニ(1)

メディアに関連する実践は世界中で拡がりを見せており、メディア社会学者はそれを理解する必要がある。この世界に対するわれわれの視点は、英語圏でのメディアの調査研究および理論の圧倒的な支配によって曇らされてしまっている。米国および英国でのメディアの生産および消費に関する説明が、現在に至るまで研究アジェンダにおいて不相応な注目を集めているのである。それ以外の地域でのメディアに関する豊かな研究の重みを踏まえるなら、現在ではそのような支配は不条理なものだといわざるを得ない。にもかかわらず、グローバルな出版産業の圧力により、支配はなおも補強され続けている。アジア人研究者のジョン・エルニとシュー・ケン・チュアが「文脈性を強く求める(2)」と呼ぶ傾向が強まることは止めることができない。それは、過去一世紀の間に米国や英国の中でたまたま生み出されたレンズでメディア・社会・権力の諸関係がどのように構成されているのかを眺めることをやめたい、という願望にほかならない。

こうした「新しい」――実際にはずっと存在していたものの、気づかれることがなかった――メディアに関する実践の世界を理解するためには、考え方を変える必要がある(3)。特権化された特定の視点からこの世界のあらゆるものを同一に理解することはできない(4)。**そのような**想定をしたのではかつての過ちを繰り返すだけだろう。その世界に境界線はなく、メディア研究がこれまで認識してきたよりも遥かに大きな多様性を持つ開かれた空間なのである。人類学者のダニエル・ミラーが述べているように、フェイスブックがあたかも米国の現象であるかのように語り、あるいは記述する人は多いが、「今日ではそのユーザーの七〇％以上が米国の外で暮らしている、グローバルなサイトなのである」[5]。

そうした多様性を把握することは、南半球の開発途上国（global South）に由来する、まったく新しいタイプの社会理論の存在を認めるということも意味しうる[6]。メディアの発達を促す推進力は当然のごとく西洋にあるという想定を捨て去らねばならない。ディスパンカー・シンハはそのような想定を「もう一つの原理主義（the other fundamentalism）」と呼んでいる。すなわちそれは、西洋の「テクノクラートの権威の勝利」が「自然なもの」と想定される考え方であり、一方でそれは普遍的な適用可能性というモダニティの規範的な主張と結びつくことになる[7]。だが、現代のメディアにはどこにも自然な「中心」など存在しない。したがって、ブライアン・ラーキンが述べているように「メディアに関するある一つの理論が欧米ではなく、ナイジェリアから生まれるとすれば、それはどのようなものになるだろうか」という問いを発することが重要なのである。そうすることによって、経済史のような他の領域で生じているコペルニクス的転回に追いつくことができる[8]。メディアの制度とモダニティとのつながりが根源的なものであるとはいえ（第一章を参照のこと）、デジタルメディア技術を通じて建設が進められている数多くのオルタナティブなモダニティの存在をもわれわれは認めねばならない[9]。とはいえ、日常の現場における多様なメディア実践をわれわれが理解できるようにならない限り、より多くの場所からより多くの説明を積み上げていったところで、十分なものとはならないであろう。

比較メディア研究の真摯な試みにとって問題となるのは、本章の冒頭で引用したハリンとマンチーニによって提起された問いである。われわれはどこから解明の糸口を探し求めることができるだろうか。ディヴィヤ・マクミリンが「自らの能力に関する錯覚」と呼ぶものからでないことは確かである。その「錯覚」こそが、西洋の研究者をして自分たちがいる特定の場所から世界に関する一般化を行わせてきたのである[10]。とはいえ、われわれが越境的な**知識**をなおも探し求めようとするならば[11]、社会・メディア・権力がそれぞれどのように関係し合っているのか、という重要な問題についての何らかの類型を定式化する必要がある。それがどれだけ試案的なものであっても、何らかの幅広い比較の枠組みを提示することが求められるのである。

比較のための重要な枠組みとなるのは、制度的なインフラに関わるものであり、そこにおいてわれわれが「メディア」と呼ぶ多種多様な事物が生起する。ハリンとマンチーニは *Comparing Media Systems*[12]において国家・市場・メディアの社会的、歴史的な相互依存に関する分析を行ったが、それはこの目標に対する大きな一歩であり、異なる国々における「報道機関」の発達に関する、明らかに西洋中心主義的だったかつての研究を確実に凌駕している[13]。彼らは非常な慎重さをもって「三つのメディア・システムのモデル」を導入している。

リベラルモデル〔英国、アイルランド、北米〕は、市場メカニズムと商業メディアの相対的な支配によって特徴づけられる。民主的コーポラティズム・モデル〔北欧〕は、組織化された社会・政治集団と結びついたメディアと商業メディアとの歴史的共存、法的な制限の枠内で積極的に活動する国家の役割によって特徴づけられる。分極的多元主義モデル〔南欧〕は、政党政治へのメディアの統合、商業メディアの比較的脆弱な歴史的発展、そして国家の強力な役割によって特徴づけられる[14]。

ハリンとマンチーニのモデルは啓発的ではあるものの、補正が必要である。もしこのモデルをイランやナイジェリア、フィリピンにも、そして米国にもより正確に当てはまるものにしようとすると、宗教制度が国家およびメディアとどのような関係にあるのかに注意を向ける必要がある。米国においては反世俗的なメディア運動が、それ自体のメディア・インフラとともに過去三〇年の間に出現してきたからである。国によって界の相互関係性は独自の進化を遂げてきたのであり（第六章と比較のこと）、ハリンとマンチーニの分析をそれらに基礎づけることが有益である。加えて、ハリンとマンチーニも認めるように[15]、このモデルは検証が求められており、西洋以外の事例に関しては必要に応じて修正されねばならない。

とはいえ、ハリンとマンチーニのモデルがどれだけ拡張され、精緻化されようとも、それは政治経済学の立場から考案された理論である。メディア理論のピラミッドを反転させるのであれば（第一章を想起のこと）、われわれが問いかけている国際比較の問題に対してこの理論が解答を与えてくれるとは期待できない。特定の権力・社会組織・地政学のさまざまな文脈を背景に、日常生活の中にメディアの役割がどのように織り込まれているのか、という比較や、[16]多様な場所で行われる特定のメディアに関わる実践がいかなる文化的意義を持つのか、という比較をわれわれはどのように始めることができるのだろうか。その最も簡素な道筋は、独自のメディア制度やメディアシステムを有するそれぞれの場所で、メディア〔に関する経験〕がどのように「感じられる」のかを問うことであると思われるかもしれない。しかし、それにはリスクもある。ナショナルな「メディア文化」とみなされるものの周囲を取り巻いている想像上のナショナルな境界線を再生産してしまい、それゆえに共通性と差異とがより複雑に混ざり合っていることが曖昧になる、というリスクである。研究のもう一つの（メディウム理論（medium theory）により接近した）方法は、異なる国々において技術導入がそれぞれどのような軌跡を辿ったのかに目を向けるというものであろう。ジェラルド・ゴギンとマーク・マクレランが言及しているように、日本では日常的なインターネットアクセスがデスクトップ型コンピュータよりも主に携帯機器を通して浸透し、東アジアではカメラつき携帯電話が他の地域よりもはるかに容易に浸透したというのは明らかに重要である。[17]

それ以外の方法として、社会志向のメディア理論（socially oriented media theory）という本書が好む立脚点から、ナショナルな境界線の内側およびそれを越える**複数のメディア文化**という概念を発達させることが可能である。メディア文化は、人々がメディアを用いて行うことから派生してくる。メディアに関連する諸実践（生産、消費、配分、解釈）の柔軟性にただ圧倒されるよりも、われわれの調査研究を「複数のメディア文化」という概念に基礎づけた方が有益である。それら諸文化の固有の形態は人間のさまざまな基本的ニーズの力学によって形成されるということを私は論じるつもりである。メディアに関わる生活形態の大部分がニーズによって形成されるのと同様に（第二章を参照のこと）、メディア文化もまたニーズによって形成される。メディア研究は歴史的に概して国民国家を単位と**してきた**がゆえに、私の選ぶ事例もほとんどの場合に特定の国民国家について言及することになってしまうことは避けられない。しかし、のちに明らかにするように、私の比較の枠組みはナショナルな差異に基づくものではない。私の枠組みが依拠しているのは、人間が有する幅広い種類のニーズに基づく圧力（pressures）である。そうしたニーズは時にナショナルな境界線の内側で、時にそれを越えて形成され、コミュニケーションに関するニーズを生じさせる。(18)

したがって私は、何らかの普遍的なタイプのコミュニケーションに関するニーズ（ニュースに対する基本的な情報ニーズ、音楽やイメージ、文化的表現の世代間の伝達に対する基本的な文化的ニーズ）があらゆる場所で、類似した方法で満たされるものについて関心を向けるつもりはない。そうした基本的な情報ニーズは、（革命や長期的な文化的排除状態のような）さまざまな圧力のもとで強化される場合にのみ、固有のメディア文化を生み出すのである。重要なことは、メディアの利用におけるわずかな違いを追いかけることではなく、グローバルな規模でメディア文化の全般的な**範囲**（span）や、多様性を形成する力学を把握することである。以下に続く文章が他の研究者によって形作られた研究の領野を周遊しているように読めるとすれば、それこそが私の意図である。メディア研究においては、まさしくこの豊穣な**比較**の領野に向けて議論の方向を修正していくことが求められている。

1　メディア文化とは何か

私は比較の単位として、メディアシステムではなく「メディア**文化**」(19)という用語を使用する。すでに記したように、メディアシステムという用語は、資源や制度がいかにして組織化され、配分されているのかという政治経済学的な分析になお根ざしている。メディアシステムの分析は依然として重要であるが、本書における関心はわれわれのメディア経験、メディアと共にある生活の様式に向けられている。この目的にとって比較のための自然な単位となるのは「文化」である。それが意味するのは、境界線で囲まれた、もしくは空間的な境界線が引かれた文化**ではなく**、日常的な意味形成の実践が相互に結びついてまとまる**あらゆる**方法を意味している。シャッツキによれば「まとめ上げる」（第二章を参照のこと）ことで個々の実践が行われるが、より大きな実践の集合においても同様である。近年に至るまで「メディア文化」という用語は、理論化がなされないままの（米国のメディアが、例えばフランスまたは日本のメディアと何かしら違うように「感じられる」点を把握するための）記述的な用語として、あるいは特定の時代および場所におけるメディア商品の流通やスタイルについての解釈的な一般化を行うための用語として使われてきた[20]。ここで私は、それらとは異なる意味で「メディア文化」という用語を使う。すなわち、メディアを主要な資源とする意味形成の諸実践の集合体を指すものとして用いるということである。一つのメディア文化を見定めるための唯一の基準は、成員がその固有性、すなわち意味形成の諸実践がどのように「まとまっている」のかを認識する可能性があるという点である。私が「意味形成」というとき、メディア文化という概念が**メディアの**意味を形成する唯一の、あるいは本来的な方法であるということを主張したいわけではない。そうではなく、主にメディアを**通じて**、すなわちメディアに依存して作用する**世界の**意味を形成する方法を指し示しているのである。

　この意味でメディア文化とは、われわれが世界と相互に作用し、影響を及ぼす方法を形成している人間の多様なニーズにまで辿っていくことができるものである。「メディア文化」という用語のこのような使い方は、「メディア中心主義」を避けた国際比較に寄与することを意図している。しかし、メディア文化は、明確な境界線を有する「確固とした」現象ではない。それが指し示す対象は曖昧であり、（実践そのものがしばしばそうであるように）ウィトゲンシュタインの「家族的類似」（再び第二章を参照のこと）によって確認しうるのである。つまり、世界の複数のメディア文化を余すところなく描き出すための唯一の方法は存在しない。むしろ重要なのは、それら複数の文化の際限なき多様性を形作っている重要な差異について明確な理解を得ることなのである。

　ハリウッドが登場した当初から、メディア文化は「トランスローカル」であり続けてきた。複数の場所や発信源から送られる素材（メディア）の流通と翻訳にその基盤を置いてきたのである。デジタルメディア時代は、無限の大きさを有する接続空間（ワールド・ワイド・ウェブ）に基盤を置いているがゆえに、こうした状況をさらに進化させた。そこではインプットの受信やアウトプットの生成をあらゆる場所から、あらゆる場所に向けて行うことができる。われわれはこうしたトランスローカルなフローを当たり前のこととみなすようになっており、小説『ハリー・ポッター』のグローバルな成功は近年における最も顕著な事例の一つにすぎない。岩渕功一が述べているように「ローカルな文化的創造性をグローバル化という文脈の外部で想像すること」は不可能なのである。さらに、マルワン・クレイディとパトリック・マーフィーが指摘するように、「ローカル性の現代的表現」が常に強力な個別性を有していると想定することも同様に（メディア文化の現状を考えるうえで）役立たない。[21]

したがって、複数のメディア文化を考えるうえでの不可避的な出発点となるのは、ヤン・ネーデルフェーン・ピーテルスによる「トランスローカルな」文化理解と「領域的」にとどまる文化理解との区別なのである。現代的な文化の競合は今や、その基盤がどれだけローカルであろうとも、ナショナルなものを越境した比較の中で枠づけられるのが通常の形態である。（キリスト教からイスラム教に至る）宗教がセクシュアリティをどのようにみなすのかを例に挙げてみたい。一九二九年〔訳注：出版は一九三〇年〕にジークムント・フロイトが『文化への不満』を著したとき、性的表現と抑圧の政治がもし解消されるにしてもそれはナショナルな境界線の内側においてである、と想定することができた。しかし、現在ではグローバルな移動と文化のフローによってそれは不可能となっている。ある場所におけるセクシュアリティの文化は、異なったセクシュアリティの慣習を反映している他の場所からのメディアのフローに不可避的に晒されることになるからである。[22]

さらに、トランスローカルなインプットに開かれた程度が文化ごとにどのように異なっているか、という点まで考慮する場合、事態はより複雑になる。これは「コスモポリタニズム」の問題ではなく、実際にはまったくの逆である。英国北部におけるエスニック的には白人の中産階級のオーディエンスに関する調査によれば、仕事や行楽での海外へのたび重なる渡航は、英国以外のメディアや文化に対する定期的かつカジュアルな接触をもたらしたとしても、それらへの関心を生み出すとは限らない。[23] しかし、中東における日常的なテレビ経験は、クレイディが「**トランスナショナルで**動態的なアラブのメディア環境」と呼ぶものとの接触を人々にもたらしている。その一方で、もしあなたがナイジェリア北部に住んでいるとすれば、あなたの映画のレパートリーはナイジェリア南部からのキリスト教映画、トランスナショナルなイスラム文化、ボリウッド映画というヒンドゥーの文化的参照点、そしてハリウッドによって形成されることになるであろう。[24] 嗜好や帰属というそれ自体で階級によって強固に階層化されている要素もまた、移動性とメディア化との関係を複雑なものとしている。[25]

それでは、複数のメディア文化にそれぞれの固有性を与えているものをわれわれはどのようにして把握**できる**のだろうか。例えばタイのニュース文化、というように特定のネーションの国境線に囲い込まれた領土との結びつきを想定することでメディア文化の固有性を把握することはもはや不可能である。ただしそれは、ナショナルな場所がメディア文化を区別するにあたってしばしば重要となるということを否定するわけではない。（言語の到達範囲から規制機関までを含む）メディアのインフラの多くの側面は、場合によってはなおも領土的な境界線を有しているからである。また、文化的な忠誠心が何らかの形でより自然に「コスモポリタン」や「ナショナルを超越したもの（supra-national）」になりつつあると主張したいわけでもない。歴史的に持続する連帯の構造としての国民がなおも果たしている役割をそうした主張は無視することになるからである。[26] そうではなく、国民国家であれ、地域であれ、村落であれ、あらゆる特定の領土と文化との「自然な」関係を想定するようなやり方では、われわれが用いるメディア文化という概念を発達させないということなのである。

メディア文化に関するこうした論争に先行するものとして、第三章で触れた国民といわゆる「ナショナル・メディア」についての初期の機能主義的な説明にまつわる問題がある。フィリップ・シュレジンガーが論じるように、そうした説明は「さまざまなレベルにおける文化とアイデンティティとの間で徐々に明らかになりつつある矛盾」を認識し損ねており、その矛盾こそが「国家とネーションを分離させる傾向にある」のである。[27] 一九世紀から二〇世紀初頭にかけての西洋の古典的な社会理論が方法論的ナショナリズムの克服を目指していたことは記憶されるに値する。[28] 今やメディア文化は原理的にはあらゆる場所から生み出され、あらゆる場所に向けて送り出されるコンテンツから構成されているがゆえに、その特徴の一部がローカルであったとしても、**メディア文化の領土的な定義は一貫性を持ちえない**のである。メディア文化は形式的に定義するよりも、多かれ少なかれローカルな特殊性を有しつつもメディアを介した意味形成という**トランスローカルな諸過程**が**濃縮したもの**として定義した方がよい。メディアと共に、そしてメディアを通してある特定の場所に存在することは依然として重要であり続けている。しかし、そのことの意味は根本的に変化してきたのであり、メディア研究におけるわれわれの記述的な言語はそれを反映する必要がある。[29]

メディア文化がメディアの流動性の中でも認識可能な濃度（density）を有するのであれば（その分布においてはナショナルなものでありうるが、必ずしもそうである必要はない）、メディア文化が「より濃くなる」ことを可能にする前提条件とは何か。[30] すなわち、メディアコンテンツやメディア実践と、それらを実践するための文脈とを安定的に結びつける濃度を獲得するための前提条件とは何か、ということである。それは、「国産」のコンテンツやナショナルな「文化」とされるものとの間にメディア文化が有している単純な「内的」関係ではないことは確かである。イランにおいて特に活発で論争の多いブロゴスフィアを生み出すのは、**ウラマー**（宗教学者たちのコミュニティ）における**分断**である。例えば一九八〇年代後半までのデジタル化以前の英国の放送文化のように、かつては領土的なもののように思われていたメディア文化は、実際には分断されており、高度に階層化された社会においては同一のメディアによって「与えられるもの」が、異なる階層に対して異なる訴求力を有していたのである。[31] エジプトやメキシコ、中国などのさまざまな場所におけるメディア文化に関する近年の解説はすべて、かつては統合的なメディア文化と考えられていたものの内部に深い亀裂が走っていることを強調している。[32]

それでは、メディア文化の**多様性**を生み出しているものは何か。第三章を思い返すと、われわれはすでに可能性の一つについて検討している。すなわち、メディアは社会の中心に位置する制度であるという主張である。この主張によると、メディア文化の濃度はさまざまな諸力が「中心化」の過程において、それぞれ資源を投じる中で「多様に」生じることになる。[33] メディア文化の多様性に注目するもう一つの方法は、社会経済的な変数を経由するというものである。ラマスワミ・ハリンドラナスが論じているように、インドおよび英国における教育水準の高いテレビ視聴者は、それぞれの国の教育水準の低い視聴者とよりも多くの共通性を有しているということもありうる。[34] しかしこのことは、メディア利用が固有の生活様式として集団が認識するものへとどのように結合しているのかを理解するうえで役立たないかもしれない。メディア利用の独自性に関する別の考え方は、ある人々が日常生活の中で重要なメディアは何か、という点をどのように理解しているのかに注目し、それを通じて文化の構成要素となる実践が安定化する方法を考える、というものである。トランスローカルな文化のフローの中から人々が自らにとって密接に関連し、かつ重要な素材を選び出す方法を形成するものとは何か。集団ないし諸個人のネットワークにとってメディアはなぜ重要なのか、という問いに対してなされる理由づけはどのようなものか。これらの疑問は、より根本的な人間のニーズという問題へとわれわれを導くことになる。

2　ニーズの視点から見た複数のメディア文化

このきわめて不平等な世界において、そしてまたスーザン・バック゠モースが記しているように「手に負えないほど多様な」世界において、[35] 比較の手がかりとなる参照点を提供できるほどに堅固なものは人間のニーズだけである。興味深いことに、グローバルな経済発展について経済学者のアマルティア・センが独自の思索を試みるうえで出発点としたのがニーズであった。それはまた、トランスナショナルなスケールで複数のメディア文化に関する独自の思索を行ううえでも適切な出発点である。第二章の実践としてのメディアに関するわれわれの説明において、この出発点はすでに含意されていた。

とりわけ身体的な領域から文化的、社会的領域へと移行する場合、人間のニーズに関する明確なリストは存在しない。この問題については第八章での哲学的な文脈において再び論じる。今の段階では、基本的な情報の供給に対するメディアのインフラの普遍的な貢献を前提に、特定のメディア文化が**固有に**満たしうるニーズの類型について考えてみたい。

それらのニーズの暫定的なリストには以下のものが含まれうる。**経済的ニーズ**、**エスニック・ニーズ**、**政治的ニーズ**、（エスニック・ニーズ、政治的ニーズと結びついてはいるものの、それらとは区別される）**承認的ニーズ**、**信仰的ニーズ**、**社会的ニーズ**、**余暇的ニーズ**である。「ニーズ」は広い意味において理解されねばならない。それは個人のニーズに関する普遍的なモデルではなく、より広範かつ可変的な人間的ニーズを指し示している。アマルティア・センの用語である人間の「潜在能力（capabilities）」についてわれわれが考えるとき、そしてそうした潜在能力が文化的に埋め込まれるときに、一連のニーズは現れるのである[36]。人間のニーズを単体で考えることは無益であり、物質的、歴史的条件という共通して経験される圧力について考えることが有用である。同様に、ブログの歴史を研究するカロリン・ミラーとドーン・シェファードは、メディアの形態が急速に変化する時代においてメディアの生産と消費がいかにして形成されてきたのかを理解するために、「客体化（objectified）された社会的ニーズ」という用語を使っている[37]。

ニーズは交差し、重複する。それゆえに、固有性のある一つのメディア文化が複数のニーズに応じ、まさしくそれらの重複からその力を増大させるということもありうる。同様に、個々人が複数のメディア文化に帰属することもありうる。多かれ少なかれメディア文化はお互いに浸透し合うことがあり、その度合いはメディアおよび世界に関してどの程度まで理解を共有するかにかかっている。重要な点は、人間的ニーズの範囲を明確に描き出すことではなく、複数のメディア文化の中で見つけ出すことが期待できる**多様性のタイプ**へと、したがってメディア文化の比較のために有益となりうる**諸次元**へと目を向けることなのである。

それでは、一見すると無限の多様性を有するメディア文化について考えるうえで、この大まかなテンプレートによってどこまで進むことができるのかを見ていくことにしたい。鍵となる発想は、特定のニーズがメディア文化を完全に規定するということではなく（なぜ物事がそんなにも単純だといえるのだろうか）、ニーズこそ特定の集団がメディアの選択と重要度の付与を行う際の妥当かつ主要な参照点となる、ということである。ニーズを参照点にするということは、メディア文化についての歴史的あるいは状況的な説明などの他の参照点を除外するのではなく、むしろそれらを補完することを企図しているのはいうまでもない。

（1）経済的ニーズ

メディア文化は、労働市場やその他の経済的機会の諸側面へのアクセスといった経済的領域における基本的ニーズによって形成されることがある。それらは情報やコミュニケーションに対する固有のニーズを生み出すからである。経済的利益の配分がきわめて不平等で、例えばただ食べていくのに必要な所得を得るためだけに遠く離れた場所に移住しなくてはならないような成員がいるような社会では、経済的な生き残りに関わるニーズは、社交や余暇のように別の状況であれば差し迫ったものとなる他のニーズを圧倒する可能性がある。経済的ニーズはあまりに深刻であるがゆえに固有のメディア文化をまったく生み出さない場合がある。そのような経済的ニーズが生き残るための闘争とメディア消費とをおおよそ無関係なものとするからである。このことは今も続くグローバルなデジタル・デバイド（第一章を参照のこと）を部分的には説明する。例えば、ブラジルの農村部では、貧困と貧弱なインフラのために、テレビやラジオへのアクセス手段でさえも、地元のほとんどの人々が持ちえない場合もある[38]。近年の調査によれば、差し迫ったグローバルな問題として人々が最も重要視しているものは貧困である[39]。とはいえ、不平等によって人々がほとんど、もしくはすべての時間を家族から離れて働かざるを得ず、そのことが情報コミュニケーション技術（ＩＣＴ）に対する特有のニーズを生み出すような場合、経済的ニーズの影響はより精緻な観察を必要とするものとなる。

現在に至るまで、移民によるメディア消費に関する研究のほとんどは、エスニックもしくは文化的なつながり（次項を参照のこと）の維持のためのメディアの役割を強調してきた。しかしこのことは、米国とメキシコの国境をまたぐものであれ、アブドゥ・マリク・シモンがアフリカ大陸の「移動機械（movement machine）」と呼ぶものであれ、移住それ自体において貧困――基本的な経済的ニーズ――が果たす役割を軽視することにつながっている。メディア研究において、**国内の**人口移動に固有のメディア関連ニーズはそれ以上に無視されてきた。しかし、ジェレミー・タンストールが述べているように「多くの人口を抱える国々における最大の人口移動」は国境をまたぐものではない[40]。中国は国内の人口移動が一億四七〇〇万人にのぼり、中国の労働者階級の間での**デジタル**メディアの利用に関するジャック・キュー（邱）による近年の調査は、「ハイエンド型」の情報技術やアプリケーションの消費に関するメディア産業の誇大広告や、多くのメディア調査の妄執に冷水を浴びせるものである[41]。邱の調査はまた、「情報を持つ者」と「情報を持たざる者」という単純な二分法的デジタル・デバイドに関する想定が実際にはもっと複雑なものとなりうることを示している。

経済的ニーズがどのように基本的なコミュニケーションに関するニーズを形成するのか、ということにわれわれの研究の方向性を向けるやいなや、インターネットや携帯電話が贅沢品ではないことがすぐに明らかになる。それらがなぜ、中国の国内移民やその他の中国人労働者階級の成員、すなわち失業者、退職者、そして一億八九〇〇万人の一五歳から二四歳までの低所得者にとって特別な必需品であるのかを邱は次のように説明する。それらの集団は圧倒的な一連の経済的問題に直面してきた。まず、家族の生活向上を図るためであれ、単に仕事を見つけるためであれ、地方から「都市村落（chengzhongcun）」へと何百マイルも移動するというニーズが存在した（一九七八年から二〇〇六年の間に中国人労働力の四分の一が農業から離れた）。多くの国営企業の民営化に伴う雇用の喪失も生じた（一九九〇年から二〇〇四年の間に六三〇〇万人が国家および集産部門を離れた）。一九九〇年代における住宅建設の商業化を通じて、補助金による住宅建設も失われた。ケア・サービスの民営化と急激に上昇した学校授業料にまつわるコストと圧力の増大もあった[42]。結果的に「変化を続ける都市の状況が……雇用、育児、ヘルスケアのような不可欠のニーズのために……日々の生存に関わる需要を生み出す」のである[43]。中国を扱う他の論者も認めているように、こうした状況は相対的な政治的孤立を特徴とするものの、「故郷の」家族や友人に対する強い依存という特徴も有する[44]。

このように複雑な状況はＩＣＴに対する固有のニーズを生じさせる。放送メディアをより強く求めるのではなく（邱によれば、伝統的なメディアは彼らのためのものではないと移住者たちには認識されている）[45]、職場もしくは家族のネットワークとすぐに連絡が取れるようにするため、少なくともプリペイド式の携帯電話か、ショートメッセージサービス（SMS）、あるいはインターネットを求めている。こうした固有のメディア文化の存在を示す証拠は、テキストベースの携帯電話サービスを通して広告や販売を行うことに特化した産業部門が、近年において成長していることに見出すことができる[46]。他方で、（実用および娯楽目的での）インターネットアクセスは集合的な空間（インターネットカフェもしくはネットバー（網巴））で行われている。電子メールよりもチャットサービス（QQ）が直接的なコミュニケーション手段となっている（「定期的にネットにアクセスするようになってから一年が過ぎたのちになっても、ほとんど［の移住者］が［個々人の］メールアドレスを所有していない」[47]）。邱は、経済的な必要性によって形成された**集合的な**インターネット文化に対する洞察をもたらしてくれている。こうしたことは他の多くの国においても同じように見られ、例えばエジプトでは人口の〇・五％しかブロードバンドに接続しておらず、二〇〇〇年代初頭のスリランカでは（インターネットにアクセスできる）ラジオ局と（アクセスできない）幅広い人々とを結びつけることが決定的に重要であった[48]。

中国の労働者階級において経済的に形成された固有のメディア文化は、労働過程そのものを辿っていくことでしか十分には理解できない。邱は工場における労働者監視のための携帯電話利用の増加について記している。労働者によって送信されたすべてのSMSを雇用者がトラッキングするケースや、あるいはいくつかの事例では外資企業の雇用主に対抗する労働争議にメディアの注目を集めるべく、ブログのような新しいメディアを利用している労働者についても触れられている。中国ではIT製造およびITサービス産業において低い地位で雇用される人々が急激に増加してきた。中国の労働者階級の多くにとって、ICTは労働生活**と**余暇生活のいずれにとっても支配的な文脈なのである。「労働関連情報」、「娯楽」、「ネットワーキング」に対するニーズによって形成されるメディア文化においては、娯楽というレンズだけを通してその実践を眺めることは歪みを生じさせるだろう[49]。

邱のアプローチはメディア研究にとって完全に新しいものというわけではない。一九八〇年代以降、家庭内での不平等な労働分業を含め、メディア消費が労働分業での地位を通じてどのようにして形成されるのかについて、オーディエンス研究者たちは焦点を当ててきた。[50] 実際、少なくとも人口の大部分にとっての余暇、概して労働分業が許容する形態をとる、という発想はまさにマルクスにまで遡る。[51] また、コンピュータによって媒介されたコミュニケーションの利用を含め、あらゆるメディア利用がいかにして階級によって、とりわけ階級が教育機会に与える影響によって形成されるのかについてはいまだに論じなければならないことが数多く存在している。[52] しかし、邱の研究に関して最も注目すべきは、ＩＣＴに徐々に依存するようになっている労働市場自体の構成から生じているメディアニーズが重視されているという点である。

世界中で経済的な不安定さが増している時代において、複数のメディア文化を形成する経済的ニーズに目を向けることは重要である。フィリピン人労働者に関するマディアヌウとミラーによる近年の著作は、トランスナショナルな人口移動という視点を加えている。経済的なニーズは多くのフィリピン人女性を西洋への移住に駆り立てている。彼女たちのコミュニケーションに関するニーズは、フェイスブック、スカイプ、オンラインチャット、電子メールのような複数のプラットフォームを介した遠距離での育児の継続という必要性によって圧倒的に形成されている。ここでも、根底に横たわる経済的ニーズとそれが形成する固有のコミュニケーションに関するニーズが、メディア文化の特徴的なあり方にわれわれの注意を喚起しているのである。

(2) エスニック・ニーズ

移民の一部、とりわけ他国においてエスニック・マイノリティもしくは文化的マイノリティを形成することになる移住者たちにとって、祖国の人々とのつながりを維持し、エスニックおよび文化の共通性を確認することは、メディア文化を形成するにあたって経済的な必要性よりも重要である。われわれが大まかに「エスニック・ニーズ」と呼ぶものは、固有のメディアコンテンツに対するニーズを生み出す。そして移民が暮らす遠く隔たった国においてそうしたコンテンツにアクセスできるような流通過程に対するニーズも生み出す。ディアスポラ固有のメディア文化に関する研究は数多く行われてきた。ダニエル・ダヤーンが指摘するように、ディアスポラのメディア利用は「想像の共同体」の最も純粋な事例なのかもしれない。ディアスポラのコミュニティは対面的にではなく、メディアを通じて**のみ**想像されうるからである。[53]

祖国からのニュースや娯楽に対する移民のニーズについては多くの研究が集中的に行われてきた。そうしたニーズは、言語的な困難性によって彼らの移り住んだ国のメディアへのアクセスが妨げられることでより一層補強される。初期の研究は、ヨーロッパにおける移民たちが「自分たちの祖国で何が起きているのかをより多く視聴」する手段として衛星放送テレビを利用していることに焦点を当てていた。[54] しかし、「エスニック」なニーズが直接的な要因であることはほとんどなく、第一世代と第二世代との分裂を多くの研究は報告している。後者はむしろ自分が生まれた国のメディアを視聴することを好むのである。[55] 移民に関する近年の研究は、遠方の家族、友人、そして文化との接触を続けるための媒介的手段の増加が、「居場所作り（place-making）」を行う手段としてのメディアに**どこで、どのようにして**アクセスするのかというバランスに影響を与える様態を明らかにしている。かつては自宅こそがエスニック・ニーズによって形成された多様なメディア文化が実践される主要な場所であった。例えば、一九八〇年代後半の西ロンドンにおいて、南アジア系の人々の住宅でボリウッドや宗教のビデオが視聴される様子についてのマリー・ギレスピーによる説明が挙げられる。ところが現在では、そうした場所がインターネットカフェであることも同じくありうる。同様に、携帯電話あるいはノートパソコンを介したスカイプでの通話のためのインターネット接続が可能であるならばどこでもよい、ということもありうる。[56] ソーシャル・ネットワーキング・サービスは、ディアスポラにとって直接の連絡を取り合うための重要な手段になってきている。アニコ・イムレはハンガリーのソーシャル・ネットワークである www.iwiw.hu に関する詳細な説明を通してこのことを明らかにしている。[57] インターネットに接続可能な携帯電話が一般的になるにつれて、人々は地元で動き回りながらも膨大な量の情報に手の平の中でアクセスできるようになっているのである。この意味では、第五章で新たな形態の経済的および政治的抗議の伝播を検討した際に見たように、排除されている集団にとっては特に、トランスナショナルな参照点は、ナショナルなメディアよりも「ローカル」なもののように見える、ということもありうる。これはインターネットに関する二つの一般的な主張を混ぜ合わせた議論である。つまり、インターネットは文化的差異の衰退をもたらすという主張と、インターネットは複数の〔空間的な〕スケールがより複雑に相互作用するものというより、個人利用のためのローカルな「粒状空間（granular space）」にすぎない、という主張との混合である。[58]

エスニックなメディア文化におけるインターネットの利用は、まったく異なる二つの方向に向かって進む可能性がある。一方では、人々が自分たちに固有の素材を生み出し、それらを公共的な利用のために保存する安価な手段を提供するがゆえに、インターネットはエスニック集団が自分たちのメディア生産を徐々に差異化していくことを可能にする。ラテンアメリカの先住民（例えば、チリのチロエ島におけるマプチェ・ネーションとそのメディア）は興味深い事例を提供してくれている。そこでは、商業メディアや国家の主流メディアからは遠く隔たったオルタナティブなメディアとの関わりが、自己に対する承認を教え込み、潜在的には政治的な行為能力を教化しているのである。中国ではそうしたメディア生産の可能性が、より幅広い領域における政治的な声の不在との間で緊張関係を生じさせ続けているとワニング・サンは述べている。コロンビアの文化理論家であるジーザス・マーティン゠バルベロは、それらの発展に関するより幅広い理論的解釈を提示している。「遺産のデジタル化はローカルおよび世界規模でわれわれの遺産の可視化を可能にし」、メディア生産を通じて「われわれの文化が世界の中に存在するための新しい方法」を提供しているというのである。そうした可能性は、旧ユーゴスラビアのように世界の中でも深刻なエスニック紛争の歴史を持つ地域において特に重要である。しかし、オルタナティブメディアの領域においてオーディエンスの調査研究が無視されていることは、オルタナティブメディアがメディア**消費**の文化にとって何を含意しているのかがなおも不明瞭であることを示している。[59]

他方において、国境を越えるメディア流通の複雑さが増してきたことで、エスニックなものをその特徴とする固有のメディア文化をエスニック集団が有していると**想定する**ことは、徐々に大きな問題をはらむようになってきている。ロンドンのトルコ移民に関するアス・アクソイとケヴィン・ロビンズの古典的な研究は、彼ら移民のメディア利用はコスモポリタンそのものとはいえずとも、ナショナルというレベルでは収まらなくなっていることを示している。そうした状況下においては、メディアを媒介にして複数の帰属感覚が維持されうる。ロンドンまたはベルリンにおいて、トルコ国内の視聴者に向けて放送された衛星ニュースを移民たちが見る場合、彼らは（トルコの）「自宅」にいないという現実を踏まえるなら、自宅から放送にアクセスすることが単純かつ矛盾のない国民的帰属の感覚を再生産するという結果をもたらすとは**限らない**のである。実際、そうした消費が果たして「エスニシティ」によって促されているのかという点についてアクソイとロビンズは疑問を呈している。むしろ、「トルコのテレビに接したいという願望は完全に社会的なもの」であると彼らは論じている[60]。このようにして、いわゆる「エスニック・ニーズ」は、複数の「共同体の地平」というさらに広範な視座の中に位置づけることができる。そこでは、多様な集団がメディア利用を発達させ、またその中で集団は発達していくのである[61]。すぐあとでわれわれは社会的ニーズにまた立ち戻ることになるであろう。

（3）政治的ニーズ

複数のメディア文化を形成する政治的ニーズについて語ることは奇妙に思われるかもしれない。結局のところ、人々は政府が命じたからテレビを見るわけではない。しかし、大規模な政治戦略であれ、大規模な政治構造の中で無視されたままになっている政治的承認に対する要求であれ、それらが固有の形態を持つメディア消費またはメディア生産、もしくはその両方を形成する方法は数多く存在する。「政治的ニーズ」がメディア文化の多様性に寄与する要素である、と私が主張するのは、まさにそのことなのである。

第一に、メディア産業を国民形成に関与させるための国家および大規模な政治的アクターの戦略が存在する。直接的な手段で達成されることはほとんどないにせよ、幅広い政治的、社会的合意（settlement）の文脈に目を向けるならば、メディアがまだ希少であった初期の時代（例えば英国では一九三〇年代から六〇年代にかけて）に、ナショナルな焦点を伴う固有のメディア文化がどのように出現したのかが明らかになる。[62] 二一世紀初頭においては、国際的なメディア市場に領土を開放せよ、という政府への圧力によってそうした集中化の戦略は覆い隠される傾向にある。しかし、またしても特定の状況下では、例えば明確なナショナリズムに適合した固有のメディア文化へと帰結することがありうるのである。[63] エジプトの事例に関してライラ・アブー゠ルゴドが述べているように、[64] 少なくとも最近までは「政治的、社会的な企て」に対するナショナル・メディアの「くびき（yoking）」がメディア環境を、潜在的にはメディア文化を形成してきたのである。新たに出現しつつあるタイプのメディアコンテンツの背後に存在する政治戦略の意図や決定力の程度を過大評価しないよう、われわれはきわめて慎重でなければならない。とりわけ、メディアコンテンツの生産が競合する小さな企業へとアウトソーシングされている場合にはそうである。しかし、第四章で述べたように、新自由主義的な政策レジーム（米国および英国）の支配と、自己変容を遂げていく個人の間での競争に焦点を当てた社会的「現実」を提示するテレビフォーマットの人気の高まりとの間の奇妙な合致を無視することもまた同様に誤りであろう。

第二にわれわれは、より広範な層のニーズという異なる角度から政治的ニーズを考えることもできる。国家の文化戦略は抵抗を生じさせる。そして権威主義的なレジームのもとでメディアは確固たる権威に対する暗黙の**異議申し立て**の場として注目に値しうる。新たなアラブの公共圏としてのテレビのトーク番組に関するマーク・リンチの初期の著作を土台としつつも、汎アラブ的なリアリティメディアに関するマルワン・クレイディの近年の研究が新境地を開拓したのは、まさにこの点においてなのである。[65] アラブ世界において非常に利用率が高かったＶＣＲ（ビデオカセットレコーダー）に関する初期の研究以来、中東における熾烈な検閲と公共空間の厳格な統制を迂回する方法を見つけるためのメディア文化の役割についてはよく知られてきた。[66] クレイディは議論の幅を基本的な技術からメディア形態へと広げ、以下のような文脈において「リアルである（reality）」という主張とメディア儀礼とが帯びる固有の訴求力を探求している。それは、モダニティの道徳的・政治的規範が非常に厳しく問われることとなり、ネーション間の競合関係がそれらの幅広い議論と共鳴し合う、という文脈である。クレイディは中東におけるリアリティメディアの固有の位置について次のように雄弁に要約している。

長期間にわたって多くのオーディエンスを惹きつけ、それぞれのエピソードの結末を投票に委ねることで、リアリティTVは視聴者を論争含みの公共的イベントに参加させるだけでなく、オルタナティブな社会的、政治的ビジョンの妥当性を示す儀礼を目撃させる。このように変化しつつある社会的文脈のもとで若者たちは、**厳重に管理された親密空間もしくは社会的空間の外部とコミュニケーションをとり**、さもなければ余暇や消費、何らかの活動のために**リアリティTVの参加型儀礼を再利用する**のである。リアリティTVが約束する個々人の変容は、アラブ世界において何らかの共鳴作用を有しているのである。[67]

われわれがメディア儀礼を理解するフレームをクレイディの研究がいかに変化させたのかについては、第三章においてすでに見た。メディアの保証する「現実」が、その団結がどれだけ不安定であろうとも、国家に**対抗する**、もしくは政治権力に関する既存の理解に**対抗する**政治的団結の中心となる一事例を彼の研究は示した。クレイディが述べているように、「『現実』という概念を人目に晒すことで、リアリティTVは（アラブ世界における）政治的現実をより可視的なものにした」のである。[68] このことは、メディアによって媒介された中心の神話に関する考えを無効にするわけではない。むしろ、制度的な条件が異なる中で、それが有する政治的な重要性と競合可能性に関するわれわれの見解を拡げてくれるのである。

世界中のメディア文化の多様性について考察する際に、クレイディの研究は政治的ニーズが時に新たなメディア文化を求めることになる道筋の一つを鮮やかに示している。アラブ世界において膨大な数のオーディエンスがリアリティTVを熱心に見ていることや、SMSによる投票のようにデジタルな形態での新しいオーディエンス参加が、ここでは決定的に重要である。これは、政治変動もしくは不確実性の時代において「現実」――かつて公的に承認されていた現実ではなく、それに替わるオルタナティブな現実――を提示しているという主張が、多くの人々と共鳴するという幅広い事例を指し示すものなのである。それらの一つとして、*Pop Idol* というフォーマットのおかげで、エスニックマイノリティやセクシュアルマイノリティが新たなナショナリズムと競合すると同時に、それを補強するやり方で自らの声を届けられるようになっている東欧の事例がある。[69] それ以外の事例も増加している。例えば、*Pop Idol* または *Survivor* のフォーマットが中国で採用されたり（*Super Girl* および *I shouldn't Be Alive*）、英国のフォーマットである *Fame Academy* の採用をめぐってマレーシアで激しい論争が起きたり（*Akademi Fantasia*）、アフリカ南部で *Big Brother* のフォーマットが採用されたことがそれにあたる。それらの事例には、さまざまな成長と緊張の段階にある多くの国民社会が共に含まれているのである。リアリティというフォーマットが「社会的想像力」に関する幅広い議論を喚起する潜在的可能性については、当初より評論家たちによって注目されていた。そうした可能性は、英国や米国のリアリティTVがとる閉鎖的な教育的形式と重要な対照をなしている。ここには、根深い政治的欠如への対応がメディアの革新によってどのように行われてきたのかというはるかに長い歴史とのつながりが存在するのである。例えば、二〇世紀初頭の革命期におけるメキシコの政治的映画の勃興や、近年のナイジェリア北部でのポピュラー映画の勃興を考えてみればよいだろう。[70]

政治的ニーズがメディア文化を形成する方法に関する第三の、前の二つと非常に異なる視点は、より小規模な反エスタブリッシュメントの活動家に関するものである。政治的な組織化に対する彼らの圧倒的なニーズは、時として政治的に形成されたメディア文化を生み出すことがある。例えば、反グローバル化運動や反資本主義運動のように脱領域化した社会運動を取り巻く文化がそれにあたる。ここでのメディア文化の研究にとっての含意はそれほど明確ではない。メディアを介して新しい表現形態を発見するオルタナティブな政治運動には長い歴史がある。近年の歴史では、インディメディア運動〔訳注：インディペンデント・メディア・センターを中心としたインターネット上のオルタナティブ・ジャーナリズム〕[71] やイスラム原理主義者のウェブサイトなど、いくつかの特徴的な事例が見られる。[72] それらの事例ではトランスローカルなネットワーク化が運動の発生や拡大において決定的に重要であり続けてきたのである。オルタナティブな、またはラディカルなメディアに関するオーディエンス研究が大きく欠落しているため、これらの革新性に関連する広範なメディア文化についてわれわれが知っていることはなおもあまりに少ない。実際、近年の研究の中には、政治活動家たちが採用する対抗的なアプローチ、すなわち主流のメディア文化とみなしているものから距離をとろうとする姿勢を指摘するものもある[73]。それでも、主流のメディア文化と共生するか、あるいは対抗するかという相対立する方法として、それらの政治文化はさらなる探求に値する。

　ニュースに対するニーズはどうであろうか。本章の冒頭で論じたように、ニュースに対する基本的なニーズは、複数のメディア文化を個別に**区別するような**圧力ではない。あらゆる人々が何らかの種類のニュースを必要とするからである。実際のところ、ニュースに対するこうした基本的ニーズは、メディアの不正義に関する論争（第八章を参照のこと）の出発点である[74]。場所が違えばニュースとの関わり方もまた違ってくることには疑いがない。例えば、歴史的に高水準のリテラシーを誇る地域であるスカンジナビアでの研究は、ニュースを追いかけることに対する強い義務感が存在していることを示している[75]。デンマークとフィンランドでの近年の研究が示す通り、ニュースを追いかけるための主要な手段がプライムタイムのニュース番組や毎朝の新聞から多様なニュース経路へと変化してきたとはいえ、そうした義務感は今日でも見られる。リテラシーの水準で大きな格差が存在するインドにおいて、人類学者のウルスラ・ラオはローカルニュースの制作にメディア関係の専門職ではない人々がかなり関わっていることを発見した。ストーリーを集め、それをローカル紙へと渡す「非常勤の地方通信員」のローカルなネットワークがラクナウ〔訳注：インドの都市〕には存在し、それによって維持される幅広いニュース文化のもとで「私が出会ったほぼすべての人物が自分はジャーナリストであると主張した」とラオは報告している。多くの国々において、とりわけ背後でニュース流通に対する厳格な権威主義的統制が行われている場合には、オンラインのソーシャル・ネットワーキングおよびインターネット上で結びついた「特別保留地（reserve）」が新しいタイプの「ニュース消費」を生み出しつつあり、それは個々人が他者に対してニュースを恒常的に紹介することで成り立っている[76]。中国における「市民動員」というオンライン文化の成長は、その重要な事例である。

しかし、これらのバリエーションはすべて、ニュース利用の広範なパターンの中に存在するものであり、基本的に固有のものではない。非常に強い政治的ニーズの圧力のもとでのみ、ニュースに対するニーズは固有の**メディア文化**を生み出すのである。そうした時期においては、例えばソーシャル・ネットワーキング・サービスでの（写真、テキスト、ビデオの）交換という儀礼が活発化する。ニュースの生産および消費の新たな力学が少なくとも一時的には発生したアラブの春における近年の革命を考えてみればよい。激しい政治変動の時期において集合的なニュース制作および流通は一つのメディア文化となり、そこでは社会的ニーズと政治的ニーズとが一時的に混ざり合うのである。

（4）承認ニーズ

しばしば交錯するとはいえ、政治的ニーズからは区別されるものが大規模な社会における社会的、道徳的承認に対するより幅広いニーズである。そうした社会では役割や地位が不確実なものとなり、あるいは相互に矛盾することがある。その指導的な理論家であるアクセル・ホネットは、承認という概念を三つの水準において分析している。第一が基本となる個人的なケアおよび愛、第二が責任を有する道徳的行為主体としての個人に対する敬意、第三が社会的尊厳、すなわち「現実のコミュニティに対してその能力が建設的価値を有する人間として」承認されることである。[77] メディア文化は、それが諸個人や諸集団が自らを承認し、あるいは他者から承認されるための手段を提供する限りにおいて、少なくとも承認の第二水準および第三水準に関わる。

承認ニーズはメディアの生産と消費の双方に関わる。ほとんどのメディア文化は「表象と生きられた経験との間のギャップ」を生み出す。BBCのある代表は、自分たち自身のストーリーを語ってもらうことを望んでいるオーディエンスに語りかけたとき、そうしたギャップに気づくことになった。[78] しかし、自らが消費するメディアにおいて自分たちが承認されていない、もしくは表象されていないと諸集団が感じる場合、承認に対するより広範な需要が生み出され、[79] より幅広い「自己表象に対する願望」が特定のメディア形態に刺激をもたらすことがある。アラブ世界と米国との対立関係を背景として視聴される際の、アラブのリアリティTVがその一例である[80]。現在の英国では、生き残っているローカルな新聞やラジオを救うための闘いが進行している。南バーミンガム・コミュニティ・ラジオの経営者が述べているように、「コミュニティに声を与えている」のは、そうしたローカルなメディアなのである[81]。それに対して、メディア制度における資源の集中度の大きさを踏まえるなら、主流メディアがあるコミュニティに少々触れるという稀な契機からは承認の解決は得られないだろう。それどころか、南フランスのリヨンにおける労働者階級の居住地域に関する研究でパトリック・シャンパーニュが発見したように、メディアのステレオタイプ的な表象は自分たちが誤認されているという感覚を強めることがありうる[82]。承認の解決は、「メディアによる表象よりも」メディアを**制作する**という行為を通じてもたらされる可能性の方がはるかに高いのである。

オルタナティブ・メディアおよびコミュニティ・メディアを扱う研究の増加によって、新たに出現しつつあるメディア文化の事例が数多くもたらされるようになっている。そうした文化は、エスニック・ニーズもしくは政治的ニーズの観点からも理解されうる一方で、メディアに登場する機会がきわめて不平等に配分されている世界における基本的な承認への欲求としておそらくは最も適切に理解されうる。「二つの完全に異なる世界」、すなわちあなたが住む近隣の世界と、メディアによって提示される世界とに暮らしているという感覚は、人々をして彼ら自身の現実へとメディアをより近づけるように試みさせ、そうしたメディアを生み出すよう強いることがありうる[83]。承認の不平等性という状態の中でメディアを**制作する**ことによって生じる変化は、非常に深淵なものとなりうる。南アフリカのケープタウンにあるブッシュラジオは、アパルトヘイト下において地元の黒人聴取者のために生まれた放送局であるが、一九九四年以降は人種の入り混じった聴取者を獲得するようになった。その経営責任者であるゼイネ・イブラヒムは、次のように述べている。「私たちの使命の一つは、コミュニティにおけるラジオから神秘性を取り除くことにある。**あまりにも長い間、私たちは語りかけられてきたのであり、語り合ってきたのではなかった**。……今では、私たちは四歳からの子どもたちに、これは君たちのラジオなのだと、放送波は人々のものなのだと教えている」[84]。

狭いエスニック集団ごとに分断された国々では、メディア制作において新たに見出された行為能力が、エスニック・マイノリティがそれ以外の領域では得ることのできない政治的、市民的な主体性の感覚を鼓舞することがある[85]。チリの先住民であるマプチェ族のメディアに関するファン・サラザールの解説がここでは有用である。インドのアーンドラ・プラデーシュ州におけるDDS（ダッカ開発組合）のラジオ集団（radio collective）の活動家による以下のコメントのように、メディア制作において役割を担うことはそれ自体で**集合**行為の感覚を涵養しうる。

以前には、私たちは自分自身の問題についてだけ頭を悩ませていたものでした。他人の問題については熱心でなかったのです。今では、私たちは集合的な作業をしています。私たちは他の村の女性たちを助けたいですし、彼女たちに同じことを期待します。ラジオがやってくる以前には、社会によって気づかれずとも、私たちはよいことをたくさんしていました。でも今では、あらゆる人が私たちの活動すべてを知っているのです[86]。

同様に、ジンバブエにおける参加型ビデオの研究者も「ローカルな境界線を越えて自分たちの主張を聞いてもらえると知ることで、参加者たちは自分たちには物事をなすことができ、考えを発言することができる点を理解する」と述べている[87]。激しい内戦の期間から回復しつつあるラテンアメリカの諸社会では、メディアの制作によってもたらされる相互の承認が、そうした特別な状態のもと、暴力の記憶を癒すための広範な過程の始まりとなる可能性がある[88]。

インターネットはその越境的な柔軟性によって今や一**つの**「先住民の声の主要な発信源」になっていると論じる者もいる。つまり、それは「グローバルおよびリージョナルな支援集団」を築き上げることを可能にする手段になっているという[89]。オンライン上での文化生産の障壁の低さによって、いくつもの注目すべき新たな可能性が開かれてきた。サンパウロは世界でも一〇番目に豊かな都市であるが、不平等の大きさを特徴としている。中でも、カパン・レドントは、最も貧しく、最も危険といわれている居住区である。そこでは「カパンのよい側面を見せる」べく、二人の兄弟が協力してウェブサイトを制作し、ローカルニュースや会話のためのフォーラム、ローカルな音楽や文学を発表する場を提供している[90]。こうした集合的な制作作業の影響は強く感じられている。ある協力者は、この居住区が「誕生してからほぼ一〇〇年が過ぎたのちに、歴史を作り出し、社会の中での居場所や声を獲得しつつある」と述べている[91]。激しい人種的分断状況にあるフランス郊外でも、ブログを使った類似の事例がある。例えば、スイスの主流メディアである *L'Hebdo* という雑誌の発行元がスポンサーとなっている Bondy Blog のプラットフォームは、新しい承認の文化を維持するのに寄与してきた[92]。

そうしたメディア文化が長期的に発揮する影響力は、二〇〇四年にアナンダ・マイトラによってすでに捉えられている。「インターネットはバーチャルなプラットフォームを提供することでポピュラー文化を変容させてきた。現実世界では『存在感』を持つことを拒絶される場合もあるさまざまなコミュニティや集団が、そうしたフォーラムでは存在感を生み出すことができるのである[93]」。しかし、今日では「バーチャル」という言葉はあまり意味をなさなくなってきている。ほとんどの人はそうした発信を「現実世界」の一部と考えるようになっているからである。オーストラリアにおけるアボリジニのコミュニティメディアに関する優れた研究が論じているように[94]、ローカルであっても、ネットワーク化されていても、コミュニティの中に親密に埋め込まれているメディア制作は、豊かな固有のメディア文化を生み出す。それは「世界と、その中でのわれわれの場所を『理解する』過程」である。固有のメディア文化を駆動させるにあたっての承認ニーズの役割は、まだ理解が進み始めたばかりである。そしてこれは、人々が承認を必要とする重要な領域、すなわち宗教の領域へとわれわれを導くことになる。

（5）信仰的ニーズ

もし主要な信仰や儀礼的実践についての意思伝達を行うニーズを基本的なものとみなすのであれば（例えば、グローバル化したニューエイジ運動のように、常に領土内で結びついているとは限らない）、多様な信仰コミュニティが固有のメディア文化と結びつくということはありうる。ダイヤ・サシューが述べているように、国際化されたメディア研究の内部においては、宗教はわれわれの分析枠組みに統合されていなければならず、後知恵的に追加されるものであってはならない。実際、われわれが宗教を基本的に（世界における構成的活動であり、そのようなものとして権力に必然的に織り込まれる）「実践」として扱うのであれば、宗教的なメディア文化の実践は、宗教とはそもそもどのようなもの**である**のか、という問題にとって中心的なものとなる。[95]

宗教的なメディア文化は、かつてメディア・スタディーズおよびメディア社会学では周縁的な領域であった。部分的にそれは、今では時代遅れとなった既定事項としての世俗主義に起因している。[96] しかし、三〇年に渡って米国のキリスト教右派は、固有のメディア文化とその独自の発信形態であるテレビ福音主義とを有する運動の重要な一事例を提供してきた。[97] ここしばらくの間、宗教的メディアのトランスナショナルな流通は、グローバルなメディアのフローにおいて重要であり続けている。[98] 他方で、過去数十年に渡ってその他の宗教の維持においてメディアが果たしてきた役割をわれわれは学びつつある。例えば、アフリカのムスリムによる説教を行き渡らせるための、また、一九七〇年代の革命以前のイランにおける政治的危機に際してのカセットテープの役割、インドにおけるテレビ版ヒンドゥー聖典の儀礼化された宗教的視聴の歴史、あるいは近年のラマダンにおける固有の放送文化がそれにあたる。[99]

しかし、メディア文化にとっての宗教の重要性がより一般的に理解され始めたのは、近年になってからのことである。その出発点の一つは、主流メディアの文化に対する宗教的なメディア利用者のメタ省察に関する研究であった。[100] ここでの先駆的業績がスチュアート・フーヴァーによる米国のキリスト教メディア文化についての著作である。近年では同じような洞察が世界中で現れるようになっている。例えば、［フィルタリングなどを行う］コーシャネット（Koshernet）のようなユダヤ教の批判的なインターネット文化に関するハイディ・キャンベルの研究などがある[101]。現在において宗教がどれほどメディア文化に埋め込まれているのかを踏まえるのであれば、メディアについてのそうした省察は恐らく避けがたい帰結であるだろう。それらの省察はしばしば批判的であり、デジタルメディアの利用を制限、あるいは抑制させることを目指している。しかし、トリニダード・トバゴのフェイスブックユーザーについての著作の中でダニエル・ミラーが指摘しているように、宗教組織がデジタルメディアを布教に**特に**適しているとみなし、自分たちの実践をそれに合わせて再構成するという反対方向の事例も存在している。また別の着眼点としては、市場の差異化を促進する、メディアの主流に対する信者の視点を挙げることができる。例えば中東の事例には、トルコの穏健なイスラム運動であるギュレン運動の情報発信源としてのサマンヨルTV〔訳注：クーデタに関与したとされて、二〇一六年七月に閉鎖〕や、レバノンのヒズボラによる政治運動のためのテレビ局アルマナールが含まれる。これらの宗教的なメディア生産の形態からは、メディア制度が何をなしうるのかについての固有のビジョンが生まれつつある。それは、放送よりも市民社会の活動にはるかに接近するメディア局というビジョンである。デービッド・レーマンとバティア・ジープツェナーはユダヤ教のテシユヴァ（T'shuvah）運動について論じており、コル・ハチェスド（Kol HaChesed／慈悲の声）のようなチャンネルは、社会活動や市民社会活動に深く関わることで、放送局としてよりも「家族」として自己を提示しているとされる。ジョナサン・オングによれば、それとは異なる論理に基づいてフィリピン〔国家が脆弱で、カトリックの慈善哲学が強力な社会〕の全国テレビ放送局は、貧困者が困窮の際に訪れる社会センターに近いものになっているという[102]。

そうした活動は、魅力的ではあるが未だに回答が示されていない以下のような問いを提起している。宗教メディアの**消費者**は自分たちのメディア文化を主流のそれと比べてどこまで差異化しているのか、あるいはフーヴァーが示唆するように、その境界線は誇張されており、宗教的メディア文化は主流のメディア娯楽の消費から実際には切り離されていないのではないのか、といった問いである[103]。言い換えれば、主流のメディアコンテンツやメディア技術に関する信者のメタ省察は、宗教的なメディア消費者に限られたものなのか、ということである。あるいはそれは、より広範ながらも未だに探求されていない、メディアの価値に関する、あるいは日常生活にメディアが満ち溢れることの帰結に関する、**あらゆる**人々によるメタ省察の一事例なのだろうか[104]。もしそうであるなら、宗教的なメディア文化の理解は、メディア文化一般に関するわれわれの理解の範囲を広げるための重要な手段ということになるであろう。

(6) 社会的ニーズ

社会的ニーズは、以下のような場合にメディア文化を形成しているといえる。それは、一般的な社会的接触に対するニーズや、自らの(職場の、特定の文化集団の、あるいは単に同い年の)仲間との社交に対する特定のニーズが、固有のメディア生産もしくは消費を形成している場合である。メディア文化はしばしば、人口構成が異なる集団の間でのやりとりを可能にすると共にそれを促すほど大規模なものとなる。しかし、激しい世代間対立が発生する時期においては、年齢の異なる集団がそれぞれに固有のコミュニケーション領域を必要とすることもありうる。携帯電話を基盤とする今日の若者文化は興味深いものの、それらの文化は常にローカルな動態との関係のもとで理解されねばならない。例えば、人口の三四%が一五歳以下であり、年齢の中央値が二二歳であるアラブ地域では、社会や文化が激しく変動する時期において若者たちが連絡を取り合うことのできる固有のメディアチャンネルに対するニーズは非常に大きい。エース・アルガンは、トルコ南東部の農村地域における関連事例を提示している。そこでは家庭の外での女性の移動は制約されており、地元の若者向け音楽ラジオはそうした社交の過程を可能にするための基本的な役割を果たしている[105]。同様に、米国農村部におけるクィアの若者たちのオンライン利用に関するメアリー・グレイの先駆的研究が示す通り、公共空間における性的な嗜好が厳しい規制の対象となっている場合、オンラインコミュニティは年齢とセクシュアリティの両方の区分に沿う形で不可欠な役割を果たすのである[106]。それほど劇的ではなくとも、メディア資源の急激な変化によって、技術的な接触のしやすさが世代間で異なる場合、年齢によって分断されたメディア文化が発生することがある。しかし、米国の若者についてダナ・ボイドが鮮やかに指摘しているように、表面的な「技術的文脈」は、より深淵な行為能力の状態、もしくは行為能力の欠落と区別することができない。「インターネットのユニークさは、家庭や学校のような大人によって規制された物理的空間にいながらにして、（米国の）ティーンエイジが規制を受けることのない公衆に参加できるようにすることにある」[107]。社会的ニーズを特定のタイプの政治的、エスニック、および承認ニーズと完全には区別できないことはいうまでもない。それでも、社会的ニーズは個別の取り扱いを必要とするのである。広範なメディア文化に対する社会的ニーズの貢献に関する重要な視座を、日本のメディア・オーディエンスに関する高橋利枝の研究から得ることができる。高橋は、**ウチ**（文字通り「内側」）と**ソト**（文字通り「外側」）という日本の基本的な概念的区別が、デジタルメディアの時代においてどのように具現化しているのかを探求している。**ウチ**は主として、当然のものとされる家族間の密接な互酬性を通じて、そして日本に固有なことではあるが、家族と並んで職場での互酬性の関係を通じて定義される[108]。高橋は、伝統的な観念である**ウチ**――「そこでは安定と安全を維持するために成員たちは活発にお互いのつながりと親密さを補強する」――は、デジタル化以前の時代にはテレビの周囲に集まる家族において実現されるのが典型的だったにもかかわらず、もはやそうではなくなっているかもしれないことを示している。仮に家族がテレビの前になお座っているとしても、彼らはまったく別の行為（電話、メール、ノートパソコンでのネットサーフィンなど）をしているかもしれないのである。同時に、伝統的にメディアによって維持されてきた**ウチ**の危機が、メディアを経由した新たな**ウチ**の創出を伴っているということもありうる。例えば、かつての同級生グループがオンライン上で再生する、あるいはコミュニティのウェブサイトを通してローカルなネットワークが新たに形成される、といったことが挙げられる。新しい形態の**ウチ**の中には、明確にトランスローカルなものもある[109]。ローカルな幼稚園に通う子どもの親と教員との間に社会的つながりを提供するファン集団や、あるいは学生やその友人が留学する場合でも電子的に維持される社会的ネットワークがそれにあたる。高橋による近年の著作は、ＳＮＳ、中でも日本のプラットフォームであるミクシィを通じて形成、維持される複合的な**ウチ**を探求している[110]。

高橋の著作は、日本に固有の社交性の文脈においてメディア文化がきわめて独特の形態をどのようにとりうるのかを示している。それと相似した洞察が、韓国における「インターネットカフェ」の熱烈な文化からも生まれている。そこでは（他国のように）インターネットカフェは安価なインターネット接続のための物理的な場所ではなく、むしろ共通の活動もしくは熱狂のためのオンライン集団を意味しており、二〇〇六年の調査によれば韓国のインターネットユーザーの八〇％近くが参加していた[111]。実際のところ、今に至るまでほとんど知られていないのは、インターネットが明らかに有しているネットワーク形成の潜在力が、新たな**社会的**基盤を持つメディア文化をどのように生み出しているのかということである。英国のように高度に個人主義的な国においてすら、リンクやテレビクリップ、音楽などの交換に基づいてメディア文化が生まれているのである。

しかし、社会的ニーズはそれ自体で、より幅広い経済的な力学によって強く形成されていることに留意するのは重要である。邱の導きに従って経済的ニーズの視点から論じたとはいえ、われわれはこのことを中国の労働者階級のネットワーク形成に関する本章での議論においてすでに見た。日本における労働環境や条件の変化と、その結果としての多くの職場における**ウチ**の崩壊は、デジタルメディアを通した新たな形態の**ウチ**に対するニーズの背後にわれわれがおそらく見出しうる要素の一つである[112]。急激に上昇する住宅費などによって若い成人が教育を終えたあとにも実家にとどまらざるを得なくなり、空間的に独立する可能性がない中で、社会的な独立を維持する固有のニーズが生じている豊かな国は日本だけではない。社会的ニーズの根底にある経済的圧力について興味深い視点を提示しているのが、メキシコにおける若者のメディア文化に関するロザリア・ウィノカーの著作である。金銭的な独立が困難になったことで、若者たちには家庭空間の内部で新たな形態の個人的自律性を発見する必要性が生じている。先の世代と同様に、しかしより複雑な形で、メディア文化は若い人々が「家を離れる［こと］」なく、自らの性的、社会的、文化的選好を満たすためにさまざまな利害を調整、もしくは交渉」するにあたっての不可欠なツールとなっている。経済的圧力、社会的ニーズ、そしてメディアのアフォーダンスのこうした交錯は、いかにメディア文化が「厚みを増しているのか」についてウィノカーに重要な洞察を与えている。

社会およびコミュニケーションの領域において変化を引き起こしているのはデジタルへの収斂それ自体ではない。デジタルの可能性が、想像力を伴って若い人々の日常生活が置かれている多様な社会──文化的状態へと変換されることによって変化は生じるのである。……デジタルへの収斂はその技術的な枠組みによって維持されるのではない。**技術的な枠組みによって組織化される意味の集合体**によって維持されるのである[113]（強調は引用者による）。

ボイドが指摘するように、これらの意味の集合体は、しばしば正式な公共圏とは大きく異なる特徴を持つ「脱中心化された公衆」を生み出す[114]。したがって、固有のメディア文化を生み出すものは技術変化ではなく、新たなコミュニケーション技術とその根底にある社会的ニーズとの交錯なのである。それはまたしても、メディア技術は実践的なインターフェイスとしてのみならず、意味の運び手として二重に節合されるというロジャー・シルバーストーンの深淵な知見を裏づけている[115]。

若いユーザーに限ったことではないが、とりわけ彼らにとってソーシャル・ネットワーキング・サービス（SNS）の登場は、近年におけるこうした過程の事例の中で最も劇的なものの一つである。ただしそれは、ホームページやブログの長期間の成長の上に成り立っている[116]。今のところまだ不明確なのは、年齢ごと、または国ごと、あるいはその両方において固有のSNS文化が生まれつつあるのか、ということである[117]。データは乏しいものの、リアリティTVを取り巻く固有のメディア文化が形成されるにあたって宗教的、政治的、社会経済的要因が重要であったのと同様に、ここでもそれらの諸要素が重要であると予想される。地球規模での巨大なSNSの成長を単一の普遍的な自己顕示「文化」とみなすことには警戒すべきである[118]。その多様性の中で、時には画一的に見える場合ですら、複数のメディア文化を形成する**相互に重なり合った**ニーズを把握することがより重要なのである。

（7）余暇ニーズ

ここに至ってようやく、余暇が固有のメディア文化を形成するか否かという問いに辿り着いたことに驚かれるかもしれない。しかしわれわれは、メディアの異なる使い方やメディアを取り巻く実践を組織化する異なった方法を見つけ出すのに必要となる幅広い要素について検討してきたのである。もちろん、メディアに対する実際の好み（アクション映画から歴史チャンネルまで、自然ドキュメンタリーからニュースまで、ミュージックビデオからセレブリティ雑誌まで）には無限の多様性がある。だが、そうした多様性がメディア消費やメディア生産の組織化のされ方の多様性を意味するとは限らない。とはいえ、余暇に対するニーズや欲望の中には、それらを組織化するための独自の方法を**必要とする**ほどに強く、固有のものがある。スポーツの専門家コミュニティ、ギャンブル文化、ファンのネットワークなどがそれにあたる。インターネットがそうしたメディア文化のスケールを変化させてきたのは明らかである。国境を越えてファンが知識や興奮、スキルを交換することを可能にし、年齢や国に関わりなく何十万人ものプレイヤーが「生で（ライブ）」一緒にゲームを楽しむためのプラットフォームを提供している。[119]

私は余暇ニーズに関して考察することを意図的に後回しにしてきた。余暇に注目することなく、どれだけ多くのメディア文化の領域を描き出すことができるかを見ておくことが重要だったからである。グローバルなスケールで見れば、余暇時間やそれを埋めるための方法に対する金銭的な支払い能力はきわめて不平等に配分されている。ディヴィア・マクミリンが想起させるように、「テレビがなおも贅沢品で、アクセス可能ではあっても日常的な儀礼のごく一部でしかない」地域が南半球の開発途上国には数多く存在しているのである。われわれが余暇ニーズに対して突出した地位を与えないことは、メディア文化に対するわれわれの視座を歪めるものではない。それどころかマクミリンの印象的なフレーズを用いるならば、おそらく「メディアをそのあるべき場所に位置づける」最良の方法である。[120] それによってもたらされるのは、メディア文化の重要性に対するわれわれの感覚の鈍化なのではなく、その豊穣化なのである。

実際のところ、幅広く定義されたニーズという視点によって、メディアに関して人々が重きを置いている解釈的な作業を異なる角度から眺めることができるようになる。映画を扱っているために広範な意味でのメディア・スタディーズではあまり知られていないものの、近年における最も優れたオーディエンス研究の一つにおいて、マーティン・ベーカーとケイト・ブルックスは、映画『ジャッジ・ドレッド』の観客が解釈をめぐる討論や議論に付与する重みを探求している。[121] 彼らがインタビューをした人々は必ずしも映画ファンではなかったが、それでも確かに自分たちの解釈をやりとりすることを楽しんでいたのである。実際、ニーズという視座はまた、ファン研究のその他の側面、中でもファンによるパフォーマンス、著述、そして参加のための新たな集合的領域の創出に光を当てている。[122]

3　結論

本章においてわれわれは、メディア文化が持つ**可変的な**多様性を形成していると想定される、基本的なモデルを展開してきた。重要なのは、この開かれつつある領域を熟知しているなどという偽りの主張をすることではなく、メディア文化における重要な差異の**タイプ**を把握することである。真に国際化されたメディア研究は、それらのタイプに鋭敏でなければならない。

メディア研究は、固有のメディア文化を生み出す広範かつ集合的に確立されたニーズに向き合わねばならない。そうした動態には、メディア商品およびメディアのインターフェイスの市場での流通よりもはるかに多くのものが含まれる。政治的表現もしくは承認を求めるニーズも同じように重要であり、国際的な比較を必要としている。われわれが別の場所へと旅をし（英国から米国への、スウェーデンからイランへの、アルゼンチンから中国への移動）、別の「メディア・システム」のアウトプットを体験するとき、メディアがしばしばわれわれが故郷にいるときのものとは違って**感じられる**のはなぜかという問いには未だ答えられていないことを私は理解している。例えば、セレブリティ文化にはどのような違いがあるのだろうか。何が英国固有の強烈なセレブリティ文化を生み出したのか。それに答えるために、「メディアによって媒介された中心」をめぐる国内の権力闘争に依然として埋め込まれた社会的形式の問題に立ち返る必要がある（第三章を参照のこと）。しかし、コンテンツのそうした差異はなおも個々人や集団によって経験され、選択される必要がある。それらの差異はいまだ暮らしの日常的なパターンの中に埋め込まれる必要があり、メディアに対するニーズのみならず、われわれが生きるのに欠かせない広範な資源に対する根源的なニーズによって差異は促進される。それらが、本章においてわれわれが探求してきた力学なのである。

　最終章においてわれわれは、メディアと共にあるわれわれの生活における倫理と正義に関して、このような比較という視点が持つ含意について検討する。

（1）Hallin and Mancini（2004: 17）.
（2）Erni and Chua（2005: 9）.
（3）そのような国際化に向けての雄弁な呼びかけとしては、Curran and Park（2000）, Thussu（2009）, Wang（2011）, Goggin and McLelland（2009）を参照のこと。
（4）グローバル化理論における類似の問題に関する辛辣な分析としてはConnell（2007: 59–60）を参照のこと。また、Harindranath（2003: 155）と比較のこと。
（5）Miller（2011: x）.
（6）Connell（2007）.
（7）Sinha（2004）. モダニティと「普遍性」に関してはAppadurai（1996=2004: 1、邦訳一五ページ）を参照のこと。
（8）ナイジェリアに関してはLarkin（2008: 253）を参照のこと。その他の地域におけるコペルニクス的転回についてはPomeranz（2000）を、人類学におけるそれよりもはるかに先行した転回についてはGoody（1976）を参照のこと。
（9）Kraidy（2010: xvi, 210–1）.
（10）McMillin（2007: 9）.
（11）そうであるに違いない。Connell（2007: 226–7）を参照のこと。
（12）Hallin and Mancini（2004）.
（13）Siebert, Peterson and Schramm（1956）.
（14）Hallin and Mancini（2004: 10–1）.
（15）Hallin and Mancini（2004: xiv, 1）.
（16）Silverstone（1999=2003: 2、邦訳二〇―一ページ）; Martuccelli（2005: 46–9）.
（17）Goggin and McLelland（2009: 9–10）.
（18）コミュニケーションに関するニーズに関してはHerring

（2008: 72）を参照のこと。ニック・スティーヴンソンが述べているように、「コミュニケーションに関するニーズの政治は、長きにわたって無視されてきた」のである（Stevenson 1999: 33）。

（19）このセクションは、アンドレアス・ヘップと私で取り組んできた共同研究に依拠している（Hepp and Couldry 2009a; Couldry and Hepp 2012）。われわれの研究のこうした進展を私が出版することについて同意してくれたアンドレアスに深い感謝を述べたい。

（20）Kellner（1995）; Stevenson（2002）.

（21）Iwabuchi（2007: 78）. Kraidy（2005）と比較のこと。Kraidy and Murphy（2008: 340）. ブルームズベリー社によれば、長編小説『ハリー・ポッター』の最終巻の英語版『ハリー・ポッターと死の秘宝』は、英国におけるのと同程度の部数が海外でも売れたという（『ガーディアン』二〇〇七年九月一九日から引用）。

（22）Nederveen Pieterse（1995）; Freud（1991［1927］）.

（23）Savage, Bagnall and Longhurst（2005）.

（24）Kraidy（2010: 27、強調は引用者による）; Larkin（2008: 201）.

（25）嗜好と帰属に関しては、Jansson（2009: 259）を参照のこと。階級に関しては、Straubhaar（2007: 243-4）を参照のこと。

（26）Calhoun（2007）; Skey（2011）.

（27）Schlesinger（2000: 100）. Deutsch（1966）について論じている。

（28）Chernilo（2007）.

（29）「より濃くなる」ことについてはLöfgren（2001）を参照のこと。メディア文化の「トランスローカル化」という理念の起源については、Hepp（2008）を参照のこと。また、Morley（2000）と比較のこと。

（30）Winocur（2009: 184）と比較のこと。

（31）Khiabany and Sreberny（2009: 211）.「非共有」に基づく文化についてはHannerz（1992）と比較のこと。

（32）Abu-Lughod（2005）; Garcia Canclini（1995）; Qiu（2009）.「亀裂」というメタファーについてはCanclini（1995: 63）で論じられているConnell（2007: 161）を参照のこと。また、Rodriguez（2001）と比較のこと。

（33）Hepp and Couldry（2009a: 12）.

（34）Harindranath（2003）.

（35）Buck-Morss（2003=2005: 93、邦訳一二三ページ）.

（36）心理学的なモデルに関してはMaslow（1943）; Sen（1992=1999: 109-12、邦訳一七二―五ページ; 1999: 147-8, 153-4、邦訳一六七―八ページ）。ここでわれわれはメディア文化のスペクトラムにおけるオープンエンド型の多様性について考えるための新たな方法を示唆することにのみ関心を向けているため、「ニーズ」のいかなる公式的な定義も必要ではない。しかし、例えば利用と満足研究のようにメディア利用のタイプと個々人の心理的ニーズとを関連させていた初期のコミュニケーション研究との違いは明確にすべきだろう。こうした初期のアプローチに対する批判としては、Morley (1992: 52-6) および Elliott (1974) を参照のこと。

(37) Miller and Shepherd (2008); Schmder and Kobbernagel (2010: 116 脚注1) と比較のこと。

(38) Straubhaar (2007: 128).

(39) BBC Global News (2011).

(40) Simone (2006: 143); Tunstall (2008: 355).

(41) Qiu (2009: 4).

(42) Qiu (2009: 12, 91, 89, 10, 14).

(43) Qiu (2009: 10).

(44) Mallee (2000); Lee (2000).

(45) Qiu (2009: 14, 169).

(46) Qiu (2009: 68, 70-1). 邱によれば、中国には三億六〇〇〇万人のプリペイド型携帯電話ユーザーがいる (2009: 74-5).

(47) Qiu (2009: 99).

(48) エジプトに関しては、Sakr (2009) を参照のこと。スリランカとインドに関しては、Slater and Tacchi (2004) および Tacchi (2008) を参照のこと。「労働者階級のコスモポリタニズム」に関する Werbner (1999) のより早い業績と比較のこと。

(49) Qiu (2009: 188-91, 193-4, 233).

(50) Morley (1986); Lembo (2000); Modleski (1986).

(51) Lodziak (1987: 135). このアプローチの起源については Kracauer (1995=1996: 325、邦訳二九六―七ページ) を参照のこと。

(52) Livingstone (2002); Livingstone and Bovill (2001); Livingstone and Bober (2004).

(53) Dayan (1998). Anderson (1983) について論じている。

(54) フランスにおけるマグレブ移民に関しては Hargreaves and Mahdjouh (1997) を参照のこと。南アジア移民に関する Moores (1993) や、イラン移民に関する Naficy (2001) と比較のこと。

(55) Gillespie (1995); Hargreaves and Mahdjouh (1997); ノルウェーにおけるカメルーン人移民については Mainsah (2009)。

(56) より近年の解説としては Moores and Metykova (2009), Imre (2009b), Hepp (2009b) を参照のこと。Gillespie (1995) と比較のこと。

(57) Imre (2009b).

(58) これら二つの立場に関しては、Rifkin (2001) および Serres (2001) を参照のこと。

(59) Sun (2002: 134); Martin-Barbero (2009: 154, 155). チリに関しては Rodriguez (2003) と Salazar (2010) を参照のこと。旧ユーゴスラビアに関しては Gavrilovic (2009)。オルタナティブメディアのオーディエンス調査が無視されていることについては Downing (2003a) を参照のこと。

(60) Aksoy and Robins (2003: 95, 101).

(61) Hepp, Bozdag and Suna (2012).

(62) こうした歴史の初期の部分については、Scannell and Cardiff (1991) を参照のこと。

(63) Volcic (2009).
(64) Abu-Lughod (2005: 10).
(65) Lynch (2006).
(66) Boyd, Straubhaar and Lent (1989: ch.3).
(67) Kraidy (2010: 208, 強調は引用者による).
(68) Kraidy (2010: 198).
(69) Imre (2009a: 123–9).
(70) *Super Girl* に関しては、Cui and Lee (2010)、および Miao (2011: 100–2)。*I Shouldn't Be Alive* に関しては、Fung (2009)。マレーシアに関しては、Turner (2010: 58–63) において Maliki (2008) が取り上げられている。南アフリカの *Big Brother* に関しては、Jacobs (2007)。メキシコに関しては、Martin-Barbero (1993: 163–5)。ナイジェリアに関しては、Larkin (2008)。Taylor (2004) は「社会的想像力」という概念を発展させている。
(71) 反グローバル化運動については、Juris (2008), della Porta, Kriesi and Rucht (1999), Bailey, Cammaerts and Carpentier (2008) を参照のこと。インディメディアについては、Allan (2006: ch. 7), Atton (2004: ch. 2), Bennett (2003), Downing (2003b)、Kidd (2003), Skinner *et al.* (2010) を参照のこと。イスラム教原理主義者のサイトについては、Khatib (2010) を参照のこと。ラディカルなメディア全般については、Downing (2001)、とりわけトランスローカルなネットワーク化については、Skinner *et al.* (2010: 192) を参照のこと。
(72) 例外は Rauch (2007) である。
(73) McCurdy (2009); Gerbaudo (2010). 抵抗の一形態としてのメディア文化からの撤退という選択に関しては、全体として Melucci (1996) を参照のこと。
(74) メディアの事例のためにセンの潜在能力アプローチを発展させたものとして Garnham (1999b) を参照のこと。センのアプローチと質的な社会学との関係についての有益な議論としては Zimmermann (2006) を参照のこと。さらに、バーナード・ウィリアムズの研究に関する私の議論としては、本書第八章を参照のこと。
(75) Hagen (1994). スカンジナビアにおける新聞購読に対する歴史的視座については Hallin and Mancini (2004: 146–7) と比較のこと。
(76) デンマークに関しては Schrøder and Kobbernagel (2010)、フィンランドに関しては Heikkila *et al.* (2010)、インドに関しては Rao (2010: 104, 110 における引用)、実践としてのニュース紹介に関しては Spitulnik (2010)、中国における「市民動員」に関しては Xiao (2011: 219)。
(77) Honneth (2007=2005: 138- 9、邦訳二〇四ページ).
(78) Kidd (2010: 298–9) で引用されている、ＢＢＣのコミュニティ番組ユニットについては Rose (2000: 181).
(79) Qiu (2009: 169) と比較のこと。
(80) Kraidy (2010: 195).
(81) Goldsmiths Leverhulme Media Research Centre (2010: 34).
(82) Champagne (1999).
(83) Barker-Plummer and Kidd (2010).

（84）Bosch（2010: 79、強調は引用者）より引用。ブッシュラジオの初期の歴史に関してはBrowne（2005: 135–7）と比較のこと。
（85）Salazar（2010）.
（86）Pavarala and Malik（2010: 108）における引用。
（87）Marewa（2010: 126）.
（88）コロンビアに関してはRodriguez（2011）; Rocha（2007）。
（89）北米におけるアボリジナルピープルズTVネットワークに関してはAlia（2003: 48）を参照のこと。
（90）Sá（2007）.
（91）Sá（2007: 130）における引用。
（92）Echchaibi（2009）.
（93）Sá（2007: 127）におけるMitra（2004: 492）の引用。
（94）Meadows *et al.*（2010: 178）.
（95）Thussu（2009: 23–4）. 実践としての宗教についてはTalal Asadを引用しているMorgan（2008: 8）を参照のこと。宗教的なニーズとメディアに関する全般的な視座についてはKnoblauch（2008）, Hoover and Lundby（1997）, Meyer and Moors（2006）, Sumiala-Seppanen, Lundby and Salokangas（2006）を参照のこと。
（96）Berger（2005）.
（97）Hoover（1988）.
（98）Lundby and Dayan（1999）; Thomas（2008: 45）.
（99）エジプトでのカセットテープの利用に関してはHirschkind（2006）を、マリでの利用に関してはSchulz（2006）、イランでの利用に関してはSreberny-Mohammadi and Mohammadi（1994）を参照のこと。ヒンドゥー神話のシリーズに関してはMankekar（1999: 202）, Rajagopal（2001）, Mitra（1993）、中東におけるラマダンTVに関してはKraidy and Khalil（2009）を参照のこと。
（100）Hoover, Schofield Clark and Alters（2004）; Hoover（2006: ch. 5）.
（101）Campbell（2010: 120）.
（102）トリニダード・トバゴのエリア・ムスリム（Elijah Muslim）に関してはMiller（2011: 89-91）。サマンヨルTVに関してはCampbell（2010: 103）、アル＝マナールに関してはKraidy and Khalil（2009）、コルハチェスドに関してはLehmann and Siebzehner（2006）、フィリピンに関してはOng（2011: ch. 5 および ch. 7）を参照のこと。
（103）Hoover（2006: 272–3; 2008: 41）.
（104）Seiter（1999）と比較のこと。
（105）若者メディアと仲間文化についてはPasquier（2005）。若者およびモバイルメディアに関してはCastells *et al.*（2007）、トルコに関してはAlgan（2005）、アラブの統計についてはKraidy and Khalil（2009: 57）を引用した。
（106）Gray（2009）.
（107）boyd（2008: 136）.
（108）Takahashi（2010a: 80）.
（109）Takahashi（2010a: 96–8,129–31, 137–9）.
（110）Takahashi（2010b）.

(111) Yoo (2009: 219).

(112) Takahashi (2010a: 60–1; 122-4).

(113) 引用はそれぞれ Winocur (2009: 181, 184) より。

(114) boyd (2008: 136).

(115) Silverstone (1994).

(116) Chandler (1998); Hodkinson (2007); Livingstone (2008).

(117) トルコの告白サイト itiraf.com に関する興味深い研究として、Ogan and Cagiltay (2006) を参照のこと。

(118) したがって私は、「われわれを今まで以上に共通の論理に結びつけているのは、見ると同時に見られる相互作用的なスペクタクルをテクノ・ネットワークにおいてわれわれの生活から作り上げる論理なのである。そして、この点においてわれわれは引き返すことができないほどにグローバルになっている」というジョゼ・カブレラ・パズの主張 (Paz 2009: 138) に同意しない。

(119) 映画ファンに関しては、Klinger (2006: 233)。ファンによる字幕作成に関しては、Condry (2009)。オンライン上の熱心なファン全般に関しては、Jenkins (2006), Helleksen and Busse (2006), Booth (2010) を参照のこと。「大規模多人数型」のオンラインゲーム (いわゆる MMORPG) については、デジタルゲーム調査連盟 (www.digra.org) の議事を参照のこと (最終アクセス二〇一一年八月二五日)。

(120) McMillin (2007: 156, 192).

(121) Barker and Brooks (1998).

(122) ここでのパイオニアは Bacon-Smith (1992) および Jenkins (1992) である。より近年の業績としては Hills (2002), Gray, Sandvoss and Harrington (2007) を参照のこと。メディア文化における解釈作業の特別な重要性に関しては Harris (1998: 43, 45) を参照のこと。

第八章　メディアの倫理、メディアの正義

『ニュース・オブ・ザ・ワールド』は、他人を追いかけ、説明させることを生業にしていた。自身に説明する順番がまわってきたとき、失敗した。

ルパート・マードック(1)

技術はわれわれの生（lives）における感情の風景を作り変えてきた。しかし、技術はわれわれが生きたいと思う生を与えてくれただろうか。

シェリー・タークル(2)

われわれはメディアと**共に**、メディアに**囲まれて**暮らしている。世界の大部分において、どれだけ貧しい場合でもメディアは日常的な実践の一部である。さらに、メディアは政治の構成要素であり、より広い意味での権力機構である。次の一〇年間でメディアがどのような発達を遂げるのかは不確実とはいえ、現在のメディアの構造とわれわれとの関係は、われわれが暮らす社会的世界を形成し、その世界の中で適切な認識をわれわれが獲得する可能性に寄与する。それこそが前章までわれわれが探求してきた見地だったのである。しかし、われわれはさらに、メディアと共にある生の規範的な意味を明確にする必要がある。ジョン・ダーラム・ピーターが述べるように、次のような規範的意味が存在するのは間違いない。「われわれは世界と歩調を合わせなければならない。なぜなら、いくつかの込み入った点で、われわれには世界の中で行為する責任があり、しかもわれわれが行為することができるのは現在という時点においてだけだからである(3)」。それでは、われわれはメディアと共にどのように生きるべきなのだろうか。われわれの集合的な生を組織化するにあたってメディアはいかなる役割を果たす

べきなのだろうか。要するに、メディアの倫理は、あるいはメディアの正義は存在しうるのだろうか。

本書を通じて、私は次のような考え方に抵抗してきた。われわれが「メディア」と呼ぶ象徴的資源の構成――現在に至るまで、それは高度に集中している――は、破綻することなく、また、批判にも揺らぐことなく「ただそこに」存在する、という考え方である。私は本章において初めて、われわれがメディアを評価し、それとは異なる何かを想像しうる**規範的な**地平を明らかにする。そこには、メディアの領域を超える比較の枠組みを用いることも関わってくる。すなわち、いかなる人生を送ればよいのか、正義を構成するのは何か、あるいはそこまで行かずとも個々の不正義を構成するのは何かについての比較の枠組みである。冒頭の二つの引用文は、ジャーナリズムの実践における制度的・常業的条件に生じつつある危機と、デジタルメディアと共に、そしてそれを通してわれわれ一人ひとりが**個人的に**送っている人生に生じつつある危機、という二つの次元を捉えたものである。これら二つの次元の間に単純な関係は何ら存在しておらず、本章で私は後者よりも前者に焦点を当てる。しかし、これらの次元は共に、メディアを用いて行うことの新しい方法を見つけ出さねばならない、という広く共有された感覚へと辿り着く。これこそが、哲学者ポール・リクールが「限界状況（limit situation）」と呼ぶものである。倫理的な思考の新たな領域が生まれるのは、まさしくこうした限界状況からなのである[4]。リクールが引いている事例は、歴史の特定の時点における医療倫理もしくは法的倫理の出現である。われわれは二一世紀初頭を、メディアとコミュニケーションの倫理が実際に必要であることが理解されるようになり、倫理の新しい持続的領域が生じた時期として回顧することになるのだろうか。

メディア技術によって実践され、可視化され、想像されるようになったグローバルなスケールでの人間的相互作用について、われわれは考えざるを得ない。われわれは地球上で生きるよりほかに選択肢を持たないが、経済発展とそれが環境に与えた影響とが地球を変化させてきたのとまさに同じように、メディアとはあらゆる人間の行為の諸条件を変化させてきた歴史的成果なのである。（哲学者のジョン・マクダウェルが述べているように[5]）こうした意味において、メディアはわれわれの「第二の自然」の一部、つまりあらゆる倫理に関する考察が出発点としなければならない人間の生に関する偶発的な事実と仮定される。仮にそうだとするならば、われわれのメディアとの生活様式や、メディアに関する資源の配分方法をメディアそれ自体が決定することはないのである。実際のところ、メディアによって可能となったグローバルな空間は、倫理の考察対象となるスケールを変化させることで、新たな難問を倫理にもたらしている。メディアの倫理に対してニーズが高まっていることは、二〇年前にハンス・ヨナスが述べたように、[6]（なお未解決の）グローバルな環境を無計画に破壊するという「限界状況」によってわれわれが環境倫理を必要不可欠なものと考えるようになってきたことと類似しているのである。デジタルメディア時代に関連する複合的な不確実性によって、いくつかの点では史上初めて、われわれはメディアと共にある生が有する規範的な意味について考えることを求められているのかもしれない。ハンス・ヨナスの主張について検討したジグムント・バウマンは、この難問について次のように巧みに述べている。「今や完全に新しい種類（brand）の倫理がわれわれには必要だと思われる。そうした倫理は、時間的・空間的に非常に離れたところまでも含む領域――われわれはその中で活動できるが、知らず知らずのうちに、または意図しないままに活動してしまうこともありうる――を対象とする」というのである。[7]本章において、私はこの難問に取り組みたい。

スタンリー・カヴェルが述べているように、「われわれの生に対する批判は、哲学の理論によって行われるのではなく、われわれの生がそれ自体の必要性と直面する中で継続的に行われる」。倫理の究極的な目的は、手の込んだ哲学的論争の中にわれわれを閉じ込めることではなく、生を形成する必要性へとわれわれを批判的に回帰させることなのである。[8]本章での議論、実際には本書全体の議論は、つまるところ実践的なものである。その議論は、グローバルなスケールにまで及ぶあらゆる紛争を減らすことに対する人間のニーズや、その他の自由、信頼、協調、相互承認に対するニーズから成り立っている。政治的、道徳的、あるいは宗教的な原理に関していかなる合意も想定できないような対話に貢献するために、私はメディアに関する思考の規範的地平の構築を慎重に行っている。民主主義あるいは民主主義的価値観のいかなる特定のモデルにも依拠することを避けているのである。ここでの議論は、見た目にもはっきりと民主主義的ではない社会の構成員や、どの社会の構成員でもない人々にも語りかけるものでなくてはならない。民主主義が機能するための条件と、**その前提となる**条件のいずれにも貢献しうる潜在的な可能性をメディアは有しているからである。真実の探求は、民主主義的に組織化されているか否かに関係なく、有効に機能する**あらゆる**形態の人間組織にとって有益である。真実を目指す実践（その中でもメディアは最も重要なものに含まれる）を抜きにしては、協調的な人間活動や、個々の潜在能力の実現は不可能である。しかし、私の議論の含意は、米国や英国のように民主主義を標榜する社会にとってとりわけ厳しいものとなる。シェルドン・ウォーリンが述べているように、「民主主義は自己を欺いてでも熟慮の結果を尊重すべきである、と主張することは逆説的であるように思える」からである。[9]

メディアやコミュニケーションのシステムに倫理が喫緊に必要とされていることは、「デジタル革命」と密接に関わる論者たちを含めて、徐々に認識されるようになっている。[10]本章の目的は、勢いを増しつつあるそうした論争に貢献することにある。結論部分において私は、本書の議論全体に暗黙のうちに含まれている基底的な価値観のいくつかを明らかにする。それらは、民主主義的な実践に関する広範なビジョンと結びついてはいるものの、定式化にあたっては民主主義的な熟議を組織化するためのいかなる特定のモデルにも依拠しない価値観である。本章の規範的地平に含まれるそれらの要素について論じるのを後回しにしているのは、こうした慎重さに基づいている。

1　選択されなかった道

グローバルなスケールとは、縮減不可能な道徳的不和や多様性を抱える空間を意味している。[11]メディアはそうした不和を減少させたり、解決したりはしない。それどころか、そうした不和を白日のもとに晒すのである。したがって最初の問いは、メディアが道徳上のさまざまな違いを暴露することが避けられない場合、われわれはどのようにして**持続可能な形で**共存しうるのか、というものである。この難題についてブルーノ・ラトゥールは、非常な明快さでもって以下のように述べている。「今や、完全に新しい一連の問いが［政治的な舞台において］出現している。『われわれはあなたたちと共存できるだろうか』『われわれの矛盾する主張、利害、情熱のいずれも除去できないときに、われわれ全員が生き延びる道は存在するのだろうか』……『現在において同時に存在すべきものはいったい何か』という問いである」[12]。

メディアは、われわれが**どのようにして**互いに「同時に存在」できるのかに影響を与える。それゆえに、メディアに関する規範的な視座は、われわれが共に暮らす生の質にとって重要なのである。そうした視座は、その定式化においてグローバルなものでなくてはならず、さもなければ無価値である。ロジャー・シルバーストーンは「メディアポリス」に関する著作においてこの主張を支持している[13]。しかし、グローバルであることは、単一の規範的枠組みを世界の他の部分にまで押しつけるということを意味しない。単に、メディアがグローバルなスケールで活動し、メディアによってわれわれ全員がそうしたスケールで活動できるようになるという潜在的な可能性を常に考慮に入れる、ということにすぎない。グローバルなスケールにおける道徳的合意の**欠如**に目を向けずしてメディアの倫理を定式化するのは不可能であることを踏まえるなら、そうした倫理は道徳的な多様性を承認し、最小限の規範的前提から出発しなければならない。だからこそ私は、普遍的な価値もしくは義務という観点からではなく、いくつかの実現可能な条件の探求としてメディアに関する規範的視座を展開するつもりである。われわれがそれぞれ明らかに異なっていることを前提として、地上を共有するわれわれ全員がメディアの手助けによって共に生きるための条件を探求したい。われわれの間の差異にもかかわらず共有される規範や価値を生じさせる思考の枠組みとしては、メディア実践に関わる一連の明確なルールをわれわれはそれほど必要としていないのである[14]。

このことは、われわれの哲学的な選択にとって重要な意味を有する。非常に大雑把ではあるが、（ギリシャ語の「べき（deonto-/ought）」を語源とする）道徳に対する義務論的（deontological）アプローチと、（ギリシャ語の「生活様式（ethik-/ way of life）」を語源とする）「倫理」として知られるアプローチとの間で大まかな分岐が存在しているのである。[15] 義務論的アプローチは以下のような問いを立てる。この**特定の**状況において、私はいかに振る舞う**べき**か、という問いである。もしくは、この特定の状況において、いかに振る舞うことが合理的に求められているのか、という問いにもなるだろう。それに対して、倫理的なアプローチは、より大まかな問いを立てる。「いかなる種類の人生が**最も**生きるに値するのか」という問いである。そして、(その問いを踏まえたうえで)「いかなる種類の人物になることが**最良**であるか」という問いにもなる。義務論的伝統と倫理的伝統との違いは誇張されており、[16] それらの関心の対象は時に重なり合う。最も生きるに値する人生について考え抜いた末に到達した見解は、追求もしくは回避されるべき(往々にして単純に「べき、べからず(do's and don'ts)」という用語で表明される)種類の振る舞いに関する原則を生み出すのである。同様に、ポール・リクールが述べている通り、「べき」(道徳のルール)に関する問いは、何が「善」(人間が目的とする種類の物事)なのかがアプリオリに明確になっていることに依拠している。[17] しかし、メディアの規範的な枠組みが対処せねばならない競合的かつトランスナショナルな状況において、これら二つの伝統における強調点の違いは決定的に重要なのである。

カントの道徳哲学の主な関心は、いかなる状況にあっても合理的になすべき行いは何か、ということであり、私はこの〔義務論的な〕伝統にはそれほど力点を置かないつもりである。私の力点はむしろ、大まかにいえばアリストテレス的な倫理の伝統に置かれることになる。これは近年においてバーナード・ウィリアムズ、ジョン・マクダウェル、サビーナ・ロヴィボンドのような哲学者が発達させてきた、善き人間の生とは何かを問う倫理の伝統である。メディアの正義に向けて私が採用するアプローチもまた、それらとは異なる現代的なルートを辿りつつも、後者の伝統に依拠することになる。そのルートとは、近年のアマルティア・センによる正義に関する説明と、アクセル・ホネットの承認理論である。[18]

このような選択を行う理由は、上記の二つの伝統が持つ特別な目的と参照点とに起因している。ヨーロッパにおける啓蒙思想の絶頂期に著述を行っていたカントは、「善き意志(good will)」——どのように具現化するのであれ、**すべての**善き意志——が自己矛盾をきたさないという条件のもとで同意するであろう道徳原則を発見することに関心を寄せた。したがってカントは「普遍化可能性」という原則に力点を置き、それを以下のように表明している。「私は、私の格率が普遍的な法になるべきだという意欲を持つことができる、という仕方でのみ振舞うべきである」。普遍化可能性という理念には、あらゆる規範的枠組みにおいて重要なものも含まれている（結局のところ、規範とは、われわれ自身を除く他の人々に適用できるガイドラインなのではなく、われわれすべてにとっての規則を明らかにしようとする試みなのである）。しかし、カントの目的は、非常に特殊なものであった。すなわち、どのような状況下であれ、あらゆる「善き意志」が従わねばならない絶対的な一般的法則を探求することにあったのである。カントもまた、最小限の原理から規範的な枠組みを組み立てることを目指していた。ところが、自らの見解から何を除外するのかという彼の選択は、大胆なものであった。第一に、『道徳形而上学の基礎づけ』の書き出しにおいて述べられているように、ありうべき善が多様であることを考察の対象から外し、「この世界のうちで……、無制限に善いとみなしうるものがあるとすれば、それはただ善い意志**のみ**であって、それ以外には考えられない」と主張したのである。第二にカントは、日常生活に基づくあらゆる具体的な条件を、遂行のための規則の明確化に関する考察から除外している。「世間の事柄に**経験が乏しく**、世間のあらゆる出来事に対処する**能力が欠けていても**、私はただ次のように自問すればよい。あなたはあなたの格率が普遍的な法になるという意欲を持つことができるか、と」[19]。だが、そうした日常生活に基づく条件こそが、自分たちにとって理解可能な規範を形成しうるとわれわれは考えてきたのではなかったのだろうか。それとは対照的に、倫理はどのような生を生きることが**人間にとって可能であると同時に善いものであろうか**、という点を省察するところから出発する。ネオ・アリストテレス的な倫理は、普遍的な法でも人間の実践のフローから抽象化され、切り離された「善き意志」でもなく、全体としての人間にとっての善き生――現世的な状況の中に完全に埋め込まれた実際の生――の諸類型をその参照点とするのである。

グローバル時代におけるメディアのための規範的枠組みをわれわれが定式化するにあたって、アリストテレス的なアプローチは数多くの利点を有している。このアプローチは第一に、われわれが絶対的に何をなす**べき**かについて明らかにしようとすらせず、（例えば神あるいは人類に対する義務に関する）意見の不一致を括弧に入れる。とりわけさまざまな宗教や世俗的伝統の間では「合理性」の定義すら異なっているがゆえに、それらの領域では合意が存在しない、ということをわれわれは**知っている**のである[20]。第二に、アリストテレス的なアプローチは、特定の状況において人が何をなすべきなのかを**あらかじめ**規定できるとは主張しない。そうではなく、バランスを取りながら善き生を送り、共有された善き生に貢献する人格に期待される性向（または「美徳」）を明らかにしようとする。アリストテレス的なアプローチでは、あらゆる特定の状況下において実際に何をなすべきかは、「**実践知**（phronesis）」という最高美徳（master-virtue）を示す個人の洞察に委ねられる。そうした人物は、複雑な現実的状況に直面したとき、異なる美徳がしばしば競合しながら発する力を比較衡量することができるのである。現代のメディア実践の広大かつ**矛盾に満ちた**複雑性を検討するための出発点として、この点は有益であるように思える。第三に、すでに示した通り、アリストテレス的なアプローチは、日常生活の些細な出来事の上に漂っている抽象的な「意志（will）」の特質よりも、具体的な状況において現実の人間が何をなすのかという点にまさしく関心を向ける。要するに、**実践**に関わっているのである。このアプローチが持つ具体性は、本書を通じて実践や実践を生じさせる基底的なニーズに力点を置いてきた点とうまく整合する。とはいえ、美徳についても検討を行っているカント的な伝統、特に善き意志が矛盾の苦痛に苛まれたとしても否認しなければならない害悪に関するカントの考察からも学ぶべきことは多い。そのため、私がケアの美徳を定式化する際には、オノラ・オニールの概念である社会的美徳と、ラファエル・コーエン・アルマガーの害悪に関する分析に依拠している[21]。

本章での議論はまた、次のような選択も含まれており、これも正当化しておく必要がある。読者の中には驚く人もいるかもしれないが、以下ではハーバーマスに関するいかなる議論にも触れない、という選択である。この選択には二つの対照的な理由がある。第一に、公共圏および公共的討議の規範に関するハーバーマスの有名な著作の根本には、ある超越的な原則が持つ生成力（generative power）に対する彼の信念がある[22]。ハーバーマスにとって、その原則はあらゆる人間の討議に潜在している。これは、カントの「法」という観念を、合理的討議それ自体の内部にある第二水準の法にまで拡大しているのである。しかし私は、そうした原則を果たして特定することができるのか、という点に加えて、その超越的な性質を踏まえると、いかなる**個別の**道徳的または倫理的原則をも生み出しえないのではないかという疑念を持っている。われわれがすでに見たように、アリストテレス的なアプローチは、それとは異なるところに出発点を見出している。ハーバーマスについてここでは論じない二つ目の理由は、メディアと関わる**あらゆる**行為者に期待される全体的な性向についての探求をわれわれは行っているということである。われわれはここで民主主義のもとでのメディアがどのように組織化されるべきかについては直接的な関心を向けない。それと同様の理由で、民主主義のもとでメディアの生産と配分を組織化するにあたり、市場が最も優れたマクロ構造を提供するのか否かという魅力的な議論について私は探求しない[23]。すでに説明した理由により、私はいかなる場合であれ、民主主義に関する特定の観念や、民主主義はいかに作動するのかという観念に依拠することを避けようと努めている。今日のグローバルな対話において民主主義の価値を前提にすることは**できない**からである。とはいえ、現存する民主主義と、あるいは新たに生まれつつある民主主義とメディアとの相互作用を検討するにあたり、目指すべき方向性としてハーバーマスの公共圏概念がなおも有用であることについてわれわれはすでに述べた。この点については第五章を参照してもらいたい。本章ではエマニュエル・レヴィナスの業績に関する議論も行わない。それを展開する紙幅がないというのがその理由である。道徳の唯一の基盤は「他者」への関わり方である、というレヴィナスの主張はそれ自体、普遍的な法として機能しうる道徳原則を探し求めようとするカントへの呼応であり、カントと同様の絶対的なものの探求である。倫理学の伝統は、それとも異なる出発点を有している[24]。最後に、コスモポリタン的な価値観やキリスト教的な人道主義的価値観も含め[25]、いかなる道徳的価値観も私は自らの出発点として受け入れない。規範的な内容を最小限に絞りつつ、われわれが出発点からどれほど遠くまで進めるのかを私は見てみたいからである。

したがって、本章におけるわれわれの出発点は、特定の価値観ではなく以下に示すような事実である。第一に、メディア組織、メディア・インフラストラクチャー、そしてメディアとの関連で諸個人や集団が行っていることが、今や日常生活における基本的なひな型の一部となっている点が挙げられる。このことは、メディア上での、そしてメディアを通じてのわれわれの実践についての倫理的諸問題を提起する。それらは現代のメディアが登場する以前には提起することのできなかった問題である。メディアは人間が関わる**倫理的に重要な「実践」**の一つなのである。メディアに関わる個々の倫理についてのわれわれの定式（formulation）は、メディアが満たすことのできる固有の人間のニーズと、メディアが生じさせる可能性のある明確な害とによって形成される。前者は情報に対するニーズであり、後者は認識が歪められること、もしくは承認の欠如という害をそれぞれ示している。第二に、（あらゆるスケールの）メディアの資源が特定の配置にあるために、個人や集団が必要とする資源をいつまでも手に入れられないことがありうるという事実が存在する。アマルティア・センが述べるように、個人や集団が人間としての「潜在能力（capabilities）」を自らの選択として行使しようとするのであれば資源が必要になる。[26]とりわけ、われわれの生の条件に変化をもたらしうる決定に参加するため、そして声を上げるため、つまりわれわれ自身やわれわれの生について説明するためには、そうした資源が欠かせないのである。[27]本書を通じて、そうした実践に関する分析は重要なものであり続けてきた。

長期的に見れば、メディアやコミュニケーションに関するいかなる倫理も、人間の生のより幅広い倫理と接続されなければならない。さしあたり、私はそうした結びつきを「人間の繁栄（human flourishing）」（人間が生きることのできる生活様式を、その生に適合的な条件のもとで適切に生きられるということ）というネオ・アリストテレス的な観念の内部に含まれるものとしておきたい。「人間の繁栄」は、私が依拠することになる哲学的な視座を強調するものである。倫理のレンズを通して見るのであれ、正義のレンズを通して見るのであれ、メディアは些細な問題ではない。メディアの倫理あるいはメディアの正義をめぐる論争は、メディア生産における経営的な圧力もしくはインフラ上の圧力が日常生活というテクスチュアに**切り込みを入れるための枠取り**にあたるのである。だからこそ、われわれはそれらの論争を無視することができない。メディア社会学がなしうることの最先端に位置づけられることで、メディアの倫理およびメディアの正義に関する考察は、デジタル時代における社会生活の

「性質」が構築されていく変化の途上の地平を指し示すのである。

メディアの倫理に向けて

私が「メディアの倫理」と書くのには三つの理由がある。**第一に**、特定のメディウム（medium）に固有の倫理は存在しないということがある。いつの時代でもある程度まではそうであったが、特にデジタル時代においてメディアの語りは間テクスト的であり、メディア横断的だからである[28]。**第二に**、メディアの倫理はジャーナリズムの倫理よりも幅広い、ということがある。ジャーナリズムの倫理とはすなわち、制度的に権限を与えられたストーリーの語り手（ジャーナリスト）のための、部分的にはすでにコード化されている規則を指す。そうしたコードは重要であり、そこには倫理的な内容も含まれてはいる。しかし、それらは特定の制度的な状況の中から現れたものである。私は、現在のジャーナリズムが置かれている特定の制度的な文脈から少なくとも部分的には独立させながら、どこまで**一般的な**メディアの倫理を築き上げることができるのかを探求したいのである。制度のもとで働いていようといまいと、広範なメディアの倫理は、人間の実践としてのメディアがそれに関わる**あらゆる**人々に提起する一般的な問題を検討することになる。そのような倫理は、人間の生に対してメディアがもたらす潜在的な貢献を考察することから生まれるだろう。**第三に**、全般的なコミュニケーションの倫理から区別されるものとしての**メディアの**倫理がなおも必要だということがある。前者に対する関心が高まっていることは妥当であり[29]、メディアの倫理という題目のもとで私が論じる事柄と、より幅広いコミュニケーションの倫理の関心との間に重複する点があるのは否定できない。しかし、われわれが「メディア」（依然として「メディア組織」という形態のままである）と呼ぶコミュニケーション資源の制度的な集約や、そうした制度に対してわれわれが寄せる深く埋め込まれた期待、そしてそれらの制度とわれわれとの相互作用が提起する固有の倫理的問題は、なおも存在し続けている。今やわれわれは、いくつかのプラットフォームを共有しながら友人と語り合い、あるいは自らの生活を披露している。だが、こうした形でメディア〔メッセージ〕を受け取り、構築するようになったことだけを理由として、上記の倫理的問題は消滅しないのである。

以上のすべての理由に基づき、本章においてわれわれは哲学的資源全般に依拠しながら、ジャーナリズムという職業に内在する言語や実践の諸領域を超越していくことになる。このアプローチは、ジャーナリズムの倫理に対する内在的なアプローチとは対極にある。そうした内在的アプローチは、ジャーナリスト自身によって発達させられてきた基準の内部にその規則を見出す。そのような内在的アプローチの有力な議論は、指導的なジャーナリズム研究者であるバービー・ツェリツァーによって展開されてきた[30]。少なくとも米国においては、一つの分野としてのジャーナリズムの出現にとって、ある種の規範的な識別能力がどれほど内在的なものであったのかをツェリツァーは探り当てている。彼女の議論はつまるところ、ジャーナリズムという理念は当初からすでに哲学的であり、したがってジャーナリスティックな実践に埋め込まれた倫理は最初からその哲学的な功績を認められるにふさわしいというものである。これは一九世紀後半以降の北米におけるジャーナリズムの諸相に関してはもっともらしく聞こえるかもしれないが、例えば英国のジャーナリズム文化、とりわけそのタブロイド・ジャーナリズムの文化についてはそうは思えない。実際、英国におけるそのようなジャーナリズム文化は、厳しい経済的合理化の圧力と市場からの圧力のもとにあり、その倫理的な潜在可能性を救済しようとするのであれば、今や「内在的に」ではなく外部から検討する**必要がある**。

美徳の倫理は「善」の問題を優先させる。抽象的な意味での善（あらゆる合理的存在にとっての「善」）ではなく、人間にとっての善、すなわち人間としてのわれわれの実践に埋め込まれたものとしての善を優先させるということである。一般的な用語によってネオ・アリストテレス的な倫理がどのように発達しうるのかということについて、われわれはワーレン・クインから明確な理解を得ることができる。

特定の環境における善悪について、人は行為や目的からそれ自体を判断しようとする。こうした問題はより大きな問題へと向けられる。すなわち、どのような人生を生き、どのような人格を目指すことが最善か、ということである。このように非打算的な形態の実践的思考において想定される「善」あるいは「最善」の意味は、きわめて一般的なものである。[31]

倫理は以下のような考えに依拠している。それは、ある個別の状況において私はどのように振る舞うべきか、という一見したところより差し迫った問いを経由する必要はなく、善き生がどのようなものであるかという一般的な事柄についてわれわれは合意に達することができる、という考えである。

あらゆる道徳的、倫理的思考は、さまざまなタイプの一般化可能性を含んでいるものの（だからこそ、われわれはそれらについて議論し合うのである）、美徳の倫理が投げかける問いにおいては、特別なタイプの一般化可能性が存在している。メディアのような大規模かつ制度的に集中する実践について規範的に考える際、そうした一般化可能性は価値あるものとなる。われわれは、そうした問いをより単純にソクラテスが尋ねた問い、すなわち、**われわれはいかに生きるべきか、**という問いとして言い換えることができる。バーナード・ウィリアムズが指摘するように、これは誰にでも問いかけることのできる、開かれたものなのである。

［ソクラテスの問いは］万人の問いである。……この問いがソクラテス的なやり方で私の前に提示され、省察を促されるとき、そのことは、省察の一部となるだろう。なぜなら、**この問いがあらゆる人々に提示されうる**ということは、この問いを構成する知識の一部であり、「万人はいかに生きるべきか」という問いへときわめて自然に移行するからである。このことは、われわれ全員が共有する、他の生き方ではなくある生き方のもとで暮らすということの理由を問うているようである。それは善き生——おそらくは人間そのものにとっての正しい生（right life）——の条件を問いかけているように思える。[32]

道徳に関するあらゆる考察のためのこうしたアリストテレス的な（実際には、ソクラテス的な）出発点から、人間の生において共有される条件や、それら共有の条件からもたらされる善き生の特質についてなしうる合意の探求が行われる。実際、人間の生の基本的な条件の一つが、孤立ではなく他者と共に生きるということであるなら、あらゆる実践的な善き生には収斂していく諸要素（あなたと私の両方にとって善きこと）が含まれなければならない。「われわれは皆、いかに生きるべきか」という問いは、人々がどのような道徳的、宗教的信念を持つのかに関係なく、**あらゆる**人間の生を枠づける共有された条件が存在しており、なおかつ（われわれが「人間の自然な性質」と呼ぶものも含め）そうした条件を見出すにあたってわれわれは合意できるという前提によって成り立つのである。それら共有された条件に関するすべての見解が等しく受け入れられるということではない。女性、非ギリシャ人、奴隷に対してギリシャ人男性が持つ「自然な」優越性に従って人間の性質はヒエラルキー的に構成されるというアリストテレスの見解を今日において受け入れる人は誰もいないであろう！　しかしこのことは、完全に異なる今日の歴史的状況において、われわれが共有する条件の少なくとも**いくつか**については意見が一致しうるということ、そしてそれが**われわれ全員にとって**何が善き生の構成要素となりうるのかという点でさらなる同意を生み出すのに十分な程度の一致でありうる、ということを否定しない。こうした意味で、倫理的省察は、人間の性質を固定的なものとみなすあらゆる見解を乗り越える実践である。実際、ジョン・マクダウェルのように、自分たちの生の条件について思案し、それを変化させる人間の能力それ自体が人間の性質の一側面、すなわち人間の「第二の自然」であると論じることができるかもしれない。言い換えれば、「われわれが歴史に参加するのは自然なことであり、歴史とは**単なる**自然以上のものなのである[33]」。そうであるのなら、メディアやメディアと共にある生に関するわれわれの省察もまた、「単なる自然以上のもの」である今日における人間の生の一部なのである。

先に述べたように、ネオ・アリストテレス的なアプローチにおいて「この種の条件のもとで私はいかに振る舞うべきか」という問いへの明確な回答は、正しい性向または「美徳」を有する人々が実際に下す判断へと委ねられる。ネオ・アリストテレス的な倫理は、以下のように著しく実践的な洞察を導き手とする。それは、個々の文脈においてしばしば互いに競合する諸要請の中から正しい行動を抽出し、前もって明らかにするのは不可能であるという洞察であり、これはマクダウェルが「コード化不可能性（non-codifiability）」の原理と呼ぶものである。すなわち、実践的な倫理が生み出さねばならない回答がどの範囲にまで及ぶのかということを事前に特定するのも、コード化するのも不可能だということである。[34] 倫理が事前に提供できるのは、それとは異なる次元において提起される問い、すなわち、実践的必然性（practical necessity）の問題として人間の生が営まれる一般条件のもとで、人間にとっての善き生とはいかなるものなのか、という問いに対する回答である。さらには、長い目で見たときに善き生を送っていると判断される人物にはどのような種類の性向が求められるのか、という問いに対する回答である。ネオ・アリストテレス的な伝統は、行為のみならず、行為を生じさせるわれわれの安定的な性向にも関心を向ける。そこからはメディアの倫理にとって基本的な問いもきわめて容易に導かれる。「グローバルなものまでも含むあらゆるスケールにおいて、個としても複数としてもわれわれが重視する生に貢献できるように、われわれはメディアとの関係のもとでいかに行為すべきなのか」という問いである。美徳の倫理はこの問いから、われわれが共に適切に生を営むために保持する**必要のある**安定的な性向（「美徳」）とは何か、という探求へとあらゆる問いを導くのであり、そこにはメディアと関係する性向も含まれる。広く認められているように、アリストテレスの解釈をめぐっては論争がある。われわれが共に適切に生を営むのに役立つもの、という観点から彼は「美徳」を論じたのか、それとも単に人々はいかに行為すべきか、という慣習的な観点から「美徳」を抜き出したにすぎないのか、という論争である。[35] そのいずれであれ、ネオ・アリストテレス的なアプローチは、日常的な実践と密接に関わり合いながら発展を遂げてきた。ネオ・アリストテレス的な美徳の倫理は、美徳の性向が「人間の繁栄」に、すなわち個としても複数としても生きる人間にとっての善き生に貢献する度合いをその参照点として受け入れるのである。

しかし、人間の活動の多くは一般化されたものではなく、個別のタイプの実践へと組織化されている。アラスデア・マッキンタイアが定義する「実践」とは、協働的な人間活動がとる一貫性のある複雑な形態を指す。その内的な善には、固有の水準の卓越性が含まれ、それが達成されたならば、われわれが人間の繁栄もしくは卓越性を実現できる可能性が高まるのである[36]。このように特殊な哲学的意味において、メディアは確かに一つの実践である。メディアによって媒介された膨大な量の情報の交換に依存する時代において、われわれがメディアによって何をするのかは、人間が全体としていかに繁栄するのかということにとって**重要である**。デジタル時代におけるメディアの倫理には、メディアの専門家だけではなく、**われわれ全員**が関与している。実際、現在のウィキリークスの訴訟が示しているように、メディアおよび情報の生産に関わる「専門家」の集団は常に拡大を続けている[37]。デジタルメディア環境とは、われわれ全員が倫理的な責任を担う環境のことなのであり、不可避的にそうなっていく[38]。なぜなら、コンピュータ、携帯電話、デジタルカメラによって、今やわれわれ全員がメディアの過程に原理的には「インプット」することができるからである。

ここに至ってわれわれは、メディアの倫理の出発点となる問いを以下のようにより正確に定式化することができる。**メディア実践を行うわれわれに適切に貢献しうるであろう美徳、あるいは安定的性向とは何か**、という問いである。適切に、とはすなわち、人間の生の共栄への寄与という広範な目標に照らして適切である、ということを意味している[39]。

2　メディア実践に関するいくつかの美徳

メディア実践に携わるすべての人に望まれる美徳が、少なくとも三つは存在することを私は主張したい。正確さ、誠実さ、そしてケアである。

（1）正確さと誠実さ

メディアに関連する美徳のうち、最初の二つはバーナード・ウィリアムズの著書 *Truth and Truthfulness*（2002）

における議論に由来している。ウィリアムズはメディアに直接の関心を向けているわけではなく、その関心はむしろ基本的な「真実〔真理〕という美徳」あるいは真実性〔真理性〕を明らかにすることに向けられている。[40] ウィリアムズの議論の巧みさは、あらゆる人間の社会生活にとって正確さと誠実さが共に議論の余地のない重要性を有していると主張している点にある。これは、正確さや誠実さとみなされるものが歴史的文脈の影響を受けない、ということを意味するわけではない。実際、ウィリアムズは、蓄積された文化的文脈を無視した抽象的な倫理の説明がなぜ役立たないのかをきわめて詳細に解説している。[41] とはいえ、人々が真実を述べるよう心がけているふりをするだけでは決して十分ではないとウィリアムズは論じる。それだけでは彼らが真実を述べていると信じるための安定的な基盤をわれわれは決して持ちえないからである。したがって、集合的な善き生が可能になるのは、真実を語ることが諸個人の**美徳**（われわれがそれを有徳な人の特徴とみなすがゆえに、信頼することができる性向または傾向）という形態で安定化する場合だけなのである。

「正確さ」は、論じるに値しないほど自明なことであるように思われるかもしれない。**無論**、ジャーナリストであれ、ほかの誰であれ、公の場で情報を流通させる人物が正確であることをわれわれは願う。まさにそれこそがジャーナリストの職業的要請なのである。しかし、ウィリアムズが説明しているように、正確さという美徳を示すためには、運のめぐり合わせによって正確であるだけでは十分でない。真実とはたいてい複雑で、多面的で、それゆえ到達するのが困難なものである。したがって、正確さという美徳には、伝える事柄の正確性を可能な限り確実にするべく努力を払い、必要な資源を投下することへの献身が含まれる。実際、もし正確さがやすやすと達成できるのであれば、それは美徳**と呼ぶに**足るほど重要ではないということにもなる。正確さはウィリアムズが**調査のための投資**（investigative investment）と呼ぶものを求めるのであり、他者にそうした投資を行う準備があるのかをわれわれは知らなければならない。調査のための投資は、メディアに関する事例について考えるうえでわれわれが依拠することのできる有益な理念である。全般的に人々が正確さという美徳を示すことがわれわれには必要なのであり、公の場で流通するタイプの情報に関しては特にそれが必要となる。仮に人々が全般的にこの美徳を示さ**ない**のであれば、遠く隔たった物事に関する公共の情報は全体として虚偽であるという前提に基づいて、われわれは行動せざるを得なくなるであろう。われわれは相互作用のための共通の基盤を欠き、人間の生や社会ははるかに困難なものとなるであろう。無論のこと、それはわれわれが望む状態では**ない**が、歴史の暗い時期においてこそ、人間の生はこうした基盤の上で営まれなければならない[42]。ウィリアムズは正確さに関する自身の説明を（カントが信じる）真実を語るという絶対的な義務にも、真実を定義するわれわれの能力の完全性にも基礎づけていない。そうではなく、真実性とみなしうるものが存在し、人々がそれを追求することに価値を見出すという状況が想定される場合にのみ、人間社会は発展しうる、という系譜学に自身の議論を基礎づけている。「あらゆる社会にはこうした一般的な種類の性向が存在している必要があり、そうした性向に単なる機能的な価値を付与してしまうことがないようにする必要がある[43]」。

それでは、メディアという文脈において調査のための投資とは何を意味しうるのだろうか。基本的な事実として、われわれは真実の領域での活動に携わるメディア制度を保有している。すなわち、彼らは万人のために「何が起きているのか」を主張するということである。そうした制度の中で正確さを成し遂げるのは、単純なことではありえない。そこには資源の投入と、正確さを達成するのに必要なエネルギーや省察が尊重される内部文化の維持とが含まれるからである。もし現代のメディアがそうした調査のための投資を実際に行わないのであれば、それは問題である。あらゆるスケールの社会組織には、次の条件を維持するメディア制度が必要になるのである。その条件とは、メディアの中で、そしてメディアのために働く人々が個々人として美徳を発揮できるというものである。さもなければ、メディア制度が集合的な善き生に寄与することはありそうもない。この点についてはさらに後述する。

正確さが個々の言明において真実性を達成するのに必要なことを行うものであるとすれば、**誠実さ**（sincerity）は「われわれが実際に信じていることを述べる」性向のことである[44]。誠実さという性向は、背景確認と省察を指し示す。つまり、ある人物が述べることが正確であるだけでなく、その人物が世界に関して信じている他の全体的な物事と幅広く合致していることを確証するのに必要な、あらゆる背景確認と省察を指し示しているのである。誠実さは個人の広範な実践の内部で真実性に関わっていくことであるがゆえに、〔正確さ以上に〕複雑な検証作業である。誠実さは**信頼**をめぐる広範な可能性がいかに維持されうるのかに関係している。ウィリアムズが論じるように、信頼とは「協働的な活動の必要条件」である。われわれが真実と信じるすべてを常に繰り返し言明し続けることはできないがゆえに、われわれが述べることの多くは暗黙の前提に委ねられねばならない。ポール・グライスに倣ってウィリアムズが論じるように、「慣習的な暗黙の前提」への信頼は、「効率的な言語的交換」にとって必要である。そうした前提に依拠できない限り、人間の相互行為は破綻してしまうであろう。[45]

ここでもまた、制度的に生み出されたメディアの場合には固有の特徴が存在する。新聞で読み、テレビで耳に挟んだことと、親友や家族のメンバーが親密な語らいの中で語ったこととを**同じ形で**信頼することは誰にもできない。とはいえ、メディア・コミュニケーションに固有の暗黙の前提の中には常に信頼されるものが存在する。そうした前提がなければ、メディアとのコミュニケーションはおそらく無意味になるからである。そうした前提の一つは、メディアの記事が〈正確さという美徳によって導かれる〉真実を追求する過程を通じて生み出される、ということである。もう一つの前提は、メディアに含まれる言明が〈誠実さという美徳によって〉それを発する人々が同じく真実だと信じている他の〈言及されない〉物事と矛盾しない、ということである。事実、多くの国々では、一部のメディアに対する信頼の水準は非常に低いものの、メディア消費は高水準であり続け、メディアに対する実際の依存度がかなり高いことが知られている。だからこそ、いかなる種類であれメディアの生産物がフェイクであることが明らかになったときには、すなわち真実を目指してすらいないこと、あるいはその制作者が持つ広範な信念と合致していないことが明らかになったときには論争が生じるのである。[46]これと同じ問いに対して、権力という視座からアプローチすることもできる。プリーモ・レーヴィに依拠しつつバーナード・ウィリアムズが論じるように、「それが真実か虚偽かおかまいなしにある信念へと誘導することは、他者に対する権力のきわめて基礎的な行使である。例えば、ある人物が不誠実であるにもかかわらず、その人物が発する虚偽を意図的に多くの人々に信じ込ませることがそれにあたる」[47]。

正確さや誠実さに必要となる条件を維持**しない**ことも、より間接的とはいえ、同様にメディア制度がそのオーディエンスに対して行う消極的な権力行使である。それは、まさしくわれわれがその作用を目に**しない**がゆえに、説明**しない**ことによってのみ作用する権力なのである。より悪いことには、ジャーナリズムの自由を擁護する人々はあまりにも頻繁に以下の二つを混同してしまっている。すなわち、諸個人にその権利が与えられている言論あるいはコミュニケーションの自由と、そうした諸個人の自由の条件自体を維持するためにメディア企業に与えられている制度的な免許との混同である[48]。

ジャーナリズムの実践に関する近年の研究は、さまざまな国においてジャーナリストの活動が置かれている状態と、倫理的な行為を可能とする状態との間に憂慮すべき隔たりがあることを明らかにしている。ここではジャーナリストの善き倫理が権威主義的な権力の要求と直接的に対立するあからさまな事例は除き[49]、政府と新聞の関係が適切に機能していると一般的には想定されている民主主義政体に注目することにしたい。

英国の高級紙や通信社、そしてフリーランスのジャーナリストへの幅広いインタビューに依拠しつつ、ニック・デイヴィスは英国のジャーナリストが「真実の発見を積極的に妨害する構造の中で働いている」と論じる。こうした結論は、デジタル・ジャーナリズムが目指す方向性についてのより楽観的な見解――民主主義と相利共生（mutualism）の促進へと向かい、エリート主義が緩和され、ゲートキーピングよりもゲートウォッチングが行われて、より多くの力が生産者に与えられる世界へと向かうとされる――とは相容れない。それらジャーナリストの価値観の変化が問題なのではない。「ジャーナリストを特徴づける価値観は（なおも）正直さであり、それは真実を語ろうとする試み」だからである。問題なのは、そうした価値観に一貫して、あるいは断固として**依拠する**ことをジャーナリストの労働条件が不可能にしている、という点である。デイヴィスは自らの診断を、ウェブを基盤とするジャーナリズムの時代の幅広いグローバルな潮流と関連づけている。そこでは別の場所から得られたストーリーが「チャーナリズム（churnalism）」という無作法な形態のもとでリサイクルされ、「情報収集と真実の語り」が世界規模で崩壊する結果をもたらしている、というのである。マルチプラットフォームの加速したニュース環境において、可能な限り迅速にストーリーを「アップ」し、最大の「ヒット」を生み出すことがニュース生産の現場に求められていることは、他のジャーナリストの記事を情報源とするストーリーへの依存を今まで以上に生じさせる。同様の関心は、一〇年以上にわたって米国でパブリック・ジャーナリズム運動を加速させてきた。そのような圧力は、二〇一一年の電話盗聴スキャンダルにおいてとりわけ悪意のある形態をとり、英国のタブロイド紙を巻き込んだ。中でも、ニューズ・コーポレーションの『ニュース・オブ・ザ・ワールド』は廃刊に追い込まれることになったのである(50)。

とはいえ、これらは英国や米国でのみ見られる話ではなく、ましてや邪悪な新聞帝国に限った話でもない。ニュース生産それ自体をとりまく状況の地殻変動に関するより大きな話なのである。アルゼンチンのオンライン新聞に関する近年の研究において、パブロ・ボツコフスキーは、そのパラドクスを鮮やかに描き出している。われわれは「利用可能なニュースの量の著しい増大と、その内容における多様性の理解し難い減少」に直面していると彼は述べている。ドイツのニュース編集局における近年のエスノグラフィーは、それよりもさらに鮮烈なあるジャーナリストの発言を引用している。そのジャーナリストは「やってくる大量の情報をフィルタリングし、分類し、選択的に行う推敲に時間を取られ」てしまい、「考える時間がほとんどない」場合、ニュースに対する自らの関与が「空洞化」するように感じるのだという。これらすべては、ジャーナリストが望む実践から彼らを切り離してしまう他律的な状況へと帰結する。遠く隔たったところにいる理解のないオーナーたちがニュース生産の資源への投資を減じていることを非難するのではあまりに単純すぎる。ジャーナリストが倫理的な省察のために割ける時間と資源が乏しくなっていることには、**あらゆる**社会的アクターがジャーナリストの関心を集めてニュースのサイクルに影響を及ぼそうとしていることも関係しているのである。これは第六章で考察した、メディア関係者ではないアクターによる自己プロモーション実践の裏面をなしている。そのような帰結を生み出す流れをせき止めるコンテンツ管理システムは、倫理的な省察を生じさせうる情報源との人間的なやりとりからジャーナリストを遠ざけるだけである。情報源はわれわれのメールボックスに痕跡を残すだけの存在となり、ニュースストーリーは単なる管理される「素材」になってしまうのである。こうした体系的な圧力は、デジタル時代の複数の側面に由来している。オーディエンスの注意を引くためのメディア各社間の経済的競争の激化、ニュース編集局の壁を遥かに越えたところで生じる分散的な象徴の生産、ニュース収集のための資源の減少などである。デジタル時代におけるニュース編集局は、倫理的な省察のための条件を切り崩すまでに混沌としてきた。しかし、自由な新聞のもともとの目的は、真実を志向するジャーナリズムの可能性であった。道徳哲学者のオノラ・オニールは、この問題について以下のように述べている。「混乱を広めたり、真実を曖昧にするための免許」を新聞社が所有しているという「事例は存在しない」のである[51]。

ここにおいてメディアの倫理は実践的なツールとなる。なぜならば、ジャーナリストは「客観的」でなくてはならないというマントラを単に繰り返す代わりに、メディアに対する美徳倫理アプローチは、メディアにおいて正確さや誠実さという美徳の**ような**ものを達成可能にする、あるいは達成不可能にする現実的な状況について考えるようわれわれに求めるからである。ネオ・アリストテレス的なアプローチは、規則にではなく実践に基づくが**ゆえに**、メディアの倫理において競合関係にある他のアプローチよりも実践の複雑さを検討するうえでより適している。メディアに関連して倫理的な行為を不可能にする（もしくは、ありそうもないものにする）状況は、公共文化における信頼の根源を傷つけるのであり、したがって共に善き生を生きる可能性に根源的な影響を及ぼしてしまうのである。

（2）ケアという美徳

われわれは、自らの発言によって人々が何を信じるのかについて互いが気を遣うようになることを望んでいる。コミュニケーションにおけるケア（care）の諸問題は、われわれの発言が持つ直接的な影響から生じる問題に限らない。われわれの発言が**広がった**際に生じる帰結についてわれわれは気を遣う必要があるのであり、これはメディアにとって重要な問題である。ここから、メディアに関連する第三の美徳について考察が開始される。それはしばしば**歓待**（hospitality）という概念を経由して、国際的な文脈においてアプローチされる。だが私はそれを、グローバルからローカルへと至る複数のスケールにおいて行使されうるケアという美徳として考えた方が適切であり、歓待という領域的なメタファーを通じて解釈するとその特質が理解しにくくなる、と論じることにしたい。

集合的な善き生の諸条件に対してメディアが果たしうる貢献とは正確な情報を伝えることである、という考えはジャーナリストによって広範に信じられているものと一致する。しかし、実際はそれに限定されるものではない。第四章および第七章で見たように、メディアは社会生活において相互の**承認**を生み出す重要な手段とみなされる必要がある。メディアはわれわれが互いの視界に入る空間を維持する。敬意を払うことを必要とする道徳的行為主体としての相互の承認がある程度存在しなければ、持続可能な形でわれわれが共に生きる機会は少なくなる。こうした問題は、**グローバルなスケールにおいて**より先鋭的なものとなる。ロジャー・シルバーストーンは、メディアポリスに関する彼の考察の中でこの問題に光を当てた最初の人物である。シルバーストーンはそうした承認に関わる実践を「歓待」と名づけ、「メディアポリスにおける第一の美徳」と呼んでいる[52]。シルバーストーンはさらに歓待がジャーナリストの、さらにはグローバル化した世界におけるわれわれ全員の義務だとさえ論じている。すなわちそれは他者の声に耳を傾け、それを聴くという義務のことである。この義務は、語る権利、そしてそうした語りを聴かれる権利がわれわれにはあるという自らの感覚から生じる。彼の議論には、「倫理的」な定式化と「脱存在論的」な定式化との緊張関係が含まれている。そのことは、独創性や大胆さを損なってはいない。だが、私は以下において、義務ではなく性向を強調する方向へと向かうことになる。

歓待に関するシルバーストーンの説明は、どの程度までわれわれに関係するのだろうか。「遠隔地のよそ者」に関する文章においてオノラ・オニールが指摘するように[53]、（カントによって考察された）歓待についてのより古い見解は、遠隔地のよそ者に対する厳密に「一時的な」ものとみなされる義務を示していた。つまり、誰かの家や領地にやってきたよそ者に対していかなる敵意も示さず、彼らに基本的な生命維持のための手段を与えるという基本的な義務である。歓待についてのこうした理念は、時間的な制限と領域的な制限に基づいている。つまり、家によそ者が滞在している間だけ、彼らが家の周囲にいる場合だけに限られるのであり、彼らは普段そこにいないのである。メディアの事例の場合、このことが難問を生み出す。*Media and Morality* においてロジャー・シルバーストーンは、グローバルなメディアには**あらゆる**他者に対する「歓待」をオーディエンスに示す義務があり、われわれオーディエンスにはメディアが提示する**あらゆる**他者に開放的になる義務があると論じようとしている。このメタファーが示唆するのは、「われわれ」が誰であれ、メディアこそがわれわれの「家」となり、メディアというわれわれの家は継続的に開かれたものでなくてはならないということである。しかし、歓待という古いメタファーは、シルバーストーンの念頭にあった**相互の**関わりという**持続的な**義務にとって十分なものだろうか。[54]

実際、「家」が持つ領域的な含みを踏まえるなら、「家」というメディアのメタファーは果たして有用なのだろうか。メディアの「歓待」によって生じる関心事が、「われわれ」やジャーナリストが所属するコミュニティに起因しているのではなく、われわれが直面する全般的な難問に起因しているとすると、どうであろうか。つまり、「歓待」の際にいかなるメディアをわれわれは必要とするのか、という関心事が、メディアに内在する移動可能性とメディアが可能にする予期せぬ他者との出会いに由来する難問から生じているのだとすると、「家」というメディアのメタファーは果たして妥当なのであろうか。

ここではアクセル・ホネットの承認理論に基づく別のアプローチ（第四章を参照のこと）がより生産的なものとなりうる。ホネットはヘーゲルの議論から、人間の生における間主観性こそが道徳的毀損を生み出しかねないという考えを引き出している。すなわち、われわれの対話の仕方や互いの扱い方によって、「個人の高潔さ（personal integrity）」を傷つけることがありうるのである。[55] したがって、ホネットにとってはいかなる「善」の観念であれ、そうした道徳的毀損を含んでいてはならず、同様にいかなる正義の観念も物質的な財の配分だけではなく、承認の機会をも含んでいなくてはならないことになる。これらの洞察とメディアの事例とを架橋しているのが、「**言語的**歓待」に関するポール・リクールの近年の業績である。リクールは彼が「翻訳エートス」と呼ぶものに関心を寄せており、それは言語の間、および言語の内部での取扱いにおいてきわめて重要なものである。リクールにとってそうした「言語的歓待」は純粋に文学的な美徳ではなく、非常な多様性を有する世界のためのより幅広い倫理の基礎である。言語的歓待とは、われわれが話したり書いたりする際、他者の言語との間に彼が公正な距離（a just distance）と呼ぶものを確保することに関わる基本的かつ倫理的な性質のことである。公正な距離は、シルバーストーンがレヴィナスに依拠しながら「適切な距離」と呼んだものときわめて接近しているが、そこからはあらゆる領域的なメタファーが完全に取り除かれている。リクールにとって「言語的歓待」は、個人同士が**いつ**出会おうとも、**彼らの領域的関係がどのようなものであっても**適用されるのである。私があなたの場所（home territory）で出会おうと、その逆であろうと、あるいは私たちが中立地帯で出会おうとも適用されるということである。このような定式化は、メディアが世界を表象するにあたって他者の言語――すなわち、物語――から引用し、または代弁する場合にメディアが何をしているのかを理解するのに有用である。リクールは「多様性」を承認することが一般的には必要だと考えるが、それは領域に基づいた歓待ではない。むしろ領域のスケールにかかわらず、われわれが物理的にどこに移動しようとも、あるいは討議がどのように展開しようとも関わってくる包容力（capacity）なのである[56]。

　このことは、メディアに関わる者は**誰しも**自分たちのコミュニケーションが広まることで人々に与える影響を十分に考慮に入れるべきである、ということを示唆している。UGCと視聴者供給型のメディア・イメージの時代において、この点は決定的に重要である。われわれは「歓待」という言葉を完全に放棄した方がよいのかもしれない。リクールは「憂慮（solicitude）」について語るが、われわれはもっと単純に「ケア」について語ってよいだろう[57]。われわれのメディア・コミュニケーションが流通する際に、その効果について注意を払うという性向を善とするならば、それは「家（home）」のようないかなる領域概念にも（そしてそれが含意する排他性にも）由来しておらず、われわれによって共通して経験された**つながり**（connectedness）という事実に由来しているのである。ここでの「つながり」とは、メディアによって媒介された世界を共通して**織りなす構造**を指す。それはわれわれすべてを互いに傷つきやすいものにする。こうしたつながりは、その表象が常に危害を生じさせうる存在にメディアを位置づけることになる。われわれが個別の道徳的問題やその優先順位をめぐる多くについて根本的に意見の一致を見ない場合でも、われわれは一つの事実について合意に達することが可能である。それは、望む、望まないにかかわらず、われわれはメディアを基盤とした共通の構造によって結びついた一つの世界で生活しているということであり、このことは象徴に関する諸実践を通じてわれわれが互いに傷つけ合う可能性を確実に生じさせる。メディアを基盤としたつながりは、リクールが「限界状況」と呼ぶものを作り出してきた。そしてこうした状況から新たな一連の倫理的問題が生じているのである。言語という共有の制度を利用する際にケアを示す必要があることとまさに同じように、メディアを利用する際にケアを示す性向を有する他者をわれわれは必要とする。なぜならば、メディアを通じてわれわれは相互に傷つけ合う可能性があり、長期的には集合的・公共的な生活構造を傷つけることがありうるからである。

かくして、私が「ケア」と呼んでいる、メディアに関連する第三の美徳は、グローバルなつながりという状況から最も強く生じるニーズに由来している。メディアによって媒介された情報の流通過程にイメージや文章を投入するあらゆる人々が何らかの形でケアを行わない限り、**世界**はより危険なものとなり、対立する利害や人々の間の対話はより困難なものとなりかねない。二〇〇五年のデンマークにおける風刺画論争〔訳注：二〇〇五年九月、デンマークの新聞がムハンマドの風刺画を掲載したことに起因する論争〕は、そうした危険性を先立って警告している[58]。メディアに関するケアという美徳は、フェミニズムの倫理におけるケアといくつかの点で共通している[59]。フェミニズムの倫理は特定の個人との関係の中でのケアに関するものであり、したがって、一見するとメディアによって媒介され、遠く隔たった関係の中でのケアの問題とは結びつきが薄いように思われる。だが、仮に問題となるのがメディアによって可能になった特定の、しかしながら広大なコミュニケーションの空間だとするならば、その空間、そしてそうした空間が可能にする相互関係の**維持**に関わる問題はフェミニズムにおけるケアの概念と類似したものとなる。メディアに関するこうしたケアという美徳は、テレビの画面または新聞の紙面を経由してわれわれの前に現れる「あらゆる人物」に対して適用されるものではない（そのような種類のケアは、より幅広い人道主義的なビジョンとして的確に理解されるのであり、メディアに特別に関わるものではない）。実際のところ、「一般の」オーディエンスもその視聴行為から歓待の義務が生じる、というロジャー・シルバーストーンの議論は、不可能なまでに大きすぎる要求であるように思われる。そうではなく、ここで考察しているケアという美徳は、メディアが可能にするコミュニケーションの**共通**空間に対して、そしてその空間が配慮に欠けた使い方をされることで被害を受けるかもしれない**個別の**個人に対して、（われわれがメディアを通じて述べ、あるいは提示する事柄によって）いかなる結果がもたらされるのかを配慮する、ということを意味しているのである。オノラ・オニールは、倫理と脱存在論的なアプローチとの間の見せかけの区別を克服しようと試みてきたが、（他の「社会的美徳」の中でも）「諸個人が生活し、また、社会的に織りなされた構造が依拠する自然の、かつ人工の環境を維持する行為」について論じており、そこでは上記の議論との一定の共通点が見られる。[60]

メディアに関するこうしたケアの美徳はまた、われわれがまさに今実感しつつある形で、つながりと表象に関するその他の空間にも影響を与えている。すなわち、デジタルメディアはこうした空間をソーシャル・ネットワーキング・サービスなどの形で切り拓きつつあり、公的生活と私的生活との境界線を変容させているのである。[61]伝統的なメディアは日常生活の断片をかき集めてそれらを誰でも利用または濫用可能な公共的なストーリーへと変換する。ケアの美徳はこうした事態に常に生じる複雑なコミュニケーションの空間に対しても適用される。おそらく、UGCを生み出し、あるいは消費する機会が増加してきたことにより、メディアがあらゆるストーリーを通じて干渉してくるこの複雑なコミュニケーションの空間に対して、われわれはさらに過敏になっている。誰もが語るべきストーリーを持っているとはいえ、メディア組織の名のもとで流通するさまざまな出来事（に関するストーリー）は、特別な強制力を発揮する。それらは、多少の違いはあるものの、ほぼ同時に大多数の人々の意識へと入ってくるからである。メディアのストーリーが流通する際には、その作り手**と**それを入手する人々（往々にしてそれはわれわれ自身である）が、ストーリーのもたらす効果について配慮することが必要なのである。

メディアに関連するケアという美徳は、メディアに関わるその他の美徳である正確性や誠実性と衝突することがある。移民労働者または難民申請者が地元にいることの危険性やそれが不公正であることを読者に金切り声で叫ぶタブロイド新聞の見出しを想像してみればよい（難しいことではない）。そして、そのニューストーリーの作成に携わるジャーナリストが事実の正確性や妥当性をチェックするために適切な努力を払っていると想定してみよう。実際にありそうなことだが、もし記事の内容について尋ねられたなら、彼らは自分自身や想定される読者が真実だと真摯に信じていることと、そのストーリーの実質部分とが合致していると答えるかもしれない。しかし、われわれはそのジャーナリストにもう一つの性向——すなわちケア——を持っていてもらいたいと願わないだろうか。ニューストーリーが**このような**特定の形態と言語で、そして特定の強調点をもって流通するとき、われわれは彼らにそれがいかなる帰結をもたらしうるのか——ストーリーの中で描き出された個々の移民労働者または難民申請者が他者と相互作用を行う空間に何がもたらされるのか——を考慮する性向を持っていて欲しいと願うのではないだろうか。より長期的に見るなら、**この種の**ストーリーが定期的に流通することが、われわれ全員の平和的な相互作用の可能性にいかなる帰結をもたらすのかを考慮して欲しいと思わないだろうか。厳格なカント的アプローチが示唆するように[62]、メディアの専門家には害を生まないようにする義務がある、というだけではこうした問題は解決されそうもない。異なる視座に立つなら、ジャーナリストには厳しい事実を可視化する義務がある、といった同様に正統な主張を行うことができるからである。インドネシアのエスニック集団間の緊張が高まる中、それらの集団の情報を提示するのを**回避する**ことにジャーナリストが同意した際、何が生じたのかに関するパトリシア・スパイヤーの分析は、情報の抑制それ自体が生じさせうる全般的な不安について重要な問いを提起している[63]。しかし、こうした問題をメディアの実践に関わる**複数の**美徳間の抗争として考えるのであれば、アリストテレスが慎重さ、あるいは「実践知」（**フロネシス**）と呼んだ「上位の」美徳を通じて時と共に解決に向かうだろう[64]。

メディアの倫理に対するネオ・アリストテレス的なアプローチは、メディアにおいて、そしてメディアを通じて行為する人々に期待される複数の性向を明らかにすることを目指している。そうした性向に従って生きることが手軽な処方箋を生み出すと想定することはできない。それどころか、メディアに関する美徳の倫理は、その中でメディアがわれわれ全員を巻き込んでしまうような矛盾の現れを**暴露する**優れた方法なのである。

3　メディアの不正義

メディアに適用しうる規範的な枠組みのすべてを倫理が汲み取るわけではない。民主的であろうとなかろうと、あらゆる社会に、そして世界中のあらゆる人間関係に適用される正義の問題もまた存在する。現在のメディアのインフラが基盤とする象徴資源の配分が公正か否か、またメディアの運用方法が公正か否かについて、われわれは何を語ることができるだろうか。これらの難解なトピックについて**何かしら**述べることができるのだろうか。(65)

長い間、私はメディアの正義について書くことを躊躇していた。メディアに関する事例への適用が求められている既存の正義のモデル（米国人哲学者のジョン・ロールズのものなど）の膨大な研究を前にして怯んでいたのである。ロールズが試みたことの実現可能性について疑念を持っていたことも、私がためらってきた理由の一つである。すなわち、何が公正なのか、そしてそれはどのようにして決定できるのかについて、われわれの直観を根拠として完全かつ合理的な説得力を有する枠組みを構築するという試みへの疑念があったのである。私がためらってきた最後の理由は、メディアの正義についてどのように思考を開始すべきかということの導きとなるものが完全に欠如していたということである。標準的なメディアの教科書を見ても、メディアの正義について多くの考察を見出すことはできないであろう。

とはいえ、メディア研究のいくつかの領域は、長きにわたってメディアの正義、または少なくとも不正義に対する潜在的な関心によって動機づけられてきた。目下発展しつつあるオルタナティブ・メディア（「ラディカル・メディア」「市民メディア」あるいは「コミュニティ・メディア」とも呼ばれる）に関する研究の伝統は、メディアの実践者たちがいかにして主流メディアの外部にいる人々の声に耳を傾けるために苦闘しているのかを探求している。そして、初期のファン研究は、マス・メディアのテクストに由来する**自分たちの**文化的創造物をメディア産業に認めさせるためのファンの闘いを指摘していた。これらすべての業績は、大規模なメディア制度への象徴資源の集中であれ、オーディエンスの創造性に対するそれらの制度の敬意の欠如であれ（幸いにして、ファンとメディア産業との関係は一九八〇年代および一九九〇年代初頭のよそよそしいものから大きく前進してきた）、そこには何かしらの不公正なものがあるという感覚によって突き動かされてきたのである。その一方で、非常に異なった現れ方ではあるが、ミレニアムの転換期におけるデジタル・デバイドの不安は、二〇〇三年と二〇〇五年に国連による二度の世界情報社会サミット（ＷＳＩＳ）の開催を促した。ＷＳＩＳは「包摂的な情報社会の建設」を目的とし、その成果は監査され続けることになっている。ＷＳＩＳの運動は公式の声明の中では正義について触れておらず、その根底にはむしろ「コミュニケーションを行う権利」に焦点を当てた、長期的な権利をめぐる言説が存在する。米国を基盤とする組織の中にはメディアの正義を明確に強調しているものもある。例えばそれは、メディア・ジャスティス〔訳注：運動組織の名称〕による「（メディアの）コントロール、アクセス、構造のための新たなビジョン」という言葉の中や、あるいはメディア・ジャスティス・センター〔訳注：運動組織の名称〕による「われわれのストーリーを再フレーム化するための道具として」メディアを利用するという、より大胆な主張の中で明示されている。これらの構想における「メディアの正義」という言葉は、（人種的・経済的権利であれ、より幅広い社会正義であれ）正義に関する**他の**問題に注目するメディア戦略の一般的な用語として、あるいは（www.reclaimthemedia.org の仕事のように）ＷＳＩＳの原理のいくつかを地域で実践するために用いられているように思える。いずれにせよ、これらの運動は米国を中心としたものである。[66]

　社会正義のための運動において、メディアが果たす役割の重要性について疑う余地はない。そのことと、そうした争点の報道を常に妨げるメディアの諸力に関する洞察とを踏まえると、ロバート・マッチェスニーと共に「メディアの改革の行方と社会正義の研究とは結びついている」と主張することにも現実味が増してくる。しかし、そうした論争は、メディア資源の特定の配分のあり方について何が間違っているかということだけではなく、何が不公正であるのか、そしてそれはなぜかを明確に説明できるようになるまでは、メディアの正義それ自体に対するアプローチとしては不十分なままなのである。このようなより幅広い議論にとって興味深い指針が、米国のコミュニティ・メディア運動であるメディア・ジャスティス・ファンドから生まれている。この運動は二〇〇〇年代半ばに活動し、「メディアやコミュニケーション技術のコントロールの公平な再配分」の必要性を主張した。これはデジタル時代におけるメディアやコミュニケーションの資源の公正な配分が、正義へと向かうための道具的な手段としてだけではなく、広範な正義の構成要素になっているという本質的な論点へと近づいていく主張である。しかしそうではあっても、スー・カリー・ジャンセンが述べているように、正義（あるいは不正義）の哲学的な理論とメディアの理論との間には、いかなるつながりも未だ存在していないのである[67]。

（1）不正義へのアプローチ

メディアが提起する正義に関する個々の問題を分析するにあたって、何が適切な哲学的資源になりうるだろうか。すでに述べたように、このことを検討した稀有な研究者が、歓待について議論を展開したロジャー・シルバーストーンであった。しかし、シルバーストーンが正義の原理を定式化する際にロールズの方法に依拠すると、その結果は期待外れに終わるものとなった。すなわち「語ることに関する権利と聴くことに関する義務」がそうした原理であるという。語ることに関する権利は一九四八年の国連世界人権宣言第一九条にすでに盛り込まれている。そこには「あらゆるメディアを通じて、または国境を越えるか否かに関わりなく、情報および思想を求め、受け入れ、伝える権利」が含まれている〔訳注：外務省による訳文を修正した〕。聴くことに関する義務については、そのままではきわめて大雑把であるように思える。誰がそのことを義務づけられるのか。いかなる条件のもとにおいてそれは義務づけられるのだろうか。いかなる資源に依拠することが想定されているのだろうか。何を目的とするのだろうか。シルバーストーンは、これらの諸原理の実現には「グローバルな活動範囲を有する制度のシステムを創出すること……が必要である。まさしくそのような制度の働きを通じて、メディアによって媒介されたコミュニケーションの基本的な自由の最大化が保証されうるのであり、それらなくしては、メディアポリスは不公正なままであろう」と示唆している[68]。これは大胆な結論である。いかなる制度が設立されるべきなのか、そしてそれはどのようなスケールであるのか、といった点が未解決のままである。自らの声で話すための資源を有している人々と、代理されなければ語ることのできない人々との適切なバランスとはどのようなものであろうか。二〇〇〇年代のWSIS[69]の進行において、この争点に関する議論が展開したものの、いかなる最終的な議決にも到達することはなかった。メディアの正義という問題は明らかに難問であり、いかなる安易な定式化も認めないのである。

「メディアの正義」という用語によってわれわれが何を意味するのか明確化するという問題は、民主主義について、とりわけ代議制民主主義と直接民主主義との関係についてわれわれがどのように考えるのか、という他の難問とも関連している。民主的な政治は、現代のマス・メディアとそのまま結びつきながら、語る機会や語りのフローをコントロールする機会に関する著しく不平等な配分に依拠している。ごく少数の人々（彼らは多くの場合、自分の語りがいかに提示され、受け止められるのかを可能な限りコントロールするべく、自分の周囲の人々から構成された一団を抱えている）だけがいつも語る一方で、大多数の人々は総じて聞き手という立場にとどまっている。これは公正なのだろうか。その問いに対する回答は、非エリートが語ることができる（そして自身の声が聴かれているように思える）機会と、彼らが語ることはまったくないか、少なくとも彼らの声が媒介者（ジャーナリスト、国会議員、評議員、NGO）によって代弁されるだけの機会とに付与される重みについて、われわれがどのように判断するのかによって変わってくる。オーストラリアの興味深い新しい研究が、聴くことの問題を前面に押し出すことでこうした争点にアプローチしている[70]。この研究は、コミュニケーションの権利をめぐってオーストラリアの白人と先住民であるアボリジニの人々との間で長きに渡って行われた交渉から部分的には着想を得ており、民主主義の語りが最初に現れてくる構造の効率性や正義に関する問いを提起している。例えば、ペニー・オドネルは、耳を傾けられる機会、そして聴かれる機会を再配分する方法として、メディア資源の再配分を呼びかけている。[71] しかし、彼女が述べているように、こうした主張は、メディア自体が所有しているコミュニケーションの専門知識にわれわれがどのような地位を付与するのか、という難しい争点をも提起する。このように、われわれが正義という争点に実質的な内容を与えようとしても、困難な問題がなお残っているのである。

それでは、メディアに関連する正義と不正義はどこに存在しうるのだろうか。ロールズの正義の理論は、われわれにまず熟議過程の完全なモデルを発達させるべく促している。センが要約している通り、そうした熟議過程は「完全に公正な社会の基礎構造を決定する……一連の完全なる**諸制度**を生み出しうる」とされる。しかし、センが述べているように、モデルを体現する諸制度の構築はいうに及ばず、そうしたモデルを完全なものにするまでにわれわれはどれだけ長い間、待つことになるのだろう！　それに代えてセンは、ロールズの最大限主義（maximalist）アプローチから距離をとり、個々の不正義の事例を前面に出すことによって正義にまつわる概念的な空白を埋めることができるという実践的な主張を行っている。すなわち、「超越論的制度主義（transcendental institutionalism）」ではなく、「実現志向型の比較（realization-focused comparison）」によって導かれる正義へのアプローチである。センにとって第一の課題となるのは、是正を必要とする個々の不正義を比較を通じて明らかにするということである。そうした不正義には、人間としての潜在能力を特定の集団が十全に活用する機会を否定することが含まれるからである。そして第二の課題が、そうした不正義を是正するための個別の制度的手段を明らかにする、ということである。[72]

センにとって政治的な声は、人間開発を構成する数多くの要素の一つである。自由なメディアは正義の不可欠な構成要素である。それはエリートに異議を申し立てる情報の流通に貢献し、貧困者や周縁化された人々の安全に対する脅威を明らかにすることに寄与し、新たな文化的価値を発達させるフォーラムを提供する。[73] そのようにして、あらゆる政治形態において自由なメディア制度の存在は、基本的なレベルで人間開発の基礎の一つとなる。それゆえ、自由なメディアの欠如は不正義なのであり、その救済策はそのようなメディアを創出することとされる。これは飢饉への嫌悪が生じるにあたってメディアが果たす役割に関するセンの長年の主張とも合致する点である。[74]しかし、自由なメディア制度の誕生によって特殊な形態の不正義が生じてしまうのではないか、ということを明らかにするうえで、こうした基礎的な主張はそれほど役に立たない。ここにおいてセン――経済や社会の開発におけるメディアの役割を真剣に受け止めている稀な経済学者だとはいえ、メディアの専門家を自称しているわけではない――は、自由なメディアと自由なコミュニケーションについて検討していないように思える。「自由なメディアの欠如、**および**相互のコミュニケーションを行う人々の能力の抑圧は、生活の質（quality of life）を直接的に低下させる効果を有する」のであり、したがって不正義を促進することになると彼は書いている。[75]しかし、現代のメディアに関する多くの解説が少なくとも暗黙のうちに示していることは、自由なメディア制度が公式に存在している**場合ですら**、メディアの領域における不正義は生じうるという点である。（不）正義に対するセンの実践的なアプローチを土台として、われわれはどのようにしてメディアの重大な不正義の諸類型を明らかにすることができるだろうか。

声は人間の基本的な潜在能力であり、[76]それゆえメディアに関わる（不）正義についてのいかなる説明も、メディア資源の配置がそうした潜在能力を適切に承認しているかどうかを完全に無視することはできない。他方で、あらゆる人々が一斉に話し出すことは誰の利益にもならない。同じように、あらゆるメディアで自らの声を聴かせることができる権利を万人が主張するというのも無意味である。言い換えれば、タンヤ・ドレハーが述べているように、「あらゆる人はあらゆる人に耳を傾けられる必要がある」という素朴な原理では、それほど議論は深まらない。[77]したがって、自らの名前のもとで語り、それを聴かせることができる実際の機会の配分と、他者や制度によって自らの不正義の問題が代弁される機会――時としてそれは貴重である――の配分との間の**公正なバランス**についてわれわれは考える必要がある。現在は英国で暮らしている中国人ラジオジャーナリストの欣然についてで考えてみたい。地方局での彼女のラジオ番組は、中国で虐待を受けている女性の痛ましいストーリーを匿名で伝えることで非常に大きな影響力を発揮した。そうした女性たちにとって自らの名前で語るということは、虐待時における激しい苦痛や恥辱と同様に、文字通りの死をも意味しかねなかった。自らの名前を聞かれることのない人物が関わっているという単純な理由だけで、あらゆる場合に「誰かに代わって語る」のは不正義だと論じることには明らかな無理がある。また、別の極論に従って、代弁してくれるメディア制度さえ存在していれば、メディアに関する正義のあらゆる争点が解決されるというのも十分ではない。

これら二つの対極的な立場を架橋するにあたって有益なのが、レオン・メイヒューの著作 *The New Public* である。この著作は、大規模な民主主義における「レトリックの代用貨幣（rhetorical tokens）」の役割について検討している。すなわちそれは、政党やＮＧＯ、政府が**さまざまな類型の**状況や人々について代弁するという方法である。型にはまったそのような語りは、小さな村落の規模を超えるあらゆる社会において避けることができない。しかし、決定的に重要なことは、対面的状況でそうした語りの代用貨幣を**換金**（redeem）することができるという点である。つまり、上記のような代弁を行う人々や集団は、自身が語ったことやその意味、帰結に関して代弁される人々や集団によって直接的に異議を申し立てられうる。また、そうした異議申し立ての効果もモニタリングされるのである。[78]

そうであるなら、個人の声と制度的な活動とを媒介する、メディアを含む制度の正義または不正義について、われわれはどうすれば厳密に考えることができるのだろうか。この深淵な問題が、「マス・セルフ・コミュニケーション」の増殖、[79]すなわちメディア制度というゲートキーパーを通過することなく自らの声を「放送」する個人や集団の能力によってその座を奪われるということはほとんどない。それらのセルフ・コミュニケーションがマス・メディアによる情報の流通を止めるわけではなく、社会的世界におけるマス・メディアの公平性の度合いに影響を与えることもないからである。さらに、第五章で論じたオンライン上で可視化されることの難しさを踏まえれば、表現に対する瞬間的な満足を超えてより広範な影響力を有するとも限らない。しかし、メディアの正義に関する大規模な理論の必要性についてはアマルティア・センが負担を軽減してくれており、是正が必要となりうるメディアの不正義のいくつかの類型をわれわれはより実践的に列挙することができる。

（2）メディアの不正義の諸類型

メディアの不正義の第一の類型は、特定の人物がメディアによって被害を蒙り、その被害を公表し、または被害を補償させるのに有効な手段を何ら持ち合わせないときに生じる（この類型の不正義は、個々人が自らの発言によって互いに道徳的な害を生じさせうるのと同じく、メディアは害を生じさせうるという基本的な事実に由来している）。そうした不正義は、大規模なマス・メディア制度を有する事実上すべての社会に特有のものである[80]。というのも、超富裕層によって駆使される名誉毀損の法律を別にすれば、メディアの発言に異議を申し立てるためのメカニズムは今なお未発達だからである。そして、アカデミックな課題としても実践的な話題としても、メディアのこの不正義の類型についてはまったくもって無視されてきたのであり、この点に関してはメディア・スタディーズにも部分的な責任がある。ジャン・ターリンズが述べているように、例えば「テレビ〔番組〕への参加者にも権利が必要とは考えられていないこと」や、第四章で考察したテレビの権力関係の巨大な非対称性が単に「普通のこと」とみなされているのは「きわめて奇妙」である[81]。

メディアの不正義の第二の類型は、メディア制度またはメディア部門が幅広い人々との関係において、それらの人々を何らかの形で代表＝表象する立場にある、と主張するときに生じうる（特定の組織だけを代表すると主張しているチャンネル、新聞、またはウェブサイトはここでは関係ない）。それらメディアの生産物において、そうした人々の一部である特定可能な集団が適切な承認を与えられていないときに不正義だとみなしうるのである。ホネットの承認理論に立ち返るなら、問題となるのは特定のレベルの道徳的、社会的承認である。いくつかの国々（例えばチリ）のナショナル・メディアにおける先住民の不可視化、または限定的な可視化から、オーストラリアのような国における障がい者の描写[82]、英国のような国々において主流のナショナル・メディアで移民労働者を代弁する者が全般的に欠けていることに至るまで、メディアの不正義のこうした第二の類型については数多くの事例を提示できる。実際のところ、「グローバルな注目（global publicity）」の領域全体が今も排除を基盤としていると主張することもできる[83]。何がそのような不正義に対する十分な制度的是正策とみなしうるかは、非常な難問である。それらの集団が自分たち自身のメディアを生産、流通させることが合法として許可され、実際にそれが可能になるだけで果たして十分なのだろうか。それだけでは大多数の人々へと伝達される主流メディアにおいて、それらの集団が不可視化された状態にとどまる傾向にある、という点を見落としてしまうのではないだろうか。もしそうであれば、主流メディアの発言に直接的に異議申し立てを行い、レオン・メイヒューの用語であれば、通常はそうした発言に与えられている信頼を「換金する（redeem）」ために、どのような種類の制度的メカニズムを生み出すことができるだろうか。現時点ではその種の強力なメディア制度に対する直接的な異議申し立てを人々の耳に届くようにしたり、気づかせたりするのが非常に困難なことから、そうした換金の処理を効果的に要求しうる集団訴訟を可能にする法律的な構造が必要になるのだろうか。国によっては、その方向に向かって前進することも可能かもしれない。しかし、そのような解決に向けて大きく前進しているところはどこにもないと結論づける方が道理にかなっている。いかなる解決策であれ、メディア文化における表象と承認の作用の複雑さに対処しつつ、他方では「可視性」（社会およびメディアの両方での可視性）が今や社会的な記述や現代の権力にとっての重要なカテゴリーになっていることを認めるだけの柔軟性が必要となるであろう[84]。

メディアの不正義の第二の類型との関連では、もう一つの問いが生じる。「メディアの正義」に関するロジャー・シルバーストーンの簡潔な説明が示唆しているように思えるが、グローバルな次元でメディアの不正義が生じつつあるとわれわれは想像できるだろうか。メディアを基盤とする世界認識の多元性は、われわれが本章の出発点とした道徳的な認識の多元性以上に基本的な事実であるがゆえに、そのような想像は困難である。いかなる特定の集団、あるいはネーションですら、グローバルなスケールでコミュニケーションを行う**あらゆる**メディアにおいて自らが承認されていないことを不公正だと主張するのは馬鹿げているであろう。しかしそのことは、不正義の個々の事例が想像不可能であることを意味しない。また、そうした不正義の是正を求めることが妥当であると判断されないことも意味しないのである。そうした要求に対して、不正義を是正する最も効果的な形式は競合するメディアによる発信を確立することである（アルジャジーラを想起のこと）、という実践的な議論による反論が行われるかもしれない。しかし競合するメディアが存在することは、こうした種類の不正義の不在を意味しない。とはいえ、われわれはグローバルなスケールにおける不正義の第二の類型の是正を求める要求がいかなる形を取りうるのかを描き出すところからは、今の時点ではいくぶん遠いところにいるのである。

　メディアの不正義の第三の潜在的類型は、個人または集団が直接的に声を上げることを望んでいるにもかかわらず、表象のためのいかなる手段にもアクセスできないことにより、それが妨げられている場合に生じる。あらゆるメディア・システムは、ジェームズ・ボーマンが民主主義的討議における「分業」と呼ぶ、象徴的資源の不平等のもとに成立している。しかし、諸個人が持つ人間としての潜在能力がそうした不平等の直接的な結果として低下させられていない限り、不平等は不正義ではない。メディアを通じて可視化されることこそが人間の性質にとって本質的なものである、とわれわれが考える時代が来ない限り、メディアを通じて語る可能性を持たないことが自動的に不正義になるということにはならないだろう。しかし、メディア上での可視性がその他の基本的な潜在能力の行使にとって不可欠であるにもかかわらず、そうしたメディア上での存在感が否定されていることに個人または集団が気づくとき、より個別化された不正義が生じるであろう。マシュー・ハインドマンが説得的に指摘するように、デジタル時代においてコンテンツ制作に携わる人が増えたことは、ネットワーク化された空間としてのインターネットに固有の不平等とヒエラルキーへの抵抗をまったく生み出していない[85]。ネットワーク空間で「連結すること（link in）」――したがって基本的な検索能力もまた――は、不平等に配分されているのである。

　メディアの不正義の第四の類型は、公共の潜在的な言論空間の閉鎖性である。それは特定の個人ではなく、資源または承認を求めて公共の場で主張することを望む**あらゆる**個人、集団、または運動に損害を与える。これはオンライン上の「コモンズ」の必要性を唱えるローレンス・レッシグの議論と関わっているものの、伝統的なメディアの全体的な空間にも適用される。この点で、いくつかのアクティビズムの形態（ウィキリークスやスウェーデンのパイレート・ベイ運動〔訳注：スウェーデンの反著作権運動〕）は、既存のオンラインプラットフォームへと組み込まれている情報の非対称性に対する重大な異議申し立てとなっている。[86] この事例においてメディアの不正義は、新たなルートを経由しながら、政治権力や民主主義の機能というより幅広い問題へとわれわれを結びつけていくのである。[87]

4 結論——われわれのニーズの不動点を超えて

われわれはこれまで（価値があると自ら思える生を、人間が生きることのできる条件を背景として）メディアの倫理に関する原則や、（人間としての潜在能力という幅広いアイデアを参照することで）メディアに関する不正義の類型について考察してきた。人間にとって善き、可能な生を構成するのは何か、というこれらの基本的な説明は、倫理や価値観に対するネオ・アリストテレス的なアプローチを一般に参照点としている。こうしたアプローチの利点は、合意が通常はほとんど存在しない実質的な道徳原理に依拠することを避けている点にある。むしろ、長い時間をかけて合意が見出されうる人間存在の実際的条件（practical condition）を明らかにすることに注力するのである。言い換えれば、ネオ・アリストテレス的な倫理は、人間の実践の条件を志向している。この「最小限主義（minimalist）」アプローチは、メディアに関わる人々がどのような状態で暮らしているかに**関係なく**、そして彼らの宗教的または政治的な思想にも関係なく、われわれがそうした人々に期待しうる性向を明らかにするうえで有用なのである。

とはいえ、私の議論を動機づけると共に、現代のメディアがどのようにわれわれの世界を形成しているのか、という本書に固有の理解から生じている価値観について明確にしておきたい。こうした価値観が論争的になることは避けられないであろうが、この最終章と本書の他の議論とのつながりを明らかにするのであれば、明確にしておかねばならない。ここに至るまで、私はこのつながりについて述べることを先送りしてきた。特定の価値観に依拠することなく共通の基盤をどこまで作り上げることができるのかを見るためである。だが、それらの価値観は、まさしく本書の冒頭の言葉（エピグラフにおけるウィトゲンシュタインからの引用）からして、人間としてのわれわれのニーズとその周辺に注目しながらメディア・社会・世界を眺めるという本書の志向性を支えてきたのである。メディアと共にある、生きるに値する善き生の類型に関する私の議論から、どのような意味が生じるのだろうか。メディアと共にあるわれわれの現在の生活様式において、倫理的困難を生じさせる矛盾とはいかなるものだろうか。

メディアおよびメディア制度の将来の不確実性についての第一章の検討に続いて、本書の主要な議論は第二章から始まった。そこではメディアに関わるわれわれの実践や、それらの実践がコミュニティ、相互作用、協働、信頼、自由などに対する一定の基本的なニーズによってどのように形成されているのかを探求し、諸個人のレベルや、彼らが他の個人や集団との間に結ぶ関係のレベルにおいて考察を行った。第三章でわれわれは、ある程度の安定性や秩序に対してはあらゆる人間がニーズを有するということを前提として、（儀礼のような）社会的形式の生産におけるメディアの役割を探求した。資源や権威をコントロールすることに関する大規模な制度（国家、企業、メディア）の強い動機と、適切な承認が与えられることに対する個人や集団のニーズとの間で対立が発生するのである。第四章でわれわれは、メディア制度の作動における欠如やアンバランスによって個人や集団、そして社会全体に害がもたらされる可能性にとりわけ注目した。ここにおいて初めて、メディアの不正義という問題が登場したのである。

しかし、個人および集団という視座からメディアと社会組織との関係について考察するだけでは十分ではない。われわれはシステムをめぐる争点にも目を向けなければならないのである。そこで第五章においてわれわれは、より大きなスケールでメディアが社会組織や政治組織に対して有する影響や、デジタルメディアによって原理的には可能となる社会的行為や政治的行為の大規模な拡大について考察した。民主化のさらなる進展へと向かう単純な変動を考える者もいる一方で、そのように拡大した活動可能領域を利用するべくあらゆる規模の社会的アクターが繰り広げる闘争が民主化の進展をもたらすかどうかはまったく不確実であることをわれわれは見出した。

自由なメディアなくしては民主主義が不可能であることに疑いの余地はない。しかし、だからといって「より多くのメディア」が「より多くの民主主義」を意味するということにはならないのであり、より繊細な社会的計算法（social calculus）を発達させねばならない。それを通じてコミュニケーション空間における強度、おそらくはある種の制度的強制力による支配へと向かうそれらの空間の固有の傾向、メディアが飽和した文化においてそうした支配に持続的な異議申し立てを行うことへの固有の制約などに関する問いが浮上するのである。

第五章はデジタルメディア時代に特徴的な矛盾を明らかにする作業の出発点であった。その矛盾はきわめて簡単に要約できる。つまり、われわれはもはやメディア**なくして**共生するための――生のあらゆる領域を営むための――術を持たないにもかかわらず、いかにしてメディアと**適切に**生きられるのかをまだ知らない、という矛盾である。いくつかの点では時代遅れとなったハーバーマスの「生活世界」と「システム」という二分法を用いるなら、「メディア」のシステムを含め、あらゆる水準においてメディアが飽和していない生活世界はもはや存在していない。しかし、システムはその内側でわれわれが暮らすことのできる場所ではない。システムが強力な機能的決定力（functional determination）を有するということは、それ自体、堪え忍ぶことができるどのような生活ともシステムの空間は相容れないということを意味している。第四章でのジェイド・グッディの人生に関する説明は、そうした矛盾を予兆している。したがって、メディアによる社会空間の飽和――それはメディアがもたらすあらゆるシステム的な命令と要求を伴う――は、現在においてわれわれが送るようになっている生活の質に関して根本的な争点を提起しているのである。

これらの矛盾はまた、社会秩序の資源との関連でも生じうる。第六章においてわれわれは、権威、権力、資本、個人の承認が発生すると共にそれらをめぐって争いが生じる諸領域がメディア化することの帰結について考察した。あらゆる領域がメディアによって可視化されることをわれわれが望めば望むほど、あらゆる領域において社会的行為は、現状では説明責任を持たない権力形態――メディアの象徴権力――に対して脆弱性を増していく。第七章では、メディア文化の多様性を考察するべく、われわれは考察の枠組みを国際規模に拡張した。複数の歴史的軌道（trajectories）の文脈と、人間の生を形成するニーズの全体的な範囲からメディアの発展が理解されるとき、そうした多様性が浮かび上がるのである。最後に本章では、われわれはいかにメディアと共に生きるのかという倫理や正義／不正義の可能性について考察する地点にまで至った。

本書での議論においてわれわれは、メディアと共に生きる複数の方法や、ソニア・リビングストンが「あらゆるもののメディア化」と呼ぶものとわれわれが共生する際に生じるシステム的な矛盾の類型について考察してきた。どのような価値観が、悪しき結果と善き結果とを区別することを可能にするのだろうか。本章でわれわれは、いくつかのきわめて基本的な価値観について考察してきた。すなわち、真実性やケアという美徳を生じさせる協働、協力、無危害（non-harm）という善（goods）についてである。しかし、不正義に関する議論において、承認というより実質的な価値観が登場した。個人や集団は道徳的および社会的な行為主体として承認される必要がある。このことは、声という基本的な価値観と結びついており、私は別のところでそれを論じている[88]。社会過程に貢献できる能力を持つ存在として誰かを承認するとき、例えば共生がどのように組織されうるのかについての熟議にその人物が参加するための潜在能力をわれわれは承認している。エヴァ・イルーズの先駆的な著作が探求したように、承認を提供し、そうした個別の潜在能力を開花することのできる空間を維持するにあたって、メディアは重要な役割を果たす[89]。他方で、承認はある程度の行為の**自由**をわれわれがお互いに許容するように求める。そうした自由の内側でこそ、承認されたいくつかの潜在能力をわれわれは発揮することができるのである。ある程度の実践的な自由が存在しなければ、承認とは空虚なものでしかない。とはいえ、程度はさまざまであっても実践的、存在論的な**安全**（security）という背景のもとでのみ、有意義な自発的行為は可能なのであり、こうした安全に対してメディアやその他の制度はその安定性という点から寄与しうるのである。

この場合、メディア制度とその生産物の両方を含めた意味でのメディアは、相互承認の直接的かつ基礎的な状態の維持に関わっている（先述の通り、個別の民主主義形態に対するメディアの実践的な貢献という観点からこれを定式化するのを私が避けていることに注意してほしい）。相互承認を維持するために、メディアは参加に開かれていること、批判または異議申し立てに開かれていること、真実性の実践として信頼に値すること、ケアのもとで実践することが必要不可欠となる。さもなければ、メディアは相互承認の基盤を提供できない。実際のメディア制度には多くの形態があり、こうした基準を十分に満たさないこともありうる。メディアに関する政治経済学の研究の長きにわたる伝統が一貫して示してきたように、メディア制度が市場で互いに競争する自由を有しているという事実**それ自体は**、こうした幅広い善にメディア制度が寄与する傾向にあると信じる理由にはほとんどならない。バーナード・ウィリアムズのような指導的哲学者が、メディア研究に関するいかなる経歴も持たないにもかかわらず、以下のようなあまりにも通俗的な発想を明確に退けているのは興味深い。すなわち、古典的な自由の原理としての「思想の自由市場」論が想定するように、新聞のようなメディア制度の競争的自由はそれ自体で、それらの制度の生産物が文化的自由および政治的自由に貢献するのを請け負う、という発想である。市場システムは、完全なる暴政の維持を困難にすることがある一方で、「暴政と全体として対立する態度や制度の複雑さを維持するうえではうまく作用しない」とウィリアムズは論じる[90]。メディアの自由を尊重すること、それからさらに自由の活性化に対するメディアの貢献を尊重することは、メディアを組織化するための他のあらゆる価値観を打ち負かすものとして市場の自由をみなす、ということを意味しないのである。メディアとはその根底において**社会的**な制度である。メディアによるいかなる倫理的なジャーナリズム実践に対しても市場が課す重大な困難は、規範的な原理に依拠することによってのみ対処されうる。そうした原理は、市場中心的で狭隘な自由の観念を超える枠組みに従って社会的に遂行されることを求めるのである。

メディアを用いたわれわれの実践が達成するべきいくつかの外在的な目標についてわれわれが合意できない限り、メディアと共に、そしてメディアを通じて——個人的に、集合的に、制度的に——どのように共生できるのかを明らかにすることはできない。あまりにも長い間、われわれが必要とするメディアに関する議論は、両極端な代替案によって支配されてきた。すなわち、競争にのみもっぱら焦点を当てる市場制度としてのメディアか、それとも社会秩序の維持に焦点を当てるナショナル・メディアか、という代替案である。メディア制度はかつての権力の多くを保持しながらなおも存在し続けている。しかし今や、はるかに幅広い範囲の個人や集団が、それらメディア制度を通じて、あるいはそれらを越えて活動できるようになっている。そして、それらの個人や集団の相互作用が、他方で新たなタイプの倫理的な問題や社会問題を生み出す。相互監視がこれまで以上に仕事、アイデンティティ、交際（sociality）の日常的な実践へと深く入り込むにつれて、またソーシャル・ネットワーキング・サービス上での生活の痕跡や、買ったものや見たものをわれわれが記録として残すようになるにつれて、新たな問題が生じてくるのである[91]。メディアに対する新たな倫理的視座をわれわれが築き上げねばならなくなるようなシステム的矛盾や限界状況を生み出すのは、メディア上でわれわれが生活を送ることによって**あらゆる方向から**押し寄せるこうした重大な影響なのである。ここで、デジタルメディア時代が到来するはるかに以前、ドイツの詩人であるライナー・マリア・リルケによって書かれた予言的な言葉を思い出してみよう。「お前を見ていない所は存在しない……。お前は、自分の人生を変えなければならぬ[92]」。

　より長期的には、倫理的な視座はデジタル・インターフェイスを介したわれわれのコミュニケーションすべてを包摂しなければならない[93]。しかし、本章で明らかにしたように、**メディア制度**、あるいは大規模に流通させるために専門家によって生産されている（ニュースのような）**メディア**コンテンツ、といったものから発生し続けている固有の倫理的争点を無視するという危険をわれわれは冒している。結局のところ、われわれが政治や道徳について世界の異なった思考様式に主に出くわすのは、なおも主流のメディアを通してなのである。地上の生活が永続的な戦争状態へと悪化しないようにしたいのであれば、われわれの思考の諸様式をどうにかして共存させなければならない。われわれが共有する世界（古代ギリシャ人が「エキュメネ（oecumene）」と呼んだ、文字通りわれわれが「生きる空間」[94]）は、メディアによって媒介されている。そうした世界はそれ自体で、グローバルにまで至るあらゆるスケールへと適用可能なメディアの倫理、メディアの正義に対する固有の理解を発達させることをわれわれに求めるのである。

　善く生きること、そしてメディアと共に善く生きることという実践的な企図は、メディアの倫理およびメディア理論の課題と分かちがたく結びついている。第一に、世界においてわれわれの行為を導く事実および規範の表象において、メディアは決定的に重要な役割を果たすのであり、メディアがそれを不適切に行えば、社会の構造を傷つけることになりうる。善き生には、他の多くの物事に加えて、世界の透明度を低下させるのではなく向上させ、それゆえにわれわれや周囲の人々が生きている状況をより正確に理解するのに役立つメディアの存在が含まれる。他方でメディアの倫理と正義に関する議論には、その土台となる情報（information base）に加えて、世界の中でメディアが何をしているのかについての明確な理解が必要となる。すなわち、より幅広い社会理論に基礎づけられたメディア社会学が求められるのである。メディア制度が知識の生産と閉塞、社会的権力の形成と社会的「現実」に対する戦略的要求の形成、さらには行為能力を取り巻く変化し続ける環境をどのように形成するのかを考慮に入れない限り、メディアの倫理は支えを欠くことになる。われわれが今まで「メディア・スタディーズ」と呼んできたものの基礎を構成するのは、メディアがどのように**世界における**知識や行為能力の諸条件に貢献するのかを研究し、それゆえにメディアがわれわれの親密な共存を可能にするのか否かをよりよく理解するということなのである。

経験というテクスチュア自体においてメディアが果たす役割についてのより十分な理解——その理解を曖昧にせずに、むしろ根拠づける社会理論に基づく——は[95]、したがってアカデミックな贅沢品なのではなく、生活のために不可欠なツールなのである。あらゆるツールと同様、それを摩擦なしに働かせることはできない。そうした摩擦を生じさせるものは何か。それは、メディアが構成する表現的（expressive）、体系的現実から、人間としてのわれわれがとる批判的な距離である[96]。今日のわれわれの生活は「メディア生活」であり、それ自体の自律的な潜在可能性と規範を生じさせている、と述べる魅惑的な声を無視することが重要である[97]。そうした声は二つの基本的な事実を無視しているからである。その事実とは、メディアとは切り離された物質的な生活状態が数多く存在するということ、そして多くの人々にとって資源の蓄積は善き方向へと大きく変化していないということである。世界はさらに不平等になりつつあり、そうした不平等が視野に入ってはいても見ることはしないというわれわれの能力は成長しつつある。[98] そのような不透明さを減少させるためにはメディア制度の仕事が決定的に重要ではある。しかし、むしろ不透明さを増大させるうえでも——残念なことに、多くの人々がそのように主張しているのだが——重要なのである。

世界においてメディアはどのように活動しているのか、そしてどのようにすればより善く活動することができるのかについて、またわれわれがいかにメディアと共に生きており、そしてどのようにメディアと共にある生活は違ったものになりうるのかについて、われわれにはより多くの情報に基づいた対話が必要である。本書が貢献しようと試みてきたのは、多くの年月を必要とし、また多くの大陸で行われるであろう、そうした対話なのである。

（1） ルパート・マードックにより署名された文書。二〇一一年七月一六日の英国紙に全文が掲載された。
（2） デジタル・メディアがわれわれの重なり合った仕事や情緒的生活にどのような帰結をもたらすのかということについては、近年では別の視座も提起されている。Gregg（2011）を参照のこと。
（3） Peters（2001: 722）.
（4） Ricoeur（2007=2013: 35-6、邦訳四一ページ）.
（5） McDowell（1994: 84）.
（6） Jonas（1984=2000: 1、邦訳五ページ）。この議論については Couldry（2006: 136-7）を参照のこと。
（7） Bauman（1995: 280）.
（8） Pitkin（1972: 34）による Cavell（1964）の引用。グーグルについては Vaidhyanathan（2011=2012: 211、邦訳二八四ページ）と比較のこと。
（9） Wolin（2008: 263）.
（10） Turkle（2011）; Lanier（2011）.
（11） いかにしてこうした多様性に民族的に言及しうるのかについての省察については、Ess（2010: chs. 4, 6）と比較のこと。
（12） Latour（2004: 40）.
（13） Silverstone（2007）.
（14） Compre Ess（2009: 197）.
（15） 有益な議論として、Ricoeur（2007）を参照のこと。
（16） O'Neill（1996）.
（17） Ricoeur（2007; 1992=1996: 197, 238-9、邦訳二五一—二、二九六—七ページ）.
（18） Sen（2009）; Honneth（2007）.
（19） Kant（1997: 15, 7, 16、強調は引用者）. 宇都宮芳明訳・

訳注（1989）『道徳形而上学の基礎づけ』以文社、五〇、二五、五四―五ページを一部改訳。

（20） MacIntyre（1988: chs. 18–20）.

（21） O'Neill（1996）; Cohen-Almagor（2001）.

（22） Habermas（1968）.

（23） Baker（2002）; Christians *et al.*（2009）.

（24） 一般的な倫理学およびメディアの倫理学のためにレヴィナスの業績をより肯定的に読解したものとしては、Bauman（1992）, Pinchevski（2005）, Silverstone（2007）を参照のこと。

（25） メディアの倫理に対する広い意味でのキリスト教的人道主義のアプローチとしては、Christians, Ferné and Fackler（1993）を参照のこと。

（26） Sen（1992）.

（27） 声については、Couldry（2010）を参照のこと。

（28） Hepp（2010）.

（29） Hayles（2009）. Jensen（2010）と比較のこと。

（30） Zelizer（2011）.

（31） Quinn（1995:186）.

（32） Williams（1985=1993: 20、強調は引用者による。邦訳三三ページ）.

（33） McDowell（1994: 84）に依拠したLovibond（2002: 63 および25、強調は調整した）より。

（34） McDowell（1998=2016: 50–73、特に65ページと73ページ、邦訳一～四二ページ）.

（35） Swanton（2003: 9, 87）.

（36） MacIntyre（1981=1993: 175、邦訳二二四ページ）.

（37） Benkler（2011）.

（38） Sontag（2004）.「ネットワーク化されたニュースの公衆」についてはRussell（2011）と比較のこと。

（39） 「人間」に関する争点については、本書第一章、注（144）を参照のこと。

（40） Williams（2002: 44）.

（41） Williams（2002: 24）.

（42） 真実性へと向かう性向があてにならない時代については、第二次世界大戦中の恐るべき東欧史を論じたSnyder（2009, 2010）を参照のこと。

（43） Williams（2002: 124,106, 63, 35）.

（44） Williams（2002: 44）.

（45） Williams（2002: 88 および 2002: 97, 99）によるGrice（1989）の引用。

（46） カールトン・コミュニケーションズのリアリティTV番組 *The Connection* におけるコロンビアの麻薬輸送に関するスキャンダル、および二〇一一年の *Britain's Got Talent* の出演者選出の過程をめぐる論争を参照のこと。

（47） Williams（2002: 146）.

（48） Nordenstreng（2010）. 一般企業に言論の自由の権利を与えた近年の米国最高裁判決に関するドゥォーキンの論考（Dworkin 2010）と比較のこと。

（49） 例えば、中国に関してはde Burgh（2003）を参照のこと。

(50) Davies (2008: 特に28, 12, 154). Boczkowski (2010: 33, 77, 109); Czarniawska (2010)、Boyer (2010); Phillips, Couldry and Freedman (2009)と比較のこと。より楽観的な見解としては、Deuze and Dinoudi (2002), Deuze (2003), Bruns (2005)がある。米国のパブリック・ジャーナリズムに関してはGlasser (1999)を参照のこと。英国におけるニューズ・インターナショナルの新聞、とりわけ『ニュース・オブ・ザ・ワールド』の「電話ハッキング」スキャンダルについては二〇一一年二月以降のあらゆる英語圏の新聞で大規模に報道されている。とりわけ、二〇一一年四月八日におけるニューズ・インターナショナルの声明を参照のこと(http://guardian.co.uk/media/2011/apr/08/news-international-statement-news-of-the-world で閲覧できる)。英国の公的な生活に対するニューズ・インターナショナルの長期的な影響に関しては、Harris (2011)を参照のこと。

(51) Boczkowski (2010: 6). ドイツに関してはBoyer (2010: 6, 254-6 および253)。米国の新聞の権威であるチャールズ・ルイスによる、主流の米国の新聞における「空洞化」ビジョンと比較のこと(Lewis 2008)。他律性に関しては、ブルデュー(2005)に依拠しているPhillips (2011)を参照のこと。コンテンツ管理システムについては、Boczkowski (2010)およびQuandt (2008)を参照のこと。より幅広い哲学的視座についてはO'Neill (2002: 93) を参照のこと。

(52) Silverstone (2007: 136).

(53) O'Neill (2000: 186).

(54) ジャック・デリダは歓待の観念を拡大して、訪れ(visitation)を提起し、シルバーストーンはそれを利用している。しかし、そのことは問題の回避につながっていない(Silverstone 2007: 149–51; Derrida 2002)。シルバーストーンが論じる苦労の多い義務が、いかにして遠隔地にいる他者に関するニュースへの個々人の反応モデルと調和しうるのかという興味深い省察についてはKogen (2009)を参照のこと。さらに、「適切な距離」という観念についての鮮やかな批評についてはWright (2012)を参照のこと。

(55) Honneth (2007=2005: 130、邦訳一八九ページ).

(56) Ricoeur (2007=2013: 31, 35、邦訳三六、四一ページ). シルバーストーンの「適切な距離」という観念を二項的な関係から引き離し、自己と多様な他者との間の重なり合う関係へと拡張したFrosh (2011)と比較のこと。

(57) Ricoeur (2007).

(58) Eide, Kunelius and Phillips (2008); Ess (2010: 104–9).

(59) Held (2006).

(60) O'Neill (1996: 203).

(61) Turkle (2011); Hayles (2009); Ess (2010).

(62) Cohen-Almagor (2001: 95, 97, 100) を参照のこと。

(63) Spyer (2006).

(64) Aristotle (1976: book 6).

(65) 正義の問題と美徳の問題との間には潜在的なつながりが存在していることに注意されたい。公正に行為をなすことは、それ自体でアリストテレスにとっての美徳だからである（1976: book 5）。しかし、私はこの点について探求はしないつもりだ。ここで重要なのは、メディアに関する不正義が何によって構成されるのかを明らかにすることだからである。さらに、個人の美徳としての正義というアリストテレスの独特の概念化には、社会的な正義／不正義を考察するのに向いていないという問題もある。

（66）オルタナティブなメディアに関しては、Atton（2002）, Downing（2001）, Rodriguez（2001）を参照のこと。ファンダムと不正義に関しては、Jenkins（1992）, Bacon-Smith（1992）を参照のこと。WSISに関しては、http://www.itu.int/wsis/docs/geneva/official/poa.html#c3 のパラグラフB4（二〇一一年八月二五日最終アクセス）を参照のこと。コミュニケートする権利に関しては、D'Arcy（1977）を参照のこと。メディアジャスティスのキャンペーンに関しては、www.mediajustice.org/ および http://centerformediajustice.org/home/about/our-framework/ を参照のこと（いずれも二〇一一年八月二五日最終アクセス）。［訳注：二〇一八年六月一八日時点において、前者は http://centerformediajustice.org/ に自動的に転送される。後者はリンクが切れている］。メディア・ジャスティスに関する個別の研究としては、Klinenberg（2005）を参照のこと。

（67）Jansen（2011: 7）による McChesney（2007: 220）の引用、Gregg（2011: 83）による Media Justice Fund（2007: 4）の引用、Jansen（2011: 2）。

（68）Silverstone（2006: 144–9）の p. 149より引用。Hamelink（2000: ch. 4）も参照のこと。

（69）Nordenstreng（2010）; Goggin（2009）.

（70）O'Donnell（2009: 514）.

（71）二〇〇九年の *Journal of Continuum*, 23（4）における特集を参照のこと。

（72）Sen（2009）. センはロールズの正義に対するアプローチを、正義および自由の「過程局面」には適切なものとみなし続けている点に注意されたい。

（73）Sen（2009=2011: 336–7、邦訳四七五～八ページ）. 声に対するセンの関心については、Couldry（2010: ch. 5）を参照のこと。

（74）Sen（1983）. Sen（2009: ch. 4）と比較のこと。

（75）Sen（2009=2011: 335–6、邦訳四七四～六ページ）.

（76）Couldry（2010: 105）.

（77）Dreher（2009: 452）.

（78）Mayhew（1997）. 関連した議論として Couldry（2010: 100–3）を参照のこと。

（79）Castells（2009: 55）.

（80）O'Neill（2002）.

（81）Teurlings（2007: 273）.

（82）Salazar（2010）; Goggin and Newell（2005）.

（83）Kunelius and Nossek（2008: 264）.

（84）Brighenti（2007、特に p. 339）および Thompson（2005）. ポピュラー文化のマイノリティ表象における曖昧さの興味深い事例として、Imre（2009a: 101）を参照のこと。

(85) Bohman (2000: 48).「主要な種類の経験に関連する、社会的生産における事実上の分業」については、Bourdieu (1992: 118) と比較のこと。Hindman (2009).

(86) 正義とデジタル公共圏に関しては、Lessig (2002)を参照のこと。政治理論との関係では、Fraser (2005)を参照のこと。伝統的なメディアに関しては、Ginsburg (2008: 141) を参照のこと。「海賊的アクティビズム」に関しては、Stalder (2011)を参照のこと。

(87) 潜在的には、メディアの不正義の異なる類型がもう一つ存在する。メディア過程の環境的副作用である。マクスウェルとミラーが指摘しているように (Maxwell and Miller 2011)、メディアで充満したわれわれの生活に必要な機器、化学薬品、不要な残り物のシステマティックな過剰生産がもたらす環境コストは高く、それらのコストは巨大な不平等のもとで分配されている。これはようやく始まったばかりの長期的な議論であるが、メディアの倫理とメディアの不正義の範疇を遥かに越えたところへとわれわれを導いている。

(88) Honneth (2007); Couldry (2010).

(89) 承認に関しては、Illouz (2003)を参照のこと。潜在能力に関しては、Sen (1992)を参照のこと。また、潜在能力とメディアとの関連では、Garnham (1999b) および Mansell (2002)を参照のこと。

(90) Williams (2002: 213-19, 217).

(91) 相互監視については、Andrejevic (2008a) を参照のこと。また、Zittrain (2008: 219-20、邦訳四〇五ページ); Vaidhyanathan (2011=2012: 111、邦訳一五六ページ) との比較をされたい。「参加型監視」に関しては、Albrechtslund (2008)と比較されたい。アーカイブとその倫理に関しては、Palfrey and Gasser (2008)、Turkle (2011)、Howard (2006: 187) を参照のこと。

(92) Rilke (1987: 60-1). 平野篤司 (二〇一七)「リルケにおける見ることと見られること」(『聖心女子大学論叢』一二八号、一二三ページからの引用 (一部修正))。

(93) Hayles (2009); Stiegler (2009).

(94) 英国オープン・ユニバーシティにおける現在の重要な調査プロジェクトを参照のこと (オリエンタリズム以後のエキュメネ・シティズンシップ http://www.oecumene.eu/)。

(95) Silverstone (1999=2003: 9、邦訳三七ページ).

(96) メディアとわれわれとの関係から批判的に距離を取ることについての類似した主張としては、Tomlinson (2007: 97), Martin-Barbero (2006: 28) を参照のこと。

(97) Deuze (2011).

(98) Darling (2010).

監訳者あとがき

本書は、Nick Couldry, *Media, Society, World: Social Theory and Digital Media Practice*（Polity, 2012）の全訳である。

著者のニック・クドリーは、一九五八年生まれ、オックスフォード大学で古典と哲学を学んだ後、弁護士、音楽家という職業を経て三〇代半ばでロンドン大学ゴールドスミス校の修士課程に進学するというメディア研究者としてはやや異色の経歴を持つ。博士号を取得後、同校およびロンドン・スクール・オブ・エコノミクス・アンド・ポリティカルサイエンス（ＬＳＥ）で教鞭をとり、現在はＬＳＥメディア・コミュニケーション学部の教授をつとめている。

二〇一八年現在の研究書（単著、共著および編著）は次の通りである。

・Couldry, N.（2000）*The Place of Media Power: Pilgrims and Witnesses of the Media Age*. London: Routledge.
・Couldry, N.（2000）*Inside Culture: Reimagining the Method of Cultural Studies*. London: Sage.
・Couldry, N.（2003）*Media Rituals: A Critical Approach*. London: Routledge.
・Couldry, N. and Curran, J.（eds.）（2003）*Contesting Media Power: Alternative Media in a Networked World*. Boulder, CO: Rowman & Littlefield.
・Couldry, N. and McCarthy, A.（eds.）（2004）*Media Space: Place Scale and Culture in a Media Age*. London: Routledge.
・Couldry, N.（2006）*Listening Beyond the Echoes: Media, Ethics and Agency in an Uncertain World*, Boulder. CO: Paradigm Press.
・Couldry, N., Livingstone, S. and Markham, T.（2007）*Media Consumption and Public Engagement: Beyond the Presumption of Attention*. London: Palgrave /Macmillan.
・Couldry, N., Hepp, A. and Krotz, F.（eds.）（2009）*Media Events in a Global Age*. London: Routledge.
・Couldry, N.（2010）*Why Voice Matters: Culture and Politics After Neoliberalism*. London: Sage.

・Couldry, N.（2012）*Media, Society, World: Social Theory and Digital Media Practice*. Cambridge: Polity Press.
・Couldry, N., Madianou, M. and Pinchevski, A.（eds.）（2013）*Ethics of Media*. Basingstoke: Palgrave/MacMillan.
・Couldry, N. and Hepp, A.（2017）*The Mediated Construction of Reality*. Cambridge: Polity.

一連の研究で貫かれているクドリーの問題関心の一つは、今日のメディア社会を説明・分析するための理論の再構成にある。とくに、現代社会とメディアとの関係、あるいは社会の中でメディアが果たす役割を説明・分析するための諸概念を主に社会理論を活用しながら発展させるのがクドリーの基本的な視座であるといえよう。

なぜ今、メディアの「理論」なのか。それは、メディア研究、マス・コミュニケーション研究を取り巻く理論の「停滞」状況が背景にある。クドリーはそれを「ポスト理論」と呼んでいる（Couldry 2008: 61）。クドリーはこれらの領域の一部では理論を軽視する傾向が強くなっていると指摘する。また、その一方で理論研究では個別の理論家（例えばドゥルーズやマノヴィッチ）の枠組みに留まり、さまざまな理論を比較し、深化させようとすることに関心が置かれていない傾向が顕著である。その結果、「なぜ理論を必要とするのか、そして競合する諸理論の利点をどのように比較すべきか、といったことを問う努力さえ、われわれの手を離れてしまったかのように見える」という（Couldry 2008: 61）。

二〇一八年現在、政治や社会の中でメディアのプレゼンスが増すと共に、メディアが果たす役割、あるいはメディアのあり方そのものが複雑化している。これほどまでにメディアが浸透しつつある中、そしてポピュリズム、フェイク・ニュースやポスト真実といったメディアと政治社会の問題が顕在化する中で、それらをメディア研究やマス・コミュニケーション研究の視座から説明・解釈するためのツールを洗練化させることへの関心が高まっていないことが、まさに理論研究の停滞を物語っているといえよう。

メディア研究やマス・コミュニケーション研究にとって、理論研究の停滞を乗り越えることは、カルチュラル・スタディーズ「以後」の理論研究をどのように構想しうるのか、ということを意味している。なぜならば、一九八〇年代から九〇年代にかけて、カルチュラル・スタディーズがメディア研究やマス・コミュニケーション研究において「理論」を問うことを活性化させ、そして同時に「停滞」の要因も作り出したからである。

メディア研究、あるいはマス・コミュニケーション研究において、長らく「支配的パラダイム」とみなされてきたのが主に社会心理学に基づく効果論であった（マクウェール 二〇一〇：八〇—四）。このパラダイムでは、不特定多数に向けたメッセージが受け手にいかなる影響を与えるのか、という一方向的なコミュニケーションモデルが前提とされていた。さらにそこでは、メッセージの受け手としての大衆やメディアおよびマス・コミュニケーションを成立させる文脈（例えば代議制民主主義や多元的民主主義）が所与の存在とみなされており、それらとメディアとの関係性が批判的に問われることはまれであった。

それに対するオルタナティブとして注目されてきたのがカルチュラル・スタディーズのメディア研究である。よく知られるように、カルチュラル・スタディーズは日常生活におけるオーディエンスの能動的なメディア実践を分析することの意義を強調した。重要な点は、この過程でイデオロギー論、記号論、構造主義、ポスト構造主義の諸概念が積極的に参照され、メディアやマス・コミュニケーションの分析のためにそれらの諸概念が操作化・洗練化されてきたことである。つまり、政治理論や社会理論、文化理論とメディア・コミュニケーションの理論との「節合」が試みられてきたことである。そしてそれを通じて「文化の政治」、すなわち日常生活や文化における権力闘争にメディアやマス・コミュニケーションがどのように位置づけられるのか、あるいはどのような機能を果たすのかを明らかにしてきた。

カルチュラル・スタディーズは、メディア理論やマス・コミュニケーション理論における支配的パラダイムに対する強力な異議申し立てとなり、その正統性を動揺させた。しかし、カルチュラル・スタディーズ自身は「中心化」や「正典化」を回避する志向性を持ち、メディア研究やマス・コミュニケーション研究の対象や方法論を多様化・拡散化させることとなった。その結果、メディア研究やマス・コミュニケーション研究は理論的な概念や視座の共通基盤を失い、まさにクドリーが「ポスト理論」と呼ぶ状況を促進することとなったのである。カルチュラル・スタディーズの「理論」が、その代表的論者であったスチュアート・ホールが強調したように特定の政治社会状況に対する「介入」のための道具であったとするならば（毛利 一九九八：プロクター 2006: 94-5）、こうした「理論」の現状はきわめて深刻であるといえる。

したがって、カルチュラル・スタディーズ「以後」のメディア研究、マス・コミュニケーション研究における理論研究をどのように構想しうるのか、が問われている。それは、カルチュラル・スタディーズが切り開いてきた理論研究の何を発展的に継承しうるのか、そしてそれらをどのように体系化しうるのか、ということである。実際に、こうした観点からの問題提起が行われるようになり（例えば Hesmondhalgh and Toynbee 2008）、そうした問題提起に対する回答の一つが本書であるといえる[1]。

メディア研究の立場から、こうした取り組みを先駆的に行ってきた一人がLSEのメディア・コミュニケーション学部の設立にかかわったロジャー・シルバーストーンであり（シルバーストーン 二〇〇三）、クドリー自身、こうしたシルバーストーンの仕事を部分的に引き継いでいるようにも見える。両者は、カルチュラル・スタディーズを出発点とし、社会の中に日常的なメディア実践がどのように埋め込まれ、機能しているのかを体系的に論じようとする。また、現代社会におけるメディアを捉えるうえで「倫理」や「道徳」を検討することの重要性を強調する点も共通している。

他方で、クドリーのメディア理論の独自性は、こうしたメディア実践やメディア表象が「秩序」や「秩序化」とどのように関連しているのかを問う点である。つまり、今日の「社会的なもの」がメディアやメディア実践を通じてどのように秩序化され、あるいは変容しているのかをメディア理論研究の中心に据えているのである。このような視座によって、さまざまな社会理論の諸概念を体系的に参照し、操作化することが可能となる。また、こうした問題関心と関連し、権力や民主主義あるいは新自由主義の分析との接続を図る理論的射程はクドリーのメディア理論の特徴となっている（例えば、Couldry 2010）。

本書はこうしたクドリーのメディア理論研究の集大成となっている。その概要は次のようにまとめることができよう。

第一章では、本書の基本的な視座が示されている。デジタル化が進展する中で、メディアはわれわれの社会においてますます重要になると同時に、メディアと社会との関係性を記述し、説明することをめぐるさまざまな困難性や不確実性が増しつつある。こうした困難性や不確実性を引き受けた上で、社会の中でメディアがどのように用いられているのか、そしてそうしたメディアを通じて社会がどのように成り立ち、形成されているのかを問うことが重要である。そしてそのための有効な道具が社会理論であり、メディア研究のためにそうした理論の諸概念を再構成することが課題となる。

第二章では、「メディアを用いること」を説明、分析するための概念として「実践」が中心的に検討される。ここでは実践に関する社会理論が参照され、それらに基づいてデジタルメディア環境における実践の分析の方向性が示されている。ただし、重要な点は、それらの実践と「社会的なもの」との関連性であり、こうした視座は続く第三章や第四章における権力や秩序の問題とかかわってくる。

第三章および第四章では、第一章で示された「メディアを通じた社会の形成」が論じられている。ここではメディア、あるいはメディア実践の多様性にもかかわらず、「社会」がメディアを通じてまとまり、秩序化されるメカニズムが考察されている。第三章は「儀礼」がキーワードとなっている。クドリーの主著は、二〇〇三年に出版された*Media Rituals*とみなされることが多い。クドリーは二〇一〇年代のメディア環境を念頭に、また、新たな理論的視座から「メディア儀礼」を捉えなおし、「カテゴリー」や「メディアによって媒介された中心の神話」といった概念を用いつつ、現代社会におけるメディアによって媒介された秩序化の過程を考察している。

続く第四章では、メディアによる社会の秩序化に伴う権力作用が中心的に論じられている。そしてそうしたメディアの権力が現代社会の諸個人にとっていかなる影響を与えうるのかが示されている。メディアは社会を秩序化し、そうして形成された「社会的なもの」を「自然なもの」として表象する。このような表象は、メディア実践と結びつきながら諸個人に対してさまざまな疎外や抑圧をもたらすことになる。こうしたメディアの権力作用は現代社会の中心的な編制原理となっている新自由主義と密接な結びつきを持っていることが指摘されている点は重要である。

第五章と第六章では、近年の「メディアと政治」をめぐる研究に対する、理論的かつ批判的な介入が試みられている。第五章はデジタルメディア環境における「新しい政治」がその主題となる。「デジタル化は人々の政治参加を活性化させる」という議論は「アラブの春」や近年の日本のソーシャルメディアを介したデモの活性化などの事例によって説得性を持つように見える。しかし、そうした活動は一時的なものに留まることも多く、また、民主主義にとって持つ意義は一様ではない。クドリーはその複雑性について、民主主義をめぐる議論とデジタルメディアに関する理論とを結びつけながら考察している。本章の議論は、メディア研究やジャーナリズムおよびソーシャルメディアの世界でしばしば見られる政治参加をめぐる技術決定論的な楽観論に対する強力な批判となっている。

第六章では、「界」の理論を手がかりに、社会の多様な領域における「メディア化」の諸相を考察している。注目すべきは、一連の理論的考察によって、これも近年、メディア研究や政治コミュニケーション研究の中で注目されているトピックである「政治のメディア化」をどのように説明できるのかを示している点である。そして「政治のメディア化」は、(例えば教育や宗教なども含めた)より広範なメディアを通じた社会の秩序化の諸過程に位置づけることにより、より深い分析が可能になると論じている。

第七章では、メディアがどのように用いられているのか、あるいはメディアを通じて社会がどのように形成されているのか、といった本書で貫かれる問題を国際的な比較研究に活かす方法が検討されている。そしてメディア実践や秩序化、およびそこで作用する権力の多様性を捉えるための基礎概念として「メディア文化」が提示されている。ここでのメディア文化は、さまざまな「ニーズ」によって複合的に形成されるという独自の分析概念となっている点が特徴的である。

第八章では、メディアをめぐる「倫理」の問題が論じられている。先述のように、こうしたテーマは、シルバーストーンがその研究領域を切り開いてきたといえるが、クドリーはそれを批判的に継承・発展させている。「潜在能力」や「承認」といった概念を手がかりとしつつ、権力や民主主義の困難性に伴う「正義」や「公正」の問題が検討されている点が特徴的である。メディアの倫理は、メディア実践と権力の問題として、そして社会秩序、とくに民主主義のあり方の問題として位置づけられる必要があるのである。

以上のように要約される本書は、クドリーのメディア理論を体系的に示している。とはいえ、本書の意義は、「クドリーの」理論がいかなるものか、ということだけでなく、むしろそれ以上にメディア研究に社会理論をどのように活かすことができるのかを検討する手がかりとなる点にある。クドリーは幅広い社会理論を猟歩しつつ、それらの諸概念で何が説明可能であり、何が説明しえないのかを示そうとする。したがって、読者は自らの問題関心を振り返りながら、本書で示されている社会理論の原典に当たることが求められる。あるいは、クドリーが本書で提示していない社会理論の諸概念とクドリーの議論との比較・検討を行い、理論的概念や分析枠組みを洗練化していくことも有用である。さらに付け加えると、クドリーは常に事例研究との接続を意識しながら理論を検討している。メディア研究、マス・コミュニケーション研究にとって理論とは事例研究に用いるための道具であり、事例研究の蓄積、比較、それを通じた概念や分析枠組みの深化を進めていくことが、これらの研究領域における理論の「停滞」を乗り越えるための出発点である。そして本書はメディアの理論を考えるうえで、繰り返し立ち返ることができる参照点、準拠点であると評価することができよう。

本書の翻訳は、共訳者が分担して下訳を作成し、監訳者の山腰が全体の修正や統一を行った。とくに、二〇一八年度は監訳者がLSEに訪問研究員として滞在していたこともあり、適宜クドリー氏に内容や用語を確認することができた。とはいえ、不十分な箇所もあるかと思う。読者の皆様からのご指摘をいただければ幸いである。

本翻訳は多くの方のご助力がなければ完成することができなかった。最初に本書の翻訳を慶應義塾大学出版会から出版する過程でお力添えをいただいた山本信人・慶應義塾大学法学部教授（前メディア・コミュニケーション研究所所長）に御礼を申し上げたい。そして共訳者の皆さん、慶應義塾大学出版会の乗みどり氏に感謝を申し上げる。

最後にニック・クドリー氏に深く感謝したい。クドリー氏は日本語版の前書きを寄せてくれただけでなく、監訳者がLSEに滞在中の研究活動にも付きあっていただいた。学部長としてお忙しかったにもかかわらず、定期的に研究報告と議論のための時間を作ってくださった氏とのメディア研究や社会理論に関する対話は、かけがえのない財産となっている。

二〇一八年八月

山腰　修三

（1）　それと同時にクドリーが本書で指摘するように（本書ixページ）、政治理論とメディア研究の再構成も今日的な課題であるといえる。なお、監訳者はクドリーの議論も参照しつつ、この課題を検討している（山腰二〇一七）。それに加えてマス・コミュニケーション研究がそもそも大衆社会論という政治・社会理論と密接に関わる形で成立してきたという点も今一度想起されるべきである。

【引用・参照文献】

Couldry, N.（2008）'Form and Power in an Age of Continuous Spectacle', in D. Hesmondhalgh and J. Toynbee (eds.), *The Media and Social Theory*. London: Routledge, pp.161–76.

Couldry, N.（2010）*Why Voice Matters: Culture and Politics after Neoliberalism*. London: Sage.

Hesmondhalgh, D. and Toynbee, J.（2008）'Why Media Studies Needs Better Social Theory', in D. Hesmondhalgh and J. Toynbee (eds.), *The Media and Social Theory*. London: Routledge, pp. 1–24.

シルバーストーン、R（二〇〇三）吉見俊哉・伊藤守・土橋臣吾訳『なぜメディア研究か――経験・テクスト・他者』せりか書房。

プロクター、J（二〇〇六）小笠原博毅訳『スチュアート・ホール』青土社。

マクウェール、D（二〇一〇）大石裕監訳『マス・コミュニケーション研究』慶應義塾大学出版会。

毛利嘉孝（一九九八）「インディペンダント・インタヴェンシャン——ホールの70年代」『現代思想』vol.26-4、青土社：二〇八—二二一ページ。

山腰修三（二〇一七）「メディア・コミュニケーション研究と政治・社会理論——ヘゲモニー概念の展開とラディカル・デモクラシー」『マス・コミュニケーション研究』第90号：四七—六三ページ。

索 引

カ行

タ行

ナ行

ハ行

マ行

ヤ行

ラ行

ワ行

英数字

【人名】

ア行

カ行

サ行

タ行

ナ行

ハ行

マ行

ヤ行

ラ行

ワ行

参考文献一覧

Abercrombie, N. and Longhurst, B. (1998) *Audiences: A Sociological Theory of Performance and Imagination*. London: Sage.

Abercrombie, N., Hill, S. and Turner, B. (1980) *The Dominant Ideology Thesis*. London: Allen & Unwin.

Abu-Lughod, L. (2005) *Dramas of Nationhood: The Politics of Television in Egypt*. Chicago: University of Chicago Press.

Adam, B. (2004) *Time*. Cambridge: Polity.

Adams, P. (2009) *Geographies of Media and Communication*. Malden, MA: Wiley-Blackwell.

Aksoy, A. and Robins, K. (2003) 'Banal Transnationalism: The Difference that Television Makes', in K. Karim (ed.), *The Media of Diaspora*. London: Routledge, pp. 89–104.

Alasuutaari, P. (ed.) (1999) *Rethinking the Media Audience*. London: Sage.

Albrechtslund, A. (2008) 'Online Social Networking as Participatory Surveillance', *First Monday* 13, 3 March.

Aldridge, J. and Cross, S. (2008) 'Young People Today: News Media, Policy and Youth Justice', *Journal of Children and Media* 2(3): 203–18.

Algan, E. (2005) 'The Role of Turkish Local Radio in the Constitution of a Youth Community', *The Radio Journal* 3(2): 75–92.

Alia, V. (2003) 'Scattered Voices, Global Vision: Indigenous Peoples and the New Media Nation', in K. Karim (ed.), *The Media of Diaspora*. London: Routledge, pp. 36–50.

Allan, S. (2006) *Online News*. Maidenhead: Open University Press.

Almond, G. and Verba, S. (1963) *The Civic Culture*. Princeton: Princeton University Press.

Altheide, D. (1985) *Media Power*. Beverly Hills: Sage.

Altheide, D. and Snow, R. (1979) *Media Logic*. Beverly Hills: Sage.

Altick, R. (1978) *The Shows of London. Cambridge,* MA: Harvard University Press.

Anden-Papadopoulos, K. (2009) 'US Soldiers Imaging the Iraq War on YouTube', *Popular Communication* 7(1): 17–27.

Anden-Papadopoulos, K. and Pantti, M. (ed.) (2011) *Amateur Images and Global News*. Bristol: Intellect.

Anderson, B. (1983) *Imagined Communities*. London: Verso.(白石隆・白石さや訳『定本 想像の共同体――ナショナリズムの起源と流行』書籍工房早山、2007 年)

Anderson, C. (2010) 'Analyzing Grassroots Journalism on the Web: Reporting and the Participatory Practice of Online News Gathering', in C. Rodriguez, D. Kidd and L. Stein (eds.), *Making Our Media*, vol. I. Creskill, NJ: The Hampton Press, pp. 47–70.

Anderson, C. and Wolff, M. (2010) 'The Web is Dead. Long Live the Internet', *Wired*. www.wired.com/magazine/2010/8/ff_webrip/all/, last accessed 4 July 2011.

Anderson, P. (2011) 'On the Concatenation in the Arab World', *New Left Review* 68: 5–15.
Andrejevic, M. (2008a) *I-Spy*. Kansas City: Kansas University Press.
Andrejevic, M. (2008b) 'Watching Television without Pity: The Productivity of Online Fans', *Television & New Media* 9(1): 24–46.
Ang, I. (1996) *Living Room Wars*. London: Routledge.
Appadurai, A. (1996) *Modernity at Large*. Minneapolis: University of Minnesota Press.(門田健一訳『さまよえる近代――グローバル化の文化研究』平凡社、2004年)
Aristotle (1976) *Nicomachean Ethics*, trans. J. Thomson. Harmondsworth: Penguin.(朴一功訳『ニコマコス倫理学』京都大学学術出版会、2002年)
Arnison, M. (2002) 'Crazy Ideas for Webcasting'. www.purplebark.net/maffew/cat/webcast.html, last accessed 3 September 2011.
Arthur, C. (2011) 'Microsoft Makes Grab for Phones in Bid to Catch up with Google', *Guardian*, 11 May.
Arvidsson, A. (2011) 'Towards a Branded Audience: On the Dialectic between Marketing and Consumer Agency', in V. Nightingale (ed.), *The Handbook of Media Audiences*. Malden, MA: Wiley-Blackwell, pp. 269–85.
Asamoah-Gyadu, J. (2009) 'African Traditional Religion, Pentecostalism and the Clash of Spiritualities in Ghana', in S. Hoover and N. Kaneva (eds.), *Fundamentalisms and the Media*. London: Continuum, pp. 161–78.
Aslama, M. (2009) 'Playing House: Participants' Experience of *Big Brother* Finland', *International Journal of Cultural Studies* 12(1): 81–96.
Atton, C. (2001) *Alternative Media*. London: Sage.
Atton, C. (2004) *An Alternative Internet*. Edinburgh: Edinburgh University Press.
Aufderheide, P. and Clark, J. (2009) *The Future of Public Media: FAQ*. Washington, DC: American University.
Bach, J. and Stark, D. (2005) 'Recombinant Technology and New Geographies of Association', in R. Latham and S. Sassen (eds.), *Digital Formations*. Princeton: Princeton University Press, pp. 37–53.
Bacon-Smith, C. (1992) *Enterprising Women: Television Fandom and the Creation of Popular Myth*. Philadelphia: University of Pennsylvania Press.
Bagdikian, B. (2004) *The New Media Monopoly*. New York: Beacon Press.
Bailey, O., Cammaerts, B. and Carpentier, N. (2008) *Understanding Alternative Media*. Maidenhead: Open University Press.
Bakardjeva, M. (2009) 'Subactivism: Lifeworld and Politics in the Age of the Internet', *The Information Society* 25(2): 91–104.
Baker, C. (2002) *Media Markets and Democracy*. Cambridge: Cambridge University Press.
Banet-Weiser, S. (2011) 'Branding the Post-Feminist Self: Girls' Video Promotion and YouTube', in M. Kearney (ed.), *Mediated Girlhood*. New York: Peter Lang, pp. 277–94.
Banet-Weiser, S. (2012) *Authentic™: The Politics of Ambivalence in a Brand Culture*. New York: New York

University Press.
Banet-Weiser, S. and Portwood-Stacer, L. (2006) '"I Just Want to Be Me Again!" Beauty Pageants, Reality Television and Post-feminism', *Feminist Theory* 7(2): 255–72.
Barabasi, A.-L. (2002) *Linked*. Harmondsworth: Penguin.（青木薫訳『新ネットワーク思考——世界のしくみを読み解く』NHK 出版、2002 年）
Barbrook, R. (1995) *Media Freedom*. London: Pluto.
Barker, M. and Brooks, K. (1998) *Knowing Audiences: Judge Dredd*. Luton: University of Luton Press.
Barker-Plummer, B. and Kidd, D. (2010) 'Closings and Openings: Media Restructuring and the Public Sphere', in K. Howley (ed.), *Understanding Community Media*. Newbury Park: Sage, pp. 318–27.
Barnouw, E. (1990 [1975]) *Tube of Plenty*. New York: Oxford University Press.
Barry, A. (2001) *Political Machines*. London: Athlone Press.
Baudrillard, J. (1981) 'Requiem for the Media', in *For a Critique of the Political Economy of the Sign*. St Louis: Telos Press, pp. 164–84.（「メディアへのレクイエム」今村仁司・宇波彰・桜井哲夫訳『記号の経済学批判』法政大学出版局、1982 年：211–45）
Baudrillard, J. (1983a) *In the Shadow of the Silent Majorities*. New York: Semiotext(e).（「社会的なものの終焉」宇波彰訳『現代思想』1984 年 4 月号 : 162–73）
Baudrillard, J. (1983b) *Simulations*. New York: Semiotext(e).（竹原あき子訳『シミュラークルとシミュレーション』法政大学出版局、1984 年）
Baudrillard, J. (1993) *Symbolic Exchange and Death*. London: Sage.（今村仁司・塚原史訳『象徴交換と死』ちくま学芸文庫、1992 年）
Bauman, Z. (1992) *Intimations of Postmodernity*. London: Routledge.
Bauman, Z. (1995) *Life in Fragments*. Oxford: Blackwell.
Bauman, Z. (2000) *Liquid Modernity*. Cambridge: Polity.（森田典正訳『リキッド・モダニティ——液状化する社会』大月書店、2001 年）
Bausinger, H. (1984) 'Media, Technology and Daily Life', *Media, Culture and Society* 6(4): 343–52.
Baym, G. (2005) '*The Daily Show*: Discursive Integration and the Reinvention of Political Journalism', *Political Communication* 22: 259–76.
Baym, N. (2010) *Personal Connections in the Digital Age*. Cambridge: Polity.
BBC (2005) 'Sir Alan Sugar Confirmed for BBC Two's Apprentice', press release, 18 May, available from www.bbc.co.uk/print/pressoffice/pressreleases/, last accessed 25 March 2011.
BBC Global News (2011) *The World Speaks 2011*. London: BBC.
Beaumont, P. (2011) 'Friends, Followers and Countrymen', *Guardian*, 25 February.
Beck U. (1992) *Risk Society*. London: Sage.（東廉・伊藤美登里訳『危険社会——新しい近代への道』法政大学出版局、1998 年）
Beck, U. (1997) *The Reinvention of Politics*. Cambridge: Polity.
Beck, U. (2000a) 'The Cosmopolitan Perspective: Sociology of the Second Age of Modernity', *British Journal of Sociology* 51(1): 79–105.

Beck, U.（2000b）*What is Globalization?* Oxford: Blackwell.（木前利秋・中村健吾監訳『グローバル化の社会学――グローバリズムの誤謬―グローバル化への応答』国文社、2005 年）

Beck, U., Giddens, A. and Lash, S.（1994）*Reflexive Modernization*. Cambridge: Polity.（松尾精文・小幡正敏・叶堂隆三訳『再帰的近代化――近現代における政治、伝統、美的原理』而立書房、1997 年）

Beckett, C.（2010）*The Rise of Networked Journalism*. London: Polis.

Beecher, E.（2009）Contribution to plenary discussion: 'Journalism Practice and the Changing Newsroom', Journalism in the 21st Century Conference, Melbourne University, 16–17 July 2009.

Beer, D.（2008）'Social Network（ing）Sites ... Revisiting the Story So Far', *Journal of Computer-Mediated Communication* 13(2): 516–29.

Bell, C.（1992）*Ritual Theory, Ritual Practice*. New York: Oxford University Press.

Bell, C.（1997）*Ritual: Perspectives and Dimensions*. New York: Oxford University Press.（木村敏明・早川敦訳『儀礼学概論』仏教出版、2017 年）

Bengtsson, S.（2006）'Framing Space: Media and the Intersection of Work and Leisure', in J. Falkheimer and A. Jansson（eds.）, *Geographies of Communication*. Göteborg: Nordicom, pp. 189–204.

Beniger, J.（1986）*The Control Revolution*. Cambridge, MA: Harvard University Press.

Benkler, Y.（2006）*The Wealth of Networks*. New Haven: Yale University Press.

Benkler, Y.（2011）*A Free Irresponsible Press: Wikileaks and the Battle over the Soul of the Networked Fourth Estate*. http://benkler.org/Benkler_Wikileaks_current.pdf, last accessed 19 July 2011.

Benjamin, W.（1968）*Illuminations*, trans. H. Zohn. New York: Schocken Books.

Bennett, J.（2011）*Television Personalities*. London: Routledge.

Bennett, L.（2003）'Communicating Global Activism: Strengths and Vulnerabilities of Networked Politics', *Information Communication and Society* 6(2): 143–68.

Bennett, L.（2008）'Changing Citizenship in a Digital Age', in L. Bennett（ed.）, *Civic Life Online*. Cambridge, MA: MIT Press, pp. 1–24.

Bennett, L. and Iyengar, S.（2008）'A New Era of Minimal Effects? The Changing Foundations of Political Communication', *Journal of Communication* 58: 707–31.

Bennett, L., Johnson, R. and Livingston, S.（2008）*When the Press Fails*. Chicago: Chicago University Press.

Bennett, W. L. and Manheim, J.（2006）'The One-Step Flow of Communication', *Annals of American Academy of Social and Political Science* 608: 213–32.

Benson, R.（2006）'News Media as "Journalistic Field": What Bourdieu Adds to New Institutionalism and Vice Versa', *Political Communication* 23(2):187–202.

Benson, R. and Neveu, E.（eds.）（2005）*Bourdieu and the Journalistic Field*. Cambridge: Polity.

Bentivegna, S.（2002）'Politics and New Media', in L. Lievrouw and S. Livingstone（eds.）, *Handbook of New Media*, 1st edn. London: Sage, pp. 50–61.

Berger, P.（1999）'The Desecularization of the World: A Global Overview', in P. Berger（ed.）, *The Desecularization of the World*. Grand Rapids: Eerdmans Publishers, pp. 1–15.

Berger, P. and Luckmann, T.（1967）*The Social Construction of Reality*. Harmondsworth: Penguin.（山口節郎訳『現実の社会的構成――知識社会学論考』新曜社、2003 年）

Bergström, A. and Wadbring, I.（2008）'The Contribution of Free Dailies and News on the Web: Is Readership Strictly Decreasing among Young People?'. Paper presented to Nordic Media in Theory and Practice Conference, UCL, 7–8 November, http://reutersinstitute.politics.ox.ac.uk/fileadmin/documents/nordic_media_papers/Bergstrom_Wadbring.pdf, last accessed 23 June 2011.

Billig, M.（1995）*Banal Nationalism*. London: Sage.

Bimber, B.（2003）*Information and American Democracy*. Cambridge: Cambridge University Press.

Bird, S. E.（2003）*The Audience in Everyday Life*. London: Routledge.

Bird, S. E.（2010）'From Fan Practice to Mediated Moments: The Value of Practice Theory in the Understanding of Media Audiences', in B. Brauchler and J. Postill（eds）, *Theorising Media and Practice*. New York/Oxford: Berghahn Books, pp. 85–104.

Biressi, A. and Nunn, H.（2008）'The Kidnapped Body and Precarious Life: Reflections on the Kenneth Bigley Case', *Continuum* 22: 222–38.

Blackmore, J. and Thorpe, S.（2003）'Media/ting Change: The Print Media's Role in Mediating Education Policy in a Period of Radical Reform in Victoria, Australia', *Journal of Education Policy* 18（6）: 577–95.

Blake, W.（1976）*Selected Poems of William Blake*. Chicago: Signet Books.（寿岳文章訳『ブレイク詩集』岩波文庫、2013 年）

Blazwick, I.（ed.）（1989）*A Situationist Scrapbook*. London: ICA/Verso.

Bloch, M.（1962）*Feudal Society*, vol. I. London: Routledge & Kegan Paul.（新村猛ほか訳『封建社会（1）』みすず書房、1973 年）

Bloch, M.（1989）*Ritual History and Power*. London: The Athlone Press.

Boczkowski, P.（2010）*News at Work: Imitation in an Age of Information Abundance*. Chicago: Chicago University Press.

Boghossian, P.（2007）*Fear of Knowledge: Against Relativism and Constructivism*. Oxford: Oxford University Press.

Bohman, J.（2000）'The Division of Labour in Democratic Discourse', in S. Chambers and A. Costain（eds.）, *Deliberation, Democracy and the Media*. Lanham, MD: Rowman and Littlefield, pp. 47–64.

Bohman, J.（2004）'Expanding Dialogue: The Internet, the Public Sphere and Prospects for Transnational Democracy', in N. Crossley and J. Roberts（eds.）, *After Habermas*. Oxford: Blackwell, pp. 131–55.

Bohman, J.（2007）*Democracy Across Borders*. Cambridge, MA: MIT Press.

Bolin, G.（2009）'Symbolic Production and Value in Media Industries', *Journal of Cultural Economy* 2（3）: 345–61.

Bolin, G.（2011）*Value and the Media*. Aldershot: Ashgate.

Boltanski, L.（2009）*De La Critique*. Paris: Gallimard.

Boltanski, L.（2011）*On Critique*. Cambridge: Polity.

Boltanski, L. and Chiapello, E. (2005) *The New Spirit of Capitalism*. London: Verso.
Boltanski, L. and Thévenot, L. (2006). *On Justification*. Princeton: Princeton University Press.（三浦直希訳『正当化の理論――偉大さのエコノミー』新曜社、2007年）
Bolter, J. (2001) *Writing Space*, 2nd edn. Mahwah, NJ: Lawrence Erlbaum. 黒崎政男ほか訳『ライティングスペース――電子テキスト時代のエクリチュール』産業図書、1994年）
Bolter, D. and Grusin, R. (2000) *Remediation*. Cambridge, MA: MIT Press.
Bolton, T. (2006) 'News on the Net: A Critical Analysis of the Potential of Online Alternative Journalism to Challenge the Dominance of Mainstream News Media', *Scan* (web journal) 3(1), http://scan.net.au/scan/journal/display.php?journal_id=71, last accessed 18 November 2011.
Boorstin, D. (1961) *The Image: Or, Whatever Happened to the American Dream?* London: Weidenfeld and Nicholson.（後藤和彦・星野郁美訳『幻影（イメジ）の時代――マスコミが製造する事実』東京創元社、1964年）
Booth, P. (2010) *Digital Fandom*. New York: Peter Lang.
Bosch, T. (2010) 'Theorizing Citizens' Media: A Rhizomatic Approach', in C. Rodriguez, D. Kidd and L. Stein (eds.), *Making Our Media*, vol. I. Cresskill, NJ: The Hampton Press, pp. 72–87.
Bourdieu, P. (1977) *Outline of a Theory of Practice*. Cambridge: Cambridge University Press.
Bourdieu, P. (1983) 'The Forms of Capital', in J. Richardson (ed.), *Handbook of Theory and Research for the Sociology of Education*. New York: Greenwood Press, pp. 241–58.
Bourdieu, P. (1986) 'The Production of Belief: Contribution to an Economy of Symbolic Goods', in R. Collins *et al.* (eds.), *Media, Culture and Society: A Critical Reader*. London: Sage, pp. 131–63.
Bourdieu, P. (1990) *The Logic of Practice*. Cambridge: Polity.（今村仁司・港道隆共訳『実践感覚（1）（2）』みすず書房、2001年）
Bourdieu, P. (1991) *Language and Symbolic Power*. Cambridge: Polity.
Bourdieu, P. (1992) (with Terry Eagleton) 'Doxa and Common Life', *New Left Review* 191: 111–21.
Bourdieu, P. (1993) *The Field of Cultural Production*. Cambridge: Polity.
Bourdieu, P. (1996a) *The State Nobility*. Cambridge: Polity.（立花英裕訳『国家貴族――エリート教育と支配階級の再生産（I）（II）』藤原書店、2012年）
Bourdieu, P. (1996b) *The Rules of Art*. Cambridge: Polity.（石井洋二郎訳『芸術の規則（1）（2）』藤原書店、1995-6年）
Bourdieu, P. (1996c) *Sur La Télévision*. Paris: Liber.（櫻本陽一訳『メディア批判』藤原書店、2000年）
Bourdieu, P. (1998) *On Television and Journalism*. London: Pluto.（櫻本陽一訳『メディア批判』藤原書店、2000年）
Bourdieu, P. (2000) *Pascalian Meditations*. Stanford: Stanford University Press.（加藤晴久訳『パスカル的省察』藤原書店、2009年）
Bourdieu, P. (2005) 'The Political Field, the Social Science Field and the Journalistic Field', in R. Benson and E. Neveu (eds.), *Bourdieu and the Journalistic Field*. Cambridge: Polity, pp. 29–47.
Bourdieu, P. and Wacquant, L. (1992) *Invitation to Reflexive Sociology*. Cambridge: Polity.（水島和則

訳『リフレクシヴ・ソシオロジーへの招待――ブルデュー、社会学を語る』藤原書店、2007年）
Bourdon, J.（2000）'Live Television is Still Alive', *Media, Culture and Society* 22(5): 531–56.
Bowker, G. and Leigh Star, S.（2000）*Sorting Things Out*. Cambridge, MA: MIT Press.
boyd, D.（2008）'Why Youth ♥ Social Network Sites: The Role of Networked Publics', in D. Buckingham（ed.）, *Youth, Identity and Digital Media*. Cambridge, MA: MIT Press, pp. 119–42.
boyd, D. and Ellison, N.（2008）'Social Network Sites: Definition, History and Scholarship', *Journal of Computer-Mediated Communication* 13(1): 210–30.
boyd, D., Straubhaar, J. and Lent, J.（1989）*Videocassette Recorders in the Third World*. New York: Longman.
Boyd-Barrett, O. and Rantanen, T.（eds.）（1998）*The Globalization of News*. London: Sage.
Boyer, D.（2010）'Making（Sense of）News in the Era of Digital Information', in S. E. Bird（ed.）, *The Anthropology of News and Journalism: Global Perspectives*. Bloomington, IN: Indiana University Press, pp. 241–56.
Boyle, R. and Kelly, L.（2010）'The Celebrity Entrepreneur on Television: Profile, Politics and Power', *Celebrity Studies* 1(3): 334–50.
Bradshaw, T.（2011）'Media Watchdog to Investigate "opaque" TV Advertising', *Financial Times*, 17 March.
Braman, S.（2009）*Change of State: Information, Policy, Power*. Cambridge, MA: MIT Press.
Braudel, F.（1975［1949］）*The Mediterranean and the Mediterranean World in the Age of Philip II*. London: Fontana.（浜名優美訳『地中海⑤』藤原書店、1994年）
Braudel, F.（1981）*Civilization and Capitalism*, vol. I. London: Collins.（村上光彦ほか訳『物質文明・経済・資本主義―― 15–18世紀（1）』みすず書房、1985年）
Braudy, L.（1986）*The Frenzy of Renown: Fame and its History*. New York: Oxford University Press.
Breiter, A., Schulz, A. and Welling, S.（2011）'Schools as Mediatised Translocal Network Organizations'. Paper presented to Mediatized Worlds Conference, University of Bremen, 14–15 April.
Bremner, I.（2010）'Democracy in Cyberspace', *Foreign Affairs*（Nov./Dec.）: 86–92.
Brewer, J.（2004）*A Sentimental Murder*. New York: Farrar, Strauss, Giroux.
Briggs, A. and Burke, P.（2005）*A Social History of the Media*, 2nd edn. Cambridge: Polity.
Brighenti, A.（2007）'Visibility: A Category for the Social Sciences', *Current Sociology* 55(3): 323–42.
Brook, S.（2007）'Paper Readership Dips 5m in 15 years', *Guardian*, 21 December.
Brooker-Gross, S.（1983）'Spatial Aspects of Newsworthiness', *Geografisker Annaler* 65B: 1–9.
Browne, D.（2005）*Ethnic Minorities, Electronic Media and the Public Sphere: A Comparative Study*. Creskill, NJ: The Hampton Press.
Bruns, A.（2005）*Gatewatching*. New York: Peter Lang.
Brunsdon, C. and Morley, D.（1978）*Everyday Television: "Nationwide"*. London: BFI.
Bryant, J.（1993）'Will Traditional Media Research Paradigms be Obsolete in the Era of Intelligent

Communication Networks?', in P. Gaunt (ed.), *Beyond Agendas*. Westport, CN: Greenwood Press, pp. 149–67.

Buckingham, D. (2008) 'Introducing Identity', in D. Buckingham (ed.), *Youth, Identity and Digital Media*. Cambridge, MA: MIT Press, pp. 1–22.

Buck-Morss, S. (2003) *Thinking Past Terror*. London: Verso.（村山敏勝訳『テロルを考える――イスラム主義と批判理論』みすず書房、2005 年）

Buonanno, M. (2008) *The Age of Television*. Bristol: Intellect.

Burgess, J. and Green, J. (2009) *YouTube*. Cambridge: Polity.

de Burgh, H. (2003) 'Great Aspirations and Conventional Repertoires: Chinese Regional Television Journalists and Their Work', *Journalism Studies* 4(2): 225–38.

Butler, J. (1990) *Gender Trouble*. New York: Routledge.（竹村和子訳『ジェンダー・トラブル――フェミニズムとアイデンティティの攪乱』青土社、1999 年）

Butler, J. (1993) *Bodies That Matter*. New York: Routledge.

Butler, J. (2005) *Giving an Account of Oneself*. New York: Fordham University Press.（佐藤嘉幸・清水知子訳『自分自身を説明すること――倫理的暴力の批判』月曜社、2008 年）

Butsch, R. (2008) *The Citizen Audience*. London: Routledge.

Cabrera Paz, J. (2009) 'Techno-Cultural Convergence: Wanting to Say Everything, Wanting to Watch Everything', *Popular Communication* 7: 130–9.

Caldwell, J. (2000) 'Introduction: Theorising the Digital Landrush', in J. Caldwell (ed.), *Electronic Media and Technoculture*. New Brunswick, NJ: Rutgers University Press, pp. 1–34.

Calhoun, C. (1995) *Critical Social Theory*. Cambridge: Polity.

Calhoun, C. (2005) 'Community without Propinquity', *Sociological Inquiry* 68(3): 373–97.

Calhoun, C. (2007) *Nations Matter*. London: Routledge.

Callon, M. and Latour, B. (1981) 'Unscrewing the Big Leviathan: How Actors Macro-structure Reality and How Sociologists Help Them to Do So', in Karin Knorr-Cetina and Alvin Cicourel (eds.), *Advances in Social Theory and Methodology*. London: Routledge & Kegan Paul, pp. 277–303.

Campbell, H. (2010) *When Religion Meets New Media*. London: Routledge.

Cao, K. (2010) *Media Incidents: Power Negotiation on Mass Media in Time of China's Social Transition*. Konstanz: UVK.

Capino, J. (2003) 'Soothsayers, Politicians, Lesbian Scribes: The Philippino Movie Talk Show', in L. Parks and S. Kumar (eds), *Planet TV: A Global Television Reader*. New York: New York University Press, pp. 262–74.

Cappella, J. and Jamieson, K. H. (1997) *Spiral of Cynicism: The Press and the Public Good*. New York: Oxford University Press.（平林紀子・山田一成監訳『政治報道とシニシズム――戦略型フレーミングの影響過程』ミネルヴァ書房、2005 年）

Carey, J. (1989) *Communications as Culture*. Boston: Unwin Hyman.

Carlson, M. (2007) 'Order Versus Access: News Search Engines and the Challenge to Traditional Journalistic Roles', *Media, Culture and Society* 29(6): 1014–30.

Carpentier, N. (2009) 'Participation is Not Enough: The Conditions of Possibility of Mediated Participation Practices', *European Journal of Communication* 24(4): 407–20.

Carr, D. (2011) 'The Evolving Mission of Google', *New York Times*, 21 March 2011, Business section 1, 6.

Carroll, J. (2007) 'John S. Carroll on Why Newspapers Matter', www.niemanwatchdog.org/index.cfm?fuseaction=ask_this.views&askthisid=00203, last accessed 24 December 2007.

Carter, M. (2004) 'Coming Soon to Your Living Room', *Guardian*, 26 July.

Cashmore, E. (2006) *Celebrity/Culture*. London: Routledge.

Castells, M. (1996) *The Rise of the Network Society*. Oxford: Blackwell.

Castells, M. (1997) *The Power of Identity*. Oxford: Blackwell.

Castells, M. (1998) *End of Millennium*. Oxford: Blackwell.

Castells, M. (2009) *Communication Power*. Oxford: Oxford University Press.

Castells, M., Fernandez-Ardevol, M., Qiu, J. and Sey, A. (2007) *Mobile Communication and Society*. Cambridge, MA: MIT Press.

Castillo, M. (2011) '#YouTube Goes on Demand with Hollywood Blockbusters', 26 April, www.cbsnews.com/8301-504943_162-20057503-10391715.html.

Cavarero, A. (2000) *Relating Narratives*. London: Routledge.

Cavell, S. (1964) 'Existentialism and Analytic Philosophy', *Daedalus* 93: 946–74.

Chadwick, A. (2006) *Internet Politics*. Oxford: Oxford University Press.

Chadwick, A. (2012) 'Recent Shifts in the Relationship between Internet and Democratic Engagement in Britain and the US: Granularity, Informational Exuberance and Political Learning', in E. Arviza, M. Jensen and L. Jorba (eds), *Digital Media and Political Engagement Worldwide*. Cambridge: Cambridge University Press.

Chakravarty, P. (2008) 'Labor in or as Civil Society? Workers and Subaltern Publics in India's Information Society', in P. Chakravarty and Y. Zhao (eds.), *Global Communications: Towards a Transcultural Political Economy*. Lanham, MD: Rowman and Littlefi eld, pp. 285–307.

Chakravarty, P. and Zhao, Y. (2008) 'Introduction: Toward a Transcultural Political Economy of Global Communications', in P. Chakravarty and Y. Zhao (eds.), *Global Communications: Towards a Transcultural Political Economy*. Lanham, MD: Rowman and Littlefield, pp. 1–22.

Champagne, P. (1990) *Faire L'Opinion*. Paris: Editions Minuit.（宮島喬訳『世論をつくる――象徴闘争と民主主義』藤原書店、2004年）

Champagne P. (1999) 'The View from the Media', in P. Bourdieu *et al., The Weight of the World*. Cambridge: Polity, pp. 46–59.

Champagne, P. (2005) 'The "Double Dependency": The Journalistic Field between Politics and Markets', in R. Benson and E. Neveu (eds.), *Bourdieu and the Journalistic Field*. Cambridge: Polity, pp. 48–63.

Champagne, P. and Marchetti, D. (2005) 'The Contaminated Blood Scandal: Reframing Medical News', in R. Benson and E. Neveu (eds.), *Bourdieu and the Journalistic Field*. Cambridge: Polity, pp.

113–34.
Chandler, D.（1998）'Personal Homepages and the Construction of Identities on the Web',www.aber.ac.uk/media/Documents/short/webident.html, last accessed 18 July 2011.
Chang, T.-K.（1998）'All Countries Not Created Equal to be News: World System and International Communication', *Communication Research* 25（5）: 528–63.
Chapman, J.（2005）*Comparative Media History*. Cambridge: Polity.
Cheong, P. and Gong, J.（2010）'Cyber Vigilantism, Transmedia Collective Intelligence, and Civic Participation', *Chinese Journal of Communication* 3（4）: 471–87.
Cheong, P., Halavais, A. and Kwon, K.（2008）'The Chronicles of Media: Understanding Blogging as a Religious Practice', *Journal of Media and Religion* 7: 107–31.
Chernilo, D.（2007）'A Quest for Universalism: Reassessing the Nature of Classical Social Theory's Cosmopolitanism', *European Journal of Social Theory* 10（1）: 17–35.
Chinni, D.（2010）'Tea Party Mapped: How Big is it and Where is it Based?', 21 April. www.pbs.org/newshour/rundown/2010/04, last accessed 15 July 2011.
Choi, J.（2006）'Living in *Cyworld*: Contextualising Cy-ties in South Korea', in A. Bruns and J. Jacobs（eds.）, *Use of Blogs*. New York: Peter Lang, pp. 173–86.
Chouliaraki, L.（2012）'The Theatricality of Humanitarianism: A Critique of Celebrity Advocacy', *Communication and Critical/Cultural Studies* 9（1）: 1–21.
Christakis, N. and Fowler, J.（2010）*Connected*. New York: Harper Collins.（鬼澤忍訳『つながり——社会的ネットワークの驚くべき力』講談社、2010年）
Christensen, T. and Røpke, I.（2010）'Can Practice Theory Inspire Studies of ICTS in Everyday Life?', in B. Brauchler and J. Postill（eds）, *Theorising Media and Practice*. New York/Oxford: Berghahn Books, pp. 233–56.
Christians, C., Ferré, J. and Fackler, M.（1993）*Good News: Social Ethics and the Press*. New York: Longman.
Christians, C., Glasser, T., McQuail, D., Nordenstreng, K. and White, R.（2010）*Normative Theories of the Media*. Chicago: University of Illinois Press.
Clark, J. and van Slyke, T.（2010）*Beyond the Echo Chamber*. New York: The New Press.
Clarke, N.（2004）*The Shadow of a Nation: How Celebrity Destroyed Britain*. London: Phoenix Books.
Clough, P.（2009）'The New Empiricism: Affect and Sociological Method', *European Journal of Social Theory* 12（1）: 43–61.
CNNIC（2010）*26th Statistical Report on Internet Development in China*. China Internet Network Information Centre, July. www.cnnic.net.cn/uploadfiles/pdf/2010/8/24/93145.pdf, last accessed 26 July 2011.
Cohen, R.（2009）'Iran: the Tragedy and the Future', *New York Review of Books,* 13 August, 7–10.
Cohen-Almagor, R.（2001）*Speech, Media and Ethics: The Limits of Free Expression*. Basingstoke: Palgrave.
Coleman, S.（2005）'The Lonely Citizen: Indirect Representation in an Age of Networks', *Political*

Communication 22: 197–214.
Coleman, S. (2008) 'Doing IT for Themselves: Management versus Autonomy in Youth e-Citizenship', in L. Bennett (ed.), *Civic Life Online*. Cambridge, MA: MIT Press, pp. 189–206.
Coleman, S. (ed.) (2011) *Leaders in the Living Room: The Prime Ministerial Debate of 2010*. Oxford: Reuters Institute for the Study of Journalism.
Coleman, S. and Blumler, J. (2009) *The Internet and Democratic Citizenship*. Cambridge: Cambridge University Press.
Coleman, S. and Ross, K. (2010) *The Media and the Public*. Malden, MA: Wiley-Blackwell.
Collins, J. (1992) 'Genericity in the Nineties: Eclectic Irony and the New Sincerity', in J. Collins (ed.), *Film Theory Goes to the Movies*. New York: Routledge, pp. 242–64.
Collins, S. (2008) 'Making the Most Out of 15 Minutes: Reality TV's Dispensable Celebrity', *Television and New Media* 9(2): 87–110.
Collins, W. (1994 [1868]) *The Moonstone*. Harmondsworth: Penguin. (中村能三訳『月長石』東京創元社、1962年)
Condry, I. (2009) 'Anime Creativity: Characters and Premises in the Quest for Cool Japan', *Theory, Culture & Society* 26(2–3): 139–63.
Connell, R. (2007) *Southern Theory*. Cambridge: Polity.
Connor, S. (2005) 'Playstations, or, Playing in Earnest', *Static* 1(1), http://static.londonconsortium.com/issue01/connor_playstations.html, last accessed 18 July 2011.
Cook, T. (2005) *Governing the News*. Chicago: Chicago University Press.
Cooper, A. (2008) *Celebrity Diplomacy*. Boulder, CO: Paradigm.
Cooren, F., Brummans, B. and Charrieras, D. (2008) 'The Coproduction of Organizational Presence: A Study of Médécins Sans Frontières in Action', *Human Relations* 61(10): 1339–70.
Copsey, R. (2010) 'My Castaway Hell', *Guardian*, G2 section, 12 August.
Corner, J. (1997) 'Television in Theory', *Media, Culture and Society* 19(2): 247–62.
Costera Meijer, I. (2011) 'Living in the Media Polis: Is Participatory Journalism an Answer to Changing Civic Engagement?' Paper presented to ICA Conference, Boston, 26–30 May.
Cottle, S. and Nolan, D. (2007) 'Global Humanitarianism and the Changing Aid-Media Field', *Journalism Studies* 8(6): 862–78.
Couldry, N. (1999) 'Remembering Diana: The Geography of Celebrity and the Politics of Lack', *New Formations* 36: 77–91.
Couldry, N. (2000a) *The Place of Media Power*. London: Routledge.
Couldry, N. (2000b) *Inside Culture*. London: Sage.
Couldry, N. (2001) 'The Hidden Injuries of Media Power', *Journal of Consumer Culture* 1(2): 155–78.
Couldry, N. (2002) 'Playing for Celebrity: *Big Brother as Ritual Event*', *Television & New Media* 3(3): 283–94.
Couldry, N. (2003a) *Media Rituals: A Critical Approach*. London: Routledge.
Couldry, N. (2003b) 'Media Meta-Capital: Extending the Range of Bourdieu's Field Theory', *Theory*

and Society 32(5/6): 653–77.
Couldry, N. (2004) 'Theorizing Media as Practice', *Social Semiotics* 14(2): 115–32.
Couldry, N. (2006) *Listening Beyond the Echoes*. Boulder, CO: Paradigm Books.
Couldry, N. (2008a) 'Mediatization or Mediation? Alternative Understandings of the Emergent Space of Digital Storytelling', *New Media & Society* 10(3): 373–92.
Couldry, N. (2008b) 'Form and Power in an Age of Continuous Spectacle', in D. Hesmondhalgh and J. Toynbee (eds.), *Media and Social Theory*. London: Routledge, pp. 161–76.
Couldry, N. (2008c) 'Actor Network Theory and Media: Do They Connect and On What Terms?', in A. Hepp *et al.* (eds), *Cultures of Connectivity*. Creskill, NJ: The Hampton Press, pp. 93–110.
Couldry, N. (2009a) 'Does "the Media" have a Future?', *European Journal of Communication* 24(4): 437–50.
Couldry, N. (2009b) 'New Online News Sources and Writer-gatherers', in N. Fenton (ed.), *New Media, Old News*. London: Sage, pp. 138–52.
Couldry, N. (2010) *Why Voice Matters: Culture and Politics after Neoliberalism*. London: Sage.
Couldry, N. and Hepp, A. (2012) 'Media Cultures in a Global Age: A Transcultural Approach to an Expanded Spectrum', in I. Volkmer (ed.), *Handbook of Comparative Research*. Malden, MA: Wiley-Blackwell.
Couldry, N. and Littler, J. (2011) 'Work, Power and Performance: Analyzing the "Reality" Game of *The Apprentice*', *Cultural Sociology* 5(2): 263–79.
Couldry, N., Livingstone, S. and Markham, T. (2010) *Media Consumption and Public Engagement*. Basingstoke: Palgrave Macmillan. Revised paperback edn (original edn 2007).
Crary, J. (1999) *Suspensions of Perception*. Cambridge, MA: MIT Press.（石谷治寛・大木美智子・橋本梓訳『知覚の宙吊り――注意、スペクタクル、近代文化』平凡社、2005 年）
Crisp, R. (1996) 'Modern Moral Philosophy and the Virtues', in R. Crisp (ed.), *How Should One Live?* Oxford: Oxford University Press, pp. 1–18.
Croteau, D. (1995) *Politics and the Class Divide*. Philadelphia: Temple University Press.
Crouch, C. (2000) *Living with Post-Democracy*. London: Fabian Society.
Cui, L. and Lee, F. (2010) 'Becoming Extra-ordinary: Negotiation of Media Power in the Case of *Super Girls Voice* in China', *Popular Communication* 8(4): 256–72.
Curran, J. (1982) 'Communications, Power and Social Order', in M. Gurevitch *et al.* (eds.), *Culture, Society and the Media*. London: Routledge, pp. 202–35.
Curran, J. (2002) *Media and Power*. London: Routledge.（渡辺武達監訳『メディアと権力――情報学と社会環境の革変を求めて』論創社、2007 年）
Curran, J. and Park, M.-J. (2000) 'Beyond Globalization Theory', in J. Curran and M.J. Park (eds.), *De-westernizing Media Studies*. London: Routledge, pp. 3–18.（「グローバル化理論をこえて」杉山光信・大畑裕嗣訳『メディア理論の脱西欧化』勁草書房、2003 年：1–32）
Curran, J. and Seaton, J. (2003) *Power Without Responsibility*, 6th edn. London: Arnold.
Curran, J., Fenton, N. and Freedman, D. (2012) *Misunderstanding the Internet*. London: Bloomsbury.

Curran, J., Iyengar, S., Brink Lund, A. and Salovaara-Moring, I. (2009) 'Media System, Public Knowledge and Democracy', *European Journal of Communication* 24(1): 5–26.

Curtin, M. (2003) 'Media Capital: Towards the Study of Spatial Flows', *International Journal of Cultural Studies* 6(2): 202–28.

Curtin, M. (2009) 'Matrix Media', in G. Turner and T. Tay (eds.), *Television Studies After TV*. London: Routledge, pp. 9–19.

Czarniawska, B. (2010) 'Cyberfactories: Where Production and Consumption Merge'. Keynote to Danish SMID Conference, Koldingfjord, Denmark, 2 December.

Dahlgren, P. (2009) *Media and Political Engagement*. Cambridge: Cambridge University Press.

Dalton, R. (2000) 'Value Change and Democracy', in S. Pharr and R. Putnam (eds.), *Disaffected Democracies*. Cambridge, MA: Harvard University Press, pp. 252–69.

D'Arcy, J. (1977) 'Direct Broadcast Satellites and the Right to Communicate', in L. S. Harns (ed.), *The Right to Communicate: Collected Papers*. Honolulu: University of Hawaii Press.

Davies, N. (2008) *Flat Earth News*. London: Chatto and Windus.

Davis, A. (2007) *The Mediation of Power*. London: Routledge.

Davis, A. (2009) 'Elite News Sources, New Media and Political Journalism', in N. Fenton (ed.), *New Media, Old News*. London: Sage, pp. 121–37.

Davis, A. (2010) *Political Communication and Social Theory*. London: Routledge.

Davis, A. and Seymour, E. (2010) 'Generating Forms of Media Capital Inside and Outside a Field: The Strange Case of David Cameron in the UK Political Field', *Media, Culture and Society* 32(5): 739–59.

Davis, R. (2008) 'A Thin Line between Love and Hate', *Guardian*, 14 October.

Dawson, M. (2007) 'Little Players, Big Shows: Format, Narration and Style on Television's New Smaller Screens', *Convergence* 13(3): 231–50.

Dayan, D. (1998) 'Particularistic Media and Diasporic Communication', in T. Liebes and J. Curran (eds.), *Media, Ritual and Identity*. London: Routledge, pp. 103–13.

Dayan, D. (2001) 'The Peculiar Public of Television', *Media, Culture and Society* 23(5): 743–65.

Dayan, D. (2006) 'Terrorisme, Performance, Représentation: Notes sur ungenre discursive contemporain', in D. Dayan (ed.), *La Terreur Spectacle*. Brussels: De Boeck, pp. 11–22.

Dayan, D. (2009) 'Sharing and Showing: Television as Monstration', in E. Katz and P. Scannell (eds), '*The End of Television?' Annals of the American Academy of Political and Social Science* 625: 19–31.

Dayan, D. (2010) 'Beyond Media Events: Disenchantment, Derailment, Disruption', in N. Couldry, A. Hepp and F. Krotz (eds), *Media Events in a Global Age*. London: Routledge, pp. 23–31.

Dayan, D. and Katz, E. (1992) *Media Events: The Live Broadcasting of History*. Cambridge, MA: Harvard University Press.（浅見克彦訳『メディア・イベント――歴史をつくるメディア・セレモニー』青弓社、1996年）

Dean, J. (2002) *Publicity's Secret*. Ithaca: Cornell University Press.

Dean, J. (2010) *Democracy and Other Neoliberal Fantasies*. Durham, NC: Duke University Press.

Debord, G. (1983) *Society of the Spectacle*. Detroit: Black and Red.（木下誠訳『スペクタクルの社会』筑摩書房、2003 年）

Debray, R. (1996) *Media Manifestos*. London: Verso.（西垣通訳『メディオロジー宣言（レジス・ドブレ著作選 1)』NTT 出版、1999 年）

DeLanda, M. (2005) *Intensive Science and Virtual Philosophy*. London: Continuum.

DeLillo, D. (1999) *Underworld*. London: Picador.（上岡伸雄・高吉一郎訳『アンダーワールド』新潮社、2002 年）

Delli Carpini, M. (2000) 'Gen.com: Youth, Civic Engagement, and the New Information Environment,' *Political Communication* 17 (4): 341–9.

Delli Carpini, M. and Keater, S. (1996) *What Americans Know About Politics and Why It Matters*. New Haven: Yale University Press.

Delli Carpini, M. and Williams, B. (2011) *After the Broadcast News*. Cambridge: Cambridge University Press.

Derrida, J. (2002) *On Cosmopolitanism and Forgiveness*. London: Routledge.

Deutsch, K. (1966) *Nationalism and Social Communication*, 2nd edn. Cambridge, MA: MIT Press.

Deuze, M. (2003) 'The Web and its Journalisms: Considering the Consequence of Different Types of News Media Online', *New Media & Society* 5 (2): 203–30.

Deuze, M. (2011) 'Media Life', *Media, Culture and Society* 33 (1): 137–48.

Deuze, M. and Dimoudi, C. (2002) 'Online Journalists in the Netherlands: Towards a Profile of a New Profession', *Journalism* 3 (1): 85–100.

Dorling, D. (2010) *Injustice: Why Social Inequality Persists*. Bristol: Policy Press.

Douglas, S. (1987) *Inventing American Broadcasting 1899–1922*. Baltimore: The Johns Hopkins University Press.

Dovey, J. (2000) *Freakshow*. London: Pluto.

Downey, J. (2008) 'Recognition and the Renewal of Ideology Critique', in D. Hesmondhalgh and J. Toynbee (eds.), *Media and Social Theory*. London: Routledge, pp. 59–74.

Downing, J. (2001) *Radical Media*. Newbury Park: Sage.

Downing, J. (2003a) 'Audiences and Readers of Alternative Media: Absent Lure of the Virtually Unknown', *Media, Culture and Society* 25 (5): 625–46.

Downing, J. (2003b) 'The Independent Media Center Movement and the Anarchist Socialist Tradition', in N. Couldry and J. Curran (eds.), *Contesting Media Power*. Boulder, CO: Rowman and Littlefield, pp. 243–58.

Dreher, T. (2009) 'Listening Across Difference: Media and Multiculturalism beyond the Politics of Voice', *Continuum* 23 (4): 445–58.

Duits, L. and Ronondt Vis, P. van (2009) 'Girls Make Sense: Girls, Celebrities and Identities', *European Journal of Cultural Studies* 12 (1): 41–58.

Durkheim, E. (1953) 'Individual and Collective Representations', in *Sociology and Philosophy*. London: Cohen and West, pp. 1–34.（佐々木交賢『社会学と哲学』恒星社厚生閣、1985 年）

Durkheim, E.（1984［1893］）*The Division of Labour in Society*, trans. W. Halls, 2nd edn. Basingstoke: Macmillan.（田原音和訳『社会分業論』ちくま学芸文庫、2017 年）
Durkheim, E.（1995［1912］）*The Elementary Forms of Religious Life*, trans. K. Fields. New York: Free Press.（山崎亮訳『宗教生活の基本形態――オーストラリアにおけるトーテム体系（上）（下）』ちくま学芸文庫、2014 年）
Durkheim, E. and Mauss, M.（1970）*Primitive Classification*. London: Cohen and West.（山内貴美夫訳『人類と論理――分類の原初的諸形態』せりか書房、1969 年）
Dutton, W.（2009）'The Fifth Estate Emerging Through the Network of Networks', *Prometheus: Critical Studies in Innovation* 27（1）: 1–15.
Duval, J.（2005）'Economic Journalism in France', in R. Benson and E. Neveu（eds.）, *Bourdieu and the Journalistic Field*. Cambridge: Polity, pp. 135–55.
Dworkin, R.（2010）'The Decision that Threatens Democracy', *New York Review of Books*, 13 May.
Earl, J. and Schussman, A.（2008）'Contesting Cultural Control: Youth Culture and Online Petitioning', in L. Bennett（ed.）, *Civic Life Online*. Cambridge, MA: MIT Press, pp. 71–95.
Easton, D.（1965）*A Systems Analysis of Political Life*. New York: John Wiley.（片岡寛光監訳『政治生活の体系分析（上）（下）』早稲田大学出版部、2002 年）
Echchaibi, N.（2009）'From the Margins to the Center: New Media and the Case of *Bondy Blog* in France', in A. Russell and N. Echchaibi（eds.）, *International Blogging*. New York: Peter Lang, pp. 11–28.
Edelman, M.（1988）*Constructing the Political Spectacle*. Chicago: University of Chicago Press.（法貴良一訳『政治スペクタクルの構築』青弓社、2013 年）
Edensor, T.（2006）'Reconsidering National Temporalities: Institutional Times, Everyday Routines, Serial Spaces and Synchronicities', *European Journal of Social Theory* 9（4）: 525–45.
Ehrenberg, A.（1998）*La Fatigue d'être soi*. Paris: Odile Jacob.
Eide, E., Kunelius, R. and Phillips, A.（eds.）（2008）*Transnational Media Events: The Mohammed Cartoons and the Imagined Clash of Civilizations*. Nordicom: Göteborg.
Eisenstein, E.（1983）*The Printing Revolution in Early Modern Europe*. Cambridge: Cambridge University Press.（別宮貞徳監訳『印刷革命』みすず書房、1987 年）
Ekstein, M.（1975）*The Limits of Reasons: The German Democratic Press and the Collapse of Weimar Democracy*. Oxford: Oxford University Press.
Elias, N.（1994［1939］）*The Civilizing Process*. Oxford: Blackwell.（波田節夫ほか訳『文明化の過程（上）（下）』法政大学出版局、2010 年）
Eliasoph, N.（1998）*Avoiding Politics*. Cambridge: Cambridge University Press.
Elliott, P.（1974）'Uses and Gratifi cations Research: A Critique and a Sociological Alternative', in J. Blumler and E. Katz（eds.）, *The Uses of Mass Communications*. Beverly Hills: Sage, pp. 249–68.
Elliott, P.（1982）'Press Performance as Political Ritual', in H. Christian（ed.）, *The Sociology of Journalism and the Press*. Keele: Keele University Press, pp. 141–77.
Ellis, J.（2000）*Seeing Things*. London: IB Tauris.

Ellison, N., Steinfield, C. and Lampe, C. (2007) 'The Benefits of Facebook "Friends": Social Capital and College Students' Use of Online Social Network Sites', *Journal of Computer-Mediated Communication* 12(4): 1142–68.

El-Nawawy, M. and Iskandar, A. (2002) *Al-Jazeera*. Boulder, CO: Westview Press.

Enli, G. and Thumim, N. (2009) 'Socializing and Self-Representation Online: Exploring Facebook'. Paper presented to Mediatized Stories preconference at *Transforming Audiences 2*, University of Westminster, 2 September.

Ericson, R., Baranek, P. and Chan, J. (1991) *Representing Order*. Milton Keynes: Open University Press.

Ericson, S., Riegert, K. and Akers, P. (2009) 'Introduction', in S. Ericson and K. Riegert (eds.), *Media Houses: Architecture, Media and the Production of Centrality*. New York: Peter Lang, pp. 1–17.

Erni, J. and Chua, S. K. (2005) 'Introduction: Our Asian Media Studies?', *Asian Media Studies*. Malden, MA: Blackwell.

Ess, C. (2010) *Digital Media Ethics*. Cambridge: Polity.

Experian Hitwise (2010) *Getting to Grips with Social Media*, October. Available from www.hitwise.com/uk/resources/reports, last accessed 23 September 2011.

Fairclough, N. (2000) *New Labour New Language*. Cambridge: Polity.

Febvre, L. and Martin, H.-J. (1990 [1958]) *The Coming of the Book*. London: Verso.（関根素子ほか訳『書物の出現』筑摩書房、1998 年）

Fenton, N. (ed.) (2009) *New Media, Old News*. London: Sage.

Feuer, J. (1983) 'The Concept of Live Television', in E. Kaplan (ed.), *Regarding Television*. Los Angeles: American Film Institute, pp. 12–22.

Ficowski, J. (ed.) (1990) *Letters and Drawings of Bruno Schulz with Selected Prose*. New York: Fromm.

Fischer, C. (1992) *America Calling*. Berkeley: University of California Press.（吉見俊哉・松田美佐・片岡みい子訳『電話するアメリカ――テレフォンネットワークの社会史』NTT 出版、2000 年）

Fishman, M. (1980) *Manufacturing the News*. Austin, TX: Texas University Press.

Fiske, J. (1987) *Television Culture*. London: Methuen.（伊藤守ほか訳『テレビジョン・カルチャー――ポピュラー文化の政治学』梓出版社、1996 年）

Flichy, P. (1994) *Dynamics of Modern Communication*. London: Sage.（江下雅之・山本淑子訳『メディアの近代史――公共空間と私生活のゆらぎのなかで』水声社、2005 年）

Foot, P. (2000) *Natural Goodness*. Oxford: Oxford University Press.（河田健太郎・立花幸司・壁谷彰慶訳『人間にとって善とは何か――徳倫理学入門』筑摩書房、2014 年）

Fornäs, J. (1995) *Cultural Theory and Late Modernity*. London: Sage.

Foster, C. (2005) *British Government in Crisis*. Oxford: Hart Publishing.

Foucault, M. (1979) *Discipline and Punish: The Birth of the Prison*. Harmondsworth: Peregrine.（田村俶訳『監獄の誕生――監視と処罰』新潮社、1977 年）

Foucault, M. (1981) *The History of Sexuality*, vol. I. Harmondsworth: Penguin.（渡辺守章訳『性の

歴史（1）――知への意志』新潮社、1986年）

Fraser, N.（2005）'Reframing Global Justice', *New Left Review*, new series 36: 69–90.

Fraser, N.（2007）'Transnationalizing the Public Sphere', *Theory, Culture & Society* 24(4): 7–30.

Freire, P.（1972）*Pedagogy of the Oppressed*. Harmondsworth: Penguin.（三砂ちづる訳『被抑圧者の教育学』亜紀書房、2018年）

Freud, S.（1991［1927］）'Civilization and its Discontents', in *Civilization, Society and Religion*. Harmondsworth: Penguin.

Frosh, P.（2011）'Phatic Morality: Television and Proper Distance', *International Journal of Cultural Studies*.

Fuller, M.（2005）*Media Ecologies*. Cambridge, MA: MIT Press.

Fung, A.（2009）'Globalizing Televised Culture: The Case of China', in G. Turner and T. Tay（eds.）, *Television Studies After TV*. London: Routledge, pp. 178–89.

Gabler, N.（2000）*Life: The Movie*. New York: Vintage Books.

Gamson, J.（1994）*Claims to Fame: Celebrity in Contemporary America*. Berkeley: University of California Press.

Gamson, J.（1998）*Freaks Talk Back*. Chicago: Chicago University Press.

Gans, H.（2003）*Democracy and the News*. New York: Oxford University Press.

Garcia Canclini, N.（1995）*Hybrid Cultures*. Minneapolis: University of Minnesota Press.

Garfinkel, H.（1984）［1967］*Studies in Ethnomethodology*. London: Routledge & Kegan Paul.

Garland, D.（2001）*The Culture of Control*. Oxford: Oxford University Press.

Garnham, N.（1990）*Capitalism and Communication*. London: Sage.

Garnham, N.（1994）'Bourdieu, the Cultural Arbitrary and Television', in C. Calhoun, E. Lipuma and M. Postone（eds.）, *Bourdieu: Critical Perspectives*. Cambridge: Polity, pp. 178–92.

Garnham, N.（1999a）*Emancipation, the Media and Modernity*. Oxford: Oxford University Press.

Garnham, N.（1999b）'Amartya Sen's "Capabilities" Approach to the Evaluation of Welfare and its Application to Communications', in A. Calabrese and J.-C. Burgelman（eds.）, *Communication, Citizenship and Social Policy*. Boulder, CO: Rowman and Littlefield, pp. 113–24.

Garrahan, M.（2011）'Cinemas in Threat over Home Screenings', *Financial Times*, 13 April.

Gavrilovic, L.（2009）'Serbian Minority/Refugees on the Internet: In the Midst of Denial and Acceptance of Reality', in G. Goggin and M. McLelland（eds.）, *Internationalizing Internet Studies*. London: Routledge, pp. 145–60.

Geertz, C.（1971）*The Interpretation of Cultures*. Chicago: Chicago University Press.（吉田禎吾・中牧弘允・柳川啓一・板橋作美訳『文化の解釈学（1）（2）』岩波書店、1987年）

Gerbaudo, P.（2010）'Navigating the Rebel Archipelago: Orientation, Space and Communication in the "Autonomous" Scene'. Ph. D thesis, University of London, June.

Gergen, K.（2002）'The Challenge of Absent Presence', in J. Katz and M. Aakhus（eds.）, *Perpetual Contact*. Cambridge: Cambridge University Press, pp. 227–41.

Gerhards, J. and Schäfer, M.（2010）'Is the Internet a Better Public Sphere? Comparing Old and New

Media in the USA and Germany', *New Media & Society* 12(1): 143–60.

Gershon, I (2010) *Break up 2.0: Disconnecting Over New Media*. Ithaca: Cornell University Press.

Gerth, H. and Mills, C. (1991) *From Max Weber*. London: Routledge.（山口和男・犬伏宣宏訳『マックス・ウェーバー――その人と業績』ミネルヴァ書房、1962 年）

Gewirtz, S., Dickson, M. and Power, S. (2004) 'Unravelling a "Spun" Policy: A Case Study of the Constitutive Role of "Spin" ', *Journal of Education Policy* 19(3): 3121–338.

Gibson, J. (1979) *The Ecological Approach to Visual Perception*. Boston, MA: Houghton-Mifflin.（古崎敬ほか訳『生態学的視覚論――ヒトの知覚世界を探る』サイエンス社、1985 年）

Giddens, A. (1974) *The Nation-State and Violence*. Cambridge: Cambridge University Press（松尾精文・小幡正敏訳『国民国家と暴力』而立書房、1999 年）

Giddens, A. (1984) *The Constitution of Society*. Cambridge: Polity.（門田健一訳『社会の構成』勁草書房、2015 年）

Giddens, A. (1990) *The Consequences of Modernity*. Cambridge: Polity.（松尾精文・小幡正敏訳『近代とはいかなる時代か？――モダニティの帰結』而立書房、1993 年）

Giddens, A. (1991) *Modernity and Self-Identity*. Cambridge: Polity.（秋吉美都・安藤太郎・筒井淳也訳『モダニティと自己アイデンティティ――後期近代における自己と社会』ハーベスト社、2005 年）

Gilbert, J. (2008) *Anticapitalism and Culture*. Oxford: Berg.

Gillespie, M. (1995) *Television Ethnicity and Cultural Change*. London: Routledge.

Gillespie, T. (2010) 'The Politics of "Platforms" ', *New Media & Society* 12(3): 347–64.

Gillespie, T. (2011) 'The Private Governance of Digital Content, or how Apple Intends to Offer You "Freedom from Porn" '. Presentation to *Platform Politics Conference*, Anglia Ruskin University, 11–13 May.

Gillmor, D. (2004) *We the Media*. Sebastopol: O'Reilly Media.

Gilmont, J.-F. (1999) 'Protestant Reformations and Reading', in G. Cavallo and R. Chartier (eds.), *A History of Reading in the West*. Cambridge: Polity, pp. 213–37.

Ginsburg, F. (1994) 'Culture/Media: A Mild Polemic', *Anthropology Today* 10(2): 5–15.

Ginsburg, F. (2008) 'Rethinking the Digital Age', in D. Hesmondhalgh and J. Toynbee (eds.), *The Media and Social Theory*. London: Routledge, pp. 127–44.

Ginsburg, F., Abu-Lughod, L. and Larkin, B. (eds.) (2002) *Media Worlds*. Berkeley: University of California Press.

Giroux, H. (2000) *Stealing Innocence: Youth, Corporate Power and the Politics of Culture*. New York: St. Martin's Press.

Gitelman, L. (2008) *Always Already New*. Cambridge, MA: MIT Press.

Gitlin, T. (1980) *The Whole World is Watching*. Berkeley: University of California Press.

Gitlin, T. (2001) *Media Unlimited*. New York: Metropolitan Books.

Glasser, T. (1999) (ed.) *The Idea of Public Journalism*. New York: Guilford Press.

Goethals, G. (1997) 'Escape from Time: Ritual Dimensions of Popular Culture', in S. Hoover and K.

Lundby (eds.), *Rethinking Media Religion and Culture*. Thousand Oaks: Sage, pp. 117–32.

Goffman, E. (1974) *Frame Analysis*. Harmondsworth: Penguin.

Goggin, G. (2009) 'The International Turn in Internet Governance: A World of Difference?' in G. Goggin and M. McLelland (eds.), *Internationalizing Internet Studies*. London: Routledge, pp. 48–61.

Goggin, G. and McLelland, M. (2009) 'Internationalising Internet Studies: Beyond Anglophone Paradigms', in G. Goggin and M. McLelland (eds.), *Internationalizing Internet Studies*. London: Routledge, pp. 3–17.

Goggin, G. and Newell, C. (2005) *Disability in Australia. Sydney:* University of New South Wales Press.

Golding, P. and Murdock, G. (1991) 'Culture Communications and Political Economy', in J. Curran and M. Gurevitch (eds.), *Mass Media and Society*, 2nd edn. London: Arnold, pp. 15–32.（「文化、コミュニケーション、そして政治経済」児島和人・相田敏彦監訳『マスメディアと社会――新たな理論的潮流』勁草書房、1995年：1–30）

Goldsmiths Leverhulme Media Research Centre (2010) *Meeting the News Needs of Local Communities*. www.mediatrust.org, last accessed 2 August 2010.

Goody, J. (1977) *The Domestication of the Savage Mind*. Cambridge: Cambridge University Press.（吉田禎吾訳『未開と文明』岩波書店、1986年）

Goody, J. (2006) *Jade: My Autobiography*. London: Harper Collins.

Gouldner, A. (1962) '"Anti-Minotaur": The Myth of a Value-Free Sociology', *Social Problems* 9: 199–213.

Graham, S. (2004) 'Beyond the "Dazzling Light": From Dreams of Transcendence to the "Remediation" of Urban Life', *New Media & Society* 6(1): 16–25.

Gray, J. (2008) *Television Entertainment*. London: Routledge.

Gray, J., Sandvoss, C. and Harrington, C. (eds.) (2007) *Fandom*. New York: New York Universities Press.

Gray, M. (2009) *Youth, Media and Queer Visibility in Rural America*. New York: New York University Press.

Greenhalgh, P. (1988) *Ephemeral Vistas*. Manchester: Manchester University Press.

Gregg, M. (2011) *Work's Intimacy*. Cambridge: Polity.

Gregg, N. (2011) 'Media is not the Issue: Justice is the Issue', in S. Curry Jansen, J. Pooley and L. Taub-Pervizpour (eds.), *Media and Social Justice*. New York: Palgrave Macmillan, pp. 1–26.

Grice, P. (1989) *Studies in the Way of Words*. Cambridge, MA: Harvard University Press.（清塚邦彦訳『論理と会話』勁草書房、1998年）

Grindstaff, L. (2002) *The Money Shot*. Chicago: Chicago University Press.

Grindstaff, L. (2009) 'Self-Serve Celebrity: The Production of Ordinariness and the Ordinariness of Production in Reality TV', in V. Mayer, M. Banks and J. Caldwell (eds.), *Production Studies*. New York: Routledge, pp. 71–86.

Habermas, J. (1968) 'On Systematically Distorted Communication', in P. Connerton (ed.), *Critical*

Sociology. Harmondsworth: Penguin.

Habermas, J. (1989) *The Structural Transformation of the Public Sphere*. Cambridge, MA: MIT Press.（細谷貞雄・山田正行訳『公共性の構造転換――市民社会の一カテゴリーについての探究』未來社、1994年）

Habermas, J. (1996) *Between Facts and Norms*. Cambridge: Polity.（河上倫逸・耳野健二訳『事実性と妥当性（上）（下）――法と民主的法治国家の討議理論にかんする研究』未來社、2002年）

Hafez, K. (2007) *The Myth of Media Globalization*. Cambridge: Polity.

Hagen, I. (1994) 'The Ambivalences of Television News Viewing', *European Journal of Communication* 9(2): 193–220.

Haiqing, Y. (2007) 'Blogging Everyday Life in Chinese Internet Culture', *Asian Studies Review* 31(4): 423–33.

Hakala, S. and Seeck, H. (2009) 'Crisis and Web-enabled Agency in Practice: The Cases of Sukellus.fi and Thairy.net', in U. Kuvikuru and L. Nord (eds.), *After the Tsunami*. Göteborg: Nordicom.

Halavais, A. (2000) 'National Borders on the Worldwide Web', *New Media & Society* 2(1): 7–28.

Halavais, A. (2009a) *Search Engine Society*. Cambridge: Polity.（田畑暁生訳『ネット検索革命』青土社、2009年）

Halavais, A. (2009b) 'Do Dugg Diggers Digg Diligently? Feedback as Motivation in Collaborative Moderation Systems', *Information Communication and Society* 12(3): 444–59.

Hall, S. (1973) 'The "Structured Communication" of Events'. Stencilled Occasional Paper No. 5. Birmingham: Centre for Contemporary Cultural Studies.

Hall, S. (1980) 'Encoding/Decoding', in S. Hall, D. Hobson, A. Lowe and P. Willis (eds.), *Culture, Media, Language*. London: Unwin Hyman, pp. 128–38.

Hall, S., Critcher, C., Jefferson, T., Clarke, J. and Roberts, B. (1978) *Policing the Crisis*. London: Macmillan.

Halliday, J. (2010) 'The Power to Put News on the Map', *Guardian*, Media section, 16 August.

Hallin, D. (2005) 'Field Theory, Differentiation Theory and Comparative Media Research', in R. Benson and E. Neveu (eds.), *Bourdieu and the Journalistic Field*. Cambridge: Polity, pp. 224–43.

Hallin, D. C. and Mancini, P. (2004) *Comparing Media Systems*. Cambridge: Cambridge University Press.

Halpern, S. (2010) 'The iPad Revolution', *New York Review of Books*, June 10: 22–6.

Hamelink, C. (2000) *The Ethics of Cyberspace*. London: Sage.

Hamesse, J. (1999) 'The Scholastic Model of Reading', in G. Cavallo and R. Chartier (eds.), *A History of Reading in the West*. Cambridge: Polity, pp. 103–19.

Hampton, K., Lee, C.-J. and Ja Her, E. (2011) 'How New Media Affords Network Diversity: Direct and Mediated Access to Social Capital through Participation in Local Settings', *New Media & Society*.

Handelman, D. (1998) *Models and Mirrors*, 2nd edn. Cambridge: Cambridge University Press.

Handelman, D. (2004) *Nationalism and the Israeli State*. Oxford: Berghahn.

Hannerz, U.（1992）*Cultural Complexity*. New York: Columbia University Press.

Hansard Society, The（2008）*5th Audit of Political Engagement*, www.hansardsociety.org.uk, last accessed 5 September 2011.

Hansard Society, The（2011）*8th Audit of Political Engagement*, www.hansardsociety.org.uk/blogs/publications/archive/2011/04/08/auditof-political-engagement-8.aspx, last accessed 5 September 2011.

Hardt, M. and Negri, T.（2000）*Empire*. Cambridge, MA: Harvard University Press.（水嶋一憲ほか訳『〈帝国〉――グローバル化の世界秩序とマルチチュードの可能性』以文社、2003 年）

Hardt, M. and Negri, T.（2005）*Multitude*. Harmondsworth: Penguin.（幾島幸子訳、水嶋一憲・市田良彦監修『マルチチュード（上）（下）――〈帝国〉時代の戦争と民主主義』NHK 出版、2005 年）

Hardt, M. and Negri, T.（2011）'Arabs are Democracy's New Pioneers', *Guardian*, 25 February.

Hargittai, E.（2007）'The Social, Political, Economic and Cultural Dimensions of Search Engines: An Introduction', *Journal of Computer-Mediated Communication* 12(3): 769–77.

Hargittai, E. and Walejko, G.（2008）'The Participation Divide: Content Creation and Sharing in the Digital Age', *Information Communication & Society* 11(2): 239–56.

Hargreaves, A. and Mahdjouh, D.（1997）'Satellite Television Viewing Among Ethnic Minorities in France', *European Journal of Communication* 12(4): 459–77.

Harindranath, R.（2003）'Reviving "Cultural Imperialism": International Audiences, Global Representation and the Transnational Elite', in L. Parks and S. Kumar（eds.）, *Planet TV: A Global Television Reader*, New York: New York University Press, pp. 155–68.

Harrington, L. and Bielby, D.（1995）*Soap Fans*. Philadelphia: Temple University Press.

Harris, C.（1998）'A Sociology of Television Fandom', in C. Harris, and A. Alexander（eds.）, *Theorising Fandom*. Creskill, NJ: The Hampton Press, pp. 41–54.

Harris, J.（2011）'When Will It End?' *Guardian*, G2 section, 19 July.

Harsin, J.（2010）'That's Democratainment: Obama, Rumor Bombs, and Primary Definers', *Flow TV*, http://fl ow.org/2010/10/thatsdemocratainment/, last accessed 19 November 2011.

Hassan, R.（2003）*The Chronoscopic Society*. New York: Peter Lang.

Hayles, N. K.（1999）*How We Became Posthuman*. Chicago: University of Chicago Press.

Hayles, N. K.（2009）'RFID: Human Agency and Meaning in Information-Intensive Environments', *Theory, Culture & Society* 26(2–3): 47–72.

Hearn, A.（2006）'"John, a 20-year-old Boston Native with a Great Sense of Humour": On the Spectacularization of the "Self" and the Incorporation of Identity in the Age of Reality Television', in D. Marshall（ed.）, *The Celebrity Culture Reader*. London: Routledge, pp. 618–33.

Heikkila, H., Ahva, L., Antio, H., Siljmaki, J. and Valtonen, S.（2010）'A Cause for Concern: News and Politically Oriented Everyday Talk in Social Networks'. Paper presented to *Cultural Research and Political Theory: New Intersections* pre-conference, ICA Singapore, June 22–6.

Held, V.（2006）*The Ethics of Care*. New York: Oxford University Press.

Held, D., McGrew, A., Goldblatt, D. and Perraton, J. (1999) *Global Transformation*. Cambridge: Polity.（古城利明ほか訳『グローバル・トランスフォーメーションズ――政治・経済・文化』中央大学出版部、2006 年）

Helleksen, K. and Busse, K. (eds.) (2006) *Fan Fiction and Fan Communities in the Age of the Internet*. London: Routledge.

Hemmingway, E. (2007) *Into the Newsroom*. London: Routledge.

Hepp, A. (2008) 'Translocal Media Cultures: Networks of the Media and Globalization', in A. Hepp, F. Krotz, S. Moores and C. Winter (eds.), *Connectivity, Networks and Flow*. Cresskill: Hampton Press, pp. 33–58.

Hepp, A. (2009a) 'Differentiation: Mediatization and Cultural Change', in K. Lundby (ed.), *Mediatization*. New York: Peter Lang, pp. 135–154.

Hepp, A. (2009b) 'Localities of Diasporic Communicative Spaces: Material Aspects of Translocal Mediated Networking', *The Communication Review* 12(4): 327–48.

Hepp, A. (2010) 'Researching "Mediatized Worlds": Non-Mediacentric Media and Communication Research as a Challenge', in N. Carpentier *et al.* (eds.), *Media and Communication Studies: Interventions and Intersections*. Tartu: Tartu University Press, pp. 37–48.

Hepp, A. and Couldry, N. (2009a) 'What Should Comparative Media Research be Comparing? Towards a Transcultural Approach to "Media Cultures"', in D. K. Thussu (ed.), *Transnationalising Media Studies*. London: Routledge, pp. 32–47.

Hepp, A. and Couldry, N. (2009b) 'Media Events in Globalized Media Cultures', in N. Couldry, A. Hepp and F. Krotz (eds.), *Media Events in a Global Age*. London: Routledge, pp. 1–20.

Hepp, A. and Krönert, V. (2009) 'Religious Media Events: The Catholic "World Youth Day" as an Example of the Mediatization and Individualization of Religion', in N. Couldry, A. Hepp and F. Krotz (eds.), *Media Events in a Global Age*. London: Routledge, pp. 265–82.

Hepp, A., Bozdag, C. and Suna, L. (2012) 'Mediatized Migrants: Media Cultures and Communicative Networking in the Diaspora', in L. Fortunati, R. Pertierra and J. Vincent (eds), *Migrations, Diaspora and Information Technology in Global Societies*. London: Routledge.

Herman, E. and McChesney, R. (1997) *The Global Media*. London: Cassell.

Hermes, J. (1995) *Reading Women's Magazines*. London: Sage.

Hermes, J. (1999) 'Media Figures in Identity Construction', in P. Alasuutaari (ed.), *Rethinking the Media Audience*. London: Sage, pp. 69–85.

Herring, S. (2004) 'Slouching Towards the Ordinary: Current Trends in Computer-Mediated Communication', *New Media & Society* 6(1): 26–36.

Herring, S. (2008) 'Questioning the Generational Divide: Technological Exoticism and Adult Constructions of Online Youth Identity', in D. Buckingham (ed.), *Youth, Identity and Digital Media*. Cambridge, MA: MIT Press, pp. 71–92.

Hesmondhalgh, D. (2007) *The Cultural Industries*, 2nd edn. London: Sage.

Hesmondhalgh, D. and Toynbee, J. (2008) 'Why Media Studies Needs Better Social Theory', in D.

Hesmondhalgh and J. Toynbee (eds.), *The Media and Social Theory*. London: Routledge, pp. 1–24.
Hijazi-Omari, H. and Ribak, R. (2008) 'Playing with Fire: On the Domestication of the Mobile Phone among Palestinian Teenage Girls in Israel', *Information Communication & Society* 11(2): 149–66.
Hill, A. (2007) *Reality TV*. London: Routledge.
Hillis, K. (2009) *Online a Lot of the Time*. Durham, NC: Duke University Press.
Hills, M. (2002) *Fan Cultures*. London/New York: Routledge.
Hindman, M. (2009) *The Myth of Digital Democracy*. Princeton: Princeton University Press.
Hirschkind, C. (2006) 'Cassette Ethics: Public Piety and Popular Media in Egypt', in B. Meyer and A. Moors (eds.), *Religion, Media, and the Public Sphere*. Bloomington: Indiana University Press, pp. 29–51.
Hjarvard, S. (2004) 'From Bricks to Bytes: The Mediatization of a Global Toy Industry', in I. Bondjeberg and P. Golding (eds), *European Culture and the Media*. Bristol: Intellect, pp. 43–63.
Hjarvard, S. (2006) 'The Mediatization of Religion: A Theory of the Media as an Agent of Religious Change'. Paper presented to 5th international conference on Media Religion and Culture, Sigtuna, Sweden, 6–9 July.
Hjarvard, S. (2009) 'Soft Individualism: Media and the Changing Social Character', in K. Lundby (ed.), *Mediatization*. New York: Peter Lang, pp. 159–77.
Hjarvard, S. (2011) 'Mediatization: The Challenge of New Media'. Keynote address to *Mediatized Worlds* Conference, University of Bremen, 14–15 April 2011.
Hobart, M. (2010) 'What Do We Mean by "Media Practices"?', in B. Brauchler and J. Postill (eds.), *Theorising Media and Practice*. New York/Oxford: Berghahn Books, pp. 55–76.
Hobsbawm, E. (1995) *Age of Extremes: The Short Twentieth Century*. London: Abacus.（河合秀和訳『20世紀の歴史――極端な時代（上）（下）』三省堂、1996年）
Hodkinson, P. (2007) 'Interactive Online Journals and Individualization', *New Media & Society* 9(4): 625–50.
Holmes, S. (2004) '"All You've Got to Worry About is the Task, Having a Cup of Tea and Doing a Bit of Sunbathing": Approaching Celebrity in *Big Brother*', in S. Holmes and D. Jermyn (eds.), *Understanding Reality Television*. London: Routledge, pp. 111–35.
Holmes, S. and Redmond, S. (2006) 'Introduction: Understanding Celebrity Culture', in S. Holmes and S. Redmond (eds.), *New Directions in Celebrity Culture*. London: Routledge, pp. 1–16.
Honneth, A. (2004) 'Organized Self-Realization: Some Paradoxes of Individualization', *European Journal of Social Theory* 7(4): 463–78.
Honneth, A. (2007) *Disrespect*. Cambridge: Polity.（加藤泰史・日暮雅夫ほか訳『正義の他者――実践哲学論集』法政大学出版局、2005年）
Hoover, S. (1988) *Mass Media Religion*. Newbury Park: Sage.
Hoover, S. (2006) *Religion in the Media Age*. London: Routledge.
Hoover, S. (2008) 'Audiences', in D. Morgan (ed.), *Key Words in Religion, Media and Culture*. London:

Routledge, pp. 31–43.
Hoover, S. and Kaneva, N.（eds.）（2009）*Fundamentalisms and the Media*. London: Continuum.
Hoover, S. and Lundby, K.（eds.）（1997）*Rethinking Media, Religion and Culture*. New Delhi: Sage.
Hoover, S., Schofield Clark, L. and Alters, D.（2004）*Media, Home and World*. London: Routledge.
House of Lords, The（2009）*Surveillance: Citizens and the State*. Select Committee on the Constitution, vol. I. House of Lords Paper 18-I, February.
Howard, P.（2006）*New Media Campaigns and the Managed Citizen*. Cambridge: Cambridge University Press.
Howard, R.（2009）'The Vernacular Ideology of Christian Fundamentalism on the World Wide Web', in S. Hoover and N. Kaneva（eds.）, *Fundamentalisms and the Media*. London: Continuum, pp. 126–41.
Howard, P. and Massanari, A.（2007）'Learning to Search and Searching to Learn: Income, Education and Experience Online', *Journal of Computer- Mediated Communication* 12: 846–65.
Howe, P.（2004）*Paparazzi*. New York: Artisan Books.
Huberman, B.（2001）*The Laws of the Web*. Cambridge, MA: MIT Press.
Hursthouse, R.（1999）*On Virtue Ethics*. Oxford: Oxford University Press.（土橋茂樹訳『徳倫理学について』知泉書館、2014 年）
Idle, N. and Nunns, A.（2011）*Tweets from Tahrir*. London: OR Books.
Illouz, E.（2003）*Oprah Winfrey and the Glamor of Misery*. New York: Columbia University Press.
Imre, A.（2009a）*Identity Games*. Cambridge, MA: MIT Press.
Imre, A.（2009b）'National Intimacy and Post-Socialist Networking', *European Journal of Cultural Studies* 12(2): 219–33.
Innes, M.（2004）'Crime as a Signal, Crime as a Memory', *Journal of Crime, Conflict and the Media* 1(2): 15–22.
Innis, H.（1991 [1951]）*The Bias of Communication*. Toronto: University of Toronto Press.（久保秀幹訳『メディアの文明史――コミュニケーションの傾向性とその循環』新曜社、1987 年）
Introna, L. and Nissenbaum, H.（2000）'Shaping the Web: Why the Politics of Search Engines Matters', *The Information Society* 16: 169–85.
Ito, M.（2010）*Hanging Out, Messing Around and Geeking Out*（with multiple authors）. Cambridge, MA: MIT Press.
ITU/UNCTAD（2007）*World Information Society Report*, www.itu.int/osg/spu/publications/worldinformationsociety/2007/report.html, last accessed 5 September 2011.
Iwabuchi, K.（2007）'Contra-flows or the Cultural Logic of Uneven Globalization? Japanese Media in the Global Agora', in D. Thussu（ed.）, *Media on the Move*. London: Routledge, pp. 67–83.
Jacobs, S.（2007）'*Big Brother*, Africa is Watching', *Media, Culture and Society* 29(6): 851–68.
Jancovich, M. and Faire, L., with Stubbings, S.（2003）*The Place of the Audience: Cultural Geographies of Film Consumption*. London: BFI.
Janelle, D.（1991）'Global Interdependence and its Consequences', in S. Brunn and T. Leinbach

(eds.), *Collapsing Space and Time*. London: Harper Collins, pp. 49–81.

Jansen, S. Curry (2011) 'Introduction: Media, Democracy, Human Rights and Social Justice', in S. Curry Jansen, J. Pooley and L. Taub-Pervizpour (eds.), *Media and Social Justice*. New York: Palgrave Macmillan, pp. 1–26.

Jansson, A. (2006) 'Textual Analysis: Mediatizing Mediaspace', in J. Falkheimer and A. Jansson (eds.), *Geographies of Communication*. Göteborg: Nordicom, pp. 87–103.

Jansson, A. (2009) 'Mobile Belongings: Texturation and Stratification in Mediatization Processes', in K. Lundby (ed.), *Mediatization: Concept, Changes, Consequences*. New York: Peter Lang, pp. 243–62.

Jarvis, J. (2007) 'The Pro-am Approach to News Gathering', *Guardian*, 22 October.

Jarvis, J. (2011) 'Is the Writing on the Wall?' *Guardian*, Media section, 27 June.

Jeanneney, J.-C. (2007) *Google and the Myth of Universal Knowledge*. Chicago: University of Chicago Press.

Jenkins, H. (1992) *Textual Poachers*. New York: Routledge.

Jenkins, H. (2006) *Convergence Culture*. New York: New York University Press.

Jensen, K.-B. (2010) *Media Convergence*. London: Routledge.

Jiang, M. (2011) 'Chinese Internet Events', in A. Esarey and R. Kluver (eds.), *The Internet in China*. New York: Berkshire Publishing.

Johnson, V. (2009) 'Everything is Old Again: Sport TV, Innovation and Tradition for a Multi-Platform Era', in A. Lotz (ed.), *Beyond Prime Time*. London: Routledge, pp. 114–37.

Jonas, H. (1984) *The Imperative of Responsibility*. Chicago: Chicago University Press.（加藤尚武監訳『責任という原理――科学時術文明のための倫理学の試み』東信堂、2000年）

Jones, J. (2009) 'I Want my Talk TV – Network Talk Shows in a Digital Universe', in A. Lotz (ed.), *Beyond Prime Time*. London: Routledge, pp. 14–35.

Juris, J. (2008) *Networking Futures: The Movements against Corporate Globalization*. Durham, NC: Duke University Press.

Kant, I. (1997 [1785]) *Groundwork of the Metaphysic of Morals*, trans. M. Gregor. Cambridge: Cambridge University Press.（宇都宮芳明訳『道徳形而上学の基礎づけ』以文社、1989年）

Kasza, G. (1993) *The State and the Mass Media in Japan 1918–1945*. Berkeley: University of California Press.

Katz, E. (1959) 'Mass Communication Research and the Study of Popular Culture: An Editorial Note on a Possible Future for this Journal', *Studies in Public Communication* 2: 1–6.

Katz, E. (1996) 'And Deliver us from Segmentation', *Annals of the American Academy of Political and Social Science* 564: 22–33.

Katz, E. (2009) 'Introduction: The End of Television', in E. Katz and P. Scannell (eds.), '*The End of Television? Annals of the American Academy of Political and Social Science* 625: 6–18.

Katz, E. and Lazarsfeld, P. (1955) *Personal Influence*. Glencoe: Free Press.（竹内郁郎訳『パーソナル・インフルエンス――オピニオン・リーダーと人びとの意思決定』培風館、1965年）

Katz, E. and Liebes, T. (2010) '"No More Peace!" How Disaster, Terror and War have Upstaged Media

Events', in N. Couldry, A. Hepp and F. Krotz (eds.), *Media Events in a Global Age*. London: Routledge, pp. 32–43.

Katz, J. and Rice, R. (2002) *Social Consequences of Internet Use*. Cambridge, MA: MIT Press.

Kay, J. (2011) 'Why the Rioters should be Reading Rousseau', *Financial Times*, 17 August.

Keck, M. and Sikkink, K. (1998) *Activists Beyond Borders*. Ithaca: Cornell University Press.

Kellner, D. (1995) *Media Culture*. London: Routledge.

Kellner, D. (2003) *Media Spectacle*. London: Routledge.

Kellner, D. (2008) *Guys and Guns Amok*. Boulder, CO: Paradigm.

Kellner, D. (2009) 'Barack Obama and Celebrity Spectacle', *International Journal of Communication* 3: 715–31.

Kellow, C. and Steeves, L. (1998) 'The Role of Radio in the Rwandan Genocide', *Journal of Communication* 48(3): 107–28.

Kershaw, I. (1987) *The Hitler Myth*. Oxford: Oxford University Press.（柴田敬二訳『ヒトラー神話——第三帝国の虚像と実像』刀水書房、1993年）

Khatib, L. (2010) 'Communicating Islamic Fundamentalisms', in D. Thussu (ed.), *International Communication: A Reader*. London: Routledge, pp. 279–94.

Khiabany, G. and Sreberny, A. (2009) 'The Internet in Iran: The Battle over an Emerging Virtual Public Sphere', in G. Goggin and M. McLelland (eds.), *Internationalizing Internet Studies*. London: Routledge, pp. 196–213.

Kidd, D. (2003) 'Indymedia.org: A New Communications Commons', in M. McCaughey and M. Ayers (eds.), *Cyberactivism*. New York: Routledge, pp. 47–69.

Kidd, J. (2010) 'Capture Wales Digital Storytelling: Community Media Meets the BBC', in C. Rodriguez, D. Kidd and L. Stein (eds.), *Making Our Media*, vol. I. Cresskill, NJ: The Hampton Press, pp. 293–308.

Kintrea, K., Bannister, J., Pickering, J., Reid, M. and Suzuki, N. (2008) 'Young People and Territoriality in British Cities', www.jrf.org.uk, last accessed 22 October 2008.

Kirch, S. (2010) 'Poets Haunted by Poets', *New York Review of Books* (8 April): 75–8.

Kirwan, P. (2010) 'Apple v. Google: The New Frontier', *Guardian*, Media section, 9 August.

Kiss, J. (2011) 'Google Crashes TV's Party', *Guardian*, Media section, 29 August.

Kittler, F. (1999) *Gramophone, Film, Typewriter*. Stanford: Stanford University Press.（石光泰夫・石光輝子訳『グラモフォン・フィルム・タイプライター（上）（下）』筑摩書房、2006年）

Kittler, F. (2010) *Optical Media*. Cambridge: Polity.

Klein, N. (2000) *No Logo®*. London: Flamingo.（松島聖子訳『ブランドなんか、いらない』大月書店、2009年）

Kline, R. (2000) *Consumers in the Country*. Baltimore: The Johns Hopkins University Press.

Klinenberg, E. (2005) 'Channeling into the Journalistic Field: Youth Activism and the Media Justice Movement', in R. Benson and E. Neveu (eds.), *Bourdieu and the Journalistic Field*. Cambridge: Polity, pp. 174–94.

Kling, R. (1999) 'Can the "Net-Generation Internet" Effectively Support "Ordinary Citizens"?', *The Information Society* 15: 57–63.

Klinger, B. (2006) *Beyond the Multiplex*. Berkeley: University of California Press.

Knoblauch, H. (2008) 'Spirituality and Popular Religion in Europe', *Social Compass* 55(2): 141–54.

Knoblauch, H. (2011) 'Communication Culture, Communicative Action and Mediatization'. Keynote address, *Mediatized Worlds* Conference, University of Bremen, 14–15 April.

Knorr-Cetina, K. (2001) 'Post-Social Relations: Theorizing Sociality in a Post- Social Environment', in G. Ritzer and B. Smart (eds.), *The Handbook of Social Theory*. London: Sage, pp. 520–37.

Kogen, L. (2009) 'Why the Message Should Matter: Genocide and the Ethics of Global Journalism in the Mediapolis', *Journal of International Communication* 15(2): 62–78.

Kracauer, S. (1995) *The Mass Ornament*. Cambridge, MA: Harvard University Press.（船戸満之・野村美紀子訳『大衆の装飾』法政大学出版局、1996年）

Kraidy, M. (2005) *Hybrid Cultures*. Philadelphia: Temple University Press.

Kraidy, M. (2009) 'Reality TV, Gender and Authenticity in Saudi Arabia', *Journal of Communication* 59: 345–66.

Kraidy, M. (2010) *Reality Television and Arab Politics*. Cambridge: Cambridge University Press.

Kraidy, M. and Khalil, J. (2009) *Arab Television Industries*. London: Palgrave/BFI.

Kraidy, M. and Murphy, P. (2008) 'Shifting Geertz: Towards a Theory of Translocalism in Global Communication Studies', *Communication Theory* 18: 335–55.

Krotz, F. (2009) 'Mediatization: A Concept with which to Grasp Media and Societal Change', in K. Lundby (ed.), *Mediatization*. New York: Peter Lang, pp. 19–38.

Kuipers, G. (2011) 'Cultural Globalization as the Emergence of a Transnational Cultural Field: Transnational Television and National Media Landscapes in Four European Countries', *American Behavioral Scientist*.

Kunelius, R. and Nossek, H. (2008) 'Between the Ritual and the National: From Media Events to Moments of Global Public Spheres', in E. Eide, R. Kunelius and A. Phillips (eds.), *Transnational Media Events: The Mohammed Cartoons and the Imagined Clash of Civilizations*. Nordicom: Göteborg, pp. 252–73.

Lahire, B. (1999) 'Champ, Hors-champ, Contre-champ', in B. Lahire (ed.), *Le Travail Sociologique de Pierre Bourdieu – Dettes et Critiques*. Paris: La Découverte/Poche, pp. 23–58.

Lamont, M. and Molnar, V. (2002) 'The Study of Boundaries in the Social Sciences', *Annual Review of Sociology* 28: 167–95.

Langman, L. (2005) 'From Virtual Public Spheres to Global Justice: A Critical Theory of Internetworked Social Movements', *Sociological Theory* 23(1): 42–74.

Lanier, J. (2011) *You Are Not a Gadget*, updated edn. London: Penguin.

Larkin, B. (2008) *Signal and Noise: Media, Infrastructure and Urban Culture in Nigeria*. Durham, NC: Duke University Press.

Larson, W. and Park, H.-S. (1993) *Global Television and the Politics of the Seoul Olympics*. Boulder:

Westview Press.

Lash, S.（2002）*Critique of Information*. London: Sage.（相田敏彦訳『情報批判論——情報社会における批判理論は可能か』NTT 出版、2006 年）

Lash, S.（2009）'Afterword: In Praise of the *A Posteriori*: Sociology and the Empirical', *European Journal of Social Theory* 12(1): 175–87.

Lash, S. and Lury, C.（2007）*Global Culture Industry*. Cambridge: Polity.

Latham, R. and Sassen, S.（2005）'Introduction: Digital Formations: Constructing an Object of Study', in R. Latham and S. Sassen（eds.）, *Digital Formations*. Princeton: Princeton University Press, pp. 1–34.

Latour, B.（1993）*We Have Never Been Modern*. London: Prentice Hall.（川村久美子訳『虚構の「近代」——科学人類学は警告する』新評論、2008 年）

Latour, B.（1999）'On Recalling ANT', in J. Law and J. Hassard（eds.）, *Actor Network Theory and After*. Oxford: Blackwell, pp. 15–25.

Latour, B.（2004）'From Realpolitik to Dingpolitik, or How to Make Things Public', in B. Latour and P. Weibul（eds.）, *Making Things Public: Atmospheres of Democracy*. Cambridge, MA: MIT Press, pp. 14–43.

Latour, B.（2005）*Reassembling the Social*. Oxford: Oxford University Press.

Latour, B.（2007）'From Associations to Modes of Existence'. Keynote address to British Sociological Association Conference, University of East London, 13 April.

Law, J.（1994）*Organizing Modernity*. Oxford: Blackwell.

Layder, D.（2005）*Emotions and Social Theory*. London: Sage.

Lazarsfeld, P. and Merton, R.（1969）'Mass Communication, Popular Taste and Organised Social Action', in W. Schramm（ed.）, *Mass Communications*, 2nd edn. Urbana: University of Illinois Press, pp. 494–512.（学習院大学社会学研究室訳「マス・コミュニケーション、大衆の趣味、組織的な社会行動」W・シュラム編『新版マス・コミュニケーション——マス・メディアの総合的研究』東京創元新社、1968 年：270–95）

Leadbeater, C.（2007）*We-think*. London: Profile Books.（山形浩生・守岡桜訳『ぼくたちが考えるに、——マスコラボレーションの時代をどう生きるか？』エクスナレッジ、2009 年）

LeBlanc, R.（1999）*Bicycle Citizens: The Political World of the Japanese Housewife*. Berkeley: University of California Press.（尾内隆之訳『バイシクル・シティズン——「政治」を拒否する日本の主婦』勁草書房、2012 年）

Lee, C. K.（2000）'Pathways of Labour Insurgency', in E. Perry and M. Sedden（eds.）, *Chinese Society: Change, Conflict, and Resistance*, 2nd edn. London: Routledge, pp. 71–92.

Lefebvre, H.（1971）*Everyday Life in the Modern World*. London: Allen Lane.（森本和夫訳『現代世界における日常生活』現代思潮社、1970 年）

Lehmann, D. and Siebzehner, B.（2006）'Holy Pirates: Media, Ethnicity and Religious Renewal in Israel', in B. Meyer and A. Moors（eds.）, *Religion, Media and the Public Sphere*. Bloomington: Indiana University Press, pp. 91–111.

Leighton, D. (2011) *Back to the Future*. Demos report. www.demos.org, February, last accessed 25 August 2011.

Leitner, H. and Miller, B. (2007) 'Scale and the Limitations of Ontological Debate: A Commentary on Marston Jones and Woodward', *Transactions of the British Institute of Geographers* 32(1): 116–25.

LeMaheu, D. (1988) *A Culture for Democracy*. Oxford: Clarendon Press.

Lembo, R. (2000) *Thinking Through Television*. Cambridge: Cambridge University Press.

Lenhart, A., Purcell, K., Smith, A. and Zickhur, K. (2010) *Social Media and Mobile Use among Teens and Young Adults*, www.pewinternet.org/Reports/2010/Social-Media-and-Young-Adults.aspx, last accessed 7 November 2011.

Lessig, L. (2002) *The Future of Ideas*. New York: Vintage.（山形浩生訳『コモンズ——ネット上の所有権強化は技術革新を殺す』翔泳社、2002 年）

Lessig, L. (2008) *Remix*. London: Penguin.（山形浩生訳『REMIX——ハイブリッド経済で栄える文化と商業のあり方』翔泳社、2010 年）

Lévi-Strauss, C. (1972) *The Savage Mind*. London: Weidenfeld and Nicholson.（大橋保夫訳『野生の思考』みすず書房、1976 年）

Levy, P. (1997) *Cyberculture*. Minneapolis: University of Minnesota Press.

Lewis, C. (2008) 'Seeking New Ways to Nurture the Capacity to Report', *Nieman Reports*, www.nieman.harvard.edu/reports/article/100060/Seeking-New-Ways-to-Nurture-the-Capacity-to-Report.aspx, last accessed 2 March 2011.

Lewis, J. (1991) *The Ideological Octopus*. London: Routledge.

Lewis, P., Ball, J. and Halliday, J. (2011) 'Twitter Study Casts Doubt on Ministers' Post-Riot Plans', *Guardian*, 25 August.

Leys, C. (2001) *Market-Driven Politics*. London: Verso.

Licoppe, C. (2004) '"Connected" Presence: The Emergence of a New Repertoire for Managing Social Relationships in a Changing Communication Technoscape', *Society and Space* 22: 135–56.

Liebes, T. (1998) 'Television's Disaster Marathons', in T. Liebes and J. Curran (eds.), *Media Ritual Identity*. London: Routledge, pp. 71–86.

Liebes, T. and Blondheim, M. (2005) 'Myths to the Rescue: How Live Television Intervenes in History', in E. Rothenbuhler and M. Coman (eds.), *Media Anthropology*. Thousand Oaks: Sage, pp. 188–98.

Lievrouw, L. (2001) 'New Media and "Pluralization of Lifeworlds": A Role for Information in Social Differentiation', *New Media & Society* 6(1): 9–15.

Lievrouw, L. (2011) *Alternative and Activist New Media*. Cambridge: Polity.

Lievrouw, L. and Livingstone, S. (2002) 'Introduction', in L. Lievrouw and S. Livingstone (eds.), *Handbook of New Media*, 1st edn. London: Sage, pp. 1–15.

Lim, M. and Kann, M. (2008) 'Politics: Deliberation, Mobilization and Networked Practices of Agitation', in K. Varnelis (ed.), *Networked Publics*. Cambridge, MA: MIT Press, pp. 77–107.

Lim, M. and Padawangi, R. (2008) 'Contesting *alun-alun*: Power Relations, Identities and the

Production of Urban Space in Bandung, Indonesia', *International Development and Planning Review* 30(3): 307–26.

Linaa Jensen, J. (2011) 'Old Wine in New Bottles: How the Internet Mostly Reinforces Existing Patterns of Political Participation and Citizenship'. Paper presented to the ICA Conference, Boston, 26–30 May.

Ling, R. and Donner, J. (2009) *Mobile Communication*. Cambridge: Polity.

Lingard, B., Rawolle, S. and Taylor, S. (2005) 'Globalizing Policy Sociology in Education: Working with Bourdieu', *Journal of Education Policy* 20(6): 759–77.

Lister, M., Dovey, J., Giddings, S., Grant, I. and Kelley, K. (2009) *New Media: A Critical Introduction*, 2nd edn. London: Routledge.

Littler, J. (2008) *Radical Consumption*. Milton Keynes: Open University Press.

Livingstone, S. (1999) 'New Media, New Audiences', *New Media & Society* 1(1): 59–66.

Livingstone, S. (2002). *Young People and New Media*. London: Sage.

Livingstone, S. (2004) 'The Challenge of Changing Audiences: Or, What is the Audience Researcher to Do in the Internet Age?' *European Journal of Communication* 19(1): 75–86.

Livingstone, S. (2007) 'The Challenge of Engaging Youth Online: Contrasting Producers' and Teenagers' Interpretations of Websites', *European Journal of Communication* 22(2): 165–94.

Livingstone, S. (2008) 'Taking Risky Opportunities in Youthful Content Creation: Teenagers' Use of Social Networking Sites for Intimacy, Privacy and Self-Expression', *New Media & Society* 10(3): 393–412.

Livingstone, S. (2009a) *Children and the Internet*. Cambridge: Polity.

Livingstone, S. (2009b) 'On the Mediation of Everything', *Journal of Communication* 59(1): 1–18.

Livingstone, S. and Bober, M. (2004) *UK Children Go Online*. London: London School of Economics, http://eprints.lse.ac.uk/388/, last accessed 18 November 2011.

Livingstone, S. and Bovill, M. (2001) *Families and the Internet*. London: London School of Economics, http://eprints.lse.ac.uk/21164/, last accessed 18 November 2011.

Lodziak, K. (1987) *The Power of Television*. London: Frances Pinter.

Löfgren, O. (2001) 'The Nation as Home or Motel? Metaphors and Media of Belonging', *sociologisk årbok* 2001: 1–34.

Longhurst, B. (2005) *Cultural Change and Ordinary Life*. Milton Keynes: Open University Press.

Lopez Cuenca, A. (2007/8) 'Digital Communities of Representation: From Wittgenstein to Brazilian Motoboys', *Glimpse* 9(10): 45–52.

Lotz, A. (2009a) 'Introduction', in A. Lotz (ed.), *Beyond Prime Time*. London: Routledge, pp. 1–13.

Lotz, A. (2009b) 'National Nightly News in the On-Demand Era', in A. Lotz (ed.), *Beyond Prime Time*. London: Routledge, pp. 94–113.

Løvheim, M. (2009) 'Blogs as Self-Representation: A Gendered Perspective on Agency, Authenticity, and Negotiations of Public and Private'. Paper presented to Mediatized Stories pre-conference at *Transforming Audiences 2*, University of Westminster, 2 September.

Lovibond, S.（2002）*Ethical Formation*. Cambridge, MA: Harvard University Press.

Lovink, G.（2003）*Dark Fiber*. Cambridge, MA: MIT Press.

Lovink, G.（2012）*Networks Without a Cause: A Critique of Social Media*. Cambridge: Polity.

Lovink, G. and Rossiter, N.（2011）'Urgent Aphorisms: Notes on Organized Networks for the Connected Multitudes', available from http://nedrossiter.org/?p=136, last accessed 24 February 2011.

Lowrey, W. and Latta, J.（2008）'The Routines of Blogging', in C. Paterson and D. Domingo（eds.）, *Making Online News*. New York: Peter Lang, pp. 185–97.

Luhmann, N.（1999）*The Reality of the Mass Media*. Cambridge: Polity.（林香里訳『マスメディアのリアリティ』木鐸社、2005年）

Lukes, S.（1975）'Political Ritual and Social Integration', *Sociology* 29: 289–305.

Lundby, K.（2006）'Contested Communication: Mediating the Sacred', in J. Sumiala-Seppänen, K. Lundby and R. Salokangas（eds.）, *Implications of the Sacred in*（*Post*）*Modern Media*. Göteborg: Nordicom, pp. 43–62.

Lundby, K.（ed.）（2009a）*Mediatization*. New York: Peter Lang.

Lundby, K.（2009b）'Media Logic: Looking for Social Interaction', in K. Lundby（ed.）, *Mediatization*. New York: Peter Lang, pp. 101–19.

Lundby, K. and Dayan, D.（1999）'Mediascape Missionaries? Notes on Religion as Identity in a Local African Setting', *International Journal of Cultural Studies* 2（3）: 398–417.

Lunt, P.（2009）'Television, Public Participation and Public Service: From Value Consensus to the Politics of Identity', in E. Katz and P. Scannell（eds.）, *'The End of Television?' Annals of the American Academy of Political and Social Science* 625: 128–38.

Lury, C.（1998）*Prosthetic Culture*. London: Routledge.

Lynch, M.（2006）*Voices of the New Arab Public*. New York: Columbia University Press.

Ma, E.（2000）'Rethinking Media Studies: The Case of China', in J. Curran and M.-J. Park（eds.）, *De-westernizing Media Studies*, London: Routledge, pp. 21–34.（「メディア研究を再考する——中国」杉山光信・大畑裕嗣訳『メディア理論の脱西欧化』勁草書房、2003年：35–61）

MacIntyre, A.（1981）*After Virtue*. London: Duckworth.（篠崎榮訳『美徳なき時代』みすず書房、1993年）

MacIntyre, A.（1988）*Whose Justice? Which Rationality?* Notre Dame: University of Notre Dame Press.

Madianou, M. and Miller, D.（2011）*Migration and New Media*. London: Routledge.

Mainsah, H.（2009）*Ethnic Minorities and Digital Technologies: New Spaces for Constructing Identity*. Ph. D thesis, University of Oslo, April.

Maliki, J.（2008）'Cultural Identity and Cultural Representation on Reality TV: An Analysis of *Akademi Fantasia*'. Unpublished MPhil thesis, University of Queensland, Australia.

Mallee, H.（2000）'Migration, *hukou* and Resistance in Reform China', in E. Perry and M. Sedden（eds.）, *Chinese Society: Change, Conflict, and Resistance*, 2nd edn. London: Routledge, pp. 136–57.

Mandabach, C.（2007）'How America Stopped Laughing', *Guardian*, Media section, 4 June.

Mandaville, P. (2003) 'Communication and Diasporic Islam: A Virtual Ummah?', in K. Karim (ed.), *The Media of Diaspora*. London: Routledge, pp. 135–47.

Mandaville, P. (2007) 'Globalization and the Politics of Religious Knowledge: Pluralizing Authority in the Muslim World', *Theory, Culture & Society* 24(2): 101–15.

Mankekar, P. (1999) *Screening Culture, Viewing Politics*. Durham, NC: Duke University Press.

Mann, M. (1986) *The Sources of Social Power*, vol. I. Cambridge: Cambridge University Press.（森本醇・君塚直隆訳『ソーシャルパワー――社会的な〈力〉の世界歴史Ⅰ』NTT出版、2002年）

Manovich, L. (2001) *The Language of New Media*. Cambridge, MA: MIT Press.（堀潤之訳『ニューメディアの言語――デジタル時代のアート、デザイン、映画』みすず書房、2013年）

Manovich, L. (2008) 'The Practice of Everyday (Media) Life', in G. Lovink and S. Niederer (eds.), *Video Vortex Reader: Responses to YouTube*. Amsterdam: Institute of Network Cultures, pp. 33–43.

Mansell, R. (2002) 'From Digital Divides to Digital Entitlements in Knowledge Societies', *Current Sociology* 50(3): 407–26.

Mansell, R. (2010) 'Power, Media Culture and New Media', available from http://eprints.lse.ac.uk/36165/1/Power_media_culture_and_new_media_(LSERO).pdf, last accessed 27 June 2011.

Marcos, Subcommandante (2000) 'La Droite Intellectuelle et le fascism libéral', *Le Monde Diplomatique* (August) 1: 14–15.

Marlière, P. (1998) 'The Rules of the Journalistic Field: Pierre Bourdieu's Contribution to the Sociology of the Media', *European Journal of Communication* 13(2): 219–34.

Marquand, D. (2004) *Decline of the Public*. Cambridge: Polity. Marres, N. (2009) 'Testing Powers of Engagement: Green Living Experiments, the Ontological Turn and the Undoability of Involvement', *European Journal of Social Theory* 12(1): 117–33.

Marshall, D. (2006) 'New Media, New Self: The Changing Power of Celebrity', in D. Marshall (ed.), *The Celebrity Culture Reader*. London: Routledge, pp. 634–44.

Marshall, P. D. (1997) *Celebrity and Power*. Minneapolis: University of Minnesota Press.（石田佐恵子訳『有名人と権力――現代文化における名声』勁草書房、2002年）

Marston, S., Jones, J. and Woodward, K. (2005) 'Human Geography without Scale', *Transactions of the Institute of British Geographers* 30: 416–32.

Martin-Barbero, J. (1993) *Communication, Culture and Hegemony*. London: Sage.

Martin-Barbero, J. (2006) 'A Latin American Perspective on Communication/Cultural Mediation', *Global Media and Communication* 2(3): 279–97.

Martin-Barbero, J. (2009) 'Digital Convergence in Cultural Communication', *Popular Communication* 7: 147–57.

Martuccelli, D. (2005) *La Consistance du Social*. Rennes: Rennes University Press.

Marvin, C. (1987) *When Old Technologies Were New*. Oxford: Oxford University Press.（吉見俊哉・水越伸・伊藤昌亮訳『古いメディアが新しかった時――19世紀末社会と電気テクノロジー』新曜社、2003年）

Marvin, C. and Ingle, D. (1999) *Blood Sacrifice and the Nation*. Cambridge: Cambridge University Press.

Marwick, A. and boyd, D. (2010) 'I Tweet Honestly, I Tweet Passionately: Twitter Users, Context Collapse, and the Imagined Audience', *New Media & Society* 13(1): 114–33.

Marx, K. (1973) *Capital*, vol. I. Harmondsworth: Penguin.（資本論翻訳委員会訳『資本論（第1巻b)』新日本出版社、1997年）

Maslow, A. (1943) 'A Theory of Human Motivation', *Psychological Review* 50: 370–96.

Massey, D. (1994) *Space, Place, and Gender*. Cambridge: Polity.

Massing, M. (2009a) 'The News About the Internet', *New York Review of Books*, 13 August.

Massing, M. (2009b) 'A New Horizon for the News', *New York Review of Books*, 24 September.

Matei, S. and Ball-Rokeach, S. (2003) 'The Internet in the Communication Infrastructure of Urban Residential Communities: Macro- or Meso-Linkage?', *Journal of Communication* 53(4): 642–57.

Matewa, C. (2010) 'Participatory Video as an Empowerment Tool for Social Change', in C. Rodriguez, D. Kidd and L. Stein (eds.), *Making Our Media*, vol. I. Creskill, NJ: The Hampton Press, pp. 115–30.

Matheson, D. (2004) 'Weblogs and the Epistemology of the News: Some Trends in Online Journalism', *New Media & Society* 6(4): 443–68.

Mattelart, A. (1994) *The Invention of Communication*. Minneapolis: University of Minnesota press.

Mattelart, A. (2000) *Networking the World 1794–2000*. Minneapolis: University of Minnesota Press.

Maxwell, R. and Miller, T. (2011) 'Old, New and Middle-Aged Convergence', *Cultural Studies* 25 (4–5): 585–603.

Mayer, V. (2011) *Below the Line: Producers and Production Studies in the New Television Economy*. Durham, NC: Duke University Press.

Mayhew, L. (1997) *The New Public*. Cambridge: Cambridge University Press.

Mazzoleni, G. (2008) 'Media Logic', in W. Donsbach (ed.), *The International Encyclopedia of Communication*, vol. VII. Malden, MA: Blackwell, pp. 2930–2.

Mazzoleni, G. and Schulz, W. (1999) '"Mediatization" of Politics: A Challenge for Democracy?' *Political Communication* 16: 247–61.

Mbembe, A. (2001) *On the Postcolony*. Berkeley: University of California Press.

McCarthy, A. (2007) 'Reality Television: A Neoliberal Theater of Suffering', *Social Text* 25: 93–110.

McChesney, R. (2007) *Communication Revolution*. New York: New Press.

McChesney, R. (2008) *The Political Economy of Media*. New York: Monthly Review Press.

McCombs, M. and Shaw, D. (1993) 'The Evolution of Agenda-setting Research: 25 Years in the Marketplace of Ideas', *Journal of Communication* 43(2): 58–67

McCurdy, P. (2009) '"I Predict a Riot": Mediation and Political Contention: Dissent!'s media Practices at the 2009 Gleneagles G8 summit'. Unpublished PhD thesis, London School of Economics, March.

McDonald, K. (2006) *Global Movements: Action and Culture*. Oxford: Blackwell.

McDonald, K.（2011）'The Old Culture of Rigid Ideologies is Giving Way to Individual Activism', *Sydney Morning Herald* 18 February.

McDowell, J.（1994）*Mind and World*. Cambridge, MA: Harvard University Press.（神崎繁ほか訳『心と世界』勁草書房、2012 年）

McDowell, J.（1998）*Mind, Value and Reality*. Cambridge, MA: Harvard University Press.（大庭健編・監訳『徳と理性――マクダウェル倫理学論文集』勁草書房、2016 年）

McLuhan, M.（2001［1964］）*Understanding Media*. London: Routledge.（栗原裕・河本仲聖訳『メディア論――人間の拡張の諸相』みすず書房、1987 年）

McMillin, D.（2007）*International Media Studies*. Oxford: Blackwell.

McNair, B.（2006）*Cultural Chaos*. London: Routledge.

McNamara, K.（2011）'The Paparazzi Industry and New Media: The Evolving Production and Consumption of Celebrity News and Gossip Websites', *International Journal of Cultural Studies* 14（5）: 515–30.

McQuail, D.（2005）*McQuail's Mass Communication Theory*, 5th edn. London: Sage.（大石裕監訳『マス・コミュニケーション研究』慶應義塾大学出版会、2010 年）

McQuire, S.（2008）*The Media City*. London: Sage.

Meadows, M., Forde, S., Ewert, J. and Foxwell, K.（2010）'Making Spaces: Community Media and Formation of the Democratic Public Sphere in Australia', in C. Rodriguez, D. Kidd and L. Stein（eds.）, *Making Our Media*, vol. I. Cresskill, NJ: The Hampton Press, pp. 163–81.

Media Justice Fund（2007）*Media Justice or Media Control*. Knoxville, TN: Appalachian Community Fund. Previously published at www.fex.org/assets/262_appalachainfscconvening.pdf.

Medrich, R.（1979）'Constant Television: A Background to Daily Life', *Journal of Communication* 29（3）: 171–76.

Meikle, G.（2009）*Interpreting News*. Basingstoke: Palgrave.

Mejias, U.（2010）'The Limits of Networks as Models for Organizing the Social', *New Media & Society* 12（4）: 603–17.

Melucci, A.（1996）*Challenging Codes. Cambridge:* Cambridge University Press.

Meyer, B.（2006）'Impossible Representations: Pentecostalism, Vision and Video Technology in Ghana', in B. Meyer and A. Moors（eds.）, *Religion, Media, and the Public Sphere*. Bloomington: Indiana University Press, pp. 290–312.

Meyer, B. and Moors, A.（2006）'Introduction', in B. Meyer and A. Moors（eds.）, *Religion, Media, and the Public Sphere*. Bloomington: Indiana University Press, pp. 1–28.

Meyer, T.（2003）*Media Democracy*. Cambridge: Polity.

Meyrowitz, J.（1985）*No Sense of Place*. New York: Oxford University Press.（安川一・高山啓子・上谷香陽訳『場所感の喪失――電子メディアが社会的行動に及ぼす影響（上）』新曜社、2003 年）

Meyrowitz, J.（1994）'Medium Theory', in D. Crowley and D. Mitchell（eds.）, *Communication Theory Today*. Cambridge: Polity, pp. 50–77.

Meyrowitz, J. (2008) 'Power, Pleasure, Patterns: Intersecting Narratives of Media Influence', *Journal of Communication* 58: 641–63.

Miao, D. (2011) 'Between Propaganda and Commercials: Chinese Television Today', in S. Shirk (ed.), *Changing Media, Changing China*. Oxford: Oxford University Press, pp. 91–114.

Michaels, E. (1982) *TV Tribes*. Ph. D dissertation presented to University of Texas, available from http://astro.temple.edu/~ruby/wava/eric/index.html, last accessed 7 July 2011.

Micheletti, M. (2010) *Political Virtue and Shopping*. Basingstoke: Palgrave.

Miège, B. (1989) *The Capitalization of Cultural Production*. New York: International General.

Mihelj, S. (2008) 'National Media Events: From Displays of Unity to Enactments of Division', *European Journal of Cultural Studies* 11(4): 471–88.

Miller, C. and Shepherd, D. (2008) 'Blogging as Social Action: A Genre Analysis of the Weblog', available from http://blog.lib.umn.edu/blogosphere/blogging_as_social_action_a_genre_analysis_of_the_weblog.html, last accessed 7 July 2011.

Miller, D. (2011) *Tales from Facebook*. Cambridge: Polity.

Miller, D. and Slater, D. (2000) *The Internet: An Ethnographic Approach*. Oxford: Berg.

Miller, R. K. and Associates (2008) *Consumer Use of the Internet and Mobile Web*. New York.

Miller, T. (2008) *Makeover Nation*. Lawrence, KS: Kansas University Press.

Miller, T. (2010) *Television Studies: The Basics*. London: Routledge.

Mills, C. Wright (1958) *The Sociological Imagination*. Harmondsworth: Penguin.(伊奈正人・中村好孝訳『社会学的想像力』筑摩書房、2017 年)

Mirzoeff, N. (2005) *Watching Babylon*. London: Routledge.

Mitra, A. (1993) *Television and Popular Culture in India*. London: Sage

Mitra, A. (2004) 'Voices of the Marginalized on the Internet: Examples from a Website for Women of South Asia', *Journal of Communication* 54(3): 492–510.

Modleski, T. (1986) *Studies in Entertainment*. Bloomington: Indiana University Press.

Mole, T. (2004) 'Hypertrophic Celebrity', *M/CJournal* 7(5), http://journal.media-culture.org.au/0411/08-mole.php, last accessed 26 July 2011.

Monbiot, G. (2010) 'The Tea Party Movement is Deluded and Inspired by Billionaires', *Guardian*, 25 October.

Monge, P., Heiss, B. and Margolin, D. (2008) 'Communication Network Evolution in Organization Communities', *Communication Theory* 18(4): 449–77.

Moore, C. (2009) 'Liminal Places and Spaces: Public/Private Considerations', in V. Mayer, M. Banks and J. Caldwell (eds.), *Production Studies*. New York: Routledge, pp. 125–39.

Moore, H. (1986) *Space, Text and Gender*. Cambridge: Cambridge University Press.

Moore, S. and Myerhoff, B. (eds.) (1977) *Secular Ritual*. Assen/Amsterdam: Van Gorcum.

Moores, S. (1993) 'Satellite Television as Cultural Sign: Consumption, Embedding and Articulation', *Media, Culture and Society* 15(4): 621–39.

Moores, S. (2005) *Media/Theory*. London: Routledge.

Moores, S. and Metykova, M. (2009) 'Knowing How to Get Around: Place, Migration and Communication', *The Communication Review* 12(4): 313–26.

Moran, A. (2009) 'Reasserting the National? Programme Format, International Television and Domestic Culture', in G. Turner and T. Tay (eds.), *Television Studies After TV*. London: Routledge, pp. 149–58.

Morgan, D. (2008) 'Introduction', in D. Morgan (ed.), *Key Words in Religion, Media and Culture*. London: Routledge, pp. 1–19.

Morley, D. (1986) *Family Television*. London: BFI.

Morley, D. (1992) *Television, Audiences and Cultural Studies*. London: Routledge.

Morley, D. (1999) 'Finding Out About the World from Television: Some Problems', in J. Gripsrud (ed.), *Television and Common Knowledge*. London: Routledge, pp. 136–58.

Morley, D. (2000) *Home Territories*. London: Routledge.

Morley, D. (2007) *Media Modernity and Technology: The Geography of the New*. London: Routledge.

Morley, D. (2011) 'Communications and Transport: The Mobility of Information, People and Commodities', *Media, Culture and Society* 33(5): 743–59.

Morozov, E. (2011) *The Net Delusion*. London: Allen Lane.

Mosco, V. (2004) *The Digital Sublime*. Cambridge, MA: MIT Press.

Mosco, V. (2009) *The Political Economy of Communication*, 2nd edn. London: Sage.

Mukherjee, R. and Banet-Weiser, S. (eds.) (2012) *Commodity Activism*. New York: New York University Press.

Mutz, D. (2008) 'Is Deliberative Theory a Falsifiable Theory?' *Annual Review of Political Science* 11: 512–38.

Naficy, H. (2001) *An Accented Cinema: Exilic and Diasporic Filmmaking*. Princeton: Princeton University Press.

Napoli, P. (2008) 'Hyperlinking and the Forces of "Massification" ', in J. Turow and L. Tsui (eds.), *The Hyperlinked Society*. Ann Arbor: University of Michigan Press, pp. 56–69.

Nederveen Pieterse, J. (1995) 'Globalization as Hybridization', in M. Featherstone, S. Lash and R. Robertson (eds.), *Global Modernities*. London: Sage, pp. 45–68.

Neuman, W. Russell (1991) *The Future of the Mass Audience*. Cambridge: Cambridge University Press. (三上俊治・川端美樹・斉藤慎一訳『マス・オーディエンスの未来像――情報革命と大衆心理の相剋』学文社、2002年)

Nightingale, V., with Bockardt, V., Ellis, B. and Warwick, T. (1992) 'Contesting Domestic Territory: Watching Rugby League on Television', in A. Moran (ed.), *Stay Tuned: The Australian Broadcasting Reader*. Sydney: Allen Unwin, pp. 156–65.

Noelle-Neumann, E. (1974) 'The Spiral of Silence: A Theory of Public Opinion', *Journal of Communication* 24: 43–51.

Nordenstreng, K. (2010) 'Free Flow Doctrine in Global Media Policy', in R. Mansell and M. Raboy (eds.), *Handbook on Global Media and Communication Policy*. Malden, MA: Wiley-Blackwell.

Noveck, B. (2009) *Wiki Government*. New York: Brookings Institution Press.

O'Donnell, P. (2009) 'Journalism, Change and Listening Practices', *Continuum* 23(4): 503–18.

Oemichen E. and Schröter, C. (2008) 'Medienübergreifende Nutzungsmuster: Struktur-und Funktionsverschiebungen', *Media Perspektiven* 8: 394–405.

Ofcom (2007) *New News Future News*, June, www.ofcom.org.uk, last accessed 5 September 2011.

Ofcom (2007–2011) *Communications Market Reports*, www.ofcom.org.uk, last accessed 5 September 2011.

Ofcom (2009a) *Digital Britain Final Report*, http://webarchive.nationalarchives.gov.uk and www.culture.gov.uk/images/publications/digitalbritain-fi nalreport-jun09.pdf, last accessed 5 September 2011.

Ofcom (2009b) 'UK Consumers Embrace Digital Communications', 17 December, www.ofcom.org.uk/consumer/2009/12/uk-consumers-embracedigital-communications/, last accessed 5 September 2011.

Ogan, C. and Cagiltay, K. (2006) 'Confession, Revelation, and Storytelling: Patterns of Use on a Popular Turkish Website', *New Media & Society* 8(5): 801–23.

O'Neil, M. (2009) *Cyberchiefs: Autonomy and Authority in Online Tribes*. London: Pluto.

O'Neill, O. (1996) *Towards Justice and Virtue*. Cambridge: Cambridge University Press.

O'Neill, O. (2000) 'Distant Strangers, Moral Standing and Porous Boundaries', in *Bounds of Justice*. Cambridge: Cambridge University Press, pp. 186–202.(「遠くの見知らぬ人、道徳的地位、透過的な境界」神島裕子訳『正義の境界』みすず書房、2016 年：231–51)

O'Neill, O. (2002) *A Question of Trust*. Cambridge: Cambridge University Press.

Ong, A. (2006) *Neoliberalism as Exception*. Durham, NC: Duke University Press.

Ong, J. (2011) *The Mediation of Suffering: Classed Moralities of Television Audiences in the Philippines*. Unpublished Ph. D thesis, University of Cambridge, October.

O'Reilly, T. (2005) 'Design Patterns and Business Models for the Next Generation of Software', http://oreilly.com/pub/a/oreilly/tim/news/2005/09/30/what-is-web-20.html, last accessed 3 September 2011.

Ornebring, H. (2008) 'The Consumer as Producer – Of What?', *Journalism Studies* 9(5): 771–85.

Ouellette, L. and Hay, J. (2008) *Better Living Through Reality TV*. Malden: Blackwell.

Palfrey, J. and Gasser, U. (2008) *Born Digital*, rev. edn. New York: Basic Books.

Pan, Z. and Kosicki, G. (1993) 'Framing Analysis: An Approach to News Discourse', *Political Communication* 10(1): 55–75.

Papacharissi, Z. (2010) *A Private Sphere: Democracy in a Digital Age*. Cambridge: Polity.

Parikka, J. (2010) *Insect Media: An Archaeology of Animals and Technology*. Minneapolis: University of Minnesota Press.

Parks, L. (2005) *Cultures in Orbit: Satellites and the Televisual*. Durham, NC: Duke University Press.

Pasquier, D. (2005) 'Le Culture Comme Activité Social', in E. Maigret and E. Macé (eds.), *Penser Les Médiacultures*. Paris: Armand Colin, pp. 103–20.

Pateman, C.（1970）*Participation and Democratic Theory*. Cambridge: Cambridge University Press.（寄本勝美訳『参加と民主主義理論』早稲田大学出版部、1977 年）

Paterson, C.（2006）'News Agency Dominance in International News on the Internet'. Papers in International and Global Communication No. 01/06. Centre for International Communication Research, Leeds University. Available online from http://ics.leeds.ac.uk/papers/cicr/exhibits/42/cicrpaterson.pdf, accessed 5 February 2011.

Pattie, C., Seyd, P. and Whiteley, P.（2004）*Citizenship in Britain*. Cambridge: Cambridge University Press.

Pavarala, V. and Malik, K. Kumar（2010）'Community Radio and Women: Forging Subaltern Counterpublics', in C. Rodriguez, D. Kidd and L. Stein（eds.）, *Making Our Media: Global Initiatives Toward a Democratic Public Sphere*, vol. I, Creskill, NJ: The Hampton Press, pp. 95–113.

Peaslee, R.（2010）'"The Man from New Line Knocked on the Door": Tourism, Media Power and Hobbiton/Matamata as a Boundaried Space', *Tourist Studies* 10（1）: 57–73.

Peters, J. D.（2001）'Witnessing', *Media, Culture and Society* 23: 707–23.

Peters, J. D.（2010）'Introduction: Friedrich Kittler's Light Shows', in F. Kittler, *Optical Media*. Cambridge: Polity, pp. 1–17.

Petersen, C.（2010）'Google and Money!', *New York Review of Books*, 9 December: 60–4.

Peterson, M.（2003）*Anthropology and Mass Communication*. New York/ Oxford: Berghahn Books.

Peterson, M.（2010a）'Getting the News in New Delhi: Newspaper Literacies in an Indian Media Space', in S. E. Bird（ed.）, *The Anthropology of News and Journalism: Global Perspectives*. Bloomington, IN: Indiana University Press, pp. 168–81.

Peterson, M.（2010b）'"But It is My Habit to Read the *Times*": Meta-Culture and Practice in the Reading of Indian Newspapers', in B. Brauchler and J. Postill（eds.）, *Theorising Media and Practice*. New York/Oxford: Berghahn Books, pp. 127–45.

Pew Research Center（2007）'How Young People View their Lives, Futures and Politics', Washington, DC: Pew Research Center.

Pew Research Center（2008）*Biennial News Consumption Survey*, August, www.pewinternet.org, last accessed 5 September 2011.

Pharr, S. and Putnam, R.（eds.）（2000）*Disaffected Democracies*. Cambridge, MA: Harvard University Press.

Phillips, A.（2011）'Transparency and the New Ethics of Journalism', in P. Lee-Wright, A. Phillips and T. Witschge, *Changing Journalism*. London: Routledge, pp. 135–48.

Phillips, A. and Nossek, H.（2008）'Ourselves and Not Others: Minority Protest and National Frames in Press Coverage', in E. Eide, R. Kunelius and A. Phillips（eds.）, *Transnational Media Events: The Mohammed Cartoons and the Imagined Clash of Civilizations*. Göteborg: Nordicom, pp. 235–52.

Phillips, A., Couldry, N. and Freedman, D.（2009）'An Ethical Deficit? Accountability, Norms and the Material Conditions of Contemporary Journalism', in N. Fenton（ed.）, *New Media, Old News*. London: Sage, pp. 51–68.

Pinchevski, A. (2005) *By Way of Interruption: Levinas and the Ethics of Communication*. Pittsburgh: Duquesne University Press.

Pitkin, H. (1972) *Wittgenstein and Justice*. Berkeley: University of California Press.

Pomeranz, K. (2000) *The Great Divergence*. Princeton: Princeton University Press.(川北稔監訳『大分岐——中国、ヨーロッパ、そして近代世界経済の形成』名古屋大学出版会、2015 年)

Pool, I. de Sola (1983) *Technologies of Freedom*. Cambridge, MA: Harvard University Press.(堀部政男監訳『自由のためのテクノロジー——ニューメディアと表現の自由』東京大学出版会、1988 年)

della Porta, D., Kriesi, H. and Rucht, D. (eds.) (1999) *Social Movements in a Globalizing World*. London: Macmillan.

Poster, M. (1999) 'Underdetermination', *New Media & Society* 1(1): 12–17.

Poster, M. (2006) *Information Please*. Durham, NC: Duke University Press.

Postill, J. (2008) 'Localizing the Internet beyond Communities and Networks', *New Media & Society* 10(3): 413–31.

Powell, A. (2011) 'Openness and Enclosure in Mobile Internet Architecture'. Presentation to *Platform Politics* Conference, Anglia Ruskin University, 11–13 May.

Prensky, M. (2006) *Don't Bother Me Mum – I'm Learning!* St Paul MN: Paragon House.(藤本徹訳『テレビゲーム教育論——ママ! ジャマしないでよ勉強してるんだから』東京電機大学出版局、2007 年)

Press, A. and Williams, B. (2011) *The New Media Environment*. Malden, MA: Wiley-Blackwell.

Priest, P. (1995) *Public Intimacies: Talk Show Participants and Tell-All TV*. Cresskill, NJ: The Hampton Press.

Prior, M. (2002) 'Efficient Choice, Inefficient Democracy?', in L. Cranor and S. Greenstein (eds.), *Communications Policy and Information Technology: Promises, Problems, Prospects*. Cambridge, MA: MIT Press, pp. 143–79.

Prior, M. (2008) 'Are Hyperlinks Weak Ties?', in J. Turow and L. Tsui (eds.), *The Hyperlinked Society*. Ann Arbor: University of Michigan Press, pp. 250–67.

Proust, M. (1982) *Remembrance of Things Past*, vol. I, *Swann's Way*, trans. C. Scott Moncrieff and T. Kilmartin. Harmondsworth: Penguin.(鈴木道彦訳『失われた時を求めて 2』集英社、1997 年)

Proust, M. (1983) *Remembrance of Things Past*, vol. II, *The Guermantes Way and The Cities of the Plain*, trans. C. Scott Moncrieff and T. Kilmartin. Harmondsworth: Penguin.(鈴木道彦訳『失われた時を求めて 5』集英社、1998 年)

Punathambekar, A. (2010) 'Reality TV and Participatory Culture in India', *Popular Communication* 8 (4): 241–55.

Putnam, R. (2000) *Bowling Alone*. New York: Simon & Schuster.(柴内康文訳『孤独なボウリング——米国コミュニティの崩壊と再生』柏書房、2006 年)

Qiang, X. (2011) 'The Rise of Online Public Opinion and its Political Impact', in S. Shirk (ed.),

Changing Media, Changing China. Oxford: Oxford University Press, pp. 202–24.

Qiu, J.（2009）*Working-Class Network Society*. Cambridge, MA: MIT Press.

Quandt, T.（2008）'News Tuning and Content Management: An Observation Study of Old and New Routines in German Online Newsrooms', in C. Paterson and D. Domingo（eds.）, *Making Online News*. New York: Peter Lang, pp. 77–98.

Quinn, W.（1995）'Putting Rationality in its Place', in R. Hursthouse, G. Lawrence and W. Quinn（eds.）, *Virtues and Reasons*. Oxford: Oxford University Press, pp. 181–208.

Raeside, J.（2011）'Virtual Reality', *Guardian*, 1 June.

Rainie, L., Purcell, K. and Smith, A.（2011）'The Social Side of the Internet', Pew Internet and American Life Project, 18 January, www.pewinternet.org, last accessed 14 March 2011.

Rajagopal, A.（2001）*Politics after Television: Hindu Nationalism and the Reshaping of the Public in India*. Cambridge: Cambridge University Press.

Rantanen, T.（2009）*When News Was New*. Malden: Wiley-Blackwell.

Rao, S.（2007）'The Globalization of Bollywood: An Ethnography of Non- Elite Audiences in India', *The Communication Review* 10: 57–76.

Rao, U.（2010）'Empowerment Through Local News-Making: Studying the Media/Public Interface', in S. E. Bird（ed.）, *The Anthropology of News and Journalism: Global Perspectives*. Bloomington, IN: Indiana University Press, pp. 100–15.

Rappaport, R.（1999）*Ritual and Religion in the Making of Humanity*. Cambridge: Cambridge University Press.

Rauch, J.（2007）'Activists as Alternative Communities: Rituals of Consumption and Interaction in an Alternative Media Audience', *Media, Culture and Society* 29（6）: 994–1013.

Rawls, J.（1972）*A Theory of Justice*. Oxford: Oxford University Press.（川本隆史・福間聡・神島裕子訳『正義論』紀伊國屋書店、2010 年）

Rawls, J.（1996）*Political Liberalism*. Cambridge: Cambridge University Press.

Rawolle, S.（2010）'Understanding the Mediatisation of Educational Policy as Practice', *Critical Studies in Education* 51（1）: 21–39.

Rawolle, S. and Lingard, B.（2008）'The Sociology of Pierre Bourdieu and Researching Education Policy', *Journal of Education Policy* 23（6）: 729–40.

Reckwitz, A.（2002）'Toward a Theory of Social Practices', *European Journal of Social Theory* 5（2）: 243–63.

Redmond, S.（2006）'Intimate Fame Everywhere', in S. Holmes and S. Redmond（eds.）, *Framing Celebrity*. London: Routledge, pp. 27–43.

Reijnders, S.（2011）*Media Tourism*. Aldershot: Ashgate.

Reijnders, S., Rooijakkers, G. and Zoonen, L. van（2007）'Community Spirit and Competition in *Idols*: Ritual Meanings of a Television Talent Quest', *European Journal of Communication* 22（3）: 275–93.

Retort Collective, The（2005）*Afflicted Powers*. London: Verso.

Rheingold, H. (2008) 'Using Participatory Media and Public Voice to Encourage Civic Engagement', in L. Bennett (ed.), *Civic Life Online*. Cambridge, MA: MIT Press, pp. 97–118.

Ricoeur, P. (1992) *Oneself as Another*. Chicago: Chicago University Press.（久米博訳『他者のような自己自身』法政大学出版局、2010 年）

Ricoeur, P. (2007) *Reflections on the Just*. Chicago: Chicago University Press.（久米博・越門勝彦訳『道徳から応用倫理へ（公正の探求 2)』法政大学出版局、2013 年）

Riegert, K. (ed.) (2007) *Politicotainment*. New York: Peter Lang.

Rifkin, J. (2001) 'Quand les marchés s'effacent contre les réseaux', *Le Monde Diplomatique* (September): 22–3.

Rilke, R. (1987) *The Selected Poetry of Rainer Maria Rilke*, trans. Stephen Mitchell. New York: Picador Classics.

Robins, K. (1999) 'New Media and Knowledge', *New Media & Society* 1(1): 18–24.

Robinson, J. and Martin, S. (2009) 'Of Time and Television', in E. Katz and P. Scannell (eds.), '*The End of Television? Annals of the American Academy of Political and Social Science* 625: 74–86.

Rocha, L. (2007) 'Media Against Terrorism in the Peruvian Andes', *Media Development* (March): 27–31.

Rodriguez, C. (2001) *Fissures in the Mediascape*. Creskill, NJ: The Hampton Press.

Rodriguez, C. (2003) 'The Bishop and his Star: Citizens' Communication in Southern Chile', in N. Couldry and J. Curran (eds.), *Contesting Media Power*. Boulder, CO: Rowman and Littlefield, pp. 177–94.

Rodriguez, C. (2011) *Citizens' Media against Armed Conflict: Disrupting Violence in Colombia*. Minneapolis: University of Minnesota Press.

Rogers, R. (2004) *Information Politics on the Web*. Cambridge, MA: MIT Press.

Rosanvallon, P. (2008) *Counter-Democracy*. Cambridge: Cambridge University Press.（嶋崎正樹訳『カウンター・デモクラシー――不信の時代の政治』岩波書店、2017 年）

Rose, M. (2000) 'Through the Eyes of the *Video* Nation', in J. Izod, R. Kilborn and M. Hibberd (eds.), *From Grierson to the Docu-soap*. Luton: University of Luton Press, pp. 173–84.

Rosen, J. (2006) 'The People Formerly Known as the Audience', http://journalism.nyu.edu/pubzone/weblongs/pressthink/2006/06/27/ppl_frmr_p.html, last accessed 8 March 2011.

Rosenau, J. (1990) *Turbulence in World Politics*. Princeton: Princeton University Press.

Rosenberg, S. (2007) 'The Blog Haters Have Barely Any Idea What They are Raging Against', *Guardian*, 28 August.

Ross, A. (1991) *Strange Weather*. London: Verso.

Rothenbuhler, E. (1989) 'The Liminal Fight: Mass Strikes as Ritual and Interpretation', in J. Alexander (ed.), *Durkheimian Sociology: Cultural Studies*. Cambridge: Cambridge University Press.

Rothenbuhler, E. (1998) *Ritual Communication*. Thousand Oaks: Sage.

Rothenbuhler, E. (2010) 'Media Events in the Age of Terrorism and the Internet', *Journalism Si Communicare* V (2): 34–41.

Rothenbuhler, E. and Coman, M. (eds.) (2005) *Media Anthropology*. Newbury Park: Sage.

Ruddock, A. (2007) *Investigating Audiences*. London: Sage.

Ruggie, J. (1993) 'Territoriality and Beyond: Problematizing Modernity in International Relations', *International Organization* 47(1): 139–74.

Rusbridger, A. (2009) 'First Read: The Mutualized Future is Bright: But We Will Need Some Help – from Government and Others – to Get There', 19 October, www.cjr.org/reconstruction/the_mutualized_future_is_brigh.php, last accessed 9 July 2011.

Russell, A. (2011) *Networked: A Contemporary History of News in Transition*. Cambridge: Polity.

Russell, A. and Echchaibi, N. (eds.) (2009) *International Blogging*. New York: Peter Lang.

Sá, L. (2007) 'Cyberspace Nationhood: The Virtual Construction of Capao Redondo', in C. Taylor and T. Putnam (eds.), *Latin American Cyberculture and Cyberliterature*. Liverpool: Liverpool University Press, pp. 123–39.

Sakr, N. (2009) 'Fragmentation or Consolidation? Factors in the Oprahization of Social Talk on Multi-Channel Arab TV', in G. Turner and T. Tay (eds.), *Television Studies After TV*. London: Routledge, pp. 168–77.

Salazar, J. (2010) 'Making Culture Visible: The Mediated Constitution of a Mapuche Nation in Chile', in C. Rodriguez, D. Kidd and L. Stein (eds.), *Making Our Media*, vol. I. Creskill, NJ: The Hampton Press, pp. 29–46.

Sambrook, R. (2006) 'How the Net is Transforming News', 20 January, http://news.bbc.co.uk/1/hi/technology/4630890.stm/, last accessed 31 January 2011.

Sambrook, R. (2010) *Are Foreign Correspondents Redundant? The Changing Face of International News*. Oxford: Reuters Institute.

Sanderson, J. and Cheong, P. (2010) 'Tweeting Prayers and Communicating Grief over Michael Jackson Online', *Bulletin of Science Technology & Society* 30(5): 328–40.

Sands, P. (2008) *Torture Team*. London: Allen Lane.

de Santis, H. (2003) 'Mi programa as su programa: Tele/visions of a Spanish language diaspora in North America', in K. Karim (ed.), *The Media of Diaspora*. London: Routledge, pp. 63–75.

Sassen, S. (2006) *Territory Authority Rights*. Princeton: Princeton University Press.（伊豫谷登士翁監修・伊藤茂訳『領土・権威・諸権利――グローバリゼーション・スタディーズの現在』明石書店、2011年）

Savage, M. (2009) 'Contemporary Sociology and the Challenge of Descriptive Assemblage', *European Journal of Social Theory* 12(1): 155–74.

Savage, M., Bagnall, G. and Longhurst, B. (2005) *Globalization and Belonging*. London: Sage.

Scannell, P. (1988) 'Radio Times: The Temporal Arrangements of Broadcasting in the Modern World', in P. Drummond and R. Paterson (eds.), *Television and its Audiences*, London: British Film Institute, pp. 15–31.

Scannell, P. (1996) *Radio, Television and Modern Life*. Oxford: Blackwell.

Scannell, P. (2002) 'History Media and Communication', in K.-B. Jensen (ed.), *A Handbook of Media*

Communication Research, London: Routledge.

Scannell, P. (2009) 'The Dialectic of Time and Television', in E. Katz and P. Scannell (eds.), *'The End of Television?' Annals of the American Academy of Political and Social Science* 625: 219–35.

Scannell, P. and Cardiff, D. (1991) *A Social History of British Broadcasting*, vol. I. Oxford: Blackwell.

Schatzki, T. (1999) *Social Practices: A Wittgensteinian Approach to Human Activity and the Social.* Cambridge: Cambridge University Press.

Schatzki, T., Knorr-Cetina, K. and von Savigny, E. (eds.) (2001) *The Practice Turn in Contemporary Theory*. London: Routledge.

Schickel, R. (1986) *Intimate Strangers*. New York: Fromm.

Schiller, D. (2007) *How to Think About Information*. Urbana and Chicago: University of Illinois Press.

Schlesinger, P. (2000) 'The Nation and Communicative Space', in H. Tumber (ed.), *Media Power, Professionals and Policies*. London: Routledge, pp. 99–115.

Schlesinger, P. and Tumber, H. (1994) *Reporting Crime*. Oxford: Oxford University Press.

Schrøder, K. and Kobbernagel, C. (2010) 'Towards a Typology of Crossmedia News Consumption: A Qualitative-Quantitative Synthesis', *Northern Lights* 8: 115–38.

Schrøder, K. and Larsen, B. (2009) 'The Shifting Cross-Media News Landscape: Challenges for News Producers', *Journalism Studies* 11(4): 524–34.

Schrott, A. (2009) 'Dimensions: Catch-all Label or Technical Term', in K. Lundby (ed.), *Mediatization*. New York: Peter Lang, pp. 41–62.

Schulz, D. (2006) 'Morality, Community, Publicness: Shifting Terms of Public Debate in Mali', in B. Meyer and A. Moors (eds.), *Religion, Media, and the Public Sphere*. Bloomington: Indiana University Press, pp. 132–51.

Schulz, W. (2004) 'Reconsidering Mediatization as an Analytical Concept', *European Journal of Communication* 19(1): 87–101.

Scoble, R. and Israel, S. (2006) *Naked Conversations: How Blogs are Changing the Way Businesses Talk with Customers*. New York: John Wiley.

Sconce, J. (2003) 'Tulip Theory', in A. Everett and J. Caldwell (eds), *New Media: Theories and Practices of Digitextuality*. New York: Routledge, pp. 179–96.

Scott, J. (2001) *Power*. Cambridge: Polity.

Seiter, E. (1999) *Television and New Media Audiences*. Oxford: Oxford University Press.

Seiter, E. (2005) *The Internet Playground*. New York: Peter Lang.

Selwyn, N., Govard, S. and Furlong, J. (2005) 'Whose Internet is it Anyway? Exploring Adults' (Non) Use of the Internet in Everyday Life', *New Media & Society* 7(1): 5–26.

Sen, A. (1983) *Poverty and Famines*. Oxford: Oxford University Press.（黒崎卓・山崎幸治訳『貧困と飢饉』岩波書店、2017 年）

Sen, A. (1992) *Inequality Reexamined*. Oxford: Oxford University Press.（池本幸生・野上裕生・佐藤仁訳『不平等の再検討——潜在能力と自由』岩波書店、1999 年）

Sen, A. (1999) *Development as Freedom*. Oxford: Oxford University Press.（石塚雅彦訳『自由と経

済開発』日本経済新聞社、2000 年）

Sen, A.（2009）*The Idea of Justice*. London: Allen Lane.（池本幸生訳『正義のアイデア』明石書店、2011 年）

Senft, T.（2008）*Camgirls*. New York: Peter Lang.

Sennett, R. and Cobb, J.（1972）*The Hidden Injuries of Class*. Cambridge: Cambridge University Press.

Serazio, M.（2010）'Shooting for Fame: Spectacular Youth, Web 2.0 Dystopia and the Celebrity Anarchy of Generation Mashup', *Communication Culture and Critique* 3(3): 416–34.

Serres, M.（2001）'Entre Disneyland et les Ayatollahs', *Le Monde Diplomatique* (September): 6.

Sewell, W.（1996）'Historical Events as Transformations of Structures: Inventing Revolution and the Bastille', *Theory & Society* 25: 841–81.

Shannon, C. and Weaver, W.（1949）*The Mathematical Theory of Communication*. Urbana: University of Illinois Press.（植松友彦訳『通信の数学的理論』筑摩書房、2009 年）

Shiels, R.（2010）'Google and Verizon's Online Vision for "Open Internet"', 10 August, www.bbc.co.uk/news/technology-10920871.

Shils, E.（1975）*Center and Periphery*. Chicago: Chicago University Press.

Shirky, C.（2010）*Cognitive Surplus*. London: Allen Lane.

Shove, E.（2007）*Comfort, Cleanliness and Convenience: The Social Organization of Normality*. Oxford: Berg.

Siebert, F. S., Peterson, T. and Schramm, W.（1956）*Four Theories of the Press*. Urbana: Illinois University Press.（内川芳美訳『マス・コミの自由に関する四理論』東京創元社、1953 年）

Silverstone, R.（1994）*Television and Everyday Life*. London: Routledge.

Silverstone, R.（1999）*Why Study the Media?* London: Sage.（吉見俊哉・伊藤守・土橋臣吾訳『なぜメディア研究か——経験・テクスト・他者』せりか書房、2003 年）

Silverstone, R.（2002）'Complicity and Collusion in the Mediation of Everyday Life', *New Literary History* 33(5): 745–64.

Silverstone, R.（2005）'Media and Communication', in C. Calhoun, C. Rojek and B. Turner (eds.), *The International Handbook of Sociology*. London: Sage, pp. 188–208.

Silverstone, R.（2007）*Media and Morality*. Cambridge: Polity.

Silverstone, R. and Hirsch, E. (eds.)（1992）*Consuming Technologies*. London: Routledge.

Simone, A.（2006）'Intersecting Geographies? ICTS and Other Virtualities in Urban Africa', in M. Fisher and G. Downey (eds.), *Frontiers of Capital*. Durham, NC: Duke University Press, pp. 133–59.

Singer, J.（2005）'The Political J-blogger: "Normalising" a New Media Form to Fit Old Norms and Practices', *Journalism* 6(2): 173–98.

Sinha, D.（2004）'Religious Fundamentalism and its "Other": A Snapshot View from the Global Information Order', in S. Saha (ed.), *Religious Fundamentalism in the Contemporary World*. Lanham, MD: Lexington Books, pp. 1–19.

Skey, M.（2011）*National Belonging and Everyday Life*. Basingstoke: Palgrave.

Skinner, D., Uzelman, S., Langlois, A. and Dubois, F. (2010) 'IndyMedia in Canada: Experiments in Developing Glocal Media Commons', in C. Rodriguez, D. Kidd and L. Stein (eds.), *Making Our Media*, vol. I. Creskill, NJ: The Hampton Press, pp. 183–202.

Slater, D. and Tacchi, J. (2004) *Research on ICT Innovations for Poverty Reduction*. New Delhi: UNESCO, http://eprints.qut.edu.au/4398/, last accessed 18 November 2011

Smith, N. (1993) 'Homeless/Global', in J. Bird *et al.* (eds.), *Mapping the Futures*. London: Routledge, pp. 92–107.

Smythe, D. (1977) 'Communications: Blindspot of Western Marxism', *Canadian Journal of Political and Social Theory* 1(3): 1–27.

Snow, R. (1983) *Creating Media Culture*. Beverly Hills: Sage.

Snyder, T. (2009) 'Holocaust: The Ignored Reality', *New York Review of Books*, 16 July: 14–16.

Snyder, T. (2010) *Bloodlands: Europe between Hitler and Stalin*. London: Bodley Head. (布施由紀子訳『ブラッドランド――ヒトラーとスターリン大虐殺の真実(上)(下)』筑摩書房、2015年)

Sontag, S. (2004). 'What Have We Done?' *Guardian*, 24 May.

Spigel, L. (2004) 'Introduction', in L. Spigel and J. Olsson (eds.), *Television After TV*. Durham, NC: Duke University Press, pp. 1–34.

Spigel, L. and Olsson, J. (eds.) (2004) *Television After TV*. Durham, NC: Duke University Press.

Spink, A., Jansen, B., Wolfram, D. and Saracevic, T. (2002) 'From e-Sex to e-Commerce: Web Search Changes', *IEEE Computer* 35(3): 107–9.

Spitulnik, D. (2010) 'Personal News and the Price of Public Service: An Ethnographic Window into the Dynamics of Production and Reception in Zambian State Radio', in S. E. Bird (ed.), *The Anthropology of News and Journalism: Global Perspectives*. Bloomington, IN: Indiana University Press, pp. 182–93.

Spitulnik Vidali, D. (2010) 'Millennial Encounters with Mainstream Television News: Excess, Void and Points of Engagement', *Journal of Linguistic Anthropology* 20(2): 372–88.

Splichal, S. (2008) 'Why Be Critical?' *Communication, Culture and Critique* 1(1): 20–30.

Spyer, P. (2006) 'Media and Violence in an Age of Transparency: Journalistic Writing in War-torn Maluku', in B. Meyer and A. Moors (eds.), *Religion, Media, and the Public Sphere*. Bloomington: Indiana University Press, pp. 152–65.

Sreberny-Mohammadi, A. and Mohammadi, A. (1994) *Small Media, Big Revolution*. Minneapolis: University of Minnesota Press.

Stahl, M. (2004) 'A Moment Like This: *American Idol* and Narratives of Meritocracy', in C. Washburne and M. Darno (eds.), *Bad Music*. London: Routledge, pp. 212–32.

Staiger, J. (1992) *Interpreting Films*. Princeton: Princeton University Press.

Stalder, F. (2011) 'The Pirate Bay and Wikileaks: Platforms for Radical Politics of Access and their Politics'. Paper presented to *Platform Politics* Conference, Anglia Ruskin University, May 12–13.

Stallabrass, J. (2000) *High Art Lite*. London: Verso.

Stallabrass, J. (2006) 'Spectacle and Terror', *New Left Review* 37: 87–108.

Starr, P. (2004) *The Creation of the Media*. New York: Basic Books.

Starr, P. (2009) 'Goodbye to the Age of Newspapers (Hello to a New Era of Corruption) ', *The New Republic*, 4 March, www.tnr.com/print/article/goodbye-the-age-newspapers-hello-new-era-corruption, last accessed 19 July 2011.

Stevenson, N. (1999) *The Transformation of the Media*. London: Longman.

Stevenson, N. (2002) *Understanding Media Culture*, 2nd edn. London: Sage.

Stiegler, B. (2009) 'Teleologies of the Snail: The Errant Self Wired to a Wimax Network', *Theory, Culture & Society* 26(2–3): 33–45.

Stöber, B. (2006) 'Media Geography: From Patterns of Diffusion to the Complexity of Meanings', in J. Falkheimer and A. Jansson (eds.), *Geographies of Communication*. Göteborg: Nordicom, pp. 29–44.

Stolow, J. (2006) 'Communicating Authority, Consuming Tradition: Jewish Orthodox and Outreach Literature and its Reading Public', in B. Meyer and A. Moors (eds.), *Religion, Media, and the Public Sphere*. Bloomington: Indiana University Press, pp. 73–90.

Strathern, M. (1992) *After Nature*. Cambridge: Cambridge University Press.

Straubhaar, J. (2007) *World Television: From Global to Local*. Newbury Park: Sage.

Straw, W. (2010) 'Hawkers and Public Space: Free Commuter Newspapers in Canada', in B. Beaty, D. Briton, G. Filax and R. Sullivan (eds.), *How Canadians Communicate III*. Athabasca: Athabasca University Press, pp. 79–93.

Strömback, J. and Esser, F. (2009) 'Shaping Politics: Mediatization and Media Interventionism', in K. Lundby (ed.), *Mediatization*. New York: Peter Lang, pp. 205–24.

Stuart, K. (2010) 'Cloud Gaming Means the Sky's the Limit for Any PC', *Guardian*, 24 November.

Sumiala, J. (2011) 'You Will Die Next', in K. Anden-Papadopoulos and M. Pantti (eds.), *Amateur Images and Global News*. Bristol: Intellect.

Sumiala-Seppänen, J., Lundby, K. and Salokangas R. (eds.) (2006) *Implications of the Sacred in (Post) modern Media*. Göteborg: Nordicom.

Sun, W. (2002) *Leaving China: Media, Migration and Transnational Imagination*. Lanham, MD: Rowman and Littlefield.

Sun, W. (2009) *Maid in China*. London: Routledge.

Sun, W. and Zhao, Y. (2009) 'Television Culture with "Chinese Characteristics": The Politics of Compassion and Education', in G. Turner and T. Tay (eds.), *Television Studies After TV*. London: Routledge, pp. 96–104.

Sunstein, C. (2001) *Republic.com*. Princeton: Princeton University Press.（石川幸憲訳『インターネットは民主主義の敵か』毎日新聞社、2003 年）

Sutton Trust, The (2006) *The Educational Backgrounds of Leading Journalists*. www.suttontrust.com/research/the-educational-backgrounds-ofleading-journalists, last accessed 10 August 2010.

Svec, H. (2010) '"The Purpose of These Acting Exercises": The Actors' Studio and the Labours of

Celebrity', *Celebrity Studies* 1 (3): 303–18.

Swanton, C. (2003) *Virtue Ethics*. Oxford: Oxford University Press.

Sweney, M. (2011) 'TV Advertising Still Needs an X-factor', *Guardian*, Media section, 29 August.

Swidler, A. (2001) 'What Anchors Cultural Practices', in T. Schatzki, K. Knorr Cetina and E. von Savigny (eds.), *The Practice Turn in Contemporary Theory*. London: Routledge, pp. 74–92.

Tacchi, J. (2008) 'Voice and Poverty', *Media Development* (January): 12–16.

Takahashi, T. (2010a) *Audience Studies: A Japanese Perspective*. London: Sage.

Takahashi, T. (2010b) 'MySpace or Mixi? Japanese Engagement with SNS (social networking sites) in the Global Age', *New Media & Society* 12 (3): 453–75.

Tapscott, D. (1998) *Growing Up Digital: The Rise of the Net Generation*. New York: McGraw Hill.（橋本恵ほか訳『デジタルチルドレン』ソフトバンク、1998年）

Tapscott, D. and Williams, A. (2008) *Wikinomics*. New York: Penguin.（井口耕二訳『ウィキノミクス――マスコラボレーションによる開発・生産の世紀へ』日経BP社、2007年）

Tarde, G. (1969 [1922]) *Communication and Social Opinion*. Chicago: Chicago University Press.（「世論と会話」稲葉三千男訳『世論と群集』未來社、1964年：71–162）

Taylor, C. (1985) *Philosophy and the Human Sciences. Philosophical Papers, vol. II*. Cambridge: Cambridge University Press.

Taylor, C. (2004) *Modern Social Imaginaries*. Durham, NC: Duke University Press.（上野成利訳『近代――想像された社会の系譜』岩波書店、2011年）

Taylor, C. (2007) 'Cultures of Democracy and Citizen Efficacy', *Public Culture* 19 (1): 117–50.

Tenenboim-Weinblatt, K. (2009) '"Where is Jack Bauer When You Need Him?" The Uses of Television Drama in Mediated Political Discourse', *Political Communication* 26: 267–387.

Terranova, T. (2004) *Network Culture*. London: Pluto.

Teurlings, J. (2007) *Dating Shows and the Production of Identities: Institutional Practices and Power in Television Production*. Ph. D thesis, University of Amsterdam.

Teurlings, J. (2010) 'Media Literacy and the Challenges of Contemporary Media Culture: On Savvy Viewers and Critical Apathy', *European Journal of Cultural Studies* 13 (3): 359–73.

Thévenot, L. (2007a) 'A Science of Life Together in the World', *European Journal of Social Theory* 10 (2): 233–44.

Thévenot, L. (2007b) 'The Plurality of Cognitive Formats and Engagements: Moving between the Familiar and the Public', *European Journal of Social Theory* 10 (3): 409–23.

Thielmann, T. (2010) 'Conference Introduction Remarks', Media in Action Conference, University of Seigen, 17 June.

Thomas, A. (2011) 'Global TV Advertising Market Looks Forward to Bumper 2012', 2 June, http://blogs.informatandm.com/, last accessed 26 July 2011.

Thomas, G. (2004) 'The Cultural Contest for our Attention in Observations on Mediality, Property and Religion', in W. Schweiker and C. Mathewes (eds.), *Having: Property and Possessions in Religion and Social Life*. Grand Rapids, MI: William B. Eerdmans, pp. 272–95.

Thomas, K.（1971）*Religion and the Decline of Magic*. Harmondsworth: Penguin.（荒木正純訳『宗教と魔術の衰退』（上）（下）法政大学出版局、1993 年）
Thomas, P.（2008）*Strong Religion, Zealous Media*. New Delhi: Sage.
Thompson, E. P.（1963）*The Making of the English Working Class*. Harmondsworth: Penguin.（市橋秀夫・芳賀健一訳『イングランド労働者階級の形成』青弓社、2003 年）
Thompson, J.（1990）*Ideology and Modern Culture*. Cambridge: Polity.
Thompson, J.（1995）*The Media and Modernity*. Cambridge: Polity.
Thompson, J.（1996）'Tradition and Self in a Mediated World', in P. Heelas, S. Lash and P. Morris（eds）, *Detraditionalization*. Oxford: Blackwell, pp. 89–108.
Thompson, J.（1997）'Scandal and Social Theory', in J. Lull and B. Hinerman（eds.）, *Media Scandals*. Cambridge: Polity, pp. 34–64.
Thompson, J.（2001）*Political Scandals*. Cambridge: Polity.
Thompson, J.（2005）'The New Visibility', *Theory, Culture & Society* 22（6）: 31–51.
Thrift, N.（2008）*Non-Representational Theory*. London: Routledge.
Thussu, D.（2009）'Why Internationalize Media Studies and How?', in D. Thussu（ed.）, *Internationalizing Media Studies*. London: Routledge, pp. 13–31.
Tilly, C.（1999）*Durable Inequality*. Berkeley: University of California Press.
Tilly, C.（2007）*Democracy*. Cambridge: Cambridge University Press.
Tocqueville, A. de（1961［1835–1840］）*Democracy in America*, vol. I. New York: Schocken.（松本礼二訳『アメリカのデモクラシー第一巻（上）（下）』岩波書店、2005 年）
Tocqueville, A. de（1864［1835–1840］）*Democracy in America*, vol. II. Cambridge: Sever and Francis.（松本礼二訳『アメリカのデモクラシー第二巻（上）（下）』岩波書店、2008 年）
Tomlinson, J.（1999）*Globalization and Culture*. Cambridge: Polity.（片岡信訳『グローバリゼーション——文化帝国主義を超えて』青土社、2000 年）
Tomlinson, J.（2007）*The Culture of Speed*. London: Sage.
Touraine, A.（2007）'Sociology after Sociology', *European Journal of Social Theory* 19（2）: 184–93.
Trow, G.（1981）*Within the Context of No Context*. Boston: Little Brown & Company.
Tunstall, J.（2008）*The Media Were American*. New York: Oxford University Press.
Turkle, S.（1996）*Life on the Screen*. London: Weidenfeld and Nicholson.（日暮雅通訳『接続された心——インターネット時代のアイデンティティ』早川書房、1998 年）
Turkle, S.（2011）*Alone Together*. New York: Basic Books.
Turner, B.（2005）'Classical Sociology and Cosmopolitanism: A Critical Defence of the Social', *British Journal of Sociology* 57（1）: 133–51.
Turner, B.（2007a）'The Enclave Society: Towards a Sociology of Immobility', *European Journal of Social Theory* 10（2）: 287–303.
Turner, B.（2007b）'Religious Authority and the New Media', *Theory, Culture & Society* 24（2）: 117–34.
Turner, G.（2009）'Television and the Nation: Does this Matter Any More?', in G. Turner and T. Tay（eds.）, *Television Studies After TV*. London: Routledge, pp. 54–64.

Turner, G.（2010）*Ordinary People and the Media*. London: Sage.

Turnock, R.（2000）*Interpreting Diana*. London: BFI.

Turow, J.（2007）*Niche Envy*. Cambridge, MA: MIT Press.

Uitermark, J. and Gielen, A.-J.（2010）'Islam in the Spotlight: The Mediatization of the Politics in an Amsterdam Neighbourhood', *Urban Studies* 47（6）: 1325–42.

Uricchio, W.（2009）'Contextualising the Broadcast Era: Nation, Commerce and Constraint', in E. Katz and P. Scannell（eds.）, *'The End of Television?' Annals of the American Academy of Political and Social Science* 625: 60–73.

Urry, J.（2000）*Sociology Beyond Societies*. London: Sage.（吉原直樹監訳『社会を越える社会学——移動・環境・シチズンシップ〔新版〕』法政大学出版局、2011 年）

Urry, J.（2007）*Mobilities*. Cambridge: Polity.（吉原直樹・伊藤嘉高訳『モビリティーズ——移動の社会学』作品社、2015 年）

VSS（2005）*Communications Industry Forecast 2005–9*. New York.

Vaidhyanathan, S.（2011）*The Googlization of Everything (and Why We Should Worry)*. Berkeley: University of California Press.（久保儀明訳『グーグル化の見えざる代償——ウェブ・書籍・知識・記憶の変容』インプレスジャパン、2012 年）

van Dijck, J.（2009）'Users Like You? Theorizing Agency in User-Generated Content', *Media, Culture and Society* 31（1）: 41–58.

van Dijk, J.（1999）*The Network Society*. London: Sage.

Vattimo, G.（1992）*The Transparent Society*. Cambridge: Polity.（多賀健太郎訳『透明なる社会』平凡社、2012 年）

Vaughan, L. and Zhang, Y.（2007）'Equal Representation by Search Engines? A Comparison of Websites across Countries and Domains', *Journal of Computer-Mediated Communication* 12（6）: 888–909.

Vickers, A.（2001）'Reality Text', *Guardian*, Online section, 24 May.

Virilio, P.（1999）*Open Sky*. London: Verso.

Volcic, Z.（2009）'Television in the Balkans: The Rise of Commercial Nationalism', in G. Turner and T. Tay（eds）, *Television Studies After TV*. London: Routledge, pp. 115–24.

Wacquant, L.（1993）'From Ruling Class to Field of Power: An Interview with Pierre Bourdieu on *La Noblesse d'Etat*', *Theory, Culture & Society* 10（3）: 19–44.

Wacquant, L.（2003）'On the Tracks of Symbolic Power: Prefatory Notes to Bourdieu's "State Nobility" ', *Theory, Culture and Society* 10（3）: 1–17.

Wacquant, L.（2009）*Punishing the Poor*. Durham, NC: Duke University Press.

Wagner, P.（2008）*Modernity as Experience and Interpretation*. Cambridge: Polity.

Wang, G.（ed.）（2011）*De-Westernizing Communication Research*. London: Routledge.

Warde, A.（2005）'Consumption and Theories of Practice', *Journal of Consumer Culture* 5: 131–53.

Wardle, C. and Williams, A.（2010）'Beyond User-Generated Content: A Production Study Examining the Ways in which UGC is Used at the BBC', *Media, Culture and Society* 32（5）: 781–99.

Warschauer, M.（2003）*Technology and Social Inclusion*. Cambridge, MA: MIT Press.
Waters, R.（2011）'Google Throws Full Weight at Facebook', *Financial Times*, 29 June.
Waters, R., Edgecliffe-Johnson, A. and Menn, J.（2011）'The Crowded Cloud', *Financial Times*, 4 June.
Weaver, M.（2007）'Woman Found Canoeist Photo via Google', *Guardian*, 6 December.
Webb, D.（2009）*Privacy and Solitude in the Middle Ages*. London: Hambleden Continuum.
Weber, B.（2009）*Makeover TV: Selfhood, Citizenship and Celebrity*. Durham, NC: Duke University Press.
Weber, M.（1947）*The Theory of Social and Economic Organization*. New York: Free Press.（世良晃志郎訳『支配の諸類型（経済と社会）』創文社、1970 年）
Webster, J.（2005）'Beneath the Veneer of Fragmentation: Television Audience Polarization in a Multichannel World', *Journal of Communication* 55（2）: 366–82.
Welch, D.（1993）*The Third Reich: Politics and Propaganda*. London: Routledge.
Wellman, B.（2001）'Physical Place and Cyber Place: The Rise of Networked Individualism', *International Journal of Urban and Regional Research* 25: 227–52.
Welsch, W.（1999）'Transculturality – The Changing Forms of Cultures Today', in Bundesminister für Wissenschaft und Verkehr and Internationales Forschungszentrum für Kulturwissenschaften（eds.）, *The Contemporary Study of Culture*. Wien: Turia & Kant, pp. 217–44.
Wenger, E.（1998）*Communities of Practice*. Cambridge: Cambridge University Press.
Werbner, P.（1999）'Global Pathways: Working Class Cosmopolitans and the Creation of Transnational Ethnic Worlds', *Social Anthropology* 7（1）: 17–35.
Wheeler, D.（2004）'Blessings and Curses: Women and the Internet Revolution in the Arab World', in N. Sakr（ed.）, *Women and Media in the Middle East*. London: IB Tauris, pp. 138–61.
White, M.（1992）*Tele-advising*. Chapel Hill: University of North Carolina Press.
White, M.（2004）'The Attractions of Television: Reconsidering Liveness', in N. Couldry and A. McCarthy（eds.）, *MediaSpace: Place, Scale and Culture in a Media Age*. London: Routledge, pp. 75–92.
Widestedt, K.（2009）'Pressing the Centre of Attention: Three Royal Weddings and a Media Myth', in M. Jönsson and P. Lundell（eds.）, *Media and Monarchy in Sweden*. Göteborg: Nordicom, pp. 47–58.
Williams, B.（1985）*Ethics and the Limits of Philosophy*. London: Fontana/Collins.（森際康友・下川潔訳『生き方について哲学は何が言えるか』産業図書、1993 年）
Williams, B.（2002）*Truth and Truthfulness: An Essay in Genealogy*. Princeton: Princeton University Press.
Williams, R.（1961）*The Long Revolution*. Harmondsworth: Penguin.（若松繁信ほか訳『長い革命』ミネルヴァ書房、1983 年）
Williams, R.（1973）*The Country and the City*. London: The Hogarth Press.（山本和平ほか訳『田舎と都会』晶文社、1985 年）
Williams, R.（1992）*Television: Technology and Cultural Form*. London: Fontana.

Wilson, N. (2007) 'Scholiasts and Commentators', *Greek, Roman and Byzantine Studies* 47: 39–70.
Wilson, T. (2007) *Understanding Media Users*. Malden, MA: Wiley-Blackwell.
Winocur, R. (2009) 'Digital Convergence as the Symbolic Medium of New Practices and Meanings in Young People's Lives', *Popular Communication* 7: 179–87.
Winston, B. (1998) *Media Technology and Society*. London: Routledge.
de Witte, M. (2009) *Spirit Media: Charismatics, Traditionalists and Mediation Practices in Ghana*. Ph. D thesis, Free University of Amsterdam.
Wittgenstein, L. (1978 [1953]) *Philosophical Investigations*. Oxford: Blackwell.（藤本隆志訳『ウィトゲンシュタイン全集 8　哲学探究』大修館書店、1976 年）
Wittmann, R. (1999) 'Was There a Reading Revolution at the End of the Eighteenth Century?', in G. Cavallo and R. Chartier (eds.), *A History of Reading in the West*. Cambridge: Polity, pp. 284–312.
Wolin, S. (2008) *Democracy Inc*. Princeton: Princeton University Press.
Wood, H. and Skeggs, B. (2008) 'Spectacular Morality: "Reality" Television, Individualization and the Remaking of the Working Class', in D. Hesmondhalgh and J. Toynbee (eds.), *Media and Social Theory*. London: Routledge, pp. 177–93.
Woolard, C. (2010) Speech to MeCCSA Conference, London School of Economics and Political Science, 6 January.
World Association of Newspapers (2008) *Youth Media DNA: Decoding the Media and News Consumption of Finnish Youth 15–29,* www.hssaatio.fi/en/images/stories/fi les/Final_YouthMediaDNAReport_October19.pdf, last accessed 23 June 2011.
Wright, K. (2012) 'Listening to Suffering: What Might "Proper Distance" Have to Do with Radio News?', *Journalism: Theory, Practice and Criticism*.
Wriston, W. (1992) *The Twilight of Sovereignty*. New York: Scribners.
Wrong, D. (1994) *The Problem of Order*. New York: Free Press.
Wuthnow, R. (1989) *Communities of Discourse*. Cambridge, MA: Harvard University Press.
Wyatt, S., Thomas, G. and Terranova, T. (2002) '"They Came, They Surfed, They Went Back to the Beach": Conceptualizing Use and Non-Use of the Internet', in S. Woolgar (ed.), *Virtual Society?* Oxford: Oxford University Press, pp. 71–92.
Xenos, M. and Foot, K. (2008) 'Not Your Father's Internet: The Generation Gap in Online Politics', in L. Bennett (ed.), *Civic Life Online*. Cambridge, MA: MIT Press, pp. 57–70.
Yates, F. (1992 [1966]) *The Art of Memory*. London: Pimlico.（玉泉八州男監訳『記憶術』水声社、1993 年）
Yoo, S. (2009) 'Internet, Internet Culture, and Internet Communities of Korea: Overview and Research Directions', in G. Goggin and M. McLelland (eds.), *Internationalizing Internet Studies*. London: Routledge, pp. 217–36.
Ytreberg, E. (2009) 'Extended Liveness and Eventfulness in Multi-platform Reality Formats', *New Media & Society* 11(5): 467–85.
Ytreberg, E. (2011) 'The Encounter between Media Professionals and "Ordinary People" in Event-

Based Multi-Platform Formats'. Paper presented to the ICA Conference, Boston, 26–30 May.

Zelizer, B.（1993）*Covering the Body: The Kennedy Assassination, the Media and the Shaping of Collective Memory*. Chicago: Chicago University Press.

Zelizer, B.（2011）'Journalism in the Service of Communication', *Journal of Communication* 61（1）: 1–21.

Zerubavel, E.（1981）*Hidden Rhythms*. Berkeley: University of California Press.（木田橋美和子訳『かくれたリズム――時間の社会学』サイマル出版会、1984 年）

Zhao, Y.（2008a）'Neoliberal Strategies, Socialist Legacies: Communication and State Transformation in China', in P. Chakravarty and Y. Zhao（eds.）, *Global Communications: Towards a Transcultural Political Economy*. Lanham, MD: Rowman and Littlefield, pp. 23–50.

Zhao, Y.（2008b）*Communication in China*. Lanham, MD: Rowman and Littlefield.

Zielinski, S.（2006）*Deep Time of the Media*. Cambridge, MA: MIT Press.

Zimmermann, B.（2006）'Pragmatism and the Capability Approach: Challenges in Social Theory and Empirical Research', *European Journal of Social Theory* 9（4）: 467–84.

Zittrain, J.（2008）*The Future of the Internet and How to Stop It*. New Haven: Yale University Press.（井口耕二訳『インターネットが死ぬ日――そして、それを避けるには』早川書房、2009 年）

Žižek, S.（1989）*The Sublime Object of Ideology*. London: Verso.（鈴木晶訳『イデオロギーの崇高な対象』河出書房新社、2015 年）

Zolo, D.（1992）*Democracy and Complexity*. Cambridge: Polity.

Zuckerman, E.（2011）'The First Twitter Revolution?', *Foreign Policy*, 14 January, www.foreignpolicy.com/articles/2011/01/14/the_first_twitter_revolution, last accessed 24 January 2012.

[著者]
ニック・クドリー（Nick Couldry）
1958年生まれ。ロンドン・スクール・オブ・エコノミクス・アンド・ポリティカルサイエンス（LSE）教授。主な著書に *Media Rituals: A Critical Approach*（Routledge, 2003）, *Contesting Media Power: Alternative Media in a Networked World*（共編, Rowman & Littlefield Publishers, 2003）, *Why Voice Matters: Culture and Politics After Neoliberalism*（SAGE Publications, 2010）, *The Mediated Construction of Reality*（共著, Polity, 2017）など。

[訳者]
山腰修三（やまこし　しゅうぞう）（監訳。はじめに、第1章、第4章）
1978年生まれ。慶應義塾大学メディア・コミュニケーション研究所准教授。慶應義塾大学大学院法学研究科政治学専攻博士課程単位取得退学。博士（法学）。
主要業績：『コミュニケーションの政治社会学——メディア言説・ヘゲモニー・民主主義』（ミネルヴァ書房、2012年）、『メディアの公共性——転換期における公共放送』（共編著、慶應義塾大学出版会、2016年）、『戦後日本のメディアと原子力問題——原発報道の政治社会学』（編著、ミネルヴァ書房、2017年）など。

西田善行（にしだ　よしゆき）（第2章）
1977年生まれ。法政大学・日本大学非常勤講師。法政大学大学院社会学研究科博士後期課程単位取得退学。修士（社会学）。
主要業績：『国道16号線スタディーズ—— 2000年代の郊外とロードサイドを読む』（共編著、2018年、青弓社）、『原発震災のテレビアーカイブ』（共著、2018年、法政大学出版局）など。

三谷文栄（みたに　ふみえ）（第3章）
1984年生まれ。日本大学法学部新聞学科助教。慶應義塾大学大学院法学研究科政治学専攻博士課程単位取得退学。博士（法学）。
主要業績：『外交政策と政治コミュニケーション——戦後日韓関係における歴史認識問題を事例に』（博士学位論文、2017年）、『戦後日本のメディアと原子力問題——原発報道の政治社会学』（共著、ミネルヴァ書房、2017年）、"NHK Coverage on the Designated Secrets Law in Japan: "Indexing" Political Debate in the Diet" *Keio Communication Review* Vol. 37（2015年）など。

山口仁（やまぐち　ひとし）（第5章）
1978年生まれ。帝京大学文学部准教授。慶應義塾大学大学院法学研究科政治学専攻博士課程単位取得退学。博士（法学）。
主要業績：『メディアがつくる現実、メディアをめぐる現実――ジャーナリズムと社会問題の構築』（勁草書房、2018年）、『現代ジャーナリズムを学ぶ人のために（第2版）』（共著、世界思想社、2018年）、『戦後日本のメディアと原子力問題――原発報道の政治社会学』（共著、ミネルヴァ書房、2017年）など。

平井智尚（ひらい　ともひさ）（第6章）
1980年生まれ。一般財団法人マルチメディア振興センター研究員。慶應義塾大学大学院社会学研究科博士課程単位取得退学。修士（社会学）。
主要業績：『戦後日本のメディアと市民意識――「大きな物語」の変容』（共著、ミネルヴァ書房、2012年）、『ニュース空間の社会学――不安と危機をめぐる現代メディア論』（共著、世界思想社、2015年）、『戦後日本のメディアと原子力問題――原発報道の政治社会学』（共著、ミネルヴァ書房、2017年）など。

津田正太郎（つだ　しょうたろう）（第7章・第8章）
1973年生まれ。法政大学社会学部教授。慶應義塾大学大学院法学研究科政治学専攻博士課程単位取得退学。博士（法学）。
主要業績：『メディアは社会を変えるのか――メディア社会論入門』（世界思想社、2016年）、『ナショナリズムとマスメディア――連帯と排除の相克』（勁草書房、2016年）など。

メディア・社会・世界
——デジタルメディアと社会理論

2018年11月15日　初版第1刷発行

著　者————ニック・クドリー
監訳者————山腰修三
発行者————古屋正博
発行所————慶應義塾大学出版会株式会社
〒108-8346　東京都港区三田2-19-30
ＴＥＬ〔編集部〕03-3451-0931
〔営業部〕03-3451-3584〈ご注文〉
〔　〃　〕03-3451-6926
ＦＡＸ〔営業部〕03-3451-3122
振替 00190-8-155497
http://www.keio-up.co.jp/
装　丁————耳塚有里
組　版————株式会社キャップス
印刷・製本——中央精版印刷株式会社
カバー印刷——株式会社太平印刷社

Printed in Japan ISBN978-4-7664-2544-4